SOCIOLOGIA GERAL

VOL. 5: POLÍTICA E SOCIOLOGIA

Dados Internacionais de Catalogação na Publicação (CIP)
(Câmara Brasileira do Livro, SP, Brasil)

Bourdieu, Pierre, 1930-2002
  Sociologia geral, vol. 5 : política e sociologia : Curso no Collège de France (1985-1986) / Pierre Bourdieu ; tradução de Fábio Ribeiro. – Petrópolis, RJ, 2025.

  "Edição estabelecida por Patrick Champagne, Julien Duval, Franck Poupeau e Marie-Christine Rivière"
  Título original: Sociologie générale : vol. II : Cours au Collège de France (1985-1986)
  ISBN 978-85-326-7045-8

  1. Sociologia I. Título.

24-241053   CDD-301

Índices para catálogo sistemático:
1. Sociologia 301

Cibele Maria Dias – Bibliotecária – CRB-8/9427

Pierre Bourdieu

SOCIOLOGIA GERAL

VOL. 5: POLÍTICA E SOCIOLOGIA

Curso no Collège de France
(1985-1986)

Edição estabelecida por
Patrick Champagne e Julien Duval com a colaboração de
Franck Poupeau e Marie-Christine Rivière

Tradução de Fábio Ribeiro

EDITORA VOZES

Petrópolis

© Éditions Raison d'agir/Éditions du Seuil, Novembro 2016.

Tradução do original em francês intitulado *Sociologie générale – Vol. 2 - Cours au Collège de France (1983-1986)*
Esta edição segue a divisão proposta pela edição em inglês publicada em cinco volumes pela Polity Press.

Direitos de publicação em língua portuguesa – Brasil:
2023, Editora Vozes Ltda.
Rua Frei Luís, 100
25689-900 Petrópolis, RJ
www.vozes.com.br
Brasil

Todos os direitos reservados. Nenhuma parte desta obra poderá ser reproduzida ou transmitida por qualquer forma e/ou quaisquer meios (eletrônico ou mecânico, incluindo fotocópia e gravação) ou arquivada em qualquer sistema ou banco de dados sem permissão escrita da editora.

CONSELHO EDITORIAL

Diretor
Volney J. Berkenbrock

Editores
Aline dos Santos Carneiro
Edrian Josué Pasini
Marilac Loraine Oleniki
Welder Lancieri Marchini

Conselheiros
Elói Dionísio Piva
Francisco Morás
Gilberto Gonçalves Garcia
Ludovico Garmus
Teobaldo Heidemann

Secretário executivo
Leonardo A.R.T. dos Santos

PRODUÇÃO EDITORIAL

Aline L.R. de Barros
Jailson Scota
Marcelo Telles
Natália França
Mirela de Oliveira
Otaviano M. Cunha
Priscilla A.F. Alves
Rafael de Oliveira
Samuel Rezende
Vanessa Luz
Verônica M. Guedes

Editoração: Mariana Perlati
Diagramação: Victor Mauricio Bello
Revisão gráfica: Michele Guedes Schmid
Capa: Editora Vozes

ISBN 978-85-326-7045-8 (Brasil)
ISBN 978-2-02-1333587-3 (França)

Este livro foi composto e impresso pela Editora Vozes Ltda.

Os editores agradecem a Bruno Auerbach, Amélie e Louise Bourdieu, Pascal Durand, Johan Heilbron, Remi Lenoir, Amín Perez, Jocelyne Pichot e Louis Pinto por sua colaboração. Eles agradecem em particular a Bernard Convert e Thibaut Izard por sua ajuda constante e com frequência decisiva[1].

---

1. O tradutor gostaria de agradecer a Juliana Miraldi, doutora em Sociologia pela Unicamp, o auxílio com questões que surgiram nesta tradução [N.T.].

Sumário

Nota dos editores, 11

Ano letivo 1985-1986, 15

Aula de 17 de abril de 1986, 17

O capital simbólico, 17

Primeira hora (aula): recapitulação, 19

Conhecimento e desconhecimento, 20

O poder simbólico como fetiche, 23

A socialização por meio das estruturas sociais, 25

Uma fenomenologia política da experiência, 27

A nostalgia do paraíso perdido, 30

Da *doxa* à ortodoxia, 32

Retorno ao poder simbólico, 33

Segunda hora (seminário): biografia e trajetória social (1), 34

O problema da unidade do eu, 37

A unidade do eu através dos espaços, 39

O nome como fundamento do indivíduo constituído socialmente, 41

Curriculum vitae, cursus honorum, registro policial, boletim escolar, 46

Aula de 24 de abril de 1986, 50

Primeira hora (aula): a fidēs, uma realização histórica do capital simbólico, 50

Uma etnologia do inconsciente, 58

Os exemplos da etnia e da grife, 61

O *habitus* como determinação e como sensibilidade, 65

Segunda hora (seminário): biografia e trajetória social (2), 68

Importar uma ruptura literária, 71

Constituir as constâncias, 74

O espaço dos discursos biográficos, 78

Da narrativa de vida à análise de trajetórias, 81

Aula de 15 de maio de 1986, 86

Primeira hora (aula): uma solução disposicional, 86

A independência do *habitus* em relação ao presente, 89

Previsão, protensão e projeto, 94

A mudança do *habitus*, 97

O poder, 98

A relação pequeno-burguesa com a cultura, 103

Segunda hora (seminário): Ao farol (1), 104

Os campos como armadilhas, 107

Um homem-criança, 108

Os homens, oblatos do mundo social, 112

Aula de 22 de maio de 1986, 120

Primeira hora (aula): resumo das aulas anteriores, 120

Indivíduo socializado e indivíduo abstrato, 125

Habitus e princípio da escolha, 127

Estruturas mentais e estruturas objetivas, 129

A adequação mágica do corpo ao mundo, 132

O falso problema da responsabilidade, 133

A coincidência entre as posições e as disposições, 134

Amor fati, 137

Segunda hora (seminário): Ao farol (2), 139

A incorporação do político, 140

O poder paterno e o efeito de veredito, 144

A somatização das crises sociais, 147

A metamorfose e a experiência originária do poder originário, 149

Aula de 29 de maio de 1986, 153

Primeira hora (aula): a divisão do trabalho de produção das representações, 153

Uma teoria da ação, 155

As condições da decisão racional, 156

Não existe um problema como tal, 159

A deliberação como acidente, 162

Um racionalismo ampliado, 164

As alternativas e a lógica dos campos, 166

Segunda hora (seminário): o campo do poder (1), 170

O campo do poder e a diferenciação dos campos, 173

O surgimento do universo "como tal", 175

O poder sobre o capital, 176

O poder e sua legitimação, 179

Aula de 5 de junho de 1986, 184

Primeira hora (aula): os eternos falsos problemas, 184

A alternativa entre o mecanicismo e o finalismo, e as condições de racionalidade, 188

Oposições científicas e oposições políticas, 192

O domínio prático das estruturas, 197

A imposição do ponto de vista do direito, 198

Segunda hora (seminário): o campo do poder (2), 201

O exemplo das "capacidades", 203

Sistema escolar, *numerus clausus* e reprodução social, 208

A busca de formas estáveis do capital, 211

As estratégias de reprodução segundo as espécies de capital, 213

Sociodiceia e ideologia, 216

Aula de 12 de junho de 1986, 221

Primeira hora (aula): espaço das posições e espaço das tomadas de posição, 221

A representação do mundo social como objetivo de luta, 222

Uma construção coletiva, 224

Uma luta cognitiva, 226

A explicitação do implícito, 229

A especificidade do campo científico, 235

Segunda hora (seminário): o campo do poder (3), 237

As fronteiras dos campos e o direito de entrada, 239

O exemplo do campo literário, 242

Fluxos de capitais e variação das taxas de câmbio, 245

Instaurar um novo modo de reprodução, 247

O demônio de Maxwell, 250

Aula de 19 de junho dc 1986, 252

Lutas práticas e lutas de teóricos, 252

As lutas dos profissionais da explicitação, 254

Ciência da ciência e relativismo, 258

A ciência como campo social, 260

Um relativismo racionalista, 264

A vulnerabilidade da ciência social, 268

O efeito Gerschenkron, 271

O problema da existência das classes sociais, 273

A "classe": uma ficção bem construída, 276

Classes construídas e classes infrarrepresentacionais, 279

O momento construtivista, 281

Situação do quinto volume do Curso de Sociologia Geral em sua época e na obra de Pierre Bourdieu, 287

    Uma coerência na escala de cinco anos, 288

    Os "impromptus" da segunda hora, 292

    O anúncio de trabalhos posteriores, 297

    O quadro do Collège de France, 301

    O campo intelectual na primeira metade da década de 1980, 303

    O subespaço da sociologia, 305

    O contexto político, 307

Anexos, 311

Índice onomástico, 335

Índice de conceitos, 339

Nota dos editores

Este livro se inscreve na empreitada de publicação dos cursos de Pierre Bourdieu no Collège de France. Alguns meses depois de sua última aula nessa instituição, em março de 2001, Bourdieu publicara com o título *Ciência da ciência e reflexividade*[2] uma versão condensada de seu último ano de ensino (2000-2001). Depois de seu falecimento, dois livros foram publicados: *Sobre o Estado*, em 2012, e *Manet: uma revolução simbólica*, em 2013, que correspondem aos cursos que ele lecionou, respectivamente, nos períodos 1989-1992 e 1998-2000[3]. A publicação do "Curso de Sociologia Geral" que Pierre Bourdieu lecionou durante seus cinco primeiros anos letivos no Collège de France, entre abril de 1982 e junho de 1986, foi empreendida em seguida. Os quatro volumes anteriores da série reuniram as aulas realizadas nos anos letivos de 1981-1982, 1982-1983, 1983-1984 e 1984-1985. Este quinto volume reúne o último ano, 1985-1986, e consiste em oito aulas de cerca de duas horas cada uma.

A edição do "Curso de sociologia geral" conforma-se às escolhas editoriais que foram definidas quando da publicação do curso sobre o Estado que visavam conciliar a fidelidade e a legibilidade[4]. O texto publicado corresponde à retranscrição das aulas tais como elas foram ministradas. Na imensa maioria dos casos, a retranscrição foi feita a partir das gravações no quadro deste projeto de publicação. Entretanto, para algumas aulas não foi possível encontrar gravações e o texto publicado aqui baseia-se nas retranscrições integrais que Bernard Convert

---

2. BOURDIEU, P. *Para uma sociologia da ciência*. Trad. de Pedro Elói Duarte. Lisboa: Edições 70, 2004 [*Science de la science et réflexivité*. Paris: Raisons d'Agir, 2001].

3. *Id. Sobre o Estado*. Trad. de Rosa Freire d'Aguiar. São Paulo: Companhia das Letras, 2014 [*Sur L'État*: cours au Collège de France 1989-1992, Paris: Seuil, 2012]; *Id. Manet*: uma revolução simbólica. Trad. de Rosa Freire d'Aguiar. São Paulo: Edusp, 2023 [*Manet*: une révolution symbolique. Paris: Seuil, 2013].

4. Cf. a nota dos editores em *Sobre o Estado*, *op. cit.*, p. 13-15 [7-9].

realizou para seu uso pessoal. Amavelmente, ele as disponibilizou para nós e agradecemos-lhe muito calorosamente.

Como nos volumes anteriores, a passagem do oral ao escrito foi acompanhada por uma leve reescrita que buscou respeitar as disposições que Bourdieu aplicava quando ele próprio revisava suas conferências e seminários: correções estilísticas, suavização dos resíduos do discurso oral (repetições, tiques de linguagem etc.). Em casos muito excepcionais, suprimimos certas digressões quando o estado das gravações não permitia reconstituí-las de maneira satisfatória. As palavras ou passagens que estavam inaudíveis ou que correspondiam a uma interrupção momentânea das gravações são assinaladas por [...] quando se mostraram impossíveis de restituir e foram colocadas entre colchetes quando não puderam ser reconstituídas com segurança.

A divisão em seções e parágrafos, os subtítulos e a pontuação são dos editores. Os "parênteses" nos quais Bourdieu se afasta de sua proposta principal são tratados de maneiras diferentes dependendo de sua extensão e da relação que têm com o contexto. Os mais curtos são colocados entre hífenes. Quando esses desenvolvimentos adquirem uma certa autonomia e implicam uma ruptura no fio do raciocínio, eles são assinalados entre parênteses e, quando são muito longos, podem tornar-se o objeto de uma seção inteira.

As notas de rodapé são, em sua maioria, de três tipos. O primeiro indica, quando foi possível identificá-los, os textos aos quais Bourdieu se referiu explicitamente (e às vezes implicitamente); quando pareceu útil, adicionamos curtas citações desses textos. O segundo visa a indicar aos leitores os textos de Bourdieu que, anteriores ou posteriores aos cursos, contêm aprofundamentos sobre os pontos abordados. O último tipo de notas fornece elementos de contextualização, por exemplo em relação a alusões que poderiam ser obscuras para leitores contemporâneos ou pouco a par do contexto francês.

As aulas apresentadas neste volume diferem levemente em sua forma das que foram reunidas nos dois primeiros volumes: enquanto a primeira hora é dedicada ao curso propriamente dito e inscreve-se na continuidade direta das aulas publicadas nos volumes anteriores, a segunda aula se parece mais com um "seminário" em que Pierre Bourdieu escolheu apresentar suas pesquisas em curso. Para conservar uma linha editorial homogênea com os volumes já publicados, e para preservar as "pontes" que Pierre Bourdieu estabelece regularmente entre suas análises teóricas e suas pesquisas em curso, o volume respeita a ordem na qual as horas de ensino foram dadas. De certa maneira, os leitores ficarão livres para abordar essas lições como desejarem. Eles poderão realizar uma leitura linear que lhes aproximará da situação na qual a plateia do curso estava colocada, mas, se a alternância entre aulas "teóricas" e análises vindas de pesquisas em curso que representam um "seminário" incomodar, eles poderão "pular" os estudos de caso para ler continuamente a exposição do sistema teórico ou, inversamente, ler de uma só vez as horas relativas a uma mesma pesquisa em curso deixando de lado a aula propriamente dita.

Em anexo, foi reproduzido o resumo do curso como publicado em *L'Annuaire du Collège de France – cours et travaux* [*O anuário do Collège de France – cursos e trabalhos*].

[**Nota do tradutor**: reforçando o que foi dito pelos editores, gostaria de fazer uma observação sobre o caráter deste texto, que é razoavelmente diferente de um livro acadêmico tradicional. Pierre Bourdieu é conhecido por um estilo um tanto obscuro de redação, especialmente em suas primeiras obras, sobre as quais ele dizia que "o que é complexo só se deixa dizer de maneira complexa" (*Choses dites*, p. 66). Este curso de sociologia, por ser uma transcrição de suas aulas com uma intenção didática muito mais preponderante, é uma mudança radical para Bourdieu. Os editores franceses escolheram manter grande parte da oralidade dessas aulas, opção que segui na tradução e que considero ser a grande virtude deste texto para um público mais geral (e, também, especializado): um Bourdieu mais claro e até mais "humanizado". Assim, peço que se tenha isso em mente durante a leitura: neste texto há gírias, construções verbais não eruditas, piadas, trocadilhos, jogos de palavras, próclises no lugar de ênclises e outros traços de oralidade. No que concerne à tradução, sempre que possível adicionei referências a edições em língua portuguesa nas notas de rodapé. As referências aos originais estão sempre entre colchetes. Também acrescentei notas de esclarecimento de contexto para um público brasileiro quando julguei necessário. Em algumas passagens, o próprio Bourdieu comenta citações de outros autores. Quando isso acontece, acrescentei "P.B." ao final dos colchetes das intervenções de Bourdieu para diferenciá-las das minhas.]

Ano letivo

1985-1986

Aula de 17 de abril de 1986

> Primeira hora (aula): recapitulação. – O capital simbólico. – Conhecimento e desconhecimento. – O poder simbólico como fetiche. – A socialização por meio das estruturas sociais. – Uma fenomenologia política da experiência. – A nostalgia do paraíso perdido. – Da *doxa* à ortodoxia – Retorno ao poder simbólico. – Segunda hora (seminário): biografia e trajetória social (1). – O problema da unidade do eu. – A unidade do eu através dos espaços. – O nome como fundamentação do indivíduo constituído socialmente. – *Curriculum vitae, cursus honorum*, registro policial, boletim escolar.

O capital simbólico

Agora que contextualizei a proposta que gostaria de apresentar hoje, queria tentar extrair a lógica da luta simbólica. As lutas simbólicas têm uma autonomia em relação às lutas orientadas por objetivos materiais. Elas têm uma lógica específica, sejam as lutas simbólicas cotidianas nas quais os agentes ordinários estão engajados e que as tradições sociológicas como o interacionismo e a etnometodologia descreveram particularmente bem, ou as lutas entre profissionais, aquelas que se desenrolam dentro dos campos especializados (o campo religioso, intelectual, artístico etc.).

Essas lutas simbólicas são lutas político-cognitivas: elas têm objetivos cognitivos que implicam consequências políticas. Nelas se enfrentam agentes sociais armados desigualmente para essas lutas, já que a arma específica dessas lutas é o que chamei de capital simbólico, uma noção que agora devo tentar explicitar. Quando, num curso anterior, analisei as diferentes espécies de capital, guardei a definição da noção de capital simbólico na medida em que, segundo a lógica de minha empreitada, não podia introduzi-la enquanto me situasse numa fase fisicalista na qual não havia ainda introduzido a relação dos agentes com o capital. Ora, parece-me que o capital simbólico existe de certa maneira na relação entre alguma forma de capital e os agentes sociais que o apreendem segundo categorias de percepção organizadas ou impostas pela estrutura do campo no qual esse capital funciona.

Direi de maneira mais concreta o que acabo de dizer muito abstratamente. No fundo, o capital simbólico é o capital econômico, cultural ou social quando é percebido segundo as categorias de percepção adequadas, quer dizer, conforme às condições sociais de produção e de funcionamento dessa espécie de capital. Não podemos excluir, por exemplo – essa é uma análise célebre de [Bertrand] Russell – que o capital de força física pura exerce por si mesmo uma forma de imposição simbólica quando é percebido não apenas como força bruta, mas em função de categorias de percepção e de apreciação que fazem da força a manifestação de uma legitimidade, um poder que implica a afirmação de seu próprio reconhecimento[5]. O que é verdade no caso da violência física pura – portanto, que pode, quando é conhecida e reconhecida, transformar-se em violência simbólica – também vale no caso da força puramente econômica quando é percebida segundo categorias de percepção adequadas. Enxergamos isso quando o capital econômico é reconhecido, por exemplo, na filosofia do *self-made man*[6], como uma espécie de eleição temporal que também é o sinal de uma eleição no além. Em algumas filosofias puritanas, o próprio capital econômico pode ser de alguma forma constituído pela percepção que se tem dele, em poder simbólico. Isso vale ainda mais para o capital cultural que, como demonstrei extensivamente nos cursos anteriores, é incorporado, inscrito em parte na memória e nas disposições mais aparentemente inatas do *habitus*. O capital cultural é particularmente predisposto a funcionar como capital simbólico, como carisma, como dom, na medida em que é predisposto a ser conhecido e desconhecido.

---

5. P. Bourdieu talvez tenha em mente as análises das formas de poder e de influência (em particular aquelas exercidas pelos "líderes" sobre os "seguidores") desenvolvidas por RUSSELL, B. *O poder*: uma nova análise social. Trad. de Brenno Silveira. São Paulo: Companhia Editora Nacional, 1957 [*Power*: a New Social Analysis. London: Allen & Unwin, 1938].

6. Termo sem tradução estabelecida que se refere à ideia de uma pessoa que obtém sucesso (particularmente econômico) unicamente por meio de seus próprios esforços [N.T.].

Primeira hora (aula): recapitulação

Começarei lembrando [...] a linha geral do curso que seguirei hoje e que, acho, entra em sua última fase. Desenvolvi sucessivamente um conjunto de análises nas quais confrontei a noção de *habitus* e a de campo. No primeiro curso, há alguns anos, explicitei os pressupostos teóricos do emprego da noção de *habitus*, as razões pelas quais introduzi essa noção em oposição às filosofias finalistas ou mecanicistas empregadas costumeiramente para dar conta da ação. Em seguida, descrevi o que entendia com a noção de campo, distinguindo dois momentos: depois de uma fase que poderíamos chamar de fisicalista, que consiste em analisar o campo como campo de forças, ano passado cheguei a uma análise da noção de campo como campo de lutas. Entre os dois, tratei da relação entre o *habitus* e o campo: o campo de forças se torna um campo de lutas quando é constituído por agentes sociais que dispõem de categorias de percepção e de apreciação e percebem esse campo como um terreno de enfrentamento. Demonstrei que a estrutura do campo como campo de forças é definida por meio da estrutura da distribuição do capital: o que faz a estrutura de um campo é a distribuição dos instrumentos constitutivos desse campo, o que chamo de espécies de capital. Analisei as diferentes formas de capital, os diferentes trunfos que podem servir como instrumentos de luta num campo. Nesse momento, eu disse que poderia continuar por um estudo das relações de força dentro daquilo que chamo de campo do poder, o espaço onde se enfrentam as diferentes forças, os diferentes trunfos, as diferentes espécies de capital. Continuei (esse foi o objeto das aulas do ano passado) com uma sociologia da percepção do mundo social, por meio de uma análise dos confrontos dos agentes sociais a respeito do mundo social. Indiquei que o mundo social (é o que cria a diferença entre um campo de forças e um campo de lutas) não é simplesmente um lugar onde se exercem forças. Os agentes sociais não são apenas partículas que entrariam num campo como campo de forças: eles são dotados de categorias de percepção e de apreciação; da mesma forma, a representação que têm do mundo social no qual estão inseridos e do qual sofrem as forças contribui para definir sua ação nesse mundo. Sua representação do mundo social depende, em parte, de sua posição nesse mundo e, noutra parte, das categorias de percepção e apreciação ligadas à sua experiência anterior desse mundo que é constitutiva de seu *habitus*.

Essa sociologia da percepção me levou a uma análise das relações de força simbólicas e a uma análise do mundo social como lugar de uma luta pela visão legítima do mundo, o que chamei de *nomos*, no sentido original do termo (a lei), mas também no sentido de princípio de visão e de divisão; essa luta é, dessa forma, uma luta pelo princípio legítimo de visão e de divisão, ou ainda pelo princípio de distribuição legítima. Na última aula, tentei recolocar essa análise numa espécie de história das representações do conhecimento do mundo social. Nesse ponto, lembrei que para pensar essa percepção do mundo social que não é simplesmente um ato cognitivo, mas inseparavelmente um ato cognitivo e um ato político, era preciso integrar de alguma forma abordagens ordinariamente exclusivas. A abordagem que poderíamos chamar de kantiana ou neokantiana insiste no fato de que o mundo é apreendido por intermédio de estruturas cognitivas universais. Demonstrei que podíamos fazer a genealogia dessas estruturas cognitivas e, em seguida, que essas estruturas cognitivas existiam no estado objetivado na forma de sistemas simbólicos estruturados e estruturantes, como a língua, a cultura etc. Depois, insisti no fato de que esses sistemas estruturados e estruturantes são, nas sociedades diferenciadas, o produto do trabalho de especialistas, agentes religiosos, intelectuais etc. Consequentemente, o que podemos chamar, para aproximar duas noções antagônicas na tradição filosófica, de uma "sociologia das formas simbólicas"[7] passa por uma sociologia dos campos de produção especializada, dos quais um exemplo típico é o campo religioso.

Conhecimento e desconhecimento

Essa noção de conhecimento e de desconhecimento (posso desenvolver rapidamente) é importante para compreender o estatuto apropriado do capital simbólico. O capital simbólico é uma força que se exerce sobre todos os que adotam, para percebê-lo, as categorias de percepção que o constituem como tal; existe, assim, uma espécie de circularidade no capital simbólico. Ele se baseia num ato de conhecimento da parte daquele que sofre [essa força] e esse ato de conhecimento contém um reconhecimento: ao reconhecer um capital simbólico como tal, eu lhe

---

7. P. Bourdieu explicou, em sua última aula do ano anterior (30 de maio de 1985), como a frase "sociologia das formas simbólicas" constituía um "barbarismo": o conceito de "forma simbólica", proposto por Ernst Cassirer (CASSIRER, E. *A filosofia das formas simbólicas*. Trad. de Marion Fleischer. São Paulo: Martins Fontes, 2001. 3 v. [*Philosophie der symbolischen Formen*. Berlim: Bruno Cassirer, 1923-1929]), inscreve-se numa tradição neokantiana e compreende-se como uma forma universal e trans-histórica.

concedo as categorias de percepção segundo as quais ele exige ser percebido. Essa espécie de circularidade está no coração do problema da legitimidade. Eu disse isso nos anos passados: não existe um poder que não exija ser percebido segundo suas próprias normas de percepção. Quando refletimos sobre o poder na lógica finalista do complô e da propaganda, como fazem, por exemplo, os filósofos supostamente "críticos", como a Escola de Frankfurt[8], tendemos a pensar que o poder impõe a representação de si mesmo por meio de uma espécie de trabalho operado intencionalmente.

Na verdade, o que me parece importante para compreender os efeitos de dominação simbólica é que os efeitos simbólicos que menciono são, de alguma forma, constitutivos e realizam-se até sem qualquer intenção de propaganda, de imposição simbólica. Na própria lógica das diferentes formas de forças, há uma propensão a impor as categorias de sua própria percepção e, ao mesmo tempo, a ser simultaneamente conhecida e reconhecida, quer dizer, desconhecida em sua verdade de força. E a definição do poder simbólico que proponho é uma definição da legitimidade. A legitimidade, nessa lógica, é uma forma de reconhecimento fundamentado no desconhecimento. Um poder simbólico é um poder que se faz reconhecer na medida em que ele se faz desconhecer como poder. Ele se faz reconhecer uma vez que faz desconhecer o arbitrário que está no princípio de sua eficácia. Essa espécie de desconhecimento, esse conhecimento extorquido e enviesado, pode, portanto, ser obtida (isso absolutamente não é trivial) independentemente de qualquer intenção de enganação. Acho até que as formas de dominação mais sutis se exercem sem qualquer intenção de dominação da parte do dominante; voltarei assim ao caso do paternalismo, forma particularmente sutil de dominação na qual o dominante impõe as categorias de sua própria percepção sem mesmo qualquer intenção perversa de dominar e de enganar. De uma certa maneira, poderíamos dizer que as formas mais sutis de dominação são aquelas nas quais o próprio enganador é enganado, e, no fundo, o que estou explicitando sob o nome de capital simbólico é aquilo que Weber chamava de "carisma" (*khárisma*, a "graça"[9]), essa espécie de graça, em todos

---

8. Por exemplo, na Escola de Frankfurt a noção de "propaganda" é utilizada por ADORNO, T.; HORKHEIMER, M. *A dialética do esclarecimento*. Trad. de Guido Antonio de Almeida. Rio de Janeiro: Jorge Zahar, 1985 [*Dialektik der Aufklärung*. Amsterdam: Querido, 1947] e por HABERMAS, J. *Mudança estrutural da esfera pública*. Trad. de Denilson Luís Werle. São Paulo: Unesp, 2014 [*Strukturwandel der Öffentlichkeit*. Frankfurt: Suhrkamp, 1962].

9. A palavra grega *khárisma* (χάρισμα) muitas vezes é traduzida como "graça".

os sentidos do termo, que acompanha o poder: essa graça do poder, essa beleza do poder, esse charme do poder, é alguma coisa que o poder exerce *eo ipso*, por sua própria existência, independentemente de qualquer intenção de justificação. Apesar disso, essas intenções de justificação não estão necessariamente ausentes. Elas podem reforçar os efeitos próprios do poder.

Por outro lado, dizer que o poder simbólico pressupõe o conhecimento e, da parte dos que o sofrem, um ato de conhecimento e de reconhecimento resvala em certos tópicos da filosofia contemporânea. Os filósofos descobriram o poder nos últimos anos e às vezes resvalam em análises parecidas com a que proponho com, me parece, simplificações e mutilações que gostaria de analisar rapidamente para evitar que vocês tenham a sensação de que retomo essas análises. Existem, vocês sabem, discussões sobre o "lugar" do poder, sobre a questão de saber se o poder vem do alto ou de baixo, e, por uma espécie de inversão cuja lógica social podemos compreender (mas não a lógica intelectual), alguns filósofos foram levados a dizer que o poder vem de baixo[10], que existe uma espécie de amor do poder, que os dominados de alguma forma criam sua própria dominação por uma espécie de submissão perversa ao charme do poder. Essas análises, como vocês veem, em aparência estão muito próximas do que digo. Ao mesmo tempo, estão extremamente distantes. Para começar, a questão do "lugar" do poder é extremamente ingênua. Se vocês compreenderam as análises da noção de campo que propus e as análises das relações entre a noção de capital e a de campo, terão compreendido que formular a pergunta de saber no lugar em que está o princípio do poder – ou, o que dá no mesmo, onde está o princípio da mudança do poder, o lugar onde se situaria a subversão contra o poder – é extremamente ingênuo na medida em que é a estrutura do campo como tal que é o lugar do poder. Formular a questão de saber em que consiste o poder do artista que, por meio de sua assinatura, multiplica o valor de uma obra – ou o poder do costureiro que, com sua grife, multiplica o valor de uma obra[11] – é escamotear a pergunta do espaço no qual se produz o poder que o detentor do poder mobiliza. A questão do poder é, por um lado, a

---

10. Cf. a aula de 30 de maio de 1985: BOURDIEU, P. *Sociologia geral volume 4*: princípios de visão. Trad. de Fábio Ribeiro. Petrópolis: Vozes, 2023. p. 287 [*Sociologie générale volume 2*. Paris: Seuil, 2016. p. 767].

11. BOURDIEU, P.; DELSAUT, Y. O costureiro e sua grife: contribuição para uma teoria da magia. *In*: BOURDIEU, P. *A produção da crença*. Trad. Maria da Graça Jacintho Setton. Porto Alegre: Zouk, 2001 [Le couturier et sa griffe: contribution à une théorie de la magie. *Actes de la recherche en sciences sociales*, n. 1, p. 7-36, 1975].

questão das condições sociais de produção do poder e, do outro, a questão das condições sociais de mobilização, por uma pessoa ou por um grupo, do poder acumulado. Essa é uma primeira coisa.

O poder simbólico como fetiche

Em segundo lugar, o poder simbólico, tal como eu o defini, como efeito específico de toda espécie de poder quando é reconhecido, já que é o produto de um ato de reconhecimento, supõe evidentemente a contribuição de alguma forma dos que o sofrem: não existe poder simbólico sem a cumplicidade, ou a colaboração, ou a contribuição dos que o sofrem. Falar de poder simbólico é talvez dar um sentido mais rigoroso à noção tradicional de fetichismo. O poder simbólico é, como o fetiche, o produto de uma projeção subjetiva de um ato subjetivo de conhecimento, reconhecimento e desconhecimento, que vive como objetivo o poder que produz por sua projeção. Daqui a pouco chegarei a uma belíssima análise que [Émile] Benveniste propõe sobre a noção de *fidēs*, na qual enxergamos muito bem esse deslocamento do subjetivo ao objetivo. Com efeito, em sua definição mais simples, o fetichismo, no sentido próprio, consiste no fato de o criador adorar sua própria criatura – é o efeito Pigmalião. O criador adora sua própria criatura com base numa ignorância de sua contribuição para produzir os efeitos que sofre. [É preciso] compreender esse efeito de fetichismo de uma maneira não ingênua para evitar recair nessa espécie de filosofia que, ao buscar um lugar do poder, arrisca-se a ser e parecer uma resposta à pergunta de saber quem é responsável pelo poder.

Eu acho que uma das piores dificuldades da ciência social é que as perguntas sobre verdade ("O que é…?") muito frequentemente são transformadas em perguntas de responsabilidade. Um dos grandes princípios de erro nas ciências sociais é o fato de se perguntar: "De quem é a culpa?" O responsável pelo poder é o malvado dominante? Será que os pobres dominados não contribuem para sua própria dominação, o que seria uma maneira de desculpar os dominantes? Essa pergunta "De quem é a culpa?", que está subjacente a esses debates sobre o lugar do poder, oculta a pergunta simples de saber como funciona essa forma particular de poder que é o poder simbólico, que só pode se exercer por meio de uma relação de conhecimento entre dominantes e dominados. Não é por uma espécie de perversão que os dominados concedem ao poder – trate-se da força física, econômica ou cultural – um reconhecimento que reforça o poder primário por intermédio de um poder secundário associado à legitimidade, é porque, como acabei de dizer, as categorias de percepção que os dominados aplicam ao poder dominante, assim constituído como poder simbólico, são o produto do próprio exercício desses poderes.

Cito o exemplo dos esquemas de percepção das obras de arte ou, de modo mais geral, dos objetos de juízo estético tais como eles são constituídos sob a forma de pares de adjetivos. (Uso esse exemplo com frequência e peço desculpas para os que já o ouviram, mas acontece de eu passar pelo mesmo ponto por trajetórias diferentes.) Barthes, em seus últimos escritos sobre música, observou que a maioria dos juízos de gosto são adjetivos[12]; acho que poderíamos dizer até que são exclamações do tipo *mana!* [na Polinésia] ou *wakanda!* [entre os Sioux]. Os etnólogos observaram que esses conceitos muito gerais que encontramos em muitas sociedades para dizer o extraordinário, o *mana*, o formidável, são adjetivos que funcionam como exclamações, como gritos de admiração. Lévi-Strauss, comentando o texto famoso de Mauss ["Ensaio de uma teoria geral da magia"], diz que isso se parece com o assobio de admiração de um homem diante de uma bela garota[13]. As exclamações admirativas, muitas vezes constituídas sob a forma de adjetivos, são tipicamente aquilo que, aparentemente, produz o capital simbólico e que, de fato, produz o capital simbólico. Não quero ir longe demais, mas não é a bela garota que produz o assobio de admiração, é o assobio de admiração que produz a bela garota, na medida em que, para constituir a bela garota como bela garota, é preciso ter as categorias de percepção que permitam constituí-la como bela garota. Existem universos que produzem simultaneamente essas categorias de percepção (como "magro", "pesado"/"leve", "fino"/"pesado"), a bela garota e a admiração que é o produto da relação entre a bela garota e as categorias segundo as quais ela é percebida.

Esse efeito simbólico está ligado não a uma espécie de violência intencional, mas a uma espécie de violência constitutiva inerente ao funcionamento de certos campos, já que os sistemas de adjetivos são a cristalização de relações sociais

---

12. "À música é imediatamente atribuído um adjetivo. [...] Evidentemente, do momento em que tomamos a arte como tema (de um artigo, de conversação), temos que atribuir-lhe um predicado" (BARTHES, R. O grão da voz [1972]. *In: Id. O óbvio e o obtuso*: ensaios críticos III. Trad. de Lea Novaes. Rio de Janeiro: Nova Fronteira, 1990. p. 237. [*Le grain de la voix. In: L'Obvie et l'obtus*: essais critiques III. Paris: Seuil, 1982. p. 236]).

13. LÉVI-STRAUSS, C. Introdução à obra de Marcel Mauss. *In*: MAUSS, M. *Sociologia e antropologia*. Trad. de Paulo Neves. São Paulo: Cosacnaify, 2003. p. 11-46. [*Sociologie et anthropologie*. Paris: PUF, 1950, p. 9-52].

fundamentais. Por exemplo, a oposição entre o raro e o comum, tão poderosa nos juízos de gosto (e particularmente nos juízos de gosto em relação à arte erudita), é evidentemente a transfiguração da oposição fundamental entre aquilo que é exclusivo (que, de fato ou de direito, está reservado a poucos) e as coisas comuns, vulgares, disseminadas etc. As estruturas mentais segundo as quais os agentes sociais percebem o mundo social são, portanto, em grande parte o produto da incorporação das estruturas sociais às quais eles aplicam essas estruturas mentais; essa circularidade está no princípio desse reforço simbólico dos efeitos exercidos pelas diferentes formas de capital e no princípio desse reconhecimento. Podemos perceber que o efeito simbólico do capital se exerce de alguma forma automática e independentemente de qualquer intenção da parte dos dominantes, e a cumplicidade que os dominados concedem ao princípio de dominação que se exerce sobre eles, e que assim contribuem para produzir, não tem nada de uma espécie de efeito de traição, de covardia, de resignação como algumas análises pós-1968 sugerem; na realidade é um efeito estrutural que se deve ao fato de as estruturas de percepção que aplicamos ao mundo social serem em grande parte o produto da incorporação das estruturas do mundo social.

Se, para citar a famosa frase de Mauss, que é uma belíssima definição do fetichismo, "a sociedade sempre se paga com a falsa moeda de seu sonho"[14], quer dizer, se nós somos sempre mais ou menos fetichistas quando percebemos o mundo social, se aceitamos (de maneira fetichista) *tokens*, quer dizer, fichas em vez de ouro (o fetichismo é isso). Se aceitamos nos inclinar diante de estátuas que nós mesmos produzimos, não é por uma espécie de resignação que estaria abandonada ao efeito da liberdade individual, da escolha, da responsabilidade individual, mas por uma espécie de dominação estrutural que se deve ao fato de e pelo fato de pertencermos a campos sociais, nós tendemos a incorporar e interiorizar as próprias estruturas do mundo, de modo que aplicamos a esse mundo as categorias de percepção que lhe convém.

A socialização por meio das estruturas sociais

Todo poder busca esse efeito de circularidade. No começo eu disse que todo poder tem interesse em impor as categorias de sua própria percepção.

---

14. "Em última instância, é sempre a sociedade que se paga, ela própria, com a moeda falsa de seu sonho" (MAUSS, M.; HUBERT, H. Esboço de uma teoria geral da magia. *In*: MAUSS, M. *Sociologia e antropologia*, *op. cit.* p. 159 [119]).

Essa proposição simples me parece permitir compreender o princípio de toda estética do poder. Existe uma estética trans-histórica dos poderes. A estátua equestre, por exemplo, longe de ser um acidente histórico, é a manifestação dessa intenção de todo poder de se deixar ver segundo a maneira que lhe é mais favorável. Da mesma maneira, o princípio de frontalidade que observamos nos mosaicos bizantinos e num monte de outras representações sociais é uma espécie de estratégia de apresentação de si que convém ao poder e aos poderosos, na medida em que mantém os outros numa posição respeitosa, à distância; a apresentação frontal convoca uma reverência associada à distância (o objeto representado exige ser visto de baixo, de frente). Na maioria dos casos, essa imposição da percepção correta, do ponto de vista correto, que está inscrita na própria intenção de dominar simbolicamente, não precisa se expressar explicitamente. Ela é obtida através da própria lógica do efeito de inculcação inerente a toda existência social. Eu não disse isso (porque na verdade disse nas aulas anteriores...), mas o que está pressuposto em toda esta análise é que toda ordem social exerce, por sua própria existência, um efeito de inculcação, um efeito de educação. Nós temos uma tendência a associar a educação a uma ação pedagógica explícita, quando existe uma forma de socialização que é exercida pelo próprio funcionamento do mundo social, e acho que as formas mais poderosas de educação são aquelas exercidas pela própria estrutura.

Existe uma espécie de educação estrutural. Demonstrei isso a respeito da Cabila: como o espaço social é estruturado, o aprendizado do espaço, do deslocamento numa casa ou numa aldeia, é também o aprendizado das estruturas segundo as quais esse espaço é estruturado. Poderíamos demonstrar as mesmas coisas para as brincadeiras infantis: existem estruturas imanentes a essas brincadeiras e o que é aprendido por meio das regras do jogo também são estruturas [...], por exemplo a divisão do trabalho entre os sexos na sociedade arcaica ou uma estrutura de dominação[15]. Aquilo que Sartre chamava de "violência inerte"

---

15. Sobre a relação estruturas sociais/estruturas mentais, cf. BOURDIEU, P. A casa cabila ou o mundo invertido. *In: Id. O desencantamento do mundo*. Trad. de Silvia Mazza. São Paulo: Perspectiva, 2021. p. 211-239 [La maison kabyle ou le monde renversé. *In*: POUILLON, J.; MARANDA, P. (orgs.). *Échanges et communications*: mélanges offerts à Claude Lévi-Strauss à l'occasion de son 60e anniversaire. Paris: Mouton, 1970. p. 739-758]; a respeito dos efeitos da desintegração das estruturas sociais sobre as estruturas mentais, cf. BOURDIEU, P.; SAYAD, A. *Le Déracinement*: la crise de l'agriculture traditionnelle en Algérie [*O desenraizamento*: a crise da agricultura tradicional na Argélia]. Paris: Minuit, 1964.

das estruturas sociais[16] exerce um efeito pedagógico, de modo que as estruturas de percepção que serão aplicadas à percepção das ações pelas quais a estrutura social se manifesta tendem a ser ajustadas automaticamente a essas estruturas sociais. Assim – eu acho que é esse o paradoxo mais surpreendente que resulta dessas análises – o mundo social tende a ser percebido como algo óbvio, como evidente.

Uma fenomenologia política da experiência

Vou desenvolver um pouquinho esse ponto, que é uma maneira de romper com essa espécie de filosofia "culpabilista" segundo a qual o poder viria de baixo, e também com algumas representações pós-fenomenológicas da experiência do mundo social como um mundo que é autoevidente. Essas representações, desenvolvidas em particular pela etnometodologia, tendem de alguma forma a despolitizar ou, pelo menos, a anular a dimensão política dessa percepção. (Estou me expressando muito mal e vou dizer de forma diferente o que quero dizer.) Se eu quisesse fazer simetrias acadêmicas, diria que os que, como Foucault em alguns de seus textos[17], insistem no fato de que os dominados contribuem para sua própria dominação e que, consequentemente, é preciso procurar o poder um pouco em todos os lugares, e não apenas nos locais designados de dominação onde costumamos procurá-lo, de alguma forma politizam demais e acabam desenvolvendo uma filosofia da dominação que me parece muito ingênua. Pelo contrário, os que, como esses "sociólogos" americanos que são os etnometodólogos, prolongaram as análises fenomenológicas de Husserl e Schütz sobre a experiência do mundo

---

16. Cf. BOURDIEU, P. *Sociologia geral volume 3*: as formas do capital. Trad. de Fábio Ribeiro. Petrópolis: Vozes, 2023. p. 187 [*Sociologie générale volume 2*. Paris: Seuil, 2016. p. 212].

17. Nas aulas desse ano (1985-1986), P. Bourdieu se refere várias vezes a essas análises de Michel Foucault e à frase "o poder vem de baixo": "[...] o poder vem de baixo; isto é, não há, no princípio das relações de poder, e como matriz geral, uma oposição binária e global entre os dominadores e os dominados, dualidade que repercuta de alto a baixo e sobre grupos cada vez mais restritos até as profundezas do corpo social. Deve-se, ao contrário, supor que as correlações de força múltiplas que se formam e atuam nos aparelhos de produção, nas famílias, nos grupos restritos e instituições, servem de suporte a amplos efeitos de clivagem que atravessam o conjunto do corpo social. Estes formam, então, uma linha de força geral que atravessa os afrontamentos locais e os liga entre si; evidentemente, em troca, procedem a redistribuições, alinhamentos, homogeneizações, arranjos de série, convergências desses afrontamentos locais. As grandes dominações são efeitos hegemônicos continuamente sustentados pela intensidade de todos estes afrontamentos" (FOUCAULT, M. *História da sexualidade, I*. Trad. de Maria Thereza Albuquerque e J. A. Guilhon Albuquerque. São Paulo: Graal, 1988. p. 90 [*Histoire de la sexualité, I*. Paris: Gallimard, 1976. p. 124]).

ordinário e que insistem no fato de que a experiência primária do mundo social é uma experiência do mundo como autoevidente, despolitizam demais na medida em que se esquecem das condições sociais e históricas de possibilidade dessas experiências como autoevidentes. Formular as coisas dessa maneira permite situar o debate, já que meu próprio raciocínio não se desenvolve no vazio, mas, como todo raciocínio científico, num espaço de posições, e parte do seu valor consiste em superar as oposições. Menciono essas oposições para que vocês compreendam, e também porque minha análise corre o risco de lhes parecer evidente se vocês não tiverem em mente os problemas aos quais ela responde e as dificuldades que ela tenta superar.

Agora volto a essa análise: os fenomenólogos, especialmente Schütz, deram-se como projeto explicitar a experiência primária e espontânea – ou vivida, poderíamos dizer – do mundo social tal como ela aparece na existência ordinária. Para eles, uma característica fundamental dessa experiência é que o mundo aparece como evidente, óbvio, *taken for granted*. Isso não passa de um desenvolvimento da famosa análise de Husserl segundo a qual a experiência perceptiva, em oposição à experiência imaginária, por exemplo, ou à experiência da lembrança, é uma experiência cuja modalidade, quer dizer, o estatuto de crença, se quiserem, é uma modalidade dóxica[18]. Consequentemente, toda percepção implica uma adesão, uma crença ou, para falar como Husserl, uma "tese de existência"[19], uma tese que não é formulada como tal: é preciso ser fenomenólogo para compreender que a percepção implica uma tese de existência tácita, uma tese não tética. O papel da fenomenologia é tornar explícitos esses pressupostos implícitos da experiência ordinária. Os etnometodólogos estendem essas análises e descrevem as condições por meio das quais essa experiência do mundo se manifesta como evidente. Porém, seu objetivo é descrever uma experiência e, para eles, a ciência social tem como objeto apenas descrever de maneira metódica a própria experiência do mundo social. Ela não passa, de alguma forma, de um resumo metódico dos resumos verbais que os agentes dão de sua experiência do mundo social. Ela está numa relação de continuidade (e não de ruptura) a respeito da experiência ordinária do mundo.

---

18. HUSSERL, E. *Ideias para uma fenomenologia pura e para uma filosofia fenomenológica*. Trad. de Márcio Suzuki. Aparecida: Ideias & Letras, 2006 [*Ideen zu einer reinen Phänomenologie und phänomenologischen Philosophie*. Tübingen: Max Niemeyer, 1913].

19. *Ibid.* §46, p. 108-110.

Isso é completamente diferente da minha visão: eu acho que a ciência deve analisar ao mesmo tempo essa experiência primária do mundo e suas condições sociais de possibilidade, as condições por meio das quais ela se realiza, o que pressupõe uma ruptura com a experiência primária e a constituição das condições objetivas, por exemplo as condições pelas quais as categorias de percepção e as estruturas são produzidas e pelas quais se opera o acordo entre as estruturas objetivas e as cognitivas. É preciso, então, tirar os olhos da experiência tal como ela se vive para compreender completamente a experiência; não basta descrevê-la em sua própria linguagem, é preciso constituir as condições de sua própria produção e de seu próprio funcionamento. Quando permanecemos na perspectiva fenomenológica-etnometodológica, damo-nos por objeto descrever essa experiência e insistimos nessa espécie de relação originária com o mundo como relação de evidência, como relação dóxica. Eu quero apenas adicionar que existem condições sociais de possibilidade dessa experiência. Disso resulta que essa experiência não é universal: existem situações em que o mundo deixa de ser óbvio ou de se dar como evidente. Para compreender a experiência do mundo como evidente e a experiência das crises da evidência, as situações críticas nas quais o mundo balança e deixa de ser evidente, é preciso compreender as condições sociais de possibilidade dessa experiência, ou seja, as condições do acordo entre a concordância das estruturas de percepção com as estruturas objetivas, e as condições da discordância, as condições sem as quais essa concordância naufraga.

Consequentemente, se voltarmos à análise do poder, o mundo social se oferece como evidente de modo muito mais amplo do que poderia crer uma representação politizada do mundo social. Se a análise que propus for verdadeira, compreendemos que, entre os dominados, os que sofrem da maneira mais brutal as coerções estruturais dos campos sociais podem perceber como natural esse mundo que, percebido com nossas categorias, pode parecer revoltante e chocante. Portanto, minha análise dá conta do paradoxo segundo o qual aquilo que alguns percebem como escandaloso é percebido por outros como natural – como não escandaloso. É que as condições sociais mais revoltantes do ponto de vista, por exemplo, das categorias de percepção do intelectual francês da década de 1980 podem ser vividas como naturais, como óbvias para as pessoas cujas categorias de percepção dessas condições são o próprio produto dessas condições. Existe um exemplo cômodo, por ser recente: as evidências que a denúncia feminista fez aparecer retrospectivamente como intoleráveis, impossíveis, insuportáveis, podem continuar a funcionar como evidências, como isso-é-assim-mesmo para aquelas que ainda têm as categorias de percepção ajustadas a essas condições. As revoluções simbólicas, das quais dei exemplos nos anos anteriores[20], são revoluções nas categorias de percepção que tendem a provocar um recuo entre as estruturas objetivas e as categorias segundo as quais elas são produzidas. Esse recuo é extremamente difícil, porque a harmonia entre as estruturas sociais e as mentais é geradora de grandes satisfações...

A nostalgia do paraíso perdido

Estenderei um pouquinho esta análise, que é simples em si mesma (acho que todos vocês seriam capazes de estendê-la), mas complicada em suas consequências. É porque ela toca, como é frequente na sociologia, naquilo que há de mais profundo em nossa relação com o mundo social, investimentos sociais elementares, originários, de maneira que podemos muito bem compreender essa análise abstratamente sem a compreender verdadeiramente e recair, na primeira ocasião, nos erros que são denunciados pelas análises que acabo de fazer.

O charme das sociedades pré-capitalistas, que todos os etnólogos relatam em seus cadernos de campo, é em grande parte o produto disso que acabo de dizer. Se as sociedades pré-capitalistas, como as sociedades camponesas, exercem tamanha fascinação sobre as imaginações agrárias ou os pensamentos conservadores é porque elas dão a experiência da felicidade da evidência. Existem belíssimas análises de Hegel sobre a vida pré-abraâmica[21], quer dizer, a vida num mundo que é óbvio, onde temos a experiência da felicidade cognitiva e simultaneamente política que consiste em conhecer o mundo como ele exige ser conhecido, em estar no mundo como um peixe n'água, em não sentir o peso das coerções sociais nem o peso das estruturas, resumindo, em submeter-se ao mundo tal como ele é, de uma maneira que poderíamos chamar de passiva, dominada, submissa, alienada e, ao mesmo

---

20. P. Bourdieu refere-se principalmente à parte de "seminário" de seu curso que, no ano anterior, foi inteiramente dedicada à análise da "revolução impressionista". Cf. BOURDIEU, P. *Sociologia geral volume 4, op. cit.*

21. A alusão pode remeter a *O espírito do cristianismo e seu destino*, em que Hegel menciona "[esse] período importante no qual a brutalidade resultou em prejuízo da condição natural [e] almejou-se refazer por caminhos diferentes a unidade destruída" (HEGEL, G. W. F. *O espírito do cristianismo e seu destino*. Vários tradutores. Porto Alegre: Fundação Fênix, 2021. p. 24 [*Der Geist des Christentum und sein Schicksal*, 1798-1799]).

tempo, estando livre, de certa maneira, da submissão, dominação e alienação na medida em que nos casamos, de certa forma, com o mundo. A metáfora do casamento não vem ao acaso: de alguma forma, casamo-nos com o mundo, juntamo-nos a ele, o que compreendemos bem se for verdade que as estruturas do mundo se tornam estruturas corporais. Uma função do conceito de *habitus* é lembrar que as estruturas do mundo social se tornam corpo, e quando o corpo é estruturado segundo as estruturas do mundo, há uma espécie de relação de corpo a corpo, de comunicação infraconceitual, infratética, infraconsciente, que é uma forma de experiência da felicidade, felicidade da evidência, felicidade do isso-é-óbvio.

Existe um belíssimo texto em *Os prazeres e os dias* em que Proust descreve a experiência de uma pequena aldeia na qual sabemos a hora em que o padeiro vai abrir as portas, em que reconhecemos os barulhos, onde tudo está previsto de antemão, tudo está estruturado. Essa experiência da relação perfeita com o mundo que descrevem a fenomenologia e a etnometodologia exerce uma espécie de charme e acho que essa é uma das nostalgias políticas mais profundas. Pensem em todas as nostalgias do retorno às origens, os que, depois de maio de 1968, fizeram seu retorno aos mundos naturais[22], com encontros bizarros, porque as nostalgias do retorno podem ser fascistas ou esquerdistas (o que demonstra que é preciso analisar essas coisas de maneira aprofundada se quisermos nos encontrar ou não nos encontrar com pessoas com as quais não gostaríamos de nos encontrar [*risos na sala*]). Eu acho que essa nostalgia do paraíso perdido (na noção de paraíso, existe a ausência de corte entre o sujeito e o mundo), da harmonia originária, infraconsciente, entre o sujeito e o mundo, é um dos fantasmas sociais mais profundos, que assombra claramente as ideologias agrárias, mas talvez a maioria das ideologias.

Por meio dessa análise, quero dizer que essa espécie de imersão do sujeito no mundo pode ser encontrada em lugares onde não esperaríamos encontrá-la. Que a encontremos nas aldeias camponesas ou nas sociedades arcaicas não surpreende muito, mas também podemos encontrar nas fábricas da Renault uma forma de experiência do mundo como autoevidente e constitutiva do efeito que acabei de descrever que quer que as estruturas de percepção que constituem o mundo sejam, em parte, constituídas pelo mundo que constituem. Da mesma maneira, a experiência dóxica é uma experiência política fundamental.

---

22. Um artigo sobre esse tema fora publicado alguns anos antes: LÉGER, D. Les utopies du "retour" [As utopias do "retorno"]. *Actes de la recherche en sciences sociales*, n. 29, p. 45-74, 1979.

Da *doxa* à ortodoxia

Meu trabalho consiste, no fundo, em aproximar duas coisas que normalmente não aproximamos por razões simples. Com efeito, como observo com frequência (nesse caso, não para valorizar minhas análises, e sim para excitar uma forma de imaginação intelectual), uma dificuldade na ciência social tem a ver com o fato de que as posições (isso segue a linha do que acabo de dizer) que são intelectualmente compatíveis são sociologicamente difíceis de tornar compatíveis: existem coisas que temos dificuldade em pensar simultaneamente, pois estão muito distantes, até opostas, no espaço dos pensamentos possíveis. É o caso das duas coisas que acabo de aproximar: a reflexão sobre a experiência dóxica do mundo em Husserl e a reflexão sobre a noção de ortodoxia (e não se trata simplesmente de aproximar a palavra "ortodoxia" da noção de *doxa*). O que dificulta a aproximação dessas duas análises é que, no fundo, por razões históricas, a tradição fenomenológica tende a excluir a reflexão política e a reflexão política tende a excluir a reflexão do tipo fenomenológico. Por causa disso, temos dificuldade em fazer uma espécie de fenomenologia política da experiência política originária do mundo como despolitizado. É aqui que eu queria chegar.

Dizer, como os etnometodólogos, numa lógica completamente despolitizada, que o mundo se apresenta como autoevidente é esquecer que isso é um fato político, e dizer isso sem explicitar as condições sociais de possibilidade dessa harmonia entre os sujeitos e os objetos que torna possível essa experiência é proibir-se de enxergar ao mesmo tempo a generalidade e a extensão dessa experiência e seus limites. Por fim, isso proíbe de formular a pergunta das condições sociais de possibilidade (que leva evidentemente a formular a pergunta dos limites: se você diz "condições de possibilidade", você diz implicitamente que, se essas condições não forem cumpridas, a coisa não existe mais). Formular a pergunta das condições sociais de possibilidade da experiência dóxica é, portanto, formular a pergunta política das condições nas quais essa experiência dóxica se parte, se rompe, e nas quais aparece uma percepção crítica do mundo social.

Tudo isso pode se resumir na oposição entre *doxa*, ortodoxia, heresia. A experiência dóxica é a experiência do mundo como autoevidente e acho que, em toda experiência de todo sujeito social, uma parte muito importante é abandonada ao isso-é-óbvio. O que acontece é que a parte do isso-é-óbvio varia dependendo das histórias coletivas e individuais: a zona do que é abandonado ao isso-é-óbvio nem sempre tem a mesma importância em relação à zona daquilo que é constituído como não óbvio, como objeto de discussão sobre o qual podemos voltar à *doxa* – mas uma *doxa* à qual voltamos voluntariamente não é mais uma *doxa*, é uma ortodoxia, é uma *doxa* direita ou de direita, é uma *doxa* escolhida. Eu mencionei isso ao falar das nostalgias do retorno: o retorno ao paraíso perdido da *doxa* é uma ideologia conservadora. A ortodoxia se separa da *doxa* por toda a distância entre o pré-constituído, o pré-reflexivo e o reflexivo, o consciente, o constituído, de modo que não podemos dizer ortodoxia sem pensar em heterodoxia. A ortodoxia é uma heterodoxia superada, logo, não é mais uma *doxa*. Segundo a frase muito célebre de um filósofo árabe, "a tradição é uma escolha que se ignora"[23]. A tradição mais bem realizada não se percebe como tradição. A partir do momento em que a tradição se percebe como tradição, ela se torna tradicionalismo. Uma tradição que escolhemos como tradição não obtém mais o charme inesgotável da tradição em primeiro grau, se é que algo assim pode existir, o que é uma outra questão.

Vou terminar com este ponto: a *doxa* e a ortodoxia são separadas pelo ato de constituição que faz daquilo que está em questão um objeto de questão, que o constitui como podendo ser diferente, e a partir do momento em que aquilo que era autoevidente é considerado como podendo ser diferente, duas possibilidades se enfrentam, um espaço de possíveis se constitui e toda posição se define num espaço de oposições. No fundo, passamos da *doxa* como crença imediata e pré-reflexiva à opinião como tomada de posição explícita e explicitamente situada num espaço de opiniões possíveis, de opiniões alternativas...

Retorno ao poder simbólico

Tudo isso me afastou de minha proposta inicial, que gostaria de lembrar muito rapidamente. O poder simbólico é essa espécie de poder que se exerce com a

---

23. Se é difícil determinar em que filósofo P. Bourdieu pensa, é possível que na realidade ele mencione suas próprias obras sobre a Argélia, tendo em vista que as frases que se seguem à "citação" dada nessa aula sugerem uma inflexão em relação à sua formulação anterior: "A ordem tradicional não é viável senão na condição de ser [escolhida] não como a melhor possível, mas como a única possível, na condição de que sejam ignorados todos os 'possíveis paralelos' que encerram em si a pior ameaça, unicamente pelo fato de que eles fariam aparecer a ordem tradicional, tida por imutável e necessária, como [um possível] entre outros, isto é, como arbitrária. Trata-se da sobrevivência do tradicionalismo que é ignorado como tal, isto é, como escolha que se ignora" (BOURDIEU, P. *O desencantamento do mundo, op. cit.*, p. 74, trad. modificada).

cumplicidade dos que o sofrem. Nesse sentido, é uma forma de fetichismo. No entanto, essa cumplicidade não é de forma alguma uma cumplicidade realizada conscientemente ou extorquida subjetivamente; é de certa maneira uma cumplicidade estrutural que tem a ver com o fato de que as estruturas segundo as quais o capital em questão é produzido tendem a se reproduzir nas estruturas de percepção segundo as quais esse capital é percebido. Essa espécie de harmonia estrutural ligada ao efeito de socialização exercido por qualquer forma de poder explica a experiência do poder como poder conhecido, mas desconhecido como poder, e explica essa forma de fetichismo pela qual os agentes sociais trazem ao poder alguma coisa a mais, ou seja, um reconhecimento do poder. E o reconhecimento mais absoluto é o reconhecimento dóxico, já que o poder não é nem sequer conhecido como poder. Ele é conhecido, já que existe um ato de conhecimento, mas esse ato de conhecimento é deficiente pois não se percebe como escolha; ele é um ato de adesão, que não se percebe como adesão, em relação a outros possíveis. Aquilo que a noção de poder simbólico pretende compensar é, então, não uma mistificação estrutural (a palavra "mistificação" é muito perigosa, porque ela logo faz pensar em noções críticas muito frankfurtianas[24]), mas uma espécie de alienação simbólica estrutural.

Vou parar aqui. Na segunda hora, não irei contra a tradição: para sair deste discurso consistente, de coerência no tempo longo, um pouquinho fechado e total (um pouquinho totalitário, diriam alguns), vou propor, como fiz nos anos passados, alguns *impromptus*, tópicos mais curtos na escala de uma ou duas sessões, sobre assuntos diversos, em geral ligados mais ou menos ao curso geral, mas ao mesmo tempo independentes. Lembro também que, como no passado, recebo com prazer perguntas escritas no intervalo ou no final das aulas, que tento responder na aula seguinte.

Segunda hora (seminário): biografia e trajetória social (1)

Nesta segunda hora, vou falar sobre uma técnica utilizada com muita frequência e há muito tempo pelos etnólogos e sociólogos: a técnica da história de vida[25].

---

24. Alusão à Escola de Frankfurt que P. Bourdieu já mencionara no começo da aula. Por exemplo, Theodor Adorno e Max Horkheimer falam da "mistificação das massas" em *Dialética do esclarecimento*, *op. cit.*

25. Os principais temas abordados nessa segunda hora estarão, algumas semanas depois desse curso, em junho de 1986, no centro de um número de *Actes de la recherche en sciences sociales*,

A apresentação que quero fazer para vocês poderia se chamar "A ilusão biográfica". Se eu gostasse das coisas que estão em moda, diria que vou desconstruir[26] a noção de biografia. Numa outra linguagem, que utilizo há muito tempo[27], eu diria que a biografia ou a história de vida é uma noção pré-construída, quer dizer, uma noção de senso comum que se tornou parte integrante do senso comum científico depois de ter sido contrabandeada para a ciência sem ter sido submetida a um controle preliminar. Esse controle preliminar é constitutivo da empreitada científica, que deve começar submetendo à crítica essas teorias populares ou científicas que entram na teoria, essas *folk theories*, como dizem os etnometodólogos. No entanto, nesse caso particular – e aqui está a diferença com certos usos mundanos do desconstrutivismo – o trabalho de desconstrução não é seu fim em si mesmo. Um perigo do modo desconstrutivista, com efeito, é que ele muitas vezes resulta numa espécie de niilismo: divertimo-nos em desconstruir pelo prazer de desconstruir e, em geral, paramos no meio [...]. Como a desconstrução não vai até o fim, não produz efeitos científicos. Pelo contrário, meu trabalho consistirá em analisar a noção de biografia ou história de vida para tentar ver qual seria sua substituta numa empreitada científica, e, portanto, pelo que poderíamos substituí-la. No fundo, eu poderia chamar minha proposta de "Biografia e trajetória como objeto pré-construído e objeto construído".

Eu poderia inicialmente invocar todo o romance moderno, em particular o *Nouveau Roman*[28] que, de certa maneira, pode ser lido como uma reflexão sobre a impossibilidade da história de vida. Como acontece com muita frequência, o campo artístico e o literário estão adiantados em relação ao campo científico: eles submetem à interrogação coisas que o campo científico aceita como óbvias. Enquanto o campo literário não cessa de questionar a ideia de

---

"A ilusão biográfica" (n. 62-63) e do breve artigo que P. Bourdieu publicará nele com o mesmo título (p. 69-72).

26. O termo e a empreitada da "desconstrução" difundem-se na filosofia e na análise literária a partir da publicação do livro de DERRIDA, J. *Gramatologia*. Trad. de Miriam Schnaiderman e Renato Janine Ribeiro. São Paulo: Perspectiva, 1973 [*De la grammatologie*. Paris: Minuit, 1967].

27. Em 1968, as duas primeiras partes de *O ofício do sociólogo* são dedicadas à "ruptura [com os objetos pré-construídos]" e às exigências da "construção do objeto" (BOURDIEU, P.; CHAMBOREDON J. C.; PASSERON, J. C. *O ofício de sociólogo*. Trad. de Guilherme João de Freitas Teixeira. Petrópolis: Vozes, 2004 [*Le Métier de sociologue*. Paris: Mouton-Bordas, 1968]).

28. Expressão que designa as obras de um grupo de escritores franceses publicados na década de 50 por Jérôme Lindon nas Éditions de Minuit.

narração, de "narratividade", de discurso regular ou linear, os sociólogos e os etnólogos continuam, sem o menor problema, a escrever discursos regulares e narrações. Hoje em dia, é verdade que essa espécie de retorno reflexivo sobre o discurso chega pouco a pouco às ciências sociais, mas com muito atraso. Não há nada de literário em se alimentar da experiência literária para tentar criar efeitos científicos.

Começarei citando um texto do último livro de Robbe-Grillet, que é um livro bizarro: é uma espécie de autobiografia de alguém que contesta a própria possibilidade de uma autobiografia. Seu livro ainda permanece, de certa maneira, sendo uma biografia ingênua, como todos os seus inimigos e os inimigos do *Nouveau Roman* logo observaram. Porém, ele é obrigado a se formular um certo número de perguntas; seu livro é uma biografia ingênua dentro da qual a questão da ingenuidade biográfica ainda assim foi feita. Sobre o que ele mesmo acabara de contar, escreveu:

> Tudo isso é real, quer dizer, fragmentário, fugidio, inútil, tão acidental e tão particular que todo evento aparece no texto a cada instante como gratuito, e toda existência, no final das contas, como privada da menor significação unificadora. O surgimento do romance moderno está ligado exatamente a essa descoberta: o real é descontínuo, formado por elementos justapostos sem razão onde cada um é único, e difíceis de captar já que surgem de maneira incessantemente imprevista, fora de propósito, aleatória[29].

Esse texto me parece interessante, na verdade não pelo desenvolvimento, mas pela frase central ("todo evento… unificadora") que questiona o velho problema da unidade do eu por meio do desenrolar histórico. É evidente que poderíamos encontrar esse problema em Proust, mas também em Joyce, em Virginia Woolf. Toda a tradição do romance moderno se coloca a pergunta da possibilidade de uma narrativa de vida tratando-se de alguma coisa tão descontínua quanto uma vida: será que o romancista não produz um artefato pelo simples fato de contar como uma narrativa algo que não tem a estrutura de uma narrativa?

---

29. ROBBE-GRILLET, A. *Le miroir qui revient* [*O espelho que volta*]. Paris: Minuit, 1984. p. 208.

A pergunta formulada é a da correspondência entre a estrutura da vida que é descontínua, descosturada, sem pé nem cabeça (é o som e a fúria[30] etc.) e a estrutura da narração que é linear (é a frase de Saussure: a língua é linear, ela se desenrola no tempo, é vetorial, vai num único sentido, tem, dessa forma, uma coerência, tende a estar organizada em função de um fim que é ao mesmo tempo um término e um *telos*[31]). Em outras palavras, não haveria um efeito de imposição de estrutura pelo simples fato de adotar essa técnica simples da narrativa?

Vocês sabem que houve uma época em que alguns romancistas fizeram romances de gravador: eles gravavam, depois reconstruíam. O sociólogo ou o etnólogo que utiliza um gravador para registrar seu entrevistado e que em seguida transcreve a narrativa recolhida age perfeitamente em função de uma definição positivista da ciência: o que implicaria menos intervenção do que uma simples gravação. Porém, podemos refletir sobre a simples palavra *to record*: ela quer dizer "registrar", mas é a mesma palavra que "recorde", e os recordes são as coisas que registramos, porque são notáveis (os "recordes mundiais" etc.). Portanto, só registramos uma *performance* extraordinária e é isso que vou tentar analisar: o que é uma vida? Será que uma vida é realmente o que está em questão quando falamos de "história de vida?" Será que uma vida tem uma história? E em que sentido? No sentido de *Geschichte* ou de *Historie*[32]? É uma história feita por aquele que a conta? Uma história no próprio desenrolar? Por outro lado, o fato de ser aquele que historiografa a vida de outras pessoas não implica uma ação por si?

O problema da unidade do eu

Essa questão da unidade da vida, da vida como totalidade, é uma velha questão filosófica que vem desde Hume. Menciono rapidamente a história do problema,

---

30. P. Bourdieu desenvolverá na aula de 24 de abril essa alusão muito rápida que, em sua mente, remete ao verso de *Macbeth*, mas também ao romance de William Faulkner (*O som e a fúria*, de 1929).

31. Referência sem dúvida a essa passagem de SAUSSURE, F. *Curso de linguística geral*. Trad. de Antônio Chelini *et al*. São Paulo: Cultrix, 1969. p. 84 [*Cours de linguistique générale*. Paris: Payot, 1964. p. 103]: "O significante, sendo de natureza auditiva, desenvolve-se no tempo, unicamente, e tem as características que toma do tempo: a) *representa uma extensão*, e b) *essa extensão é mensurável numa só dimensão*: é uma linha".

32. Alusão à distinção ao estabelecido por HEIDEGGER, M. *Ser e tempo*. Trad. de Marcia Schuback. Petrópolis: Vozes, 2005. p. 255-256 [*Sein und Zeit*. Tübingen: Max Niemeyer, 1927], entre a história vivida (*Geschichte*) e a pesquisa histórica (*Historie*).

porque ele me parece subjacente às interrogações aparentemente mais positivas, mais históricas e sociográficas que vou desenvolver. Hume disse mais ou menos que no fundo não podemos encontrar provas da existência do eu (Condillac disse mais ou menos a mesma coisa): por mais que tentemos, tudo que encontramos são sensações sucessivas, impressões, por exemplo impressões de calor ou frio, de luz ou sombra, de amor ou ódio[33]. Em última instância, o eu será redutível a essa rapsódia de sensações, a essa sequência de impressões sem pé nem cabeça.

De certa maneira, a filosofia de Virginia Woolf é muito próxima disso. Os romancistas tomaram nota dessa espécie de filosofia empirista da experiência vivida e renunciaram a descrever os caráteres, entendendo o caráter como o personagem totalizado, sobre o qual há um princípio unificador e gerador. É o oposto da ambição dos moralistas do século XVII[34] que buscavam reunir todas essas coisas díspares e descosturadas numa unidade que eles constituíam, mas porque era pré-constituída: o "caráter", segundo a definição antiga, é essa espécie de impressão do deus que compõe a unidade do diverso sensível que se deixa à intuição; o personagem age, faz todo tipo de coisas, mas existe uma unidade, suas atitudes estão marcadas por uma impressão, por uma unidade que o moralista recaptura e constitui na própria palavra (o "atrabiliário"[35] etc.).

Conhecemos a resposta kantiana a essa contestação da possibilidade dessa unidade feita pela tradição empirista[36]. Vou retraduzi-la em linguagem comum: a unidade está do lado do sujeito que age [...], do lado do eu como princípio unificador dessa diversidade. Ao retraduzir numa linguagem não comum, poderíamos

---

33. "[...] nossas percepções particulares [...] são todas diferentes, distinguíveis e separáveis entre si, podem ser consideradas separadamente, sem necessitar de algo que sustente sua existência. [...] De minha parte, quando penetro mais intimamente naquilo que denomino *meu eu*, sempre deparo com uma ou outra percepção particular, de calor ou frio, luz ou sombra, amor ou ódio, dor ou prazer" (HUME, D. *Tratado da natureza humana*. Trad. de Déborah Danowski. São Paulo: Unesp, 2001. Livro I, parte 4, seção VI, p. 284 [*A Treatise of Human Nature*, 1739]).

34. Alusão à renovação, durante o século XVII, do gênero antigo dos *Caráteres*, cujo exemplo mais conhecido é a obra de La Bruyère, *Caractères, ou les Mœurs de ce siècle* [*Caráteres, ou os costumes deste século*], de 1688.

35. O exemplo sem dúvida remete à "comédia de caráter" de Molière: *Le Misanthrope ou L'Atrabilaire amoureux* [*O misantropo ou o atrabiliário amoroso*], de 1666.

36. Por exemplo: "Sou consciente do eu idêntico, portanto, relativamente ao diverso das representações dadas a mim em uma intuição, porque as denomino conjuntamente *minhas* representações, e elas assim constituem *uma*" (KANT, I. *Crítica da razão pura*. Trad. de Fernando Costa Mattos. Petrópolis: Vozes, 2015. "Lógica transcendental", 1. Div., cap. 2, 2. seção, §16, p. 131 [*Kritik der reinen Vernunft*, 1781]).

formular a pergunta de saber se existe um princípio ativo que seja irredutível à série de percepções positivas. Kant distingue pelo menos a direção na qual poderíamos procurar: existe um princípio unificador ativo que ultrapasse de alguma forma as sensações descosturadas numa espécie de ambição de construir a vida como unidade?

Numa outra lógica, podemos também nos perguntar sobre as situações que, ao introduzir crises, colocam a pergunta da unidade da existência ou da vida enquanto todo. Esse é o problema da conversão, sobre o qual se refletiu bastante no século XIX e que seria extremamente interessante. De passagem, a noção de *habitus* é, entre outras coisas, um esforço para responder a essas noções: o *habitus* é esse princípio unificador e gerador que é simultaneamente histórico e produto da história e que, ao mesmo tempo, constitui a cada momento, de maneira ativa, a história. Menciono esse problema da unidade do eu de memória, mas uma tradição da filosofia moral, muito em vigor nos Estados Unidos, formula-o muito concretamente a respeito de problemas muito práticos (problemas econômicos como o crédito, o contrato de seguro etc.). Debate-se, por exemplo, para saber se faz sentido contratar um seguro hoje para garantir um tratamento no caso de eu enlouquecer: o eu que estará louco é o mesmo que contrata o seguro contra a loucura? Essas questões acadêmicas não são tão absurdas quanto parecem, porque aqui também elas obrigam a formular perguntas que questionam o isso-é-óbvio. Uma outra observação do mesmo tipo que podemos fazer: ao punir um criminoso por vinte anos, supomos que ele será o mesmo em vinte anos, mas será que aquele que mereceu a punição e aquele que a sofrerá são a mesma pessoa? Isso não é autoevidente, e se desenvolvêssemos todas as implicações, descobriríamos todo tipo de contradições tanto nas teorias dos defensores da pena quanto nas teorias das pessoas hostis a esse tipo de pena. A questão da unidade do ser através do tempo na sucessão é um problema difícil e vou mostrar que a sociedade decide de uma certa maneira.

A unidade do eu através dos espaços

Se a unidade do eu através do tempo constitui um problema, o mesmo acontece com a unidade do eu através dos espaços. Essa pergunta é feita com menos frequência, mas é importante. Uma tradição atual da filosofia analítica a aborda partindo da teoria leibniziana dos espaços possíveis[37] e formula o problema da

---

37. P. Bourdieu especificará mais adiante os autores dessa corrente, Saul Kripke e Paul Ziff, que tem em mente. A "teoria dos mundos possíveis" é exposta por Leibniz nos *Ensaios de teodiceia*.

possibilidade de generalizar proposições a todos os espaços possíveis. Esse problema que, mais uma vez, pode parecer um problema acadêmico, pode ser traduzido para a linguagem da sociologia: em que uma pessoa que age em espaços sociais diferentes é a mesma pessoa? Esse é um problema que se coloca muito concretamente para o sociólogo: por exemplo, diante de um diretor de finanças que leciona na Sciences Po, como se deve codificar[38]? Deve-se codificar essa pessoa como inspetor de finanças, como diretor de gabinete no Ministério das Finanças ou como professor na Sciences Po? Ou será que é preciso criar uma espécie de identidade múltipla? Da mesma forma, como codificar as personalidades múltiplas de um professor do Collège de France que escreve no [jornal] *Le Monde* e que, por exemplo, participa de um conselho administrativo do [museu] Beaubourg[39]?

Em última instância, qual é a unidade dessas personalidades múltiplas? Diremos que é o indivíduo, quer dizer, o indivíduo biológico, o corpo, que é o portador dessas significações diferentes: é o mesmo indivíduo biológico que tem essas propriedades diferentes e que existe nesses espaços diferentes. Mas, como sociólogo e como alguém que desenvolve uma teoria dos campos, lembro que aquilo que existe, do ponto de vista sociológico, não é o indivíduo biológico, é o que chamo de "agente", ou seja, o indivíduo biológico portador de propriedades que têm efeitos num campo; num certo sentido, o indivíduo biológico puro e simples, desprovido de propriedades, não existe num campo. Ele é o intruso, ou melhor, "o elefante na loja de porcelanas", ou seja, ele é aquele que entra num jogo sem ter as propriedades do jogador; para o jogo, de certa maneira, ele não existe, isso não é um agente. Haveria toda uma análise a fazer do intruso e da intrusão, de quem comete a gafe e da gafe. Na pintura, é o exemplo do aduaneiro [Henri] Rousseau, ou seja, do pintor *naïf*, que entra num jogo sem conhecer suas regras e que se torna uma espécie de pintor-objeto. Ele é pintor para os outros e pelos outros, mas não é realmente sujeito do que faz, não é agente[40].

---

38. O problema remete à noção de "multiposicionalidade" desenvolvida por Pierre Bourdieu e Luc Boltanski em relação aos "professores do Instituto de Estudos Políticos" [coloquialmente, "Sciences Po" – N.T.] em BOURDIEU, P.; BOLTANSKI, L. La production de l'idéologie dominante [A produção da ideologia dominante]. *Actes de la recherche en sciences sociales*, n. 2, p. 3-73, 1976.

39. P. Bourdieu muito provavelmente tem em mente o caso de André Chastel, titular da cátedra "Arte e civilização do Renascimento na Itália" no Collège de France entre 1971 e 1984 e cronista do *Le Monde* por mais de quarenta anos.

40. P. Bourdieu desenvolverá sua análise dos pintores *naïfs* em BOURDIEU, P. *As regras da arte*. Trad. de Maria Lucia Machado. São Paulo: Companhia das Letras, 1996. p. 273-281 [*Les Règles de l'art*. Paris: Seuil, 1992. p. 398-410].

Então vamos poder dizer que o mesmo indivíduo será vários agentes: dependendo do campo no qual ele vai intervir, será diferente. Na lógica tradicional, falamos de "papel", palavra que me é detestável, porque supõe a ideia de um texto escrito previamente que seguimos, a ideia de alguma coisa explícita, pré-constituída. Minha proposição [desenvolvida em outras aulas] segundo a qual o agente vai agir no campo em questão por meio da relação que vai se estabelecer entre um *habitus* – e um certo número de propriedades associadas a esse *habitus* – e um campo não tem nada a ver com um papel: é uma máquina geradora que vai ser posta em funcionamento. A mesma pessoa poderá produzir efeitos muito diferentes em campos diferentes. Assim como a unidade da pessoa através do tempo se coloca, também o problema da unidade da pessoa através dos espaços se coloca já que o mesmo *habitus* engendrará coisas diferentes, até contraditórias, em campos diferentes. As pessoas que enxergam o *habitus* como uma espécie de maquininha ou de programinha montado de uma vez por todas, do qual poderíamos deduzir todos os comportamentos de uma pessoa, esquecem-se de que o *habitus* sempre está em relação com um campo e que o mesmo *habitus* pode produzir efeitos opostos, inclusive num mesmo campo, quando ele muda.

Sempre cito nesta ocasião o exemplo dos bispos: os bispos de origem aristocrática que, antes da guerra, eram a encarnação do conservadorismo religioso são hoje a encarnação do progressismo religioso[41]; a mesma origem social produz efeitos inteligíveis nos dois estados do espaço, mas de sentidos opostos. Da mesma forma, na sincronia, o mesmo *habitus* portado pelo mesmo indivíduo biológico (por exemplo, um banqueiro colecionador de arte) poderá ser, no espaço artístico, progressista e vanguardista; já no campo econômico, inovador – mas de uma outra forma – e conservador. Resumindo, o mesmo *habitus* pode engendrar coisas aparentemente contraditórias. O problema da unidade da "pessoa social" (entendendo esse termo em oposição ao indivíduo) se coloca.

O nome como fundamento do indivíduo constituído socialmente

Agora, utilizando recursos disponíveis em diferentes tradições, quero mostrar como o mundo social tende a decidir esses problemas. Como o mundo

---

41. Esse exemplo é desenvolvido em BOURDIEU, P.; SAINT-MARTIN, M. La sainte famille. L'épiscopat français dans le champ du pouvoir. [A santa família: o episcopado francês no campo do poder]. *Actes de la recherche en sciences sociales*, n. 44-45, p. 2-53, 1982.

social tende a constituir a identidade de maneira durável? De passagem, trata-se também um pouquinho de uma reflexão sobre a noção de identidade. (Eu acho que, se precisasse refletir sobre a noção de identidade, ficaria embaraçado como a maioria de vocês; uma das estratégias intelectuais que utilizo nesses tipos de casos consiste em abordar grandes assuntos por um viés que os torna abordáveis). Por intermédio desta reflexão sobre a biografia, esboço uma reflexão sobre a identidade sabendo bem que ela é parcial, imperfeita e incompleta[42].

O mundo social tende a pré-julgar – e a exigir – a identidade. Entretanto, essa frase, como todas aquelas que têm o "mundo social" ou a "sociedade" como sujeito, não faz sentido (se ainda assim as empregamos, é porque elas são estenográficas, econômicas etc.). Portanto, melhor dizer que entre as expectativas inscritas nos campos sociais, existe a expectativa de constância (a *constantia sibi*, como diziam os latinos), a constância de si mesmo, de fidelidade a si mesmo, através do tempo e através dos espaços. Uma técnica pela qual o mundo social tende a produzir essa constância é o efeito de nomeação que analisei num outro contexto, no ano passado. É o efeito do nome próprio. Refiro-me aqui rapidamente a uma tradição filosófica de reflexão sobre o nome próprio que pode ser retraduzida sociologicamente. No fundo, por meio da nomeação o mundo social tende a garantir essa espécie de constância do nominal que é uma das armadilhas em que caem os sociólogos. Eu já denunciei isso muitas vezes aqui: um erro que os historiadores e os sociólogos – quando fazem história – cometem constantemente é acreditar que a constância dos nomes garante a constância das coisas. Por exemplo, autorizamo--nos do fato de que podemos falar de "professores" tanto no século XIX quanto no XX para fazer comparações estatísticas no tempo, mas a palavra pode ter permanecido a mesma enquanto a coisa mudou. Minha crítica das categorias estatísticas e das narrativas se fundamenta numa crítica da constância do nominal […] que é preciso ver ao mesmo tempo como um obstáculo ao conhecimento científico e um efeito social […] (é isso [*i.e.*, o fato de que se trata ao mesmo tempo de um obstáculo ao conhecimento e um efeito social] que eu dizia no começo em relação à desconstrução). O conhecimento das pré-construções faz parte da ciência em dois aspectos: como obstáculo superado e como contribuição à ciência.

---

42. Em 1980, um número de *Actes de la recherche en sciences sociales* (n. 35) fora dedicado à questão da identidade (o texto de Rogers Brubaker será publicado bem mais tarde na mesma revista: BRUBAKER, R. Au-delà de l''identité' [Para além da 'identidade']. *Actes de la recherche en sciences sociales*, n. 139, p. 66-85, 2001).

Kripke propõe uma teoria do nome próprio[43] divergente em relação à de Russell sobre a qual já falei aqui[44], mas interessante para o problema que formulamos. Kripke qualifica os nomes próprios de "designadores rígidos" (*rigid designators*): são as palavras que designam o mesmo objeto em todo universo possível. É nisso que eles diferem dos nomes comuns. O exemplo mais fácil é a noção de grupo, que, em matemática, escultura e sociologia, designa coisas diferentes. A maioria dos nomes comuns designa coisas diferentes quando mudamos de espaço, enquanto a característica do nome próprio é designar de maneira rígida sempre a mesma coisa em todos os espaços possíveis. Isso é importante para as perguntas que formulei: o banqueiro colecionador de arte será sempre designado pelo mesmo nome, assim como o inspetor de finanças professor na Sciences Po. O nome próprio é uma espécie de etiquetagem que garante a constância do nominal para além de todas as quebras possíveis do eu.

Num livro intitulado *Semantic Analysis*, um outro linguista, Ziff, adiciona uma coisa muito interessante de passagem – porque, evidentemente, ele não é sociólogo. Ele diz, de acordo com Kripke, que "o nome próprio é um ponto fixo num mundo em movimento"[45]: o nome próprio tem essa espécie de constância através das mudanças. Contudo, Ziff adiciona que a maneira específica de designar os nomes próprios aos indivíduos são os ritos de batismo (é sempre prazeroso quando os linguistas fazem sociologia, e sociologia boa…). Os ritos de batismo representam a maneira adequada, necessária e específica de designar nomes próprios aos indivíduos. Os ritos de batismo são a forma por excelência daquilo que chamo de "ritos de instituição" (melhor do que "ritos de passagem")[46]: são os ritos com os quais os grupos designam aos indivíduos uma identidade definida socialmente, uma essência de alguma forma definida socialmente. Vemos que o nome próprio

---

43. KRIPKE, S. A. *O nomear e a necessidade*. Trad. de Ricardo Santos e Teresa Filipe. Lisboa: Gradiva, 2012 [*Naming and Necessity*. Oxford: Blackwell, 1980].

44. Nas aulas de 9 de novembro de 1982 (*In*: BOURDIEU, P. *Sociologia geral volume 2*: habitus e campo. Trad. de Fábio Ribeiro. Petrópolis: Vozes, 2021 [*Sociologie générale volume 1*. Paris: Seuil, 2015]) e de 8 de março de 1984 (BOURDIEU, P. *Sociologia geral volume 3*, *op. cit*.): RUSSELL, B. Da denotação. *In*: *Os pensadores*. Trad. de Pablo Ruben Mariconda. São Paulo: Abril Cultural, 1974. v. XLII, p. 9-20 [On denoting. *Mind*, v. 14, n. 56, p. 479-493, 1905].

45. ZIFF, P. *Semantic analysis* [*Análise semântica*]. Ithaca: Cornell University Press, 1960. p. 102-104.

46. BOURDIEU, P. Os ritos de instituição. *In: Id. A economia das trocas linguísticas.* Trad. de Sergio Miceli *et al*. São Paulo: Edusp, 1996 [*Ce que parler veut dire. L'économie des échanges linguistiques*. Paris: Fayard, 1982. O livro foi ampliado e reeditado como *Langage et pouvoir symbolique*. Paris: Seuil, 2001].

é de alguma forma um ato de nascimento social. Não é por acaso que, em todas as sociedades, a outorga do nome próprio seja cercada de ritos.

Eu demonstrei no caso da Cabila (e desde então muitos encontraram isso em outras sociedades) que, numa sociedade onde nos chamamos "Fulano, filho de Fulano", a atribuição do nome, do primeiro nome, é um objetivo de lutas e de conflitos, porque apropriar-se de um nome é ao mesmo tempo ter uma identidade fixada e designada, mas também estar situado num espaço simbólico e revestido de mais ou menos autoridade[47]. O nome é um capital. É uma parte do capital simbólico. Quando dizemos de alguém em nossa sociedade que ele tem um grande nome, ou que um artista fez seu nome, isso é uma dimensão do capital simbólico. Da mesma forma, numa sociedade como a cabila, ter um primeiro nome idêntico ao de um avô prestigioso é apropriar-se do capital do avô, e pode haver lutas entre os irmãos, ou seja, os filhos do mesmo avô, para dar a seus filhos, quer dizer, os netos, o primeiro nome do bom avô. Em meu livro *O senso prático*, analisei esses problemas de sucessão, quer dizer, de luta pela apropriação do capital simbólico. Esse é um caso em que enxergamos bem que o capital simbólico não é um nada; é alguma coisa pela qual se pode lutar, ainda que isso seja aparentemente indefinível. Porém, para lutar pelo primeiro nome, é preciso ter as categorias de percepção correspondentes: é preciso com efeito dar valor ao primeiro nome, ou seja, ter como estrutura de construção da realidade social a divisão segundo os nomes. Essa é uma verificação daquilo que eu disse a vocês agora há pouco [na primeira hora].

Assim sendo, os nomes são designadores rígidos que garantem uma constância através do tempo: o Sr. X, desde o tempo em que estava na escola primária até o momento em que entrou na Academia Francesa, é sempre o mesmo, e não duvidamos nem por um instante de que ele seja a criancinha que entrou na escola primária e que hoje entra na Academia Francesa. O papel da biografia é afirmar essa continuidade. Evidentemente, há toda uma construção; se, como André Chamson (cuja biografia vocês podem reler)[48], tal biografado entrou na escola primária de uma pequena aldeia no campo, diremos: "Isso é maravilhoso, a escola libertadora o levou desde o nível mais humilde até o mais elevado";

---

47. BOURDIEU, P. *O senso prático*. Trad. de Maria Ferreira. Petrópolis: Vozes, 2009. p. 280-282 [*Le Sens Pratique*. Paris: Minuit, 1980, p. 285-287].

48. André Chamson (1900-1983) foi um historiador, ensaísta, romancista, acadêmico e diretor--geral dos Arquivos da França. Suas memórias foram publicadas postumamente dois anos antes: CHAMSON, A. *Il faut vivre vieux* [*É preciso envelhecer*]. Paris: Grasset, 1984.

construiremos essa identidade cognitiva que será a base de toda uma teoria. Pelo simples fato de dar o mesmo nome próprio, o biógrafo retoma por sua própria conta toda uma construção teórica, e o modelo das biografias são os obituários. Eu utilizei muito os obituários como objeto de estudo para analisar os valores, o que chocou bastante meus colegas[49]. Quando tomo por objeto os professores (fiz isso para todas as categorias sociais que passaram pela minha mão), os obituários são extremamente interessantes, porque se relacionam a uma vida que terminou. Podemos lembrar das discussões sartrianas ou da frase de [André] Malraux, "A morte transforma a vida em destino" […][50]: a ideia da vida como um todo se afirma exatamente no momento em que ela termina, e o obituário é uma espécie de constatação totalizante que tenta reunir num discurso unificador a unidade objetiva de uma existência exemplar já que só se fazem obituários para as pessoas que os merecem (mas essa é uma outra questão…). […]

Os nomes próprios, como "designadores rígidos", de acordo com Kripke, garantem a identidade do indivíduo em todos os mundos possíveis, quer dizer, através do tempo e, no instante, através dos espaços. O nome próprio segue o indivíduo através de todos os espaços possíveis, portanto, através de todas as histórias de vida possíveis. Podemos pensar nesses romances modernos em que a mesma personagem vive várias vidas, mas com o mesmo nome. Alguns romances de ficção científica são muito interessantes desse ponto de vista, pois os romances de ficção científica podem ser muito eruditos do ponto da estrutura e referir-se a teorias filosóficas como essa que desenvolvo, a teoria dos mundos possíveis. O romance moderno constrói o indivíduo vivendo em muitos mundos, um indivíduo funcional e ficcional, composto por estados descontínuos marcados pelas mudanças da maioria de suas propriedades. Vocês podem falar da mesma personagem

---

49. BOURDIEU, P.; SAINT-MARTIN, M. As categorias do juízo profissional. *In: Id. Escritos de educação.* Org. de Maria Alice Nogueira e Afrânio Catani. Trad. de Vera Falsetti. Petrópolis: Vozes, 1998. p. 207-241 [Les catégories de l'entendement professoral. *Actes de la recherche en sciences sociales*, n. 3, p. 68-93, 1975] (a análise dos obituários será retomada em *La noblesse d'état* [*A nobreza do Estado*]. Paris: Minuit, 1989. p. 64-72). P. Bourdieu menciona algumas reações suscitadas por esse trabalho em BOURDIEU, P. *Esboço de autoanálise.* Trad. de Sergio Miceli. São Paulo: Companhia das Letras, 2005. p. 73 [*Esquisse pour une auto-analyse.* Paris: Raisons d'agir, 2004. p. 60].

50. SARTRE, J. P. *O ser e o nada.* Trad. de Paulo Perdigão. Petrópolis: Vozes, 1997. p. 662-671 [*L'être et le néant.* Paris: Gallimard, 1943. p. 624-628]. A frase de Malraux é: "[A] tragédia da morte está em que [ela transforma a vida em destino], que ela não pode ser compensada" (MALRAUX, A. *A esperança.* Trad. de Eliana Aguiar. Rio de Janeiro: Record, 2000. p. 234 [*L'Espoir.* Paris: Gallimard, 1937. p. 225, trad. modificada].

em estados diferentes. Isso começou com *A educação sentimental* [de Gustave Flaubert], em que trinta anos separam a primeira apresentação do personagem e a apresentação final: a unidade ficcional é afirmada contra a quebra dos estados[51].

As descrições de cada indivíduo são valiosas não apenas para cada um dos estados, mas também através dos diferentes estados, dos diferentes mundos possíveis, e é o nome próprio que garante essa identidade. Refiro-me aqui a uma análise da utilização do nome próprio em Proust de Eugène Nicole (Personnages et rhétorique du nom [Personagens e retórica do nome]. *Poétique*, n. 46, p. 200-216, 1981), que observa que Proust utiliza com uma frequência incomum nomes próprios precedidos pelo artigo definido: "O Swann do Palácio de Buckingham", "A Albertine de antes", "A Albertine encapotada dos dias de chuva"; é preciso fazer o prenome ser precedido por um artigo definido que acentua o fracionamento, a quebra da pessoa, como se o nome próprio fosse o único elo unitário. Eugène Nicole escreve que o nome próprio precedido pelo artigo definido manifesta a "revelação súbita de um sujeito fracionado e múltiplo". Por intermédio dessa utilização que expressa ao mesmo tempo a unificação (ela é produzida pelo designador universal – "Albertine" é sempre Albertine) e a diversidade (que o artigo lembra), Proust quebra o designador universal: ele lembra que esse designador universal designa universalmente alguma coisa que ainda assim é particular: a Albertine constante esconde as Albertine dos dias de chuva e as Albertine dos dias de sol. No fundo, esse simples uso linguístico formula o problema que gostaria de formular hoje.

Curriculum vitae, cursus honorum, registro policial, boletim escolar

O nome próprio, como socialmente constituído, como nome de batismo socialmente reconhecido, conhecido e reconhecido, é um dos fundamentos do indivíduo socialmente constituído que tomará a forma de agentes diferentes dependendo dos campos (lembrem-se do exemplo do banqueiro colecionador de arte). Com o nome próprio, já temos, assim, uma primeira constituição da identidade. Existe uma segunda constituição da identidade – que prolonga a primeira – por meio de todas as instituições que tendem a garantir a constância, ao fazer

---

51. Cf. BOURDIEU, P. L'invention de la vie d'artiste [A invenção da vida de artista]. *Actes de la recherche en sciences sociales*, n. 2, p. 67-94, 1975; BOURDIEU, P. *As regras da arte, op. cit.*, p. 17-62 [19-81].

o resumo das propriedades ligadas a um indivíduo constituído socialmente. O paradigma disso é o *curriculum vitae*, o registro policial, o *cursus honorum*[52] ou as biografias nos dicionários biográficos. As pessoas que utilizam o *Who's Who*[53] como base de dados estatísticos deveriam, por exemplo, interrogar-se sobre as propriedades aceitas no *Who's Who*: por que algumas propriedades são aceitas e outras não? Eu fiz uma reflexão análoga sobre os álbuns de família, sobre os quais trabalhei por muito tempo em outra época: pelo álbum de família ser o local de consenso familiar, existem fotos que não encontraremos nele. Da mesma forma, existem eventos e coisas que não podem ser listadas num *curriculum vitae*, porque um *curriculum vitae* é uma biografia oficial, em função dos critérios de pertinência no espaço social em questão.

O mundo social dispõe de todos os tipos de instituições de totalização e unificação dos agentes, instituições codificadas que têm uma lógica específica. Em vista disso, é em função de critérios sociais que se define a identidade social. A carteira de identidade, como forma elementar do *curriculum vitae*, exibe um certo número de propriedades mínimas que, aliás, podem causar discussões. Por exemplo, atualmente, na documentação que precisa ser preenchida nos Estados Unidos para se tornar cidadão, existem perguntas que escandalizam alguns americanos: é preciso escrever *black*, *chicano*, "mexicano" etc.? [Essas designações remetem] a toda uma taxonomia pré-constituída, que dá uma definição implícita da identidade. Em última instância, existe uma pré-construção da identidade nacional por meio das taxonomias empregadas para listar as pessoas. No nível do recenseamento, é a mesma coisa: quais são as propriedades aceitas como constitutivas de sua identidade por intermédio daquilo que se pergunta no censo[54]. Por exemplo, na França não se pergunta sua religião, nos Estados Unidos, isso seria perguntado.

Acho que essas perguntas são extremamente importantes, porque elas nos fazem ver que existe uma ideia de identidade que está em vigor num mundo social

---

52. O *cursus honorum* ("curso de honras") definia, na Roma antiga, a ordem pela qual as diferentes magistraturas públicas (cujo acesso era regido por condições de idade muito estritas) podiam ser ocupadas sucessivamente. Ele só foi formalizado em 180 a.C.

53. "Quem é quem", almanaque anual inglês que lista "as pessoas influentes que impactam a vida britânica", de acordo com a descrição dos editores [N.T.].

54. Até 1999, o conjunto das famílias residentes na França recebiam em intervalos regulares a visita de agentes recenseadores. As principais informações perguntadas para cada membro da família eram o sobrenome, primeiro nome, profissão, ano de nascimento, posição na família e nacionalidade.

determinado, e essa identidade é garantida simultaneamente pelo nome próprio e por um certo número de recenseamentos por meio dos quais são designadas as propriedades determinantes. Lembro-me da análise, que pode ter parecido abstrata para vocês quando a fiz no passado[55], segundo a qual o *census*, que é o recenseamento e a tarefa do *censor* na antiguidade romana, designa a identidade sobre cuja base será atribuído o imposto. Essa é uma classificação de fundamentação jurídica que definirá a base do imposto, quer dizer, seu valor comercial do ponto de vista do Estado. O *censor*, o autor do *census*, ou hoje em dia o detentor de uma autoridade estatística do Estado (como o Insee [Instituto Nacional da Estatística e dos Estudos Econômicos]) têm propriedades diferentes das do sociólogo. Lembro a vocês aquela análise que fiz um pouco abstratamente[56]: quando, em *Homo academicus*[57], construo a identidade de um professor e faço um no qual introduzo uma série de propriedades, algumas já codificadas (como "Agregado da universidade"), outras não (como "escreveu mais de vinte e cinco livros traduzidos para língua estrangeira"), faço um ato de *censor*, mas que não tem nenhuma força de lei: não se vai designar impostos ou carreiras na Universidade em função do número de livros traduzidos para língua estrangeira (o que talvez seja uma pena… [*risos na sala*]), isso não tem validade nenhuma. Ao contrário, se for um estatístico do Insee que fizer isso, isso poderá ser adicionado a carteiras de identidade ou ser a base de cálculos de impostos, vantagens, privilégios, isenções, sanções etc.

Volto [à minha proposta inicial]: a identidade tal como a definem o *curriculum vitae*, o *cursus honorum*, o registro policial supõe a constância do eu. O registro policial ou o boletim escolar que segue o aluno durante sua vida respondem sem hesitar à pergunta: "Será que o indivíduo é o mesmo?" A ideia de conversão, de ruptura brusca é, de certa maneira, excluída; os seus atos te seguem. Existe, desse modo, nessas instituições toda uma filosofia da constância do eu, e a construção desse eu constante acontece em função dos critérios de pertinência característicos de uma sociedade determinada: trata-se daquilo que é interessante do ponto de vista dessa sociedade, a saber, as propriedades eficientes e que agem,

---

55. P. Bourdieu utilizara a palavra *census* no ano anterior (*Sociologia geral volume 4*, *op. cit*. Aulas de 9 e 30 de maio de 1985).

56. Cf., por exemplo, a aula de 28 de março de 1985 em BOURDIEU, P. *Sociologia geral volume 4*, *op. cit*.

57. BOURDIEU, P. *Homo academicus*. Trad. de Ione Ribeiro Valle e Nilton Valle. Florianópolis: Editora da UFSC, 2011 [Paris: Minuit, 1984].

de modo a excluir todas as outras (por exemplo, os títulos escolares serão levados em conta na medida em que podem ser a base de predições de condutas).

Recapitulo e anuncio [...] a sequência da análise. A vida, a existência que, em sua verdade objetiva tal como ela se declara no romance ou na experiência vivida, se dá como alguma coisa quebrada, inconstante, fragmentária, é constituída como um todo unitário pelo mundo social pelos ritos de instituição sancionados pela atribuição de nomes, pelas nomeações e em seguida pelas instituições como o *curriculum vitae* que é uma espécie de desenvolvimento do nome próprio. Um *curriculum vitae*, com efeito, lista os diferentes atos de nomeação associados à nomeação original: "Ele foi nomeado agregado, professor em tal ano, assistente etc." Esses atos de nomeação sucessivos são de alguma forma o desenvolvimento dessa nomeação inicial pela qual um nome próprio foi designado ao indivíduo. O mundo social, portanto, tende a postular a constância do nominal e a introduzir uma constância que não é necessariamente aquela da experiência vivida.

Agora, podemos nos fazer a seguinte pergunta: será que o biógrafo, ou aquele que pede a alguém para contar sua vida diante de um gravador, não faz um ato de construção? Se ele fizer um ato de construção, qual é [a linha (?)] de seu ato de construção? Será que ele espera ter uma história de vida oficial nesse momento, um *curriculum*? Se esperar, é preciso que ele saiba disso. Ou será que ele espera ter uma ideia dessa vida quebrada que o romancista reconstitui? E qual é o peso, no ato de reconstituição que ele opera, da representação que o entrevistado pode ter dos diferentes atos, das situações sociais nas quais se constitui sua identidade: o processo ou o exame, por exemplo, todas as situações de gênese em que se engendra a identidade oficial, ou então as situações que são elas mesmas constituídas socialmente para se produzir sua própria identidade – o autoelogio, a autobiografia, a apologia, o discurso pelo qual nós nos produzimos como aquilo que pretendemos ser de verdade etc. Em outras palavras, será que o ato de gravação é inocente se ele se situa num espaço de atos de gravação que são codificados, dos quais o próprio coletor tem uma representação confusa e dos quais os entrevistados, de maneira muito variável dependendo de seu meio, também têm representações confusas e em relação às quais eles se situam quer saibam ou não?

Na próxima aula, depois de limpar os pressupostos implícitos do ato de coleção de uma identidade, tentarei demonstrar como se pode construir a noção de trajetória como algo completamente diferente.

Aula de 24 de abril de 1986

> Primeira hora (aula): a *fidēs*, uma realização histórica do capital simbólico. – Uma etnologia do inconsciente. – Os exemplos da etnia e da grife. – O *habitus* como determinação e como sensibilidade. – Segunda hora (seminário): biografia e trajetória social (2). – Importar uma ruptura literária. – Constituir as constâncias. – O espaço dos discursos biográficos. – Da narrativa de vida à análise de trajetórias.

Primeira hora (aula): a *fidēs*, uma realização histórica do capital simbólico

Na última aula, enfatizei o fato de que aquilo que chamo de poder simbólico ou capital simbólico é uma relação, e uma relação cognitiva. É, com efeito, uma potência que se constitui numa relação entre um agente ou, mais exatamente, entre um *habitus* e um conjunto de propriedades disponíveis numa sociedade em questão. Essa relação, por assim dizer, é constituída pelas duas pontas: por um lado, pelas propriedades percebidas; pelo outro, pelas categorias constituídas. Como sempre ocorre nas relações, podemos acentuar um ou outro termo e produzir teorias opostas, objetivistas ou subjetivistas, e aqueles entre vocês que seguem minhas aulas há bastante tempo[58] sabem que uma das intenções centrais de meu trabalho é superar esses antagonismos fictícios entre o objetivismo e o

---

58. Assim, desde 1965, na introdução que redige em *Un art moyen. Essai sur les usages sociaux de la photographie* [*Uma arte média: ensaio sobre os usos sociais da fotografia*], P. Bourdieu não opõe o subjetivo ao objetivo, e sim explica que o sociólogo deve trabalhar "para recapturar a objetivação da subjetividade" ou ainda que "a descrição da subjetividade objetivada remete à descrição da interiorização da objetividade" (BOURDIEU, P. *Un art moyen*. Essai sur les usages sociaux de la photographie. Paris: Minuit, 1965. p. 20).

subjetivismo que me parecem proibir a compreensão dos fatos sociais em sua complexidade.

Para que vocês entendam melhor essa noção de capital simbólico, essa espécie de subjetivo que funciona como objetivo, essa espécie de relação entre um agente e uma realidade objetiva que tende a constituir na objetividade o produto de um ato de constituição pelo qual o agente é responsável, essa *noesis* (para falar grego como Husserl) que se torna *noema*[59] e que se percebe como o produto de seu próprio produto, numa palavra, esse fetichismo, pois é disso que se trata, eu gostaria de me referir a uma análise de Émile Benveniste em *O vocabulário da instituições indo-europeias* a respeito da noção de *fidēs*. Poderíamos dizer que a noção de *fidēs*, como Benveniste a descreve com uma análise ao mesmo tempo linguística e antropológica, é uma espécie de realização histórica daquilo que chamo de "capital simbólico". Portanto, vou utilizar essa análise para mostrar em seguida os perigos daquilo que poderíamos chamar de "etnologismo", quer dizer, o fato de transportarmos sem reflexão para sociedades complexas e diferenciadas noções emprestadas de sociedades pré-capitalistas. A noção de *fidēs* vai funcionar [nesta aula] de duas maneiras: primeiro, como adjuvante numa reflexão sobre a noção de poder simbólico e, em seguida, como a ocasião de uma defesa contra esse gênero de importações que são feitas com frequência, um pouco apressadamente, por semieruditos em antropologia, já que os empréstimos antropológicos permitem criar efeitos chiques (penso por exemplo em alguns historiadores ou sociólogos) sempre com contraefeitos científicos.

O sentido mais moderno e a tradução mais ingênua da noção de *fidēs* seria de tipo subjetivista: *fidēs* pode se traduzir como "fé", "confiança", "fidelidade", palavras que remetem a uma relação subjetiva a uma instituição ou uma pessoa. Benveniste tenta demonstrar que esse sentido subjetivista oculta um sentido objetivista mais arcaico: assim, *fidēs* pode se traduzir não por "fé" ou "confiança", mas por "crédito" ou "credibilidade", quer dizer, algo que pertence ao objeto ou à pessoa em questão e não mais ao sujeito.

Explicarei muito rapidamente a análise de Benveniste (p. 115 e seguintes, 121, 172-179, de sua análise em *Vocabulário das instituições indo-europeias*, volu-

---

59. Derivadas da mesma palavra grega, os termos "noese" (νόησις) e "noema" (νόημα) remetem, respectivamente, ao ato de pensamento e a seu objeto. Edmund Husserl define seu uso na fenomenologia em *Ideias para uma fenomenologia pura e para uma filosofia fenomenológica, op. cit.*, "Noese e noema", §87-96.

51

me 1). Benveniste relaciona a noção de *fidēs* com suas origens lexicológicas. Ele relaciona *fidēs* a *peíthō* (πείθω), *peíthomaï*, o verbo grego que quer dizer "obedecer". (De passagem: todo o problema do poder simbólico é o problema da obediência. Uma das perguntas que tento responder com essa reflexão é a de saber, o que não é autoevidente, por que obedecemos: o que significa obedecer a uma ordem? Ou, pelo contrário, o que é que faz com que uma ordem seja passível de ser obedecida?) Em vista disso, a *fidēs* se relaciona a *peíthō* que quer dizer, no sentido ativo, "persuadir", e em sua forma média[60], *peíthomaï*, "obedecer"[61]. Outras palavras da mesma família: *pístis* (πίστις), que quer dizer "confiança" e "fé" (é o sentido subjetivo), e *pistós* (πιστός), "fiel". Depois Benveniste passa para o sentido objetivista em relação à frase "*fidēs est mihi apud aliquem*"[62]. A tradução literal dessa frase é o ponto de partida de sua análise: "Eu tenho crédito com alguém", "Eu lhe inspiro confiança" (e não "Eu tenho confiança"), "Eu tenho sua confiança", "Ele põe sua confiança em mim e disponho dela".

(Um pequeno parêntese para os que se esforçaram muito, ou que se esforçam, em traduzir do latim – a mesma coisa vale para o grego: vemos que aquilo que muitas vezes é ensinado como expressões idiomáticas e bizarrices que devem ser aprendidas de cor para não causar contrassensos são na verdade quase sempre realidades antropológicas, modos de pensar diferentes. Se ensinássemos o latim como ensinamos a etnologia, as pessoas talvez compreendessem bem melhor o latim…, mas obviamente isso retiraria grande parte do charme da noção de humanidade que, ao pressupor uma espécie de eternidade, é antinômica à ideia de antropologização.)

A *fidēs* é alguma coisa depositada em alguém, mas é um depósito que, de certa maneira, se faz esquecer como depósito. Benveniste menciona então uma espécie de raiz arcaica, a noção de *kred*[63]. Ele diz que *crēdere*, "crer", "obedecer", "ter confiança" é "colocar o *kred* em alguém", é "depositar nele o *kred*" (de onde

---

60. Os verbos gregos podem, como no francês [e no português – N.T.] tomar uma forma ativa e uma passiva, mas também uma forma "média", que em geral aproxima-se da forma pronominal em francês, indicando que o sujeito do verbo sofre sua ação.

61. BENVENISTE, E. *O vocabulário das instituições indo-europeias*, v. I: economia, parentesco, sociedade; v. II: *poder, direito, religião*. Trad. de Denise Bottmann. Campinas: Editora da Unicamp, 1995. v. I, p. 114 [*Le Vocabulaire des institutions indo-européennes*, v. I: économie, parenté, société; v. II: pouvoir, droit, religion. Paris: Minuit, 1969. v. I, p. 115].

62. *Ibid.*, p. 115 [116].

63. *Ibid.*, p. 120 [121].

vem "crédito"), essa espécie de substância bizarra que faz com que ele aja sobre mim, que faz com que eu lhe dê crédito. É, porque eu o creditei com alguma coisa que esqueci de que lhe dou crédito.

(Estou indo um pouco lentamente na análise da *fidēs*, primeiro, pois é o começo [do curso] e os começos são sempre difíceis, mas também, porque é preciso realizar uma espécie de conversão do pensamento que é extremamente difícil. Eu mesmo, quando mencionava essa análise antes de escrever esta aula, tinha dificuldades, pois, para entrar nesta análise, é preciso mudar de alguma forma nossa perspectiva, nossos modos habituais de pensar. Acho que o avanço lento do filólogo é útil para fazer progressivamente essa *metanoia* [*i.e.* essa conversão], essa mudança de postura que é a empreitada etnológica. Para compreender o mérito da análise de Benveniste, é preciso ir lentamente: se a recebemos como um tópico completo – e, infelizmente, a característica do ensino é fornecer o completo, muitas vezes sem dar a ideia do processo pelo qual chegamos nele – ela parece fácil; vamos registrá-la anotando que "Benveniste escreveu que a *fidēs* é uma propriedade objetiva, é dar o *kred*", mas não entendemos nada.)

A *fidēs* é a confiança e vamos juntar os dois sentidos da palavra, o sentido subjetivo e o objetivo: "[A] *fidēs* [...] designa a confiança que aquele que fala *inspira* a seu interlocutor, e da qual ele goza junto ao outro"[64]. É, portanto, uma garantia à qual ele pode recorrer. Da mesma maneira, podemos identificar, como faz Benveniste, a *fidēs* com a *potestās* (termo que podemos traduzir por "potência"). A *fidēs* é a *potestās*; ter a *fidēs* de alguém é ser aquele no qual alguém depositou seu *kred* e é ter poder sobre ele. Vocês podem perceber a volta que aconteceu: a *fidēs* não é mais a confiança que tenho em alguém, mas a autoridade que tenho sobre alguém que tem confiança em mim. Da mesma forma, essa autoridade é "uma proteção sobre aquele que se lhe submete, em troca e na medida de sua submissão"[65]. Esse tipo de relação muito sutil é, na maioria das sociedades arcaicas, a base das relações de trabalho e das relações de dominação. É, por exemplo, em muitas sociedades, a relação entre o mestre e seu meeiro. Em nossas sociedades, é a relação de dominação masculina (voltarei a isso hoje ou em outra ocasião, porque acho que é todo o problema da relação entre os sexos que se coloca por esse tipo de estrutura). As relações de tipo *fidēs* são, dessa forma, relações de sentido

---

64. *Ibid.*, p. 116 [117].

65. *Ibid.*, p. 118 [119].

duplo (tomando a palavra "sentido" em dois sentidos): são relações de autoridade que só operam com a cumplicidade daqueles sobre os quais elas se exercem. Ainda, elas sempre podem ser descritas de duas maneiras, favorável ou desfavorável, o que, aliás, é um outro obstáculo à sua compreensão.

Entre os obstáculos à descrição desse tipo de relações extremamente complexas está, além da vontade de ser objetivo ou subjetivo que já mencionei, a vontade de tomar posição, quer dizer, ser a favor ou contra. Isso, acho que vocês já entenderam, é um dos obstáculos elementares da análise sociológica. Eu não quero dizer que não podemos ter uma opinião sobre o mundo social, mas que essa opinião primária (do tipo: "Sou a favor", "Sou contra", "Esse paternalismo é repugnante" ou "Essas relações encantadas são formidáveis") é o principal obstáculo da análise, porque ela recorta, ou, mais exatamente (seria bonito demais se ela "recortasse"…), ela capta apenas um dos perfis de uma realidade que é essencialmente ambígua, essencialmente dupla, essencialmente dual. A ambiguidade estrutural da noção de *potestās*, ou de *fidēs*, é captada no fato de que é uma relação de dominação que é ao mesmo tempo uma relação de proteção. É uma relação que, do ponto de vista do dominante, pode assim ser percebida como um poder, como um direito ou uma espécie de ascendência e que, do ponto de vista do dominado, pode ser percebida como obediência, mas também como segurança, como garantia em relação ao futuro. De fato, podemos dizer que, na maioria das sociedades arcaicas, as relações do tipo *fidēs* eram as únicas formas de garantia em todos os sentidos do termo. Em particular, para os mais desprovidos, o fato de ter depositado seu *kred* num bom fiador, num homem de palavra e de riqueza (as duas coisas muitas vezes andavam juntas), era a única garantia quanto ao futuro, a miséria, a falta de comida, a catástrofe etc. Por isso, é a obediência, mas também uma garantia em relação ao futuro.

Continuo a análise de Benveniste. A *fidēs*, essa espécie de subjetivo constituído como objetivo, consiste no fato de colocar a confiança em alguém, como quando dizemos: "Ele tem minha confiança" (aqui acho que estamos do lado subjetivo). "Eu lhe faço confiança" significa: "Ele tem minha confiança", "Ele possui alguma coisa que lhe dei". É, por isso, uma qualidade própria de um ser que atrai a confiança e que se exerce sob forma de autoridade protetora sobre aquele que se fia nele. Para que vocês vejam que essa análise que faço lentamente não é tão simples: a *fidēs* é o carisma weberiano (vocês sem dúvida já pensaram nisso, até porque fiz a analogia na aula passada). Lembro para os que não sabem (mas na verdade todo mundo sabe disso, ainda que seja possível ler isso em Weber) que, quando expõe a noção de *charisma*, Weber diz num parêntese rápido: "É a mesma coisa que *mana*"[66]. Quando sabemos o que *mana* queria dizer no pensamento durkheimiano, esse parêntese simples é formidável em relação àqueles que se divertem opondo Weber a Durkheim, por exemplo. *Charisma* é um poder do tipo *mana*, *baraka*, quer dizer, algo que é depositado nas pessoas, uma propriedade que os agentes (mas também pode ser as instituições ou os agentes agindo em nome de uma instituição) detêm. As propriedades de tipo *mana* são qualidades próprias a uma pessoa. Elas parecem inscritas em seu corpo, em seu charme (*charisma* é da mesma família que a palavra "charme"), em seu aspecto, em sua presença, em seu modo de ser, em seu modo de se portar. Elas atraem a confiança e parecem, portanto, produzir um estado objetivo, apesar de serem o produto de um ato subjetivo.

Uma outra análise de Benveniste: ele diz que um dos depositários do *kred* era o campeão[67]. Nas lutas homéricas, o campeão era aquele que lutava em nome de todo um grupo e que se tornava não apenas, como em nossas sociedades, o porta-voz de um grupo, mas o homem-lige [inicialmente, pessoa inteiramente dedicada a Deus e, por extensão, a uma causa ou um partido], o herói que agia em nome de um grupo. Esse campeão, divino ou humano, é aquele a quem confiamos o *kred*, desde que, em contrapartida, ele dissemine os benefícios que conquistou com suas façanhas entre os que o apoiaram. Isso lembra alguma coisa se pensarmos nas formas modernas da política: o campeão é aquele do qual somos o *supporter*, que apoiamos, em quem confiamos e tentamos ajudar. As aclamações e, de modo mais geral, um monte de coisas que passam por tipos de expressões emocionais me parece ter um sentido social: elas manifestam o contrato de delegação. Ser o *supporter*, apoiar, aclamar, é muito mais do que "dar moral", é depositar o *kred* (as pessoas se superam etc.). Nós compreendemos tudo isso bem demais, ou de jeito nenhum, o que em geral dá no mesmo: como ocorre que as aclamações levem as

---

66. "Nem toda pessoa tem a capacidade de ficar em êxtase e produzir, por conseguinte, aqueles efeitos de natureza meteorológica, terapêutica, divinatória ou telepática que, segundo a experiência, só se conseguem desse modo. Não exclusivamente, mas sobretudo, é a essas forças extracotidianas que se atribuem tais nomes específicos – *mana, orenda* ou, como fazem os iranianos, *maga* (daí a palavra mágico) –, para as quais empregamos aqui de uma vez por todas o nome 'carisma'" (WEBER, M. *Economia e sociedade*. Trad. de Regis Barbosa e Karen Elsabe Barbosa. Brasília: UnB, 1991. v. 1, p. 279-280 [*Wirtschaft und Gesellschaft*. Tübingen: Mohr, 1922]).

67. BENVENISTE, E. *O vocabulário das instituições indo-europeias, op. cit.* v. 1, p. 176-177 [176-177].

pessoas a se superarem e que exista quase um efeito psicossomático da aclamação? Um dos problemas que quero tratar é o mistério do poder simbólico: ele age sobre os corpos e exerce efeitos mágicos. Ele pode curar, às vezes pode matar, pode levar as pessoas a se superarem, pode criar desejo, furor, medo, em parte, porque age diretamente sobre o corpo. Para compreender que ele age sobre o corpo, será preciso que eu explique em que ele pressupõe uma relação com o *habitus*. O que eu disse muito abstratamente aula passada – a saber, que o poder simbólico só se exerce sobre agentes dotados das estruturas conforme as estruturas segundo as quais ele foi constituído – vai, assim, receber algo muito concreto através dessas análises. A análise das aclamações é uma primeira indicação nesse sentido.

Aqui também, ao escutar o que digo, vocês podem ter pensado na análise weberiana do carisma: o chefe carismático traz benefícios, realiza façanhas e milagres em nome de um grupo, e a condição de sua perpetuação é que ele despeje felicidade sobre os que se fiam a ele: o chefe carismático está condenado aos milagres, ele deve provar seu carisma por suas façanhas e pela felicidade, a *baraka*, a bendição, o *mana* que ele despeja ao redor de si. Não é por acaso que falamos da "radiância" de um personagem e que as representações da realeza, por exemplo, sejam com muita frequência representações solares. Não se trata de uma metáfora, no sentido prosaico de nossas mentes modernas, mas de algo muito real: o carisma é um raio de benefícios, felicidade, força etc. Aquele que detém, ou, mais exatamente, concentra o *kred* é o detentor de uma espécie de força mágica. Aqui, sigo sempre as análises de Benveniste...

(Posso especificar que a etnologia, para mim, também é uma maneira de autentificar coisas que não ousaria repetir por minha própria conta, por medo de parecer delirante para as mentes um pouco positivistas. A análise antropológica permite, pelo menos para mim, fazer entender coisas muito profundas sobre as quais o mundo social todo funciona, mas que são muito difíceis de dizer, porque a tentativa de nomeá-las é, por um lado, desqualificada pelo fato de muitas vezes serem ditas por amadores, semieruditos, etnólogos de cerimônias e de gazetas e, por outro lado, desacreditada antecipadamente pela leitura positivista infelizmente dominante nas ciências sociais. Dizer que existe uma comunicação mágica entre os espectadores e os jogadores de um esporte ou é uma análise chique para [a revista] *Le Nouvel Observateur* ou é alguma coisa muito arriscada, muito bizarra. Eis uma das razões pelas quais utilizo esse apoio da crença que é a análise antropológica. Recorro a isso fazendo um argumento de autoridade: faço uma jogada de *kred* para falar do *kred*… Digo isso primeiro por isso fazer a jogada funcionar, mas também, pois isso permite me proteger dela.)

A hipótese que sustenta a ideia de carisma, de *fidēs* (tudo isso está no livro de Benveniste) é que cada agente social é portador de uma espécie de pequeno capital de força mágica e que, sob certas condições, ele pode colocá-lo num ser superior que opera uma espécie de concentração do capital mágico: os pequenos portadores de capital mágico vão concentrar seu capital na pessoa de um campeão, de um herói. Se vocês as relerem, verão que as famosas análises de Lévi-Strauss sobre o feiticeiro e sua magia[68] são um caso particular, uma imagem parcial daquilo que acabo de dizer apoiando-me em Benveniste. Esse comentário é um pouco depreciativo para Lévi-Strauss e não o faço por prazer: a análise de Lévi-Strauss é uma das análises que mais circulou nas ciências sociais, ela faz parte daquelas coisas que, circulando facilmente no nível superficial, permite se esquivar das análises em profundidade e que são, acho, um dos princípios daquilo que chamei no começo de "etnologismo" e que, em minha opinião, é muito funesto nas ciências sociais, especialmente entre os historiadores.

Vou terminar a análise de Benveniste. O *kred* que, às vezes, é materializado, dado (nós o damos ao campeão antes do combate) é, portanto, "uma espécie de 'penhor', de 'parada'; alguma coisa material, mas que empenha também o sentimento pessoal, uma noção investida de uma força mágica pertencente a todos os homens e que se coloca num ser superior"[69]. Para resumir essa análise: o *kred* é uma prenda [*gage*] e algo que engaja [*engage*]; colocar o *kred* em alguém é lhe dar prendas, lhe dar uma vantagem sobre nós mesmos, mas dando-lhe alguma coisa. Podemos dizer que o *kred* é o fetiche: a relação que acabo de descrever longamente me parece ser a relação de fetichismo na qual contribuo para produzir um poder que age sobre mim. Não se trata de uma operação individual entre um agente singular e um outro agente, ou entre um agente singular e uma instituição, mas de uma operação coletiva, e o efeito de fetiche é facilitado pelo fato de que essa pessoa creditada com um carisma recebe esse crédito de um número considerável de pessoas: existe uma espécie de transcendência do coletivo em relação a cada um dos atos individuais de crédito.

---

68. LÉVI-STRAUSS, C. O feiticeiro e sua magia. *In*: *Id*. Antropologia *estrutural*. Trad. de Beatriz Perrone-Moisés. São Paulo: Cosacnaify, 2008. p. 181-200 [*Anthropologie structurale*. Paris: Plon, 1958. p. 183-203].

69. BENVENISTE, E. *O vocabulário das instituições indo-europeias*, *op. cit.* v. 1, p. 178 [179].

Uma etnologia do inconsciente

Essa análise foi importante para fazer entender aquilo que me parece implicado na noção de capital simbólico e mesmo nas formas mais laicizadas de capital simbólico como a autoridade de um policial, a autoridade de um professor, de forma mais geral toda forma de autoridade institucionalizada, inclusive a autoridade sacerdotal. Essa seria ainda mais uma nuance a trazer para a análise weberiana: Weber tem razão em opor sacerdócio e profecia[70], mas – reconhecidamente, ele diz isso[71] – existe um carisma de instituição junto ao carisma sacerdotal que funciona sobre a base de uma delegação manifesta. Sendo assim, é importante ter em mente que, mesmo nas formas mais rotinizadas, mais banalizadas, ou, para dizer em uma palavra, mais burocráticas do carisma, mecanismos quase mágicos (no sentido de uma "ação à distância sobre um corpo") intervêm e, digo imediatamente, uma das perguntas formuladas pelo poder simbólico é compreender como acontece de ser possível agir à distância sobre os corpos e produzir emoções à distância. Como acontece que certos personagens sejam capazes de suscitar fenômenos somáticos por uma simples ação verbal? Como acontece que uma simples decisão do papa possa virar os cristãos de cabeça para baixo?

Essa análise da *fidēs* foi importante para desbanalizar (essa é uma função da etnologia) ao de certa maneira recarregar, voltar às experiências sociais originárias que era preciso destacar. Ao mesmo tempo, ela inclina a uma forma de realismo. Ora, não paro de repetir que as substâncias são inimigas da ciência. A noção de *kred*, no fundo, é a noção comum de poder. A maioria das pesquisas sobre o poder abarca perguntas tipicamente realistas que consistem em dizer: "Onde está o poder?" Bastaria estudar o discurso primário na imprensa – periodicamente, diz-se na imprensa: "Onde está o poder hoje?", "Quem são os poderosos?" Muitas pesquisas de aparência científica são do mesmo tipo: *Quem governa?* é o título célebre de um livro de Dahl sobre o poder nos Estados Unidos[72]. Podemos pensar também no anuário *Who's who?*, nessa noção de *who's who?*,

---

70. Por exemplo: "O decisivo para nós é a ['vocação' pessoal]. Esta é que distingue o profeta do sacerdote. Primeiro, e sobretudo, porque o segundo reclama autoridade por estar a serviço de uma tradição sagrada, e o primeiro, ao contrário, em virtude de sua revelação pessoal ou de seu carisma" (WEBER, M. *Economia e sociedade*, *op. cit.* v. 1, p. 303, trad. modificada).

71. Max Weber fala do "carisma de função" (cf. *ibid.*, v. 2, p. 365).

72. DAHL, R. A. *Who governs?* New Haven: Yale University Press, 1961. P. Bourdieu já mencionara esse livro no começo da aula de 7 de março de 1985 (*In*: BOURDIEU, P. *Sociologia geral volume 4*, *op. cit.*).

"quem é quem?", entendendo que "quem" são os poderosos. A própria ideia de poder é uma ideia realista e implica a busca de uma espécie de objeto localizado em alguns lugares do mundo social. Ora, eu disse [na aula passada] que as análises do tipo "O poder vem de baixo" são ingênuas, primeiro, porque localizam o poder embaixo, mas, sobretudo, porque formulam o problema do poder em termos de localização.

A análise do *kred* é igualmente importante como objeto de uma psicanálise do espírito científico. Aquilo que Benveniste nos propõe é uma etnologia de nosso inconsciente em matéria de poder. Nós pensamos utilizando a linguagem, e é por isso que a filosofia da linguagem, quando realizada inteligentemente, me parece constituir um elemento de uma pesquisa sociológica. O problema é que, como todos os filósofos, e especialmente os filósofos analíticos, desprezam as coisas sociais, eles se detêm quando a coisa fica interessante, aliás, muitas vezes, porque não saberiam ir além disso (não é nada fácil ir além disso, como mostrarei daqui a pouco em relação ao nome próprio). A linguagem é interessante no sentido em que nela se deposita, se cristaliza nossa filosofia implícita do mundo social. A teoria do *kred* é uma *folk theory*, como dizem os etnólogos: é uma teoria popular do poder. Se vocês quiserem saber qual é sua teoria do poder (ou sua teoria da amizade, ou do amor), olhem na linguagem! É isso que Benveniste nos ensina, e a etnologia é uma espécie de contribuição para a psicanálise do espírito científico.

A teoria espontânea do poder é uma armadilha, pois ela realiza a jogada ruim da substância: ela transforma um sistema de relações numa substância, mesmo que essa substância seja indefinível. Todos os etnólogos já disseram: a característica das substâncias do tipo poder (*mana*, *baraka* etc.), o que essas noções têm em comum, é serem indefiníveis. São interjeições, exclamações, gritos de admiração etc. São realidades difíceis de prender em palavras, mas que ainda assim são muito reais. Para sair dessa visão realista do poder ou do capital simbólico, é preciso de alguma forma mudar de terreno e reconstituir o sistema de relações dentro do qual funciona o processo que Benveniste descreve.

Quais são as condições sociais de possibilidade desses processos pelos quais um agente se torna o sujeito de um objeto que constituiu como fetiche? O sentido de minha análise é o seguinte: não se pode compreender o capital simbólico, e os efeitos simbólicos do capital, sem reintroduzir aquilo que chamo de *illusio*. Como falei disso numa aula muito antiga[73], vou lembrar o essencial. A *illusio* nomeia a relação fundamental entre um *habitus* e um campo, a relação fundamental entre, por um lado, um agente socializado que adquiriu, por meio de sua experiência originária do mundo social, categorias de percepção e de apreciação e, por outro lado, um espaço estruturado. Essa relação que chamo de *illusio* é uma espécie de adesão imediata dos agentes ao mundo tal como ele é, o que mencionei na última aula sob a noção de *doxa*, mas com algo a mais: a *illusio* é certamente a adesão imediata ao postulado imanente ao mundo social, ao *nomos* ou à lei fundamental do mundo social, às regras do jogo que não são constituídas como regras, mas ao mesmo tempo (isso está ligado), é o investimento no jogo, e poderíamos traduzir *illusio* por "interesse" ou por "investimento". A *illusio* é aquilo que faz com que o jogo seja vivido como digno de ser jogado.

Faço esse desvio pela *illusio*, porque o poder simbólico é um caso particular da *illusio*: ele se exerce contra o pano de fundo da *illusio* e é uma dimensão dela. Para que um poder simbólico se exerça, é preciso que um agente tenha sido constituído como banco central dos depósitos de capital simbólico, mas para que um agente seja constituído como banco central dos depósitos de capital simbólico (para que ele se torne, por exemplo, um "autor" num campo literário ou um costureiro dotado de "grife" no campo da alta costura[74]), é preciso que o campo exista como tal. Mauss, que acho ser o único precursor real da noção de campo, sentiu isso muito bem no "Ensaio sobre a magia"[75]: para que um mágico se torne o detentor de um poder real de agir sobre os corpos, é preciso que seja constituído um espaço no qual as pessoas acreditem na magia, no qual existam atos mágicos, objetos mágicos, uma concorrência pela magia, lutas entre os feiticeiros pelo verdadeiro poder mágico etc. Em todos os casos, para que a concentração de capital seja possível, é preciso que exista o campo de produção do capital. É preciso que o cosmos mágico exista para que o mago e, ao mesmo tempo, o efeito mágico sejam possíveis. Portanto, não é simplesmente uma relação de crente com o objeto da crença, uma relação de pessoa com pessoa, é um espaço em seu todo que é preciso levar em conta.

---

73. Cf. a aula de 2 de novembro de 1982 (*Sociologia geral volume 2, op. cit.* Em particular, p. 118-125 [314-323]).

74. BOURDIEU, P.; DELSAUT, Y. *O costureiro e sua grife, op. cit.*

75. MAUSS, M.; HUBERT, H. *Esboço de uma teoria geral da magia, op. cit.*

Mauss, no famoso "Ensaio sobre a magia" que, lido como sugiro, muda completamente de sentido, refuta sucessivamente todas as tentativas para situar o princípio da magia em algum lugar[76]. Ele faz exatamente a propósito do poder mágico aquilo que fiz rapidamente a propósito do poder em nossas sociedades. Ele diz: "Vocês procuram o poder mágico, vocês vão procurá-lo no feiticeiro, nos objetos, mas vocês não o encontrarão, porque ele está em todos os lugares e em lugar nenhum, porque ele está no próprio campo". É a mesma coisa para o poder: vocês podem ir procurá-lo nos patrões, nos bispos, em tal patrão, podem ir procurá-lo nas "cem famílias" ou nos "cem mais poderosos", não o encontrarão. A questão é saber o que faz o poder dos poderosos; como, por exemplo, é produzida a crença que produz o grande artista como detentor de um poder de criação?

Os exemplos da etnia e da grife

A análise da *fidēs* foi importante na medida em que ofereceu uma imagem exagerada do erro substancialista e realista. A redução da *fidēs* a uma relação pessoal, de pessoa a pessoa, leva a esquecer das condições sociais de produção dessa relação: para que essa relação seja possível, é preciso que todo um universo, todo um cosmos esteja constituído. Posso parecer muito abstrato, ainda mais porque utilizo palavras latinas, gregas etc., mas penso em coisas extremamente concretas, e esse desvio pelo mais fundamental, desde que não o façamos numa perspectiva metafísica do profundo, é extremamente importante para compreender de verdade coisas absolutamente triviais.

Penso, por exemplo, na noção de etnia. Esse é um problema sério: por que, na maioria das sociedades, certas etnias são desvalorizadas, por que certos grupos sociais são estigmatizados? Pelo contrário, por que existe uma espécie de capital por se pertencer a certos grupos, por se ter uma certa cor de pele, uma certa *hexis* corporal? Podemos encontrar razões históricas, mas se formularmos de verdade esse tipo de perguntas, na realidade formulamos todas as perguntas que formulei hoje e [na aula] anterior. Não farei o exercício, mas se vocês fizerem funcionar

---

76. O "Esboço de uma teoria geral da magia" começa com um exame dos "elementos da magia" (o mago, os atos, as representações) que termina com a afirmação da "unidade do todo": "[...] a unidade do todo é ainda mais real que cada uma das partes. Pois esses elementos, que consideramos sucessivamente, nos são dados simultaneamente. Nossa análise os abstrai, mas eles estão [íntima e necessariamente] unidos" (*Ibid.*, p. 122, trad. modificada).

aquilo que disse em relação à noção de "raça" (coloco a palavra entre aspas: quero dizer etnia), verão que podemos descrever a noção de etnia como uma forma de capital simbólico, positivo ou – no caso do estigma – negativo, e acho que minha crítica dupla da *fidēs* como substância e da noção de *fidēs* como simples projeção ganhará todo seu sentido.

Pensemos por exemplo na famosa análise de Sartre em *A questão judaica* sobre a relação entre o racista e a raça estigmatizada[77]. Sartre, como sempre, adota uma posição subjetivista radical que é meio verdadeira ou, melhor (porque não existe metade da verdade), nem verdadeira nem falsa. Ele toma o lado subjetivo da relação de *fidēs*: ele considera que é o racista quem faz o estigma, que seria a acumulação de uma série de atos de consciência pelos quais os sujeitos constituem uma propriedade que só existe no olhar deles. Isso se resumiria a dizer: "Mudem de olhar e vocês farão a etnia desaparecer". Essa posição pode conduzir, como ocorre com muita frequência no subjetivismo, a uma forma de voluntarismo espontaneísta para o qual a ação política é uma espécie de apelo à conversão: "Sejam gentis, não sejam mais racistas, façam desaparecer o olhar racista e a raça maldita desaparecerá". No entanto, na verdade, para fazer desaparecer o olhar racista, será preciso quase fazer desaparecer o racista. Com efeito, lembrem-se de tudo que eu disse agora há pouco sobre a noção de *fidēs* – vocês podem substituir a palavra *fidēs* por "sagrado", funciona da mesma maneira: o sagrado produz os atos de consagração ou é produzido pelos atos de consagração? Esse é um problema eterno e o livro de Otto sobre o sagrado[78], por exemplo, gira ao redor dessa alternativa (eu poderia desenvolver isso longamente). O olhar racista é o produto de condições sociais. Para dar conta da experiência do sagrado, da experiência do *kred*, da experiência da *fidēs*, da experiência da raça maldita ou da raça eleita, é preciso levar em conta não apenas uma relação subjetiva e constitutiva, fetichista no sentido ingênuo, mas também a construção do espaço que torna possível o fetiche.

Isso valeria também a propósito da arte. Digo isso maldosamente em relação a uma frase de [Walter] Benjamin, porque isso me irrita um pouquinho: sempre que aparece a possibilidade de um progresso ser realizado na pesquisa, alguém se

---

77. SARTRE, J. P. *A questão judaica*. Trad. de Mário Vilela. São Paulo: Ática, 1995 [*Réflexions sur la question juive*. Paris: Gallimard, 1954 (1946)]. Uma frase ficou muito célebre: "[...] é o antissemita que *faz* o judeu" (p. 46 [84]).

78. OTTO, R. *O sagrado*. Trad. de Walter O. Schlupp. Petrópolis: Vozes, 2007 [*Das Heilige*. Munique: C. H. Beck, 1979].

apressa em reduzi-lo encontrando um predecessor. Isso não está errado, mas as reações do tipo "Isso já está em Gramsci", "Isso já está em Benjamin" impedem de ver a novidadezinha que é importante, não como novidade, mas como progresso (em outras palavras, trata-se de um sistema de defesa). A frase célebre de Benjamin sobre o fetichismo do autor ou, agora não me lembro bem, do nome próprio na arte[79] remete ao problema que formulo esta manhã. Se o nome próprio ou o autor é um fetiche, não se trata de um ato fetichista realizado por um único crente, nem sequer por um conjunto de crentes; é preciso mobilizar toda a estrutura do campo para produzir o fetiche do nome próprio. Basta ter uma visão histórica do nascimento do campo artístico para enxergar que foram precisos cinco ou seis séculos de trabalho coletivo para construir por meio de pequenos retoques, passo a passo, o fetichismo do autor no sentido moderno do termo, o qual não foi realmente constituído antes da década de 1880 após um processo que começou desde o *Quattrocento* por invenções sucessivas (a assinatura do pintor etc.)[80].

A ideia de que possamos (eu me expresso mal, mas é um problema difícil) reduzir o autor ao produto de um ato de oblação subjetiva pelo qual abdico de minha liberdade de constituir ao me esquecer do poder de constituição que exerci e sofrendo na má-fé (a análise sartriana da má-fé seria central[81]) um poder que eu mesmo produzi é uma análise muito ingênua. A má-fé coletiva, na verdade, não é uma soma de más-fés individuais. Ela é de uma outra ordem, e a frase magnífica de Mauss que citei na última aula, "a sociedade sempre se paga com a falsa moeda de seu sonho"[82], lembra que o fetichismo, a concentração de capital simbólico, não se opera por intermédio de pequenas artimanhas individuais pelas quais o sujeito de alguma forma abdica de sua liberdade de constituir os dominantes como dominantes. De passagem, vemos que a tradição sartriana e os que dizem

---

79. Talvez se trate da seguinte frase: "O fetiche do mercado da arte é o do nome do mestre" (BENJAMIN, W. Eduard Fuchs, colecionador e historiador. *In: Id. O anjo da história*. Trad. de João Barrento. Belo Horizonte: Autêntica, 2012. p. 163 [Eduard Fuchs, der Sammler und der Historiker. *Zeitschrift für Sozialforschung*, v. 6, p. 346-380, 1937]). P. Bourdieu já mencionara essa frase no ano anterior, em sua aula de 23 de maio de 1985. *In: Sociologia geral volume 4, op. cit.*

80. É essa "anamnese histórica" que P. Bourdieu realizará em *As regras da arte, op. cit.*: "Trata-se de descrever a emergência progressiva do conjunto dos mecanismos sociais que tornam possível a personagem do artista como produtor desse fetiche que é a obra de arte; isto é, a constituição do campo artístico [...] como lugar onde se produz e se reproduz continuamente a crença no valor da arte e no poder de criação de valor que pertence ao artista" (p. 326 [475]).

81. SARTRE, J. P. *O ser e o nada, op. cit.*, p. 92-118.

82. Cf. *supra*, nota 14.

"O poder vem de baixo" compartilham da ideia de que em última análise os agentes sociais são agentes responsáveis que fazem o poder que se exerce sobre eles, o que é verdade, mas de jeito nenhum no sentido dito pelos filósofos do sujeito. Tenho dificuldade em expressar essas coisas muito difíceis... acho que vocês já as compreenderam, mas estou persuadido de que no minuto seguinte vocês e eu cometeremos erros do ponto de vista da análise que acabo de fazer, já que esta análise evidente é, ao mesmo tempo, contrária a todas as nossas tendências profundas de pensamento.

A má-fé coletiva não é uma soma de más-fés individuais. A institucionalização do poder simbólico faz do poder simbólico uma espécie de substância, de realidade onipresente, indefinível como o *mana*, como o *baraka*, alguma coisa que está em todo lugar, mas que, sob certas condições, alguns podem mobilizar, pois são reconhecidos como dignos de mobilizar essa energia social que está em toda parte e em parte alguma. Para compreender o milagre da grife (uso este exemplo, porque é sem dúvida o mais extraordinário), a saber, que um costureiro, pelo simples fato de escrever sua assinatura sobre um objeto, multiplica seu valor por mil, não se trata de invocar apenas a relação entre a cliente, mistificada e mistificando--se (a má-fé etc.) e o objeto; é preciso reconstituir todo o universo do qual a cliente e o objeto são os produtos. É preciso reconstituir as condições sociais de produção desse espaço capaz de produzir essa coisa tão formidável, tão inacreditável, tão inverossímil que a leva a preencher um cheque de vários milhares de dólares por alguma coisa que, sem a grife, valeria várias mil vezes menos. Com frequência, só compreendemos parcialmente esse tipo de mistérios do mundo social.

Sem dúvida dou a vocês a impressão de misturar coisas muito diferentes, mas acho que o problema da etnia é da mesma natureza: os objetos estigmatizados e execrados (quer dizer, o sagrado negativo) funcionam na mesma lógica dos objetos sagrados e consagrados. Para dar conta do fenômeno do poder simbólico negativo associado, por exemplo, à etnia, não basta captar uma relação que poderia ser passível da tomada de consciência. Eu mesmo, na última aula, deixei entender um pouco que a sociologia, como algo que desvela e, portanto, dissipa o desconhecimento, teria uma virtude crítica, que ela contribuiria em si mesma a neutralizar, nem que só um pouquinho, o efeito dos mecanismos sociais; é um pouco do utopismo do intelectual (como esse não é meu vício mais ordinário, é preciso que as impulsões sejam fortes para que eu tenha cedido a ele), o que é compreensível: a razão de viver dos intelectuais é acreditar que servem um pouquinho para alguma coisa. A ilusão do conhecimento ou da tomada de conhecimento como dissipando o desconhecimento deve-se ao fato de que reduzimos relações sociais que são possibilitadas por uma estrutura a relações sociais diretas entre o fetiche e o sujeito que se curva diante dele.

O *habitus* como determinação e como sensibilidade

Agora vou tentar ir um pouco mais rápido. O que eu queria mostrar em última instância é que a condição social de possibilidade dessas relações de tipo fetichista que são fundamentais na própria existência do mundo social é a relação entre, por um lado, o *habitus* como sistema de princípios de percepção dos espaços sociais e, pelo outro, o espaço social. Se o *habitus* é o produto da incorporação das estruturas sociais, se ele se encontra inserido num espaço social no princípio de suas próprias estruturas, a questão do princípio da ação se coloca de maneira muito estranha. Com efeito, já que o *habitus* é o produto das estruturas do campo, podemos dizer tanto que o campo o determina quanto que o *habitus* determina as práticas. Podemos dizer também que os agentes "*se* determinam", tomando a expressão no sentido forte: os agentes só são determinados na medida em que existe neles um princípio pelo qual as determinações virtuais do campo possam se exercer. Por exemplo, para alguém que não seja sensível ao jogo da arte, as determinações específicas que o campo exerce sobre alguém que esteja jogando não terão efeito. O paradoxo da forma própria que assumem as determinações sociais é que elas passam pela colaboração (mais do que pela "cumplicidade", palavra atroz que não faz sentido e tem uma conotação moral) dos que sofrem essas determinações.

Assim, na próxima aula utilizarei o livro de Virginia Woolf, *Ao farol*, para tentar mostrar que uma diferença fundamental entre os homens e as mulheres, ligada à divisão do trabalho entre os sexos, é que as mulheres, pelo fato de a própria lógica do trabalho de socialização, são menos constituídas que os homens para serem tomadas pela *illusio* social: elas se deixam prender menos pelos jogos sociais, o que faz delas, dependendo do ponto de vista que adotemos, privilegiadas ou vítimas. Poderíamos dizer da mesma maneira que os dominados são menos presos pelos jogos sociais da cultura. Os jogos sociais da cultura os deixam frios, o que é uma maneira de se excluírem quando se trata de jogos dominantes, quando "é preciso estar nisso": a pior das formas de ser excluído é ser excluído de tal maneira que nós mesmos nos excluímos, e a pior forma de se excluir é não se interessar pelo jogo.

Desse modo, a *illusio* me parece ser aquilo que se engendra nessa relação entre um *habitus* estruturado segundo as estruturas de um campo e esse campo. Nessa relação, o *habitus* se determina ou determina o mundo a determiná-lo. Existem determinações que só se exercem sobre as pessoas determinadas a percebê-las (as outras nem sequer as perceberiam) e, depois de tê-las percebido, a senti-las. Há, dessa maneira, uma sensibilidade às injunções de um espaço que é o produto de uma relação particular entre um *habitus* e um campo. A noção de *habitus* substitui a noção simplista de "estímulo-reação" por uma definição muito diferente da relação entre o mundo e os agentes sociais. O estímulo que determina, que desencadeia a ação, que faz com que alguém aja ou não aja é o produto da relação entre dois produtos históricos: um campo que é ele próprio o produto da história (assim, o campo da pintura hoje é o produto de toda uma série acumulada de revoluções artísticas), e o *habitus* que, como incorporação das estruturas desse campo, também é um produto da história. É nessa relação que se desencadeia uma determinação que é aparentemente imediata, mas que, na realidade, passando pelas estruturas cognitivas do *habitus*, passa por toda uma história.

Aqui seria preciso analisar coisas muito concretas. Dizemos, por exemplo: "As pessoas são sensíveis a...", ou nos perguntamos sobre a sensibilidade diferencial à desordem (assim, ontem à noite o Sr. Chirac falou sobre a ordem e a desordem[83]). Quando se é sociólogo, sabemos antecipadamente quem ouve mais isto ou aquilo: existe uma espécie de atenção – ou, pelo contrário, de surdez – eletiva e seletiva. Poderíamos dizer que uma das dimensões do *habitus* é uma sensibilidade diferencial àquilo que é proposto universalmente, por exemplo a ordem e a desordem. Se, como faz François Bonvin[84], vocês estudarem hoje em dia a evolução do sucesso diferencial dos estabelecimentos religiosos e dos leigos, serão obrigados a levar em conta a sensibilidade diferencial das famílias dependendo do *habitus* – isto é, dependendo de suas posições no mundo social, sua história etc. – à ordem e à desordem

---

83. Jacques Chirac participou no dia 23 de abril de 1986 de um programa político (o programa de televisão "A hora da verdade") pela primeira vez depois de sua nomeação, um mês antes dessa data, como primeiro-ministro. Ele anunciara as duas prioridades de seu governo: a "ordem social" e a segurança.

84. BONVIN, F. *Systèmes d'encadrement et demandes des familles dans l'enseignement privé. Deux collèges secondaires dans leur marché* [Sistemas de enquadramento e exigências das famílias no ensino privado. Dois colégios secundários em seu mercado]. 1978. Tese (Doutorado) – Universidade Paris-V, Paris, 1978; *Id*. L'école catholique est-elle encore religieuse? [A escola católica ainda é religiosa?]. *Actes de la recherche en sciences sociales*, n. 44, p. 95-108, 1982.

nos estabelecimentos escolares, e ficará claro (esse é um fator capital) que a probabilidade, tudo o mais constante, de mandar as crianças para um estabelecimento privado está ligada a uma sensibilidade mais forte a essa forma de desordem.

Um outro exemplo: um trabalho que fiz há alguns anos sobre a fertilidade[85]. Ele é muito complicado para que eu possa explicá-lo em detalhes (posto isso, hoje ele está em todo lugar, tornou-se um bem comum), mas pode-se demonstrar que um fator importante da fertilidade diferencial das diferentes famílias é a sensibilidade diferencial à segurança ou à insegurança: tudo se passa como se os agentes sociais, em função das pulsões mais inconscientes do *habitus* (e não em termos de cálculo racional do futuro), captassem um conjunto de fatores muito diferentes (os perigos de guerra, as ameaças de crise, o valor do franco, as alocações familiares, a Previdência Social etc.) que contribuem para criar um contexto de segurança ou de insegurança. É essa sensibilidade à segurança (aqui também, a relação se determina pelas duas pontas) que é o verdadeiro princípio determinante das escolhas de fecundidade. Da mesma forma, as escolhas de se tornar bispo, ou professor, engajam espécies de segurança.

Estou um pouco infeliz, porque temo que vocês tenham perdido o fio que é extremamente importante (na próxima aula tentarei fazer vocês se sentirem melhor). Vou tentar recapitular em algumas frases. Para compreender os fenômenos que mencionei, quer dizer, o fato de que um poder de tipo simbólico muito bizarro possa se exercer sobre as pessoas, é preciso levar em conta essa relação fundamental entre os agentes sociais e os mundos sociais nos quais eles estão, que é uma relação de investimento, de *illusio*, que, embora se torne ilusão para alguém que observa o jogo de fora, não é de modo algum vivida como ilusória por aquele que está dentro – não há nada de mais sério. Para compreender esses fenômenos de poder simbólico, é preciso voltar àquela espécie de relação originária com o mundo social que passa pelo mais profundo do corpo e pela qual nós somos de alguma forma domesticados, apropriados (no sentido ativo e no passivo) pelo mundo social do qual nos apropriamos. É essa relação fundamental, que pressupõe a totalidade do campo e não se constitui por casos particulares numa

---

85. BOURDIEU, P.; DARBEL, A. La fin d'un malthusianisme? [O fim de um malthusianismo?]. *In*: DARRAS, H. J. *Le Partage des bénéfices*. Paris: Minuit, 1966. p. 135-154; BOURDIEU, P. Futuro de classe e causalidade do provável. Trad. de Albert Stuckenbruck. *In: Id. Escritos de educação, op. cit.*, p. 89-142 [Avenir de classe et causalité du probable. *Revue française de sociologie*, v. 15, n. 1, p. 3-42, 1974].

relação pessoal entre um indivíduo *x* e um indivíduo *y*, que é o princípio de todos os efeitos de poder simbólico.

Na próxima aula, tentarei desenvolver essa relação obscura entre um agente e o mundo social com um exemplo das relações entre os sexos e utilizando Virginia Woolf para dizer o que sem ela eu não ousaria dizer.

Segunda hora (seminário): biografia e trajetória social (2)

Responderei parcialmente a uma pergunta [que recebi no intervalo]: "A análise que o senhor apresentou esta manhã poderia ser aplicada na vida cotidiana ao capital simbólico adquirido por uma marca comercial banal, como *Pampers, La vache que rit, Omo*?" Eu acho que sim, mesmo que, dentro da classe do poder simbólico, as coisas se especifiquem, as formas tenham nuances, as condições sociais de possibilidade variem. Esse é um grande problema para os publicitários: os capitais simbólicos fabricados são ficções que sabemos ser fictícias (a palavra "ficção" diz bem o que isso quer dizer: é algo que forjamos, que fabricamos[86]), enquanto as ilusões bem constituídas, isto é, as ilusões sociais, são em geral "de memória perdida", como se costumava dizer – elas se beneficiam, de alguma forma, da amnésia da gênese. Eu acho que o trabalho dos publicitários consiste em mimetizar como possível, o melhor possível, as grandes ilusões sociais. Daí o papel da antiguidade. Não é por acaso que, quando ocorrem fusões e concentrações de empresas, o nome seja negociado, já que o problema do nome, da marca, se coloca de maneira muito concreta: o capital simbólico de firma existe e está muito fortemente ligado à antiguidade[87]. Quando dizemos "Casa fundada em 1832", isso é certamente uma garantia de honorabilidade, seriedade, constância, mas também existe o efeito de antiguidade. Encontraremos o elo entre antiguidade e nobreza, assim como outras coisas importantes (mas não posso desenvolvê-las agora).

Pularei de um assunto para outro. Existem dias em que fico contente em mudar de assunto, e outros em que tenho vontade de continuar. Hoje, estou num

---

86. A palavra "ficção" vem do verbo latino *fingere*, que significa "inventar falsamente", "forjar completamente", mas, antes de mais nada, "moldar".

87. P. Bourdieu voltará ao papel do capital simbólico no campo econômico em BOURDIEU, P. *As estruturas sociais da economia*. Porto: Campo das Letras, 2006 [*Les structures sociales de l'économie*. Paris: Seuil, 2000].

dia em que teria mais vontade de continuar para tentar preencher um monte de linhas que deixei pontilhadas, mas volto à ilusão biográfica e ao que dizia na aula passada sobre o uso da história de vida como método.

Lembro muito rapidamente os grandes temas. A noção de história de vida baseia-se em pressupostos inconscientes que funcionam, como em toda instituição, independentemente dos pesquisadores. Se ela tem um certo sucesso social entre os sociólogos, é porque veicula um inconsciente social enorme que é o inconsciente coletivo nessa matéria. Menciono muito rapidamente esse inconsciente coletivo. Falar de história de vida é constituir a vida como uma história, o que corresponde a uma propensão constituída e aprovada socialmente: a vida pode ser o objeto de uma narrativa que tem um sentido (no sentido duplo de significação e direção), de uma narrativa linear que tem um começo e um fim, um "fim da história". Existe uma espécie de filosofia hegeliana mole por trás da teoria da história de vida e da vida como história: o biógrafo se situa no fim da história e, sabendo como ela termina, ele conta. A ilusão retrospectiva, como dizia Bergson[88], é assim uma das ilusões clássicas do biógrafo. É a ilusão daquele que conhece o fim e que diz "então", "como consequência...", "a partir desse momento..." etc. – "Desde a primeira infância, ele era dotado para a música". Ele realiza uma espécie de finalização de toda a história. Da mesma maneira, as pessoas podem dizer espontaneamente em entrevistas: "Eu sempre gostei de música..." As frases como "desde o começo" encerram uma filosofia implícita, segundo a qual a vida é uma história, ela tem um desenrolar, e todas as metáforas empregadas para falar da vida são metáforas dinâmicas: o "curso", o "percurso", o "caminho" entendido como caminho percorrido, como o caminho que se fez (*opus operatum*), ou como encaminhamento, caminho que se faz.

---

88. P. Bourdieu sem dúvida tem em mente passagens como esta: "O fato capital dos tempos modernos é o advento da democracia. Que no passado, tal como foi descrito pelos contemporâneos, encontramos uns sinais batedores, é algo incontestável; mas as indicações talvez as mais interessantes só teriam sido anotadas por eles se tivessem sabido que a humanidade caminhava nessa direção; ora, essa direção de trajeto não estava mais marcada do que outra qualquer, ou antes, não existia ainda, tendo sido criada pelo próprio trajeto, quero dizer, pelo movimento avante dos homens que progressivamente conceberam e realizaram a democracia. Os sinais batedores, portanto, só são sinais aos nossos olhos porque agora conhecemos o trajeto, porque o trajeto foi feito. Nem o trajeto, nem sua direção, nem, por conseguinte, seu termo estavam dados quando esses fatos se produziam: portanto, esses fatos ainda não eram sinais" (BERGSON, H. *O pensamento e o movente*. Trad. de Bento Prado Neto. São Paulo: Martins Fontes, 2006. p. 19 [*La Pensée et le Mouvant*, 1934]).

O famoso título [do primeiro romance (1883)] de Maupassant, *Uma vida*, é interessante, porque remete aos dois sentidos da palavra "vida": simultaneamente o contado (aquilo que é contado, a *Geschichte*) e a narrativa do contado (a *Historie*). A história de vida implica o postulado de que se trata de uma história coerente: "Vou contar de uma maneira coerente, cronológica". Por exemplo, no livro cujo autor esqueci, *O papagaio de Flaubert*[89], o segundo capítulo, "Cronologia", é uma espécie de biografia de Flaubert seguindo a ordem. Identificamos, portanto, a ordem cronológica à ordem lógica e postulamos que a ordem de uma vida é a ordem cronológica. Se vocês coletarem biografias em entrevistas, verão imediatamente que aquele que conta sua biografia (não existe uma palavra em francês, é irritante, os ingleses têm uma palavra, é bastante cômodo) conta sua vida na desordem: ele perde o fio o tempo todo, pula, volta para trás. Os sociólogos, que muitas vezes são um pouquinho rígidos (por várias razões: eles não têm muito tempo para fazer a entrevista, eles não querem voltar a ver o entrevistado trinta e seis vezes e, além disso, tem o gravador e a fita que vai acabar [*risos na sala*]), então colocam o biografado nos trilhos ("Vejamos, estávamos em 1924, voltemos a esse momento" etc.) e reimpõem a ele a ordem cronológica...

Resumindo, por trás dessa noção absolutamente boba de história de vida, existe uma filosofia da história coletiva e uma filosofia da história individual que, por serem implícitas, agem o tempo todo. O trabalho que consiste em explicitar, como faço aqui, não é de jeito nenhum um luxo ou uma questão de honra epistemológica do pesquisador que quer parecer esperto; é simplesmente a condição mínima para saber o que se faz, o que é simplesmente, como repito sempre, a definição saussuriana da epistemologia[90].

---

89. A tradução francesa desse romance de Julian Barnes acabara de ser publicada quando esse curso aconteceu (BARNES, J. *O papagaio de Flaubert*. Trad. de Manoel Paulo Ferreira. Rio de Janeiro: Rocco, 1988 [*Flaubert's parrot*. London: Jonathan Cape, 1984]).

90. "Qual é o objeto, ao mesmo tempo integral e concreto, da Linguística? [...] Outras ciências trabalham com objetos dados previamente e que se podem considerar, em seguida, de vários pontos de vista; em nosso campo, nada de semelhante ocorre. Alguém pronuncia a palavra *nu*: um observador superficial será tentado a ver nela um objeto linguístico concreto; um exame mais atento, porém, leva-nos a encontrar no caso, uma após outra, três ou quatro coisas perfeitamente diferentes, conforme a maneira pela qual consideramos a palavra: como som, como expressão duma ideia, como correspondente ao latim *nūdum* etc. Bem longe de dizer que o objeto precede o ponto de vista, diríamos que é o ponto de vista que cria o objeto; aliás, nada nos diz de antemão que uma dessas maneiras de considerar o fato em questão seja anterior ou superior às outras" (SAUSSURE, F. *Curso de linguística geral*, *op. cit.*, p. 15).

Importar uma ruptura literária

Desse modo, para começar há uma teoria da vida como história e em seguida uma teoria da história como discurso coerente, linear e cronológico. Quando procedemos de maneira cronológica, vamos supor implicitamente que B será o fim de A ("Ele fez isso para…"), ou que A será a causa de B. Vamos criar relações, e os entrevistados não vão nos contradizer devido a uma espécie de questão de honra antropológica (acho que existem invariantes antropológicas): toda pessoa quer dar sentido à sua vida… Ela não pode contar sua vida para você como uma narrativa à moda de Faulkner. Ela se confunde o tempo todo, mas, apesar de tudo, coloca em ordem, escolhe, exibe algumas coisas e esconde outras, cria ligações, relações, dá sentido. Ela estabelece relações de causas determinantes com efeitos, relações de eventos com causas finais. De modo geral, portanto, a narrativa será coerente e isso não é por acaso: os interesses do biógrafo e do biografado coincidem, já que o próprio biógrafo também quer uma coisa mais ou menos coerente. Essa filosofia da história não o envergonha, foi preciso esperar Faulkner para dizer: "A vida talvez seja uma história de loucos." O biografado e o biógrafo são cúmplices. Eles colaboram com base numa filosofia inconsciente da história, no sentido duplo de história como história contada e de história como história que se conta. O interesse de Faulkner, em particular em *O som e a fúria*, era lembrar que essa definição da vida como história bem ordenada é arbitrária. "O som e a fúria" é uma citação da famosa tirada do final de *Macbeth*: "A vida é só uma sombra […], é uma história que conta o idiota, todo som e fúria sem querer dizer nada"[91].

Uma coisinha minúscula: é muito surpreendente que os sociólogos, que nem sempre são incultos, possam ler o *Nouveau Roman* sem que isso afete sua prática. Dado que a ciência social se constitui contra o literário e que dizem a ela o tempo todo: "O que você faz não é ciência" ou "Em última instância, isso está muito bem escrito, mas não é ciência", eles são obrigados a se defender. O que digo aqui resume trabalhos de sociologia da ciência. Em particular, aquilo que Lepenies diz sobre Buffon ilustra isso muito bem: o famoso Buffon, célebre por seu estilo, foi, para resumir, afundado cientificamente, porque escrevia bem demais[92]. Existem

---

91. SHAKESPEARE, W. *Macbeth*. Trad. de Barbara Heliodora. São Paulo: Saraiva, 2011. Ato V, cena V [*Macbeth*, 1623].

92. LEPENIES, W. Der Wissenschaftler als Autor – Buffons prekärer Nachruhm [O cientista como autor: a precária fama póstuma de Buffon]. *In: Id. Das Ende der Naturgeschichte*. Wandel kultu-

também trabalhos sobre Kant: eu não sei se neles colocam uma intenção finalista, mas em todo caso observa-se que ele escrevia muito mal e que esse era um meio de romper com o discurso mundano e afirmar uma espécie de cientificidade, de "teoricidade" independente do literário.

É preciso lembrar que as ciências sociais são as últimas a chegar das ciências e que, no campo das disciplinas, elas estão no lugar mais baixo da hierarquia das ciências e, também, no mais baixo da hierarquia das letras. Por serem definidas de maneira duplamente negativa, têm um problema constante de identidade, e a escrita não é de modo algum uma questão insignificante. Dessa forma, é perigoso para elas irem buscar referências [na editora] Éditions de Minuit para fazer uma crítica da biografia: é preciso ter um capital simbólico avançado para se permitir isso [*risos na sala*]. Consequentemente, temos uma espécie de vida dupla intelectual: ficamos muito interessados pelo *Nouveau Roman*, mas continuamos a fazer biografias como se nada estivesse acontecendo. Trata-se aqui de um problema muito geral: eu acho que, por razões históricas, o campo artístico e o literário fizeram todo tipo de descobertas importantes para as ciências sociais e podem estar avançados, mesmo do ponto de vista das ciências sociais, quanto à teoria da temporalidade ou ao exemplo que dou hoje.

Um outro obstáculo para a recuperação dessas conquistas é que, com muita frequência, essas importações são feitas pelos mais impostores dos especialistas das ciências sociais, que estragam o ofício e que são mesmo efetivamente "literatos" (no mau sentido do termo). É a mesma coisa com as importações da etnologia: se, agora há pouco, tomei tantas precauções antes de importar coisas legítimas, é porque poderia citar quinze nomes, aliás sobretudo franceses (porque a França é especialista nessas utilizações desvairadas das disciplinas vizinhas), que fizeram mal essas importações. Portanto, o empréstimo é difícil por todas essas razões. Acho que isso que faço aqui poderia ser generalizado. O problema da escrita se coloca nas ciências sociais de maneira dramática. Conheço um número considerável de pessoas que têm coisas realmente importantes para dizer, mas,

---

reller Selbstverständlichkeiten den Wissenschaften des 18. und 19. Jahrhunderts. Munique: Carl Hanser Verlag, 1976. p. 131-168; *Id. As três culturas*. Trad. de Maria Clara Cescato. São Paulo: Edusp, 1996 [*Die drei Kulturen*: Soziologie zwischen Literatur und Wissenschaft. Munique: Carl Hanser Verlag, 1985]. P. Bourdieu tratou as questões de estilo e de escrita nas ciências em maiores detalhes no quadro de sua análise do espaço das disciplinas no segundo ano de seu curso (*Sociologia geral volume 2, op. cit.*, p. 216-223; 237-240 [434-441; 460-464]).

por não terem a linguagem adequada e não quererem constituir o problema da linguagem como problema que merece pesquisa (porque é coisa de "literato" – [não intrinsecamente, mas em relação à forma que] o "literato" tomou desde o século XIX), podem ser censurados pelo estado atual das linguagens disponíveis, pelo tipo de linguagem que lhes é designado, pela definição dominante da linguagem num certo momento. Eu poderia continuar, mas isso seria um parêntese grande demais, talvez útil para alguns, mas inútil para outros.

A literatura é um terreno no qual a ruptura com essa definição de certa forma hegeliana da biografia realizou-se, e nos dois planos ao mesmo tempo: com a ideia de história como narrativa linear e orientada e, também, com a ideia da vida como algo a se contar, como história. Na medida em que vários romances contam uma história que é uma história de vida (a do autor, a de um personagem), não podemos liquidar a teoria da história no sentido de discurso sem colocar a questão da liquidação da teoria da vida como discurso. Faulkner, Virginia Woolf, Joyce e depois o *Nouveau Roman* formularam a pergunta, e a frase de Robbe-Grillet que citei na última aula é um questionamento da ideia de vida como discurso que combina ao mesmo tempo o nível do que é contado e o nível do modo de narração: "Tudo isso é real, quer dizer, fragmentário, fugidio, inútil, tão acidental e tão particular que todo evento aparece no texto a cada instante como gratuito, e toda existência, no final das contas, como privada da menor significação unificadora"[93]. Assim, Robbe-Grillet passa do questionamento do discurso unificador e totalizador, do romance como totalização, a um questionamento da própria vida como totalizável ou como unificável. Ele acaba concluindo com uma espécie de filosofia da vida como absurda, desprovida de sentido e de coerência.

Não somos obrigados a concluir como ele; em todo caso, não acho que possamos responder a essa pergunta dentro dos limites da sociologia. Todavia, como sociólogos, somos obrigados a ouvir o questionamento duplo: primeiro, será que uma narrativa é uma ordem coerente e, segundo, será que a existência é uma coerência? Se a vida se oferece (quando realmente a captamos) sob a forma de uma desordem, por que ordená-la e se, pelo contrário, a vida tende a se apresentar como uma ordem, quais são os princípios sociais geradores dessa ordem? Como o mundo social funciona para fazer com que a vida tenha a aparência de uma

---

93. ROBBE-GRILLET, A. *Le miroir qui revient, op. cit.*, p. 208.

narrativa e com que todas as formas socialmente aprovadas de narrativas de vida sejam coerentes? Esses são os exemplos que dei [na aula anterior]: a carteira de identidade, o *curriculum vitae*, a biografia oficial, as notas biográficas do *Who's Who?* são coisas coerentes, orientadas, homogêneas. Todas as vidas são diferentes, mas elas sempre se apresentam segundo o mesmo padrão: há uma carreira, ou seja, um *cursus*, um movimento linear orientado, com etapas marcadas (os estudos, os exames etc.). Como o mundo social põe ordem e por que essa ordem?

Constituir as constâncias

Eu dei um dos princípios determinantes dessa espécie de totalização-unificação biográfica: o nome próprio. O nome próprio é interessante, porque, para os lógicos, é uma velha história, uma cruz: os lógicos não sabem o que fazer com o nome próprio que lhes coloca um monte de problemas. Talvez seja um pouco arrogante, mas isso me parece um caso típico em que a sociologia, apoiando-se nos trabalhos dos filósofos da linguagem, pode resolver um problema de lógica que é um problema de sócio-lógica, um problema de sociologia. Digo isso de maneira arrogante, não escreveria isso (quando vocês lerem o que estou contando[94], verificarão que não direi isto que digo), mas acho que é útil dizer isso, de forma alguma no modo de valorização pessoal, mas para ter em mente que certos problemas lógicos talvez sejam problemas sociológicos e que, se é possível encontrar uma solução sociológica para eles, é porque na realidade eram sociológicos. Isso não significa, longe disso, que o trabalho lógico dos lógicos seja inútil, e posso dizer com toda sinceridade e modéstia que, sem o trabalho dos lógicos, eu nem sequer teria me colocado o problema e que, consequentemente, não teria tido os elementos de construção necessários para ir além com as problemáticas sociológicas.

O nome próprio é o designador rígido de Kripke que mencionei na aula passada. Ele é uma maneira de designar uma pessoa de tal maneira que ela será sempre portadora dessa designação através do tempo e dos espaços sociais (sou eu quem adiciona "através dos espaços sociais", mas isso está de fato implicado em certas

---

94. BOURDIEU, P. A ilusão biográfica. *In*: AMADO, J.; FERREIRA, M. M. (orgs.). *Usos e abusos da história oral*. Trad. de Glória Rodríguez *et al*. Rio de Janeiro: Editora FGV, 2002. p. 183-191 [L'illusion biographique. *Actes de la recherche en sciences sociales*, n. 62, p. 69-72, 1986]. O artigo ainda não havia sido publicado quando o curso aconteceu; isso acontecerá em junho de 1986.

análises dos lógicos). Vejamos o exemplo de Marcel Dassault[95]: como agente, ele foi simultaneamente membro da Assembleia Nacional, construtor de aviões, presidente de várias filiais (o que já constitui muitas identidades – para uma única pessoa, já é bastante), produtor de filmes, diretor de jornais e sem dúvida me esqueço de outras coisas... Qual é a unidade de Marcel Dassault? É a expressão "Marcel Dassault" e depois o corpo de Marcel Dassault, o indivíduo biológico, mas o indivíduo biológico uma vez constituído socialmente pelo ato de nomeação.

O que o linguista Ziff disse é importante: a nomeação é um rito batismal que designa a um indivíduo biológico um nome para a vida, que o constitui, de uma vez por todas, como portador de uma identidade. A nomeação batismal originária será o suporte de todas as nomeações posteriores; todas as nomeações posteriores (quando se dirá: "Eu te nomeio presidente", "Eu te nomeio ministro", ou "agregado", "professor" etc.) se aplicam aparentemente ao indivíduo biológico, na realidade à pessoa social, quer dizer, ao indivíduo biológico constituído socialmente, e essa pessoa social é irredutível a um de seus instantes e a um de seus estados em um dos campos. Por exemplo, um problema absolutamente concreto: quando o Sr. Dassault queria exercer seu poder econômico na imprensa, assinava um cheque. Contudo, a assinatura também é uma propriedade constituída socialmente, é o signo... Temos então a assinatura, a descrição e o nome próprio. A descrição é ainda outra coisa, se vocês refletirem.

(Aqueles entre vocês que não estão habituados ao modo sociológico devem estar se dizendo: "Mas ele está nos contando historinhas triviais, todo mundo sabe disso..." O problema é que sabemos tanto, que não sabemos. Não é fácil chegar a pensar ao mesmo tempo o nome próprio, a descrição e a assinatura, pois as condições sociais nas quais pensamos essas coisas diferentes são estrangeiras; são campos diferentes e, se os lógicos param antes – estou disposto a apostar que dez séculos de lógica jamais produzirão a relação entre o nome próprio e a assinatura –, é porque existem constituições – sempre digo que um campo é uma constituição, um *nomos* – que, sem que isso seja afirmado explicitamente, proíbem, no espaço de um campo, pensar certas coisas. Ora, há um monte de coisas que só podemos pensar saltando sobre as fronteiras dos campos.)

---

95. Marcel Dassault falecera aos noventa e quatro anos alguns dias antes dessa aula, em 17 de abril de 1986 [Marcel Dassault foi um engenheiro e empresário francês, criador da empresa aeronáutica Dassault. Também foi deputado e senador, e fundou revistas e jornais – N.T.].

A nomeação inaugural pela qual um indivíduo recebe um nome próprio é um desses ritos de instituição com os quais dizemos: "Você é isso" (e sempre implicitamente: "Você é apenas isso"). Os ritos de instituição são a afirmação de uma natureza reconhecida socialmente acompanhada de um limite; "Você é homem" quer dizer "Você não é mulher", "Preste atenção, não seja efeminado" – há toda uma série de coisas negativas e, inversamente, para "Você é uma mulher". Esse ato de nomeação inaugural transforma o indivíduo biológico em pessoa social que será independente do tempo. Com efeito, o que permanece constante do nascimento até a morte é o nome próprio e aquilo que está ligado a ele, a saber, todos os atos de atribuição sucessivos pelos quais essa espécie de ser sem propriedade que é o nome próprio estará associado a propriedades, a ponto de ser em última instância um pouco como a substância de todos os acidentes, isto é, de todas as propriedades que chegarão a uma pessoa durante sua vida.

Todas as análises do nome próprio, assim, concordam em dizer que o nome próprio, diferente do nome comum, não pode ser desenvolvido: ele não implica nada, não contém informação nenhuma, apenas designa, aponta o dedo. Ele, muitas vezes, é aproximado dos dêiticos ("aqui", "ali") que apontam mas não dizem nada. Eu acho que se é assim, é precisamente porque o nome próprio, como produto da aplicação de um rito de instituição, é uma espécie de constituição, de tese sem conteúdo, como todos os atos de instituição do tipo masculino/feminino, os ritos de passagem, a circuncisão, por meio dos quais se cria uma fronteira arbitrária de tipo quase mágico. O nome próprio não veicula nenhuma informação: aquilo a que ele se refere (e é aqui que o que eu disse na aula passada sobre Proust e Albertine permanece verdade[96]) continua sendo uma rapsódia anedótica, uma "história de louco", como dizia Faulkner, uma série de coisas sem pé nem cabeça que não são totalizáveis, nem acumuláveis, é "A Albertine de antes", "A Albertine encapotada dos dias de chuva". Em outras palavras, é um sujeito fracionado e múltiplo e a única constância é aquela espécie de constância do nominal que o nome próprio institui por uma espécie de abstração originária. O nome próprio é uma espécie de decisão de abstrair tudo aquilo que o romancista, digamos, pós-faulkneriano (é mais difícil fazer cortes na literatura do que na pintura) vai tentar recapturar, essa espécie de diverso sensível, intotalizável, impossível de unificar, esse sujeito fracionado.

---

96. Cf. *supra*, p. 46.

Isso será o suporte do que chamamos de estado civil, e o estado civil, em termos jurídicos, é o conjunto de propriedades ligadas às pessoas às quais o direito civil associa efeitos jurídicos. Essas propriedades serão a nacionalidade (existem efeitos jurídicos a partir de uma nacionalidade: ela implica obrigações, deveres, proibições etc.), o sexo, a idade, a profissão. Essas propriedades, aquilo que chamamos de "certidões do estado civil" ("certidão de batismo", "certidão de casamento", "certidão de nascimento"), que são descritas como constatações ("Constatou-se o nascimento…") são na verdade instituições que instituem sob a aparência de constatar. São performativos que constituem uma pessoa como masculina, como francesa, e essa identidade trans-histórica que o mundo social constitui será o suporte de toda uma série de atos jurídicos de atribuição de categoremas sociais com os quais (analisei isso ano passado) a sociedade diz o que alguém é. É uma série de atos de atribuição associados ao nome próprio funcionando como substância. Como resultado, o nome próprio não inclui informações, mas ainda assim o mundo social dá um jeito de [fazer (?)] girar essa espécie de vazio que está ligado à arbitrariedade do ato de instituição, ao dar uma espécie de descrição oficial da essência social transcendente às flutuações históricas que o ato inicial de instituição constituiu.

Em outras palavras, a instituição social dá uma série de certificados (certifica-se que tal pessoa tem esta e aquela propriedade) de capacidade ou de incapacidade, todos baseados no postulado que estava no princípio da atribuição do nome próprio: o postulado da constância do nominal para além do tempo e dos espaços. Eu denuncio constantemente esse postulado no trabalho científico, mas se os historiadores e os sociólogos sucumbem à ilusão da constância do nominal, é exatamente porque toda a ordem social está fundamentada nesse esforço para constituir realidades que escapam ao tempo, isto é, pessoas *responsible* [responsáveis], como dizem os anglo-saxões, isto é, pessoas com as quais podemos contar para além do tempo. O postulado de constância está ligado à existência de um mundo social que afirma sua permanência por sua própria existência. (Isso mereceria um debate longo, mas faço apenas um parêntese, sem dúvida compreensível apenas para os profissionais: eu acho que, para dar sentido a seu trabalho, o sociólogo ou o etnólogo postulam uma espécie de funcionalismo mínimo, quer dizer, o fato de que uma ordem social tende a garantir sua própria perpetuação, sua própria eternização.)

Eu acho que uma parte muito importante dos atos sociais, em particular os rituais, e em particular essa categoria de rituais que chamei de "ritos de instituição", tem como função constituir as constâncias. Num universo de fluxo, os indivíduos são biológicos, são mortais, os reis morrem e esse é um dos grandes problemas das sociedades. Para poder dizer: "O rei está morto, viva o rei", é preciso (é o livro magnífico de Kantorowicz[97]) que o rei tenha dois corpos, um corpo real que morre e um outro que sobrevive. Acho que essa espécie de princípio de constância é constitutiva da existência das sociedades (o que não quer dizer que as sociedades não mudem). Esse postulado de constância é de alguma forma especificado, quando se trata dos indivíduos, pela designação de identidades duráveis. O famoso indivíduo do "individualismo metodológico" é um produto construído pelo mundo social de mil maneiras, mas entre outras da maneira que acabo de dizer.

Há, portanto, o indivíduo e em seguida todas essas propriedades que supomos constantes, como a propriedade de pai de família. Se refletirmos sobre isso, essa propriedade [*i.e.* a propriedade de pai de família] é muito variável: os direitos associados ao fato de ser pai de três filhos, por exemplo, desaparecem quando um dos filhos faz dezoito anos. Entretanto, a propriedade de pai de família é constituída de uma vez por todas, como as propriedades de filho, mãe, esposa, todas propriedades que são constituídas como constantes, em geral por atos de instituição que são atos de eternização. Essas propriedades constantes são associadas à mais constante das propriedades constantes que é a pessoa socialmente constituída pelo nome próprio. Pronto, acho que terminei mais ou menos a análise crítica da noção de nome próprio. Não quero demorar demais novamente.

O espaço dos discursos biográficos

Essa crítica dos pressupostos da noção de história de vida, e ao mesmo tempo da prática que consiste em registrar a história de vida de alguma pessoa, tem como objetivo tentar compreender o que se passa quando se recolhe uma história de vida, ou seja, o que é que fazemos sem saber que fazemos. [Assim, podemos esperar compreender] as condições sociais de produção desse artefato que é uma história de vida, pois tudo é recuperável cientificamente. Sempre é possível, por exemplo, fazer a análise secundária de uma pesquisa estatística catastrófica, desde que repensemos as condições sociais de construção da amostra e das categorias de

---

97. KANTOROWICZ, E. H. *Os dois corpos do rei*: um estudo sobre teologia política medieval. Trad. de Cid Knipel Moreira. São Paulo: Companhia das Letras, 1998 [*The king's two bodies*: a study in mediaeval political theology, Princeton: Princeton University Press, 1957].

análise. Da mesma maneira, podemos fazer uma análise científica (muitas vezes deplorando um monte de coisas) da biografia mais boba, desde que tenhamos em mente, o máximo possível, as condições sociais de produção desse artefato que é a biografia. Certamente, a história de vida é um método que não é um método. É preciso jogá-la ao mar, ela foi contrabandeada para a ciência, como tantas noções do senso comum (os bons sociólogos prestam um serviço eminente quando jogam ao mar todo tipo de lastro, de conceitos ruins, e são obrigados a forjar palavras científicas para expulsar as palavras comuns que veiculam filosofias ordinárias não analisadas). Dessa forma, se as pessoas continuarem a fazê-las, pode acontecer das histórias de vida tornarem-se utilizáveis, desde que saibamos que elas são artefatos.

É preciso também conhecer as leis sociais dessa troca particular que é a lembrança de histórias de vida. Não é trivial lembrar que as trocas nas quais a informação científica se constitui são trocas sociais (poucos sociólogos sabem disso; hoje isso é mais comum, mas, há quinze anos, garanto para vocês que não eram muitos). A pesquisa como relação social está ela própria submetida a leis sociais, em particular à lei da produção dos discursos: um *habitus*, o do biografado, é confrontado com um mercado e está, assim, submetido às suas censuras específicas. Essas censuras dependem da representação que o biografado tem do biógrafo, de sua representação da ciência, de sua representação da ideia de biografia, de sua representação da ideia de vida. Elas também dependem da imagem que ele faz da situação e que ele pode pensar por analogia com a do político entrevistado na televisão que ele viu ou por analogia com a do escritor que vamos entrevistar. Sem saber disso, o sociólogo, se for bom, serve-se dessas imagens. O problema do sociólogo é fazer falar e fazer com que as pessoas digam coisas que não diriam sem o sociólogo. Se o sociólogo precisa entrevistar um escritor, dirá que faz uma "biografia" (mais do que uma "história de vida") e não garantirá o anonimato (porque isso deixaria de interessar aos escritores – isso remete ao nome próprio...). Ele faz tudo isso de maneira semiconsciente, como um agente social ordinário que, para se divertir, um dia pode ter vontade de fazer alguém falar, fazer com que ele dê com a língua nos dentes [*tirer les vers du nez*], como se diz. […]

No fundo, uma situação de entrevista situa-se numa ponta, entre a pesquisa de tipo oficial, de tipo policial (e com muita frequência as entrevistas de sociólogos são entrevistas policiais suaves, vividas como imperativos) e, na outra ponta, a confidência na qual nos esquecemos, na qual nos soltamos e nos entregamos como íntimos. Esses são dois estados possíveis do mercado. Depois disso, há as pessoas que contam sua vida: o romance de Ernaux, *O lugar*[98], a obra de Proust etc. É raro que eu ofereça definições, mas posso dar uma definição da biografia. A biografia abrange todas as formas de apresentação pública, logo, oficial (quando há publicação, há oficialização), de uma representação privada de sua própria vida, pública ou privada. Uma biografia é uma manifestação, é um tornar-público, um tornar-visível diante de todos. Do fato da publicação, todo mundo pode lê-la, daí os problemas que se colocam: "E se meu pai ler a biografia? E se minha mãe ler? E se meus vizinhos ou as pessoas de quem falo lerem?" Os sociólogos têm esse problema o tempo todo: será que devem indicar o nome próprio dos entrevistados ou deixá-los anônimos?

Uma biografia é uma apresentação pública, portanto, oficial, oficializada, de uma imagem privada de uma vida pública ou privada, mas o que entrego não é minha vida, é minha representação de minha vida, é minha visão de minha vida. Ora, isso é controlado socialmente: se vocês ouviram o que eu disse antes, é uma coisa que o mundo social não deixa qualquer pessoa fazer. Para ser historiógrafo do rei, é preciso apresentar pata branca[99]; Marin escreveu um belíssimo artigo sobre um historiógrafo que apresentou sua candidatura a Luís XIV e que tentou convencê-lo de que seu ponto de vista sobre ele era o correto[100]. O mundo social controla os pontos de vista, e em particular o ponto de vista do sujeito sobre si mesmo. Abandonar ao primeiro que chegar o direito de contar sua biografia seria (se vocês lembrarem da definição de Faulkner) uma "história de louco". O que o mundo social quer não é que as pessoas contem suas vidas na rua, e sim *curriculum, cursus honorum*, coisas organizadas segundo as formas, isto é, postas em forma (em inglês, um formulário burocrático é "*a form*"), o que quer dizer submetidas ao formalismo jurídico, à censura das formas, e a formalização literária é uma forma. É uma eufemização (essas são análises que fiz no passado).

---

98. ERNAUX, A. *O lugar*. Trad. de Marília Garcia. São Paulo: Fósforo, 2021 [*La Place*. Paris: Gallimard, 1983].

99. Expressão idiomática derivada da fábula "O lobo, a cabra e o cabrito", de Jean de La Fontaine, em que um cabrito pede ao lobo que mostre sua pata branca para deixá-lo entrar, ou seja, comprove sua identidade [N.T.].

100. MARIN, L. Pouvoir du récit et récit du pouvoir [Poder da narrativa e narrativa do poder]. *Actes de la recherche en sciences sociales*, n. 25, p. 23-43, 1979.

Recolhidas pelos sociólogos ou por outras pessoas, as biografias que podemos encontrar constituirão um espaço de discursos possíveis que variarão de maneira muito importante, não apenas dependendo da origem social do entrevistado, mas de maneira muito mais pertinente dependendo da relação entre o *habitus* do biografado e a situação de biografia, logo, dependendo do grau de censura, da forma de censura, e, por isso, do grau de eufemização, do grau de codificação. Tudo permite pensar que, dadas aquelas que são as condições sociais de produção das biografias mais prováveis, a probabilidade de obter histórias de vida concebidas como histórias, e, por conseguinte, artefatos, será grande. Em outros termos, teremos, em graus diferentes, biografias oficiais; é importante saber disso para não tomar declarações de estado civil como confidência. Isso é uma primeira coisa.

Da narrativa de vida à análise de trajetórias

Além do mais, será que a crítica que fiz desqualifica qualquer estudo da vida humana considerada como processo que se desenrola no tempo? Acho que não. É evidente que na sociologia não podemos deixar de levar em conta a existência humana como história cumulativa que implica uma memória. A própria noção de *habitus* é o resultado dessa realidade. Como disse agora há pouco, a história age a cada momento do tempo por meio do *habitus* que é de certa maneira sua forma presente no instante; podemos dizer, para ir rápido, que o *habitus* é aquilo que mobiliza a história num momento dado do tempo. Em vista disso, para compreender esse *habitus* de maneira não substancialista, não realista, é preciso compreendê-lo em sua gênese, isto é, em relação ao processo de constituição do qual ele é o produto; e compreendê-lo em sua gênese é compreender a trajetória da qual ele é a conclusão.

A mudança de palavra [*i.e.*, a substituição de "história de vida" por "trajetória"] é importante. Por que dizer "trajetória"? Porque, ao fazer isso, pensamos imediatamente num espaço: não se pode pensar numa trajetória sem pensar no espaço em que ela acontece. Ora, o paradoxo das pessoas que falam de história de vida (vocês verão até que ponto os efeitos de importação inconscientes são terríveis) é que elas acabam pensando na história de vida como se ela se desenrolasse por fora de qualquer espaço. É como descrever uma viagem sem mencionar os países atravessados. É exatamente isso. Dizer "trajetória" é dizer "movimento num espaço" – o espaço social.

Se vocês quiserem compreender, por exemplo, por que Flaubert é Flaubert, vocês precisam conhecer os eventos da vida de Flaubert. Mas se você for Sartre[101], fará tudo ao contrário e contará uma história de vida antes de saber o universo no qual essa história de vida se desenrola. Você dirá: Flaubert nasceu numa família de notáveis provincianos, seu pai era médico em Rouen, ele viu cadáveres no jardim durante sua infância, teve um ataque de epilepsia etc. Você terá então uma história cronológica (e depois, no segundo volume, dirá: "Bem, mas na época havia a burguesia" etc.). Contará a entrada de Flaubert no liceu, por exemplo, mas na época o que havia ao lado dos liceus? Será que havia colégios? O liceu é um ponto entre outros. Se situarmos o liceu num espaço, começamos a compreender o que significa o fato de entrar no liceu em vez de entrar num colégio de jesuítas (aliás, no caso, isso tinha uma relação com o pai médico, mais descrente etc.). Em outras palavras, será preciso situar em relação aos outros possíveis cada uma das bifurcações da história que as biografias ordinárias em termos de *cursus* retêm. (Sobre as bifurcações, a anti-história à moda de Virginia Woolf é interessante, porque, como todos os comentadores observaram, ela faz as crises desaparecerem completamente. Eu acho que nem sequer percebemos a morte da heroína em *Ao farol*: muda-se de capítulo e percebemos que essa personagem central desapareceu, enquanto numa biografia ordinária "a morte da Sra. Ramsay" seria toda a história.) Mesmo esses eventos cruciais só fazem sentido num espaço.

Utilizarei uma metáfora para que vocês compreendam: [as histórias de vida ordinárias] são, de modo geral, como se descrevêssemos um trajeto no metrô sem conhecer o mapa do metrô: descrevemos caminhos num espaço que não conhecemos, sem saber o que isso significa além da passagem de um ponto a outro já que não sabemos como esses pontos estão situados uns em relação aos outros. Não temos a matriz de todos os deslocamentos possíveis que está inscrita num mapa de metrô. Por exemplo, para compreender o que quer dizer o fato de Flaubert sair de uma revista para escrever em outra, é preciso ter o espaço das revistas. Na

---

101. A passagem que se segue faz referência à obra de SARTRE, J. P. *O idiota da família*. Trad. de Júlia da Rosa Simões. Porto Alegre: L&PM, 2014 [*L'Idiot de la famille*. Paris: Gallimard, 1971-1972. 3 v.], livro inacabado cujos dois primeiros volumes são dedicados à infância e à juventude de Flaubert, e as análises dedicadas à sociedade e à literatura do tempo de Flaubert só aparecem no terceiro volume. A essa empreitada, P. Bourdieu opôs sua própria análise de Flaubert (BOURDIEU, P. *Sociologia geral volume 2, op. cit.*, p. 341-343 [584-585]; *Id. As regras da arte, op. cit.*), assim como sua autoanálise, que é uma ilustração exemplar de sua abordagem aplicada a si mesmo (cf. BOURDIEU, P. *Esboço de autoanálise, op. cit.*).

década de 1950, sair de *Esprit* para ir a *Temps modernes* era algo muito importante (e, aliás, muito improvável – ainda mais no sentido inverso). Existe uma hierarquia entre as revistas. Existe um espaço de posicionamentos [*placements*] e um espaço de deslocamentos [*déplacements*], e, para compreender os deslocamentos, é preciso compreender os posicionamentos, entendendo "posicionamento" no sentido duplo [que não existe em português – N.T.] de investimento financeiro e de posicionamento num espaço. Na década de 1950, *Les Temps modernes* é um posicionamento muito melhor do que *Esprit* e, consequentemente, passar de *Temps modernes* para *Esprit* é na realidade um contraposicionamento: é um fracasso ou um malogro. Quando ela acontece, a coisa é muito interessante: aquele que passa de *Temps modernes* para *Esprit* não tem o senso de posicionamento; vamos então conferir sua origem social e sem dúvida perceber que é um gascão provinciano que não entendeu nada do jogo parisiense [*risos na sala*], que anda na contramão, que faz contraestratégias, contrafinalidades. Não se pode compreender as mudanças sem compreender o espaço em que elas ocorrem.

Aqui pretendo valorizar o interesse de minha análise: seria possível falar durante um ano sobre a noção de biografia sem que venham em mente as perguntas simples que acabo de formular. Podemos contar as escolhas de um bispo que, na década de 1930, depois da École Normale, converteu-se ao catolicismo, entrou no movimento Le Sillon[102], depois tornou-se chefe do Escoteiros da França. Isso se conta sem problemas, mas não faz nenhum sentido. Então, podemos escrever: "A partir desse momento, voltou-se para um catolicismo progressista que encontramos agora no fato de ele ser arcebispo de Saint-Denis", mas não explicamos absolutamente nada, porque relacionamos o ponto inicial, cujo significado não sabemos, com o ponto final, cujo significado também não sabemos. Para saber esses significados, é preciso ter os dois espaços (depois de fazer a análise), os quais são obviamente dinâmicos. Uma trajetória, com efeito, é um deslocamento num espaço que muda mesmo que, certamente, ele não mude o tempo todo e nem sempre na mesma velocidade, mesmo que seja preciso distinguir as mudanças grandes das pequenas. (De passagem: a noção de geração é mais uma dessas noções catastróficas de senso comum contrabandeadas. É uma noção de tipo biológico e todo

---

102. Fundado em 1894 e dissolvido em 1910, Le Sillon [O sulco] foi um movimento político de inspiração católica que defendia a aproximação entre a Igreja e a República e posicionava-se em relação aos trabalhadores como uma alternativa à esquerda anticlerical.

mundo já fez essa reflexão de saber quando começa uma geração – como cortar, como recortar? Não continuarei.)

Resumindo, é preciso compreender o espaço para compreender os deslocamentos, sua significação e seu valor, já que as duas coisas estão ligadas. Os deslocamentos têm valores: como o espaço é orientado, há deslocamentos para cima e para baixo[103] que são os fracassos, regressões, falências, fiascos. Portanto, a construção desses espaços é uma preliminar das biografias. É uma inversão completa da empreitada aparentemente científica que tantas pessoas praticam, incluindo aquelas que, como Sartre, acreditam fazer história social. Sartre, com efeito, continua a aceitar implicitamente a filosofia mais ingênua da história como história. Digo uma pequena maldade, mas a noção de "projeto original"[104] é evidentemente a ideologia profissional do biógrafo: é aquilo que permite dizer "como consequência", "a partir desse momento" etc. Desse modo, a empreitada tem um mérito, porque ela se fundamenta numa filosofia do sujeito, da liberdade etc. O interesse dos filósofos em relação aos historiadores, aos historiadores da literatura etc., é que eles fazem as besteiras abertamente, com as quais fazem progresso. (Isso não é um gracejo: os historiadores sempre parecem muito mais científicos que, por exemplo, os sociólogos, unicamente por fazerem besteiras científicas escondidas e mesmo sem vergonha…) Há uma grande virtude nos erros triunfantes. Deus sabe que Sartre cometeu muitos, e o "projeto original" é um deles.

Vou terminar. Essa substituição da noção de biografia pela de trajetória coloca em evidência a diferença entre o envelhecimento social e o envelhecimento biológico. Certamente, é óbvio que não existe envelhecimento social sem envelhecimento biológico. Todo deslocamento no espaço social leva tempo. É preciso tempo. Como dizia Bergson, é preciso "esperar que o açúcar derreta"[105]. Da

---

103. Sobre os deslocamentos ("verticais" e "transversais") no espaço social, cf. BOURDIEU, P. *A distinção*: crítica social do juízo. Trad. de Daniela Kern e Guilherme J. F. Teixeira. Porto Alegre: Zouk, 2006. p. 122-123 [*La Distinction*: critique sociale du jugement. Paris: Minuit, 1979. p. 146].

104. Por exemplo, pode-se citar: "Esta unidade, que é o ser do homem considerado, é *livre unificação*. E a unificação não pode surgir *depois* de uma diversidade que ela unifica. *Ser*, para Flaubert, como para todo sujeito de 'biografia', é unificar-se no mundo. A unificação irredutível que devemos encontrar, unificação que *é* Flaubert e que pedimos aos biógrafos para nos revelar, é, portanto, a unificação de um *projeto original*, unificação que deve revelar-se a nós como um *absoluto não substancial*" (*Id. O ser e o nada, op. cit.*, p. 687).

105. "Caso queira preparar-me um copo de água com açúcar, por mais que faça, preciso esperar que o açúcar derreta. Esse pequeno fato está repleto de lições. Pois o tempo que preciso esperar já não é mais esse tempo matemático que ainda se aplicaria com a mesma propriedade ao longo

mesma maneira, é preciso esperar para fazer uma carreira e, como analisei várias vezes[106], as diferenças sociais muitas vezes se traduzem em diferenças de tempo. Deslocar-se no espaço social leva tempo e, assim, carrega consigo o envelhecimento biológico. Devido a esse fato, temos uma tendência de confundir o envelhecimento biológico com o social, que são um pouco como os dois lados de uma medalha. Entretanto, se vocês tiverem ouvido o que eu disse, terão entendido que o envelhecimento social não tem nada a ver com o biológico. Para dar uma intuição: uma existência social, uma biografia constituída socialmente, um *curriculum* é uma série de viradas impostas, obrigadas; a cada virada envelhecemos socialmente na medida em que os possíveis morrem a cada bifurcação, e poderíamos dizer que a idade social é o número de galhos mortos na árvore dos possíveis.

---

da história inteira do mundo material ainda que esta se esparramasse de um só golpe no espaço. Ele coincide com minha impaciência, isto é, com uma certa porção de minha própria duração, que não pode ser prolongada ou encurtada à vontade. Não se trata mais de algo pensado, mas de algo vivido" (BERGSON, H. *A evolução criadora*. Trad. de Bento Prado Neto. São Paulo: Martins Fontes, 2005. p. 10 [*l'évolution créatrice*. Paris: PUF, 1959 (1907). p. 11]).

106. Cf., em particular, BOURDIEU, P. *Homo academicus, op. cit.*, e Id. *A distinção, op. cit.*, p. 104-105 e 332 [123 e 408] (assim como, posterior ao curso, Id. *As regras da arte, op. cit.*).

Aula de 15 de maio de 1986

Primeira hora (aula): uma solução disposicional. – A independência do *habitus* em relação ao presente. – Previsão, protensão e projeto. – A mudança do *habitus*. – O poder. – A relação pequeno-burguesa com a cultura. – Segunda hora (seminário): *Ao farol* (1). – Os campos como armadilhas. – Um homem-criança. – Os homens, oblatos do mundo social.

Primeira hora (aula): uma solução disposicional

Hoje eu gostaria de estender as análises que realizei sobre as relações entre o *habitus* e o campo para tentar mostrar a natureza dessa relação. Com efeito, acontece hoje em dia de utilizarmos a noção de *habitus* de uma maneira um pouquinho mecânica, reduzindo-a à forma tradicional que tinha em Aristóteles, na tradição escolástica e depois em várias outras[107], enquanto eu acho que devemos dar a ela todas as suas implicações. As análises que proporei hoje deverão mostrar que o recurso a essa noção, longe de ser uma afetação histórica, permite escapar de todo tipo de falsos problemas tanto nas ciências sociais quanto na filosofia. No fundo, uma das perguntas que a noção de *habitus* busca responder é a pergunta feita por Wittgenstein: "O que significa o fato de seguir uma regra?"[108] Se essa

---

107. Os principais utilizadores da noção de *habitus* são, na filosofia, Aristóteles, os escolásticos (em particular Tomás de Aquino), Edmund Husserl e, em ciências sociais, Émile Durkheim, Marcel Mauss e Norbert Elias.

108. "O que chamo de 'regra segundo a qual ele [aquele que enuncia uma frase] procede'? – A hipótese que descreve, satisfatoriamente, o seu uso das palavras, o qual nós observamos; ou a regra que ele consulta ao usar os signos; ou a que ele nos dá como resposta ao lhe perguntarmos pela sua regra? – Mas como, se a observação não permite reconhecer claramente nenhuma regra e a pergunta não traz nenhuma à luz? – Porque, embora ele me tenha dado uma explicação à minha pergunta pela sua compreensão de 'N', não estava disposto a revogar e a modificar esta

interrogação wittgensteiniana gerou uma literatura imensa entre os filósofos, ela inspirou menos os sociólogos e os antropólogos apesar do problema se colocar a eles de maneira direta. A noção de *habitus* representa, para mim, uma das soluções possíveis para a pergunta: "O que é que chamo de regra?", a meus olhos a única solução correta, que às vezes é vislumbrada pelos filósofos sob o nome de solução disposicional, expressão ligada ao nome de [Gilbert] Ryle. Voltarei a isso.

Dizer que o *habitus* é o princípio das práticas e que a ação se determina na relação entre um *habitus* e um campo é dizer que o *habitus* se determina a agir, o que deveria perturbar os que enxergam na noção de *habitus* um conceito determinista. O *habitus* determina aquilo que, na situação, o determina. Enquanto sistema de disposições e de esquemas de percepção e de apreciação, ele constitui a situação em sua significação social, ele lhe confere seu sentido. Ele seleciona dentro da situação os traços que são pertinentes de seu ponto de vista (o *habitus*, com efeito, é um ponto de vista socialmente situado e durável). De alguma forma, ele constitui o evento, ou a situação, como evento significativo, e é esse evento significativo que motiva a reação à situação. É, portanto, a relação entre o *habitus* e o campo que constitui o mundo social como lugar de coisas a fazer (no sentido em que dizemos: "Era preciso fazer isso", "Ele fez aquilo que tinha que fazer", "Era a única coisa a se fazer" etc.) ou a não fazer, lugar de urgências, de imperativos objetivos ou, para falar como Weber, de potencialidades objetivas.

Nessa medida – lembro algo que disse há bastante tempo[109] –, considerar que o princípio da ação reside na relação muito obscura entre o *habitus* e o campo permite escapar à alternativa na qual as ciências sociais e os teóricos da ação se fecham e que opõe a determinação mecânica da ação segundo o esquema estímulo → reação à ação calculada, racional e consciente (Weber, que é um dos raros sociólogos a ter refletido sobre o que poderiam ser os princípios determinantes de uma ação, chama de reação pura, *bloß Reaktion*[110], o esquema estímulo → reação).

---

explicação. – Como devo, portanto, determinar a regra segundo a qual ele joga? Ele próprio não a sabe. – Ou mais acertadamente: o que deve ainda significar aqui a expressão 'regra segundo a qual ele procede'?" (WITTGENSTEIN, L. *Investigações filosóficas*. Trad. de Marcos G. Montagnoli. Petrópolis: Vozes, 2009. §82, p. 60 [*Philosophische Untersuchungen*, 1953]).

109. Cf. as aulas de novembro de 1982, em *Sociologia geral volume 2*, *op. cit.*, em particular a p. 144ss.

110. Max Weber menciona "Uma ação que, em seu curso, determina-se ou codetermina-se, de maneira apenas reativa, pelo simples fato de haver uma situação" (WEBER, M. *Economia e sociedade*, *op. cit.* v. 1, p. 14).

A noção de *habitus* depende da lógica às vezes qualificada como "disposicional", cuja definição foi elaborada filosoficamente por Ryle em *O conceito de mente*. Para fazer compreender o que ele entende por uma reação disposicional, Ryle escreve (em *The Concept of Mind*, p. 87, tradução minha): "Explicar um ato como realizado a partir de um certo motivo não é a mesma coisa que dizer que o vidro se quebrou, porque uma pedra o atingiu, mas é a mesma coisa que um juízo absolutamente diferente, a saber, que o vidro se quebrou quando a pedra o atingiu, porque o vidro é quebrável"[111]. Em outras palavras, para compreender uma reação, é preciso conhecer as disposições duráveis do agente que produz essa reação: essas disposições duráveis podem ser de alguma forma solicitadas por uma causa ocasional (no caso em questão, a pedra), mas o verdadeiro princípio da reação reside nas disposições duráveis do agente em questão. Era isso que eu dizia na última aula quando utilizei a noção de sensibilidade ("sensibilidade à desordem", "sensibilidade à ordem", "sensibilidade à segurança" etc.): essa "sensibilidade a", esse gênero de fatores que os sociólogos utilizam constantemente para explicar, por exemplo, os fenômenos de delinquência, é uma propriedade permanente e diferencial dos indivíduos socializados, inscrita nos *habitus*. [...]

Eu lembrei da alternativa entre a ação consciente e a reação mecânica na qual a sociologia tradicionalmente se fecha. Na antropologia (demonstrei isso há muito tempo[112]), Lévi-Strauss escapou dessa alternativa jogando com a ambiguidade da palavra "regra", que pode remeter a uma regra transcendente, ou seja, uma norma postulada explicitamente, constituída socialmente e eventualmente garantida pelo direito (nesse caso, a regra se torna uma regra jurídica, acompanhada de sanção), ou a uma regra imanente ao jogo, ou seja, uma regularidade. Lévi-Strauss (demonstrei isso em relação a seu prefácio a *As estruturas*

---

111. *"I shall shortly argue that to explain an act as done from a certain motive is not analogous to saying that the glass broke because a stone hit it, but to the quite different type of statement that the glass broke, when the stone hit it, because the glass was brittle"* (RYLE, G. *The Concept of Mind*. Nova York: Barnes & Noble, 1962 [1949]. p. 86-87. ["Em breve argumentarei que explicar um ato como feito a partir de um certo motivo não é análogo a dizer que o vidro quebrou, porque uma pedra o atingiu, mas a um tipo de enunciado bastante diferente, que o vidro quebrou quando a pedra o atingiu, porque o vidro era quebradiço". Existe uma tradução portuguesa dessa obra que não localizei: *Introdução à psicologia: o conceito de espírito*. Trad. de M. Luisa Nunes. Lisboa: Moraes, 1970 – N.T.]).

112. BOURDIEU, P. Esboço de uma teoria da prática. Trad. de Paula Montero. *In*: ORTIZ, R. (org.). *Pierre Bourdieu*: Sociologia. São Paulo: Ática, 1983. p. 56-60 [trad. parcial de *Esquisse d'une théorie de la pratique*. Paris: Seuil, 2000 (1972). p. 249-255].

elementares do parentesco[113]) aparentemente escapa da alternativa por meio de uma espécie de jogo de palavras permanente entre os dois sentidos. A regra de parentesco pode com efeito ser tratada como uma forma explícita enunciada conscientemente e decretada pelas instâncias (difíceis de definir neste caso em particular, já que em geral não existe sistema jurídico nas sociedades nas quais falamos de regras de parentesco – mas sempre se pode fazer a hipótese...), e é verdade que a interrogação antropológica revela que sempre há uma forma de casamento que é considerada preferível.

A regra de parentesco também pode ser entendida como "modelo": nos anos estruturalistas, a palavra "modelo" estava na moda e jogava-se com as conotações fisicalistas da noção de modelo para dizer que os agentes sociais faziam funcionar em suas condutas matrimoniais (na época não se falava de "estratégias matrimoniais") modelos inconscientes que estariam inscritos na estrutura do cérebro, ou não sei onde (existem coisas muito estranhas nos escritos de Lévi-Strauss sobre esse assunto). Em última instância, o sentido duplo da palavra "regra" e a alternativa entre a norma e o modelo físico representam uma outra forma da alternativa entre a consciência e o inconsciente, da ação como reação mecânica e da ação como projeto explícito, racional, consciente.

A independência do *habitus* em relação ao presente

É esse conjunto de alternativas que é preciso descartar para dar conta dessa coisa muito estranha quando pensamos nela, mas que se impõe como evidente a partir do momento em que a levamos em conta: os agentes sociais jamais são redutíveis à simultaneidade de suas práticas; aquilo que eles fazem ou pensam jamais é completamente inteligível na instantaneidade da sincronia, no presente imediato. É essa espécie de "instantaneização" dos agentes que o modelo behaviorista ou o modelo da consciência calculista realizam: o sujeito calculador, o *homo œconomicus calculans*, apropria-se do universo das variáveis pertinentes para determinar uma ação racional e fazer, no instante, a escolha correta, agindo, como se diz, com conhecimento de causa. Como eu disse uma vez[114], no fundo não há diferenças entre a ação com conhecimento de causa e a ação determinada pelas causas; no

---

113. LÉVI-STRAUSS, C. *As estruturas elementares do parentesco*. Trad. de Mariano Ferreira. Petrópolis: Vozes, 1982 [*Les structures élémentaires de la parenté*. Paris: PUF, 1949].

114. Cf. as aulas de 2 e 9 de novembro de 1982 em *Sociologia geral volume 2*, *op. cit.*, em particular as p. 125-134 e 141-147 [322-333 e 342-349].

fundo, isso dá no mesmo. É por isso que, como acontece com muita frequência nas ciências sociais, as duas posições antagônicas reforçam-se mutuamente e os debates científicos continuam até o infinito. (Existe um monte de suportes sociais a essa reprodução indefinida de falsos problemas, começando – digo isso sempre – pelo sistema escolar que adora os falsos problemas para fazer discussões em três partes.)

Portanto, os agentes sociais jamais são redutíveis a sua instantaneidade: eles são história incorporada. Para demonstrar isso, utilizarei um exemplo que introduzirá aquilo que direi na segunda hora: o exemplo muito célebre das digressões em Virginia Woolf. [...] Acho que entendemos melhor os romances de Virginia Woolf se os enxergarmos como uma série de balões [bulles], cuja disposição linear da escrita obriga a serem desenvolvidos sucessivamente, mas que são simultâneos. Em Ao farol [1927] estamos, então, durante alguns segundos na cabeça do Sr. Ramsay, depois passamos para a cabeça da Sra. Ramsay: tivemos assim uma espécie de balão, como numa história em quadrinhos[115], em que se desenvolveu uma série de pensamentos e, durante esse tempo, havia um outro balão de pensamento. O segundo balão era simultâneo ao primeiro, mas, no romance, eles se sucedem e, como temos o hábito de ler coisas que são escritas sucessivamente e que se passam sucessivamente, lemos como sucessivas coisas que são simultâneas. É por isso que não entendemos bem esse gênero de romance e que percebemos como uma ruptura com o realismo, com a verossimilhança, uma coisa que na verdade é muito mais fiel à realidade do que o desenrolar balzaquiano clássico da ordem da narrativa. Essas digressões woolfianas são muito interessantes. (Eu uso um pouco os romances para dizer coisas que, por não ser psicólogo, não estou habilitado a dizer e que os psicólogos, para mim, não dizem direito; a gente faz o que pode...)

Nesse livro magnífico que é Mimesis, Auerbach propõe um comentário célebre e belíssimo chamado "A meia marrom"[116]. Ele trata de uma passagem de Ao farol. Nesse romance, acontece um passeio ao farol e a Sra. Ramsay tricota uma meia para o filho do faroleiro. Ela a experimenta em seu filho, que aguarda com impaciência esse passeio e que está muito irritado com seu pai, que disse que iria chover e que o passeio não aconteceria (essas especificações são importantes para

---

115. P. Bourdieu refere-se aos balões utilizados nos livros de histórias em quadrinhos destinados a indicar o que diz ou pensa algum personagem.

116. AUERBACH, E. Mimesis: a representação da realidade na literatura ocidental. Trad. de Suzi Frankl Sperber. São Paulo: Perspectiva, 1971. p. 471-498 [Mimesis – Dargestellte Wirklichkeit in der abendländischen Literatur. Bern: A. Francke].

aquilo que contarei a vocês daqui a pouco). A respeito dessa coisa insignificante, uma meia, desenvolve-se uma série de pensamentos em diferentes personagens, em particular os da Sra. Ramsay sobre o que o pai disse, da chateação do garoto, de sua visão do mundo social, dos pobres, dos órfãos que é preciso ajudar... Tudo isso é desenvolvido num grande balão.

De maneira mais geral, em Virginia Woolf, eventos insignificantes desencadeiam séries de representações que se distanciam constantemente do presente, no sentido cronológico e no sentido público do termo, e que se deslocam na profundeza do tempo; e a pluralidade das consciências, a pluralidade dos agentes dotados de *habitus* se expressa na pluralidade das temporalidades. Esses agentes, aparentemente contemporâneos (estão no mesmo lugar e podem até estar falando entre si), estão ao mesmo tempo separados uns dos outros, seus pensamentos se desenvolvem em tempos sociais diferentes, em histórias diferentes cujo princípio gerador é o *habitus*. No fundo é porque eles têm histórias diferentes que têm representações temporais diferentes, que estão em temporalidades diferentes. Essa análise – que sem dúvida não é muito original em matéria de análise literária, mas que se torna original se a relacionarmos ao mundo social ordinário – está muito próxima do que Heidegger diz na segunda parte de *Ser e tempo* sobre o tempo público e o tempo privado. A temporalidade pública à qual as pessoas se conformam ao estarem "na hora", ao estarem no momento previsto com as outras, no lugar previsto com as outras, esse tempo sobre o qual estamos de acordo (encontrar-se é chegar a um acordo sobre os tempos privados, é colocar os tempos privados entre parênteses para chegar a um acordo sobre uma coincidência, uma sincronia no tempo público), esse tempo público, esse tempo constituído socialmente, esse tempo do calendário[117], que é uma conquista histórica muito importante (os calendários nem sempre existiram – em geral, os primeiros foram feitos por clérigos que se esforçavam para sincronizar as festas), mascara nossos tempos privados, as experiências privadas do presente tais como são constituídas pelos *habitus*, eles próprios constituídos no tempo.

Isso leva a dizer que esse *habitus*, que muitas vezes é visto como uma espécie de jaula de bronze na qual os agentes estão presos, também é o que representa a liberdade em relação ao presente. Por exemplo, em *Ao farol* temos, como eu disse,

---

117. P. Bourdieu voltará a essa análise do calendário no curso que dedicará ao Estado (*Sobre o Estado, op. cit.*).

uma série de balões, depois chega a refeição, momento em que, na lógica do romance, todos os balões vão convergir e as pessoas se encontrarão sincronizadas. Elas desenvolveram, cada uma em seu canto, suas historinhas a partir de sua história, e vão se achar simultâneas, pois o tempo da refeição, numa casa particular, é o momento público. É o momento em que a heroína do romance retoma seu papel oficial de "dona de casa", como se diz, de dominante. E o dominante diz as horas; ele diz: "Chegue na hora", e as pessoas chegam na hora, os tempos se sincronizam. Depois os balões recomeçam a funcionar.

Isso que conto pode parecer a vocês, dependendo de seu humor, gratuito ou um pouquinho bizarro, mas é importante para compreender o que o *habitus* realmente faz na relação com um mundo social. As representações que os agentes se fazem do mundo social ou do campo no qual agem só estão ligadas ao desencadear imediato pela mediação do *habitus*, que é independente do presente. Existe uma espécie de independência temporal das representações da consciência em relação ao presente, em relação ao evento exterior que as fez nascer. Essa independência do *habitus* em relação ao presente é a base daquilo que é preciso conhecer para compreender a reação de um agente e aquilo que contém o estímulo que lhe faz reagir. No exemplo de Ryle, a pedra não é o bastante; é preciso conhecer a fragilidade do vidro. Da mesma maneira, o evento político não é o bastante; é preciso conhecer a sensibilidade diferencial e constituída socialmente dos diferentes agentes à ordem, à desordem, à crise etc. A realidade exterior certamente existe, mas ela é apenas um ponto de partida, e os estímulos são alguma coisa entre o pretexto, a ocasião e o desencadeador da prática; eles não são de jeito nenhum, como poderíamos acreditar, determinantes (no sentido mecânico do termo). A analogia da mola talvez seja mais precisa do que a empregada por Ryle: o evento desencadeia molas que são pré-existentes a ele, e conhecer os *habitus* é conhecer as molas que permitem realmente prever como uma pessoa reagirá a um evento.

(De passagem, poderíamos opor Virginia Woolf a Proust. Proust, de quem sempre se diz ter uma teoria muito complexa da temporalidade, no final das contas é muito mais simplista do que Virginia Woolf. Não desenvolverei isso – como já fiz meu momento literário, vocês achariam que exagero – mas, no fundo, Proust psicologizou a noção de *habitus*. Ele disse coisas muito interessantes, mas elas não estão onde normalmente procuramos. E não é quando achamos que ele era profundo que de fato era. Parece-me que ele era muito mais sociólogo do que psicólogo e que suas melhores teorias são sociológicas e não psicológicas[118]; isso é o contrário do que normalmente se diz sobre ele, em nome de uma espécie de rotina bergsoniana, da pequena madeleine etc[119].)

Portanto, o *habitus* é essa espécie de estrutura incorporada que orienta as percepções. Aqui, acho que a noção de *habitus* pede uma observação importante. Outro dia eu disse que o capital simbólico se constitui numa relação de conhecimento[120] especificando que o "conhecimento" não se reduzia, como normalmente pensamos, ao conhecimento intelectual. Na alternativa entre a reação e a consciência, de fato pendemos imediatamente para o lado da consciência; pensamos, por exemplo, que a relação com o capital cultural que constitui o capital cultural como capital simbólico é uma relação cognitiva, intelectual, consciente, tética, que implica a postulação consciente de uma relação. Na verdade, as relações de conhecimento podem ser de uma outra ordem do que aquela que normalmente colocamos na palavra "conhecimento". Ao associar essa palavra a uma filosofia intelectualista e cognitiva, esquecemos que existem modos de conhecimento que são práticos, infraconceituais, infratéticos (não são explícitos nem constituídos explicitamente) e, no fundo, corporais.

Esse conhecimento que o *habitus* de alguma maneira pratica é quase corporal e devemos procurar as metáforas na dança, no esporte, nas práticas em que os agentes fazem o que devem fazer no modo da ginástica, e de jeito nenhum no modo da álgebra. Lembro aqui de uma análise importante que apresentei em várias ocasiões: o erro estruturalista, em particular aquele que concerne o mito e o rito, consiste em descrever como uma álgebra rituais que são uma ginástica. Não é porque existe uma lógica dos rituais e porque pode-se construir sistemas de oposições (é a mesma coisa que [o que foi dito *supra* sobre] as teorias do parentesco) que essa ginástica seria ou, como sugere Lévi-Strauss, um sistema de modelos

---

118. P. Bourdieu mobiliza regularmente o "Proust sociólogo" em *A distinção*. Depois do curso, publicará, em sua revista, um artigo de BIDOU-ZACHARIASEN, C. De la "maison" au salon. Des rapports entre l'aristocratie et la bourgeoisie dans le roman proustien [Da "casa" ao salão: as relações entre a aristocracia e a burguesia no romance proustiano]. *Actes de la recherche en sciences sociales*, n. 105, p. 60-70,1994e, na coleção "Liber": DUBOIS, J. *Pour Albertine*: Proust et le sens du social [*Para Albertine*: Proust e o senso do social]. Paris: Seuil, 1997.

119. Nascidos com dois anos de diferença, Bergson e Proust compartilham um mesmo interesse pela memória e o tempo vivido, o que está na origem de considerações muito numerosas sobre a influência que o primeiro poderia ter tido sobre o segundo, suas convergências e divergências.

120. Cf. as duas aulas anteriores.

matemáticos inconscientes enfiado no dualismo do cérebro (isso quase não é invenção minha), ou normas formuladas conscientemente. Na verdade, o *habitus* é exatamente esse modo de conhecimento prático (é sempre a metáfora do senso do jogo) que pode dominar uma situação sem qualquer tomada de consciência e sem que por isso trate-se de uma reação mecânica.

Na relação entre um *habitus* e um campo constitui-se aquilo que chamamos de senso do jogo, senso da lógica do jogo ("lógica" entendida no sentido prático de: "Como isso funciona?", "O que vai acontecer?", "Qual será o resultado?", "Para onde ele vai mandar a bola?", "Onde ele vai colocar a bola?" etc.). Esse senso prático do jogo é uma forma de conhecimento que se traduz por uma antecipação, pois existem previsões práticas (a palavra "previsão" também é uma dessas palavras intelectualistas). [Jean] Cavaillès muito corretamente disse sobre a ciência que "prever não é ver de antemão"[121]: a previsão científica não é uma antecipação intuitiva; é uma construção, uma hipótese teórica. Mas, na prática, prever é ver de antemão. Cavaillès evidentemente tem razão sobre o terreno científico, mas no terreno prático, prever é ver de antemão.

Previsão, protensão e projeto

Aqui é preciso desenvolver um pouco esse último ponto, baseando-me numa distinção célebre de Husserl entre protensão e projeto[122]. Nunca se fez grande coisa com essa distinção, embora existam mais reflexões sobre a distinção complementar entre retenção e lembrança. Explicitarei bem rápido. Husserl insiste no fato de que perceber o presente é sempre perceber um além do presente pontual, do presente imediato. Há uma espécie de halo de não-presente ao redor do imediatamente presente, ao redor daquilo que ele chama de "o diretamente percebido". Ele fala de antecipações pré-perceptivas e de retenções que não são formuladas como futuro. A antecipação pré-percepetiva ou a protensão não é um projeto. É um futuro que não é formulado como tal, mas que faz parte do presente, que é como presente. Husserl dá o exemplo da parte da mesa que você não enxerga, porque

---

121. A citação talvez venha da seguinte passagem: "Prever não é já ver, negar o evento enquanto novidade radical, reduzi-lo ao já visto como manifestação regular de uma essência permanente" (CAVAILLÈS, J. *Sur la logique et la théorie de la science* [*Sobre a lógica e a teoria da ciência*]. Paris: Vrin, 1997 [1942]. p. 80).

122. HUSSERL, E. *Vorlesungen zur Phänomenologie des inneren Zeitbewußtseins* [*Lições sobre a fenomenologia da consciência interior do tempo*], 1928.

os pés estão escondidos (é assim, os filósofos sempre dão exemplos um pouco bizarros): essa parte que você não enxerga está por-perceber, é um por-vir; se você der uma volta pela mesa, você a enxergará e ela se dá como percebida mesmo que não seja percebida. Ela é uma espécie de por-vir presente no presente. Da mesma maneira, a retenção não é uma lembrança, mas aquilo que foi efetivado, aquilo que você presentificou num instante *t* e que, agora que você olha para outra coisa, tornou-se inefetivo e "despresentificado". Acho que essa análise, que pode parecer formal, é importantíssima. Ela é a fundamentação de uma teoria sociológica verdadeira da temporalidade, na medida em que "se temporalizar" é passar de uma coisa à outra… (Não pretendo produzir um efeito filosófico e seria melhor expressar isso de duas maneiras [uma filosófica e outra mais concreta], porque as duas maneiras são corretas e importantes para compreender.)

A temporalização, o processo pelo qual eu me temporalizo, diria um fenomenólogo, é o processo pelo qual me interesso sucessivamente em objetos diferentes. O que estava efetivado no instante anterior como centro de interesse de minha prática cai no passado, na retenção, quando minha intenção se coloca sobre um outro efetivo. Agir é, portanto, se temporalizar. Engendro o tempo por intermédio do simples fato de presentificar sucessivamente. Engendro, assim, a dimensão subjetiva da temporalidade. (Eu já desenvolvi o que concerne à dimensão objetiva – específico caso vocês queiram se lembrar – numa aula de dois anos atrás sobre a oposição entre os jogos de acumulação e os jogos descontínuos[123], mas não desenvolverei isso, pois sairia completamente da minha linha.)

Essa análise da temporalidade me parece importante para compreender a relação prática com o mundo, a lógica prática da antecipação implicada na relação entre o *habitus* e o campo. Ter o senso do jogo é ter um domínio prático da lógica do jogo (seria preciso colocar a palavra "lógica" entre aspas, pois não se trata de uma lógica lógica e sim de uma lógica prática que, aliás, não é completamente lógica e que não é constituída como tal pelo agente que a domina na prática). O senso do jogo é um domínio prático da lógica do jogo, isto é, daquilo que o jogo está prenhe, das potencialidades objetivas do jogo como dizia Leibniz[124]. Ter

---

123. Cf. a aula de 29 de março de 1984 em *Sociologia geral volume 3, op. cit.*, p. 174 [197].

124. P. Bourdieu cita com frequência esta frase de Leibniz: "O presente está prenhe do futuro" (por exemplo, LEIBNIZ, G. W. *Ensaios de teodiceia sobre a bondade de Deus, a liberdade do homem e a origem do mal.* Trad. de William de Siqueira Piauí e Juliana Cecci Silva. São Paulo: Estação Liberdade, 2017. §360, p. 380 [*Essais de Théodicée sur la bonté de Dieu, la liberté de l'homme et l'origine du mal*, 1710]).

o senso do jogo é compreender imediatamente o que se passa e antecipar na prática aquilo que vai se passar no modo não da previsão, mas da protensão: aquilo que vai se passar está inscrito no presente como um quase-presente. Isso não é um projeto, é um "isso-é-óbvio", como a maçã que está inscrita na árvore (mesmo se ela não estiver lá, é como se já estivesse).

Isso é muito importante para compreender condutas como as condutas de pânico que Sartre tentou analisar[125], ou as condutas de emoção ou de medo em que, em última instância, ajo em relação a um futuro como se ele já estivesse aqui. É a famosa frase "Estou ferrado" ou "Estou morto": se eu a pronuncio é porque ainda não fui esmagado. Acho que isso é uma verificação do estatuto ontológico da protensão que não é um projeto, já que um projeto é um futuro contingente; ele pode chegar ou não. O futuro da ação não é um futuro contingente, mas um futuro presente, que já está aqui.

Como eu digo com muita frequência, o domínio prático do campo é o senso de posicionamento, quer dizer, o senso do lugar onde é preciso se colocar, onde se deve colocar nossas ações, onde se deve investir e que pode funcionar no modo do isso-é-óbvio. Compreendemos nessa lógica que o conhecimento do qual falo não é de modo algum um conhecimento intelectual, teórico. Para dar uma ideia da forma intelectualista da teoria da percepção, podemos citar a frase de Alain que é bastante típica: "A percepção é uma ciência iniciante"[126], isto é, que no fundo a percepção seria uma conduta cognitiva do mesmo tipo que a conduta científica, mas simplesmente menos perfeita, menos correta. É verdade que a percepção nos leva a fazer hipóteses, validadas ou invalidadas, a fazer correções, mas essa frase é falsa: na verdade *tudo se passa como se* fizéssemos hipóteses; nós antecipamos constantemente – não se pode compreender o que fazemos referindo-se apenas ao presente imediato, não mais do que ao passado imediato. Como eu disse

---

125. SARTRE, J. P. *Crítica da razão dialética*. Trad. de Guilherme João de Freitas Teixeira. Rio de Janeiro: DP&A, 2002 (em particular p. 469ss). [*Critique de la raison dialectique*. Paris: Gallimard, 1960. v. 1, p. 400ss.]

126. "O leitor talvez já perceba que o conhecimento pelos sentidos tem algo de uma ciência; mais tarde ele compreenderá que toda ciência consiste numa percepção mais exata das coisas" (ALAIN. *Quatre-vingt-un chapitres sur l'esprit et les passions* [*Oitenta e um capítulos sobre o espírito e as paixões*]. Paris: Camille Bloch, 1921. p. 19). Remetendo-se a essa passagem, Maurice Merleau-Ponty escreveu: "Não diremos mais que a percepção é uma ciência iniciante" (MERLEAU-PONTY, M. *Fenomenologia da percepção*. Trad. de Carlos Alberto Ribeiro de Moura. São Paulo: Martins Fontes, 1999. p. 89 [*Phénoménologie de la perception*. Paris: Gallimard, 1974 (1945). p. 68]).

agora há pouco, é preciso usar mais do que o presente para compreender o que se passa na cabeça dos personagens de Virginia Woolf. Da mesma maneira, para compreender o que faz um jogador de tênis, é preciso levar em conta muito mais do que o presente imediato, e esse "muito mais" é engendrado na relação entre um *habitus* bem constituído que tem o senso do porvir do jogo e o jogo. Seria a mesma coisa para um especialista em finanças ou para um intelectual bem constituído que sabe escolher o terreno de investimento correto para seu próximo artigo científico: acho que os terrenos mais diferentes obedecem a essa lógica.

Como já disse muitas vezes, o fato de se tratar de estratégias práticas, infraconscientes, é extremamente importante: ele demonstra que as estratégias não são estratégias, que as estratégias corretas não têm que ser constituídas como estratégias. As pessoas bem-nascidas, por exemplo, são inocentes (essa é mais uma análise que repito, mas isso é válido): por estarem, dentro do campo, como peixes n'água, elas não sentem as coerções e nem sequer precisam calcular para ir aonde se deve.

A mudança do *habitus*

Em sua relação com o campo, o *habitus* antecipa, e é por meio dessas antecipações que ele se modifica. Isso é evidente e está implicado na utilização que sempre fiz dessa noção, mas sou obrigado a lembrar que o *habitus* não é uma espécie de destino ou caráter inteligível, bloqueado de uma vez por todas. É um sistema de disposições fortes e coercivas (não se pode fazer qualquer coisa a partir de um *habitus*), mas abertas, em particular à experiência que é um quase-experimento científico: antecipo constantemente e isso funciona ou não. Se isso funciona, se isso "vai bem", o *habitus* é reforçado, permanecemos na ordem do inconsciente. Quanto melhor isso funciona, menos é necessário fazer com que as antecipações cheguem à consciência, constituí-las como hipóteses. Se, ao contrário, isso não funciona, pode haver uma crise. A crise é a lacuna entre a lógica antecipada praticamente pelo *habitus* e a lógica objetiva do jogo, entre o tempo subjetivo e o tempo objetivo. Em caso de crise, de lacuna, o retorno reflexivo ou a tomada de consciência, por exemplo, podem levar à substituição das estratégias inconscientes pelas conscientes, já que os sujeitos sociais obviamente não estão condenados ao *habitus*. Da mesma maneira, quando dirigimos, estamos em piloto automático, mas de vez em quando há um sinal vermelho e é preciso frear.

Essas também são coisas evidentes, mas eu talvez devesse tê-las dito mais claramente para antecipar as críticas mais estúpidas: se Leibniz dizia que "somos empíricos em três quartos de nossas ações"[127] (o que quer dizer: somos *habitus* em três quartos de nossas ações), resta um quarto de nossas ações que correspondem justamente às situações nas quais o *habitus* entra na contramão (acho que a metáfora é pertinente). Nesses casos, as expectativas práticas e corporais não são correspondidas, e a distância e a surpresa crítica correspondente engendram uma reflexão, uma mudança da natureza do princípio da ação, que coloca a questão da mudança do *habitus* (aqui é muito mais complicado e não tenho elementos para dizer mais). Em outras palavras, aqui também estamos em estruturas muito paradoxais que as alternativas habituais com as quais pensamos (causa-efeito etc.) impedem de perceber. Pode-se dizer que ainda é a estrutura do *habitus* que engendra os eventos próprios a transformar a estrutura do *habitus*. Com efeito, é em função de minhas estruturas de pensamento que isto ou aquilo será surpreendente. Todo mundo sabe disso, mas é preciso registrar oficialmente: o que será surpreendente para um, será banal para outro e o que será um acontecimento para um *habitus*, aquilo que certamente o fará formular perguntas e, portanto, lhe pedirá para se transformar, também será engendrado segundo as estruturas do *habitus*. Em outras palavras, ainda é o *habitus* (eu disse isso há pouco, no começo, o *habitus* se determina) que contribui para definir o princípio de sua própria mudança, e, por isso, os limites dessa mudança. Consequentemente, o *habitus* certamente muda, mas sempre dentro de limites.

O poder

Esse foi o primeiro conjunto de análises. Agora gostaria de demonstrar os efeitos dessas análises no terreno do poder. Mencionei várias vezes os problemas de dominação, a questão de saber se "o poder vem do alto ou de baixo", a alternativa entre a manipulação e a submissão, aquilo que La Boétie, o amigo de Montaigne, chamava de "servidão voluntária"[128]: será que a dominação deve ser

---

127. "Em três quartas partes das nossas ações somos exclusivamente empíricos" (LEIBNIZ, G. W. *A monadologia. In: Id. Os pensadores*, volume XIX. Trad. de Marilena Chauí. São Paulo: Abril Cultural, 1974. §28, p. 66 [*Die Monadologie*, 1714]).

128. LA BOÉTIE, E. *Discurso da servidão voluntária*. Trad. de Laymert Garcia dos Santos. São Paulo: Brasiliense, 1982 [*Discours de la servitude volontaire*, 1576].

pensada na lógica da propaganda que os poderosos exercem sobre os dominados, por meio de uma espécie de manipulação? Os filósofos muitas vezes caem, pelo menos como corpo (individualmente, eles podem ser bastante sutis), nas grandes alternativas. [...] Assim, falando bruscamente sobre o poder (antes eles nunca falavam sobre isso), eles caem na alternativa entre a dominação-manipulação (cf. Althusser, a lógica instrumental, o Estado manipulador, diabólico etc.) e a servidão voluntária. (Não estou exagerando muito – se parecer maldoso, poderia citar muitos textos...)

Essa alternativa me parece fundamentada num erro profundo em matéria de teoria da ação, numa resposta incorreta à pergunta wittgensteiniana "O que é seguir uma regra?" Em última instância, ela se baseia numa visão intelectualista da ação. Segundo um erro fundamental que é quase constitutivo do pensamento pensante (logo, da filosofia, mas também do pensamento pensante dos antropólogos e sociólogos) ou do estatuto de pensador, os pensadores colocam seu modo de pensar na cabeça das pessoas que eles pensam. Quando pensam naquilo que os agentes fazem, uma mulher que realiza um ritual ou um político que toma uma decisão, eles tendem a projetar seu modo de pensamento, ligado a condições sociais de possibilidade muito diferentes daquelas em que os agentes sociais estão colocados e que exatamente excluem fazer um ritual ou tomar uma decisão. Eu costumo resumir esse erro com uma frase célebre de Marx que diz que Hegel "substitui a lógica das coisas pelas coisas da lógica"[129]. Em outras palavras, os pensadores colocam na prática a lógica que é preciso construir para dar conta da prática. Isso fica muito claro no exemplo da regra: os agentes não fazem qualquer coisa que quiserem (senão não haveria ciências sociais...), existe uma lógica nas práticas e podemos pressupor uma espécie de constância das reações dos agentes sociais (com efeito, um agente estimulado do mesmo modo em dois momentos diferentes reage da mesma maneira).

Esse postulado da constância é validado pelo estabelecimento de regularidades: como sociólogos, estabelecemos regularidades, sabemos que quanto mais esta coisa aumenta, mais aquela outra diminui (por exemplo, quanto mais urbanos nos tornamos, menos filhos temos). No entanto, ao estabelecer uma regularidade, não nos

---

129. "O momento filosófico não é a lógica da coisa, mas a coisa da lógica" (MARX, K. *Crítica da filosofia do direito de Hegel.* Trad. de Rubens Enderle e Leonardo de Deus. São Paulo: Boitempo, 2010. p. 39 [*Zur Kritik der hegelschen Rechtsphilosophie*, 1843]).

perguntamos o que ela significa. Será que a existência de uma relação regular entre uma situação e uma ação autoriza a dizer que é regra fazer isso quando estamos nessa situação? Segundo a belíssima frase de um linguista, Ziff, o fato de o trem chegar regularmente atrasado não nos autoriza a concluir que é uma regra que o trem chegue atrasado[130]. Todo o jogo lévi-straussiano que mencionei há pouco está nesse deslizamento baseado na ideia de que a regularidade pressupõe a regra ou algo como a regra, isto é, o fato de agir deliberadamente em vista do resultado registrado. Sempre pressupomos que aquilo que registramos foi o produto de um cálculo ou de uma deliberação. Como resultado, temos uma espécie de filosofia intelectualista da prática, ou então temos a visão mecanicista que, aliás, pode coincidir com ela, como demonstra a noção de aparelho[131]. (Isso que analiso neste momento é o inconsciente coletivo de nossa época, é a filosofia da história que sustenta implicitamente nosso pensamento do mundo social e a que vocês encontram nos jornais – por exemplo, quando se diz "O primeiro-ministro decidiu que...", "A Rússia vai fazer etc.", "O Partido Comunista exige que...", é toda uma filosofia do mundo social, toda uma teoria da ação, que aceitamos de modo inconsciente.)

A filosofia mecanicista e seu oposto finalista não são tão antagônicas quanto parecem. As duas pressupõem, com efeito, que o princípio da ação pode ser explicitado e isolado. Dou o exemplo da noção de aparelho que – como diz a metáfora do aparelho – faz parte de uma filosofia mecanicista: para os que utilizam a noção, os aparelhos podem ter fim, isso é de fato a característica dos aparelhos; quando, por exemplo, os "aparelhos ideológicos de Estado"[132] são malvados, manipuladores, dominadores, eles postulam fins. Não se sabe como eles atingem esses fins, mas é seu papel de mecanismo autorregrado atingir esses fins. Não posso continuar esse desenvolvimento de maneira completamente improvisada. Seria preciso ter os textos para analisar a linguagem, as metáforas, porque esses raciocínios jogam muito com a linguagem, eles funcionam muito bem quando, como dizia

---

130. ZIFF, P. *Semantic Analysis, op. cit.*, p. 8.

131. Cf. a aula de 9 de novembro de 1982 (BOURDIEU, P. *Sociologia geral volume 2, op. cit.*, p. 147ss. [349ss.].

132. ALTHUSSER, L. *Ideologia e aparelhos ideológicos de estado*. Trad. de Joaquim José de Moura Ramos. Lisboa: Presença, 1970 [Idéologie et appareils idéologiques d'État. *La Pensée*, n. 151, 1970].

Wittgenstein, "a linguagem gira em falso", ela "está de licença"[133]. Basta deixar em paz a linguagem, que é mecanicista-finalista.

Aquilo que a noção de *habitus* e tudo que eu disse questionam é essa visão intelectualista e sobretudo a alternativa segundo a qual ou não existe conhecimento e os agentes são autômatos que reagem imediatamente a estímulos mecânicos, ou eles são conscientes e sabem o que fazem, postulam fins etc. Nas duas hipóteses, não se pode dar conta daquilo que é o mais sutil, mais profundo e, parece-me, mais importante nas questões de poder, a saber, o fato de que os agentes *se* determinam a serem determinados. Basta transpor a análise que fiz agora há pouco. Podemos dizer que os agentes *se* determinam a obedecer ou se determinam a sofrer determinações, incluindo as mais alienantes, mas desde que especifiquemos o que significa o "eu *me* determino".

Vou me referir muito rapidamente a análises bem conhecidas de Sartre. Essa não é uma dessas referências antigas ligadas a meus anos de formação: atualmente, os defensores mais sutis do individualismo metodológico[134] (existem alguns, em particular no estrangeiro[135]) referem-se muito a Sartre. Enxerguei isso há dez anos e escrevi um texto em que os atacava ao me defender contra eles[136]. No fundo, Sartre é aquele que deu a formulação mais consequente, até ultraconsequente, daquilo que podemos chamar de "individualismo metodológico", ou seja, a ideia segundo a qual as ações têm por princípio um sujeito individual, a-histórico, instantâneo, que se decide no instante e que se determina até a ser determinado. As análises de Sartre (por exemplo, Sartre diante da montanha: a montanha só é um obstáculo, porque eu a constituo como tal[137]) levam a constituir os fenômenos de dominação como efeitos da má-fé, e é aqui que eu gostaria de chegar: se o sujeito da ação é um sujeito sartriano, dizer: "Eu *me* determino" é dizer que *eu me*

---

133. WITTGENSTEIN, L. *Investigações filosóficas, op. cit.*, §132 e 38.

134. O "individualismo metodológico" é uma corrente sociológica que estuda os fenômenos coletivos como resultado de ações individuais. P. Bourdieu o analisará em maiores detalhes na aula de 22 de maio de 1986.

135. P. Bourdieu talvez pense em particular em James Coleman, com o qual organizará a obra *Social Theory for a Changing Society* [*Teoria social para uma sociedade em mudança*]. Boulder: Westview Press, 1991.

136. Talvez se trate de P. Bourdieu, "Futuro de classe e causalidade do provável", *art. cit.*

137. "Mesmo se o rochedo se revela como 'muito difícil de escalar' e temos de desistir da escalada, observemos que ele só se revela desse modo por ter sido originariamente captado como 'escalável'; portanto, é nossa liberdade que constitui os limites que irá encontrar depois" (SARTRE, J. P. *O ser e o nada, op. cit.*, p. 594 [527]).

engano, que existe "má-fé", isto é, uma mentira na qual o enganador é, ao mesmo tempo, o enganado. As análises célebres da emoção são o caso mais típico. É preciso relacionar duas análises: a análise da emoção, na qual Sartre diz que aquela careta assustadora que me aterroriza foi constituída por mim como aterradora[138] (eu me coloco, de alguma forma, em estado de pânico), e a análise da situação revolucionária – Sartre diz: "Os revolucionários são sérios, não é porque o mundo é revoltante que eles são revoltados, é porque eles são revoltados que acham o mundo revoltante"[139]. Em outras palavras, é o "eu" que constitui o mundo em suas propriedades objetivas.

Se voltarmos agora à noção de *habitus* e a tudo aquilo que eu disse sobre a "antecipação" e a relação quase corporal entre o *habitus* e um futuro que não é um futuro, mas que é um já-presente, um já-aqui, enxergamos bem que fundamentamos, ao mesmo tempo, a seriedade da emoção e a da ação. É verdade que eu *me* determino: se tivesse um outro *habitus*, aquilo que me parece revoltante não me revoltaria de modo algum. Todavia, ainda é fato que, constituído como sou, o mundo é *realmente* revoltante. Isso é absolutamente sério. Isso não é alguma coisa que eu poderia mudar por meio de um ato de consciência que me faria tomar consciência do fato de que me liberto livremente de minha liberdade, que alieno livremente meu poder de suspender qualquer alienação etc. Eu acho que a mesma filosofia está subjacente a todas as teorias do tipo "gozar do poder" ou "o poder como aquilo que utilizo para fazer as coisas" (essa é uma metáfora bastante de época[140]).

---

138. "Por exemplo, um rosto assustador aparece de súbito e cola-se à vidraça da janela; sinto-me invadido de terror. [...] No horror, por exemplo, percebemos a súbita derrubada das barreiras deterministas: o rosto que aparece atrás da vidraça, tomamo-lo inicialmente como pertencendo a um homem que deveria empurrar a porta e dar trinta passos para chegar até nós. Mas, ao contrário, passivo como está, ele se apresenta como agindo à distância. Para além da vidraça, está em ligação imediata com nosso corpo, vivemos e sofremos sua significação, e é com nossa própria carne que a constituímos [...]. A consciência mergulhada nesse mundo mágico arrasta o corpo a ele, na medida em que o corpo é crença. Ela crê" (SARTRE, J. P. *Esboço para uma teoria das emoções*. Trad. de Paulo Neves. Porto Alegre: L&PM, 2006. p. 83-86 [*Esquisse d'une théorie des émotions*. Paris: Hermann, 1939]).

139. "Há seriedade quando se parte do mundo e se atribui mais realidade ao mundo do que a si mesmo; pelo menos, quando se confere a si mesmo uma realidade, mas na medida em que se pertence ao mundo. Não por acaso, o materialismo é sério; tampouco por acaso acha-se sempre e por toda parte como a doutrina favorita do revolucionário. Isso se dá, porque os revolucionários são sérios. Eles se conhecem primeiro a partir do mundo que os oprime e querem mudar esse mundo opressor" (SARTRE, J. P. *O ser e o nada*, op. cit., p. 709 [626]).

140. Provável alusão a LEGENDRE, P. *Jouir du pouvoir*. Traité de la bureaucratie patriote [*Gozar do poder*: tratado da burocracia patriota]. Paris: Minuit, 1976.

A essas teorias ultrassubjetivistas, oponho uma análise na qual os agentes sociais constituídos socialmente e dotados de disposições duráveis para constituir o mundo de uma certa maneira se defrontam com um mundo que produzem, mas não em toda liberdade, na instantaneidade de um clarão de decisão; eles o produzem segundo regras incorporadas que não dominam completamente e cujos efeitos podem descobrir, por exemplo, pelos contragolpes que sofrem. Eu acho que essa análise foi importante: de maneira geral, creio que às vezes é preciso fazer coisas aparentemente gratuitas, teóricas, abstratas, filosóficas (palavras pejorativas para muita gente) para desmontar os mecanismos muito concretos e muito próximos da experiência. Na segunda hora, desenvolverei, a título de ilustração, a análise das relações de dominação entre masculino e feminino que podemos tirar do romance de Virginia Woolf e acho que essas análises [da primeira hora] um pouquinho abstratas ficarão bastante concretas.

A relação pequeno-burguesa com a cultura

Contra a alternativa da submissão voluntária e da alienação, seria preciso retomar, por exemplo, a análise das relações entre os pequeno-burgueses e os burgueses no mecanismo de acesso à cultura. Apenas relembrarei em algumas palavras essa análise que fiz com muita frequência[141] para que vocês a façam funcionar na lógica do que acabo de dizer. A relação com a cultura, do ponto de vista de um *habitus* pequeno-burguês, é a forma por excelência daquilo que chamo de *illusio*, isto é, esse investimento absolutamente sério em alguma coisa que pode parecer ilusória para alguém que a enxerga de fora. Aqui há uma coisa importante que eu não disse e sobre a qual voltarei daqui a pouco a propósito de Virginia Woolf: a *illusio* não é ilusória; aquele que está preso no jogo leva o jogo muito a sério. A noção de *habitus* tem essa função – e era isso que eu queria dizer hoje – de dar conta dessa seriedade extrema, do investimento em jogos que podem parecer irrisórios quando os enxergamos a partir de um outro *habitus* ou a partir de um *habitus* engajado num outro jogo.

A relação pequeno-burguesa com a cultura é essa espécie de aspiração sobre a qual podemos retomar todas as análises [desenvolvidas nesta primeira hora] sobre a aspiração, a temporalização – "Eu me temporalizo" –, o futuro – "Eu tenho futuro", "A cultura é meu futuro", "Quero ascender [socialmente] por intermédio

---

141. Cf. em particular BOURDIEU, P. *A distinção, op. cit.*, "A boa vontade cultural", p. 298-349 [365-461].

da cultura" etc. Pode-se dizer que essa espécie de antecipação é aquilo que faz o pequeno-burguês ser tomado pelo jogo, aquilo que lhe faz ser agarrado pelo jogo e, de alguma forma, aquilo pelo qual ele é trapaceado [*se fait avoir*] (voltarei a essa metáfora) pelo jogo, aquilo pelo qual ele se deixa tomar. Esse desejo de se apropriar da cultura, de ascender pela cultura que é um dos princípios dessa bulimia aquisitiva que muitas vezes define a relação pequeno-burguesa com a cultura, essa espécie de antecipação constitui-se numa relação particular entre um *habitus* particular e um campo particular.

Como não tenho tempo de desenvolver essa análise, utilizarei o caso limite dessa atitude que descrevi em *Homo academicus* por essa subcategoria (da categoria que acabo de mencionar) constituída pelos oblatos no sistema escolar, os filhos de professores de ensino básico que se tornam professores na Sorbonne. Essas pessoas sofrem no mais alto grau a dominação da cultura e podemos dizer (se quisermos falar na lógica das vítimas que subjaz aquilo que normalmente dizemos, o que nos faz dizer muitas bobagens) que elas são, de certa maneira, as maiores vítimas da dominação pela cultura: como Cottard[142] em *Em busca do tempo perdido*, elas jamais serão realmente cultas… Em Proust, elas são sempre um pouco ridículas, elas sabem as etimologias das palavras novas, mas não se portam bem. Essas pessoas que são ao mesmo tempo as mais dominadas pela cultura e que jamais a dominam completamente – porque, para dominá-la completamente, é preciso não ter vontade de dominá-la – me parecem ser a encarnação de uma dessas relações de dominação que não se pode descrever segundo a alternativa simples entre o instrumentalismo ou a automistificação. Essa é uma espécie de dominação para a qual colaboramos, a ponto de ela poder ser vivida como uma das grandes realizações da humanidade. Paro por aqui. Retomarei isso daqui a pouco a propósito da dominação masculino/feminino em que acho que as coisas são vistas de maneira mais sutil.

Segunda hora (seminário): *Ao farol* (1)

Duas palavras de comentários dessas referências que fazem o elo entre os dois momentos desta manhã. Os estudos aos quais me refiro são, antes de mais nada, a

---

142. O doutor Cottard, personagem de *Em busca do tempo perdido*, que aparece em *Um amor de Swann*, frequenta o "pequeno clã" Verdurin (o lado de Guermantes dos salões nobres). Ele se esforça, não sem dificuldades e prudência, para manter seu lugar especialmente no domínio cultural.

attribution theory[143]. Essa teoria interessante, que se situa na lógica do que eu disse anteriormente, consiste em estabelecer uma relação entre a representação que as pessoas se fazem das causas de um evento e suas maneiras de reagir a esse evento. Isso não é tão trivial quanto poderíamos acreditar: uma tradição de psicólogos e sociólogos estuda o nascimento e a evolução dos conflitos, desde o conflito que podemos chamar de "informal" (aquele que sobrevive nas relações de vizinhança, por exemplo) até o conflito constituído juridicamente sob a forma de processo. Na discussão que se desenvolve há cerca de 15 anos nos Estados Unidos sobre o procedimento de constituição jurídica de uma disputa (como uma disputa se torna um processo legal?), os psicólogos fizeram aparecer coisas na lógica que sempre repito de *katégorein, katégoreisthai*[144], [verbo grego que significa] "atribuir", mas também "acusar publicamente": "Diga-me quem você acusa e eu te direi como você vai reagir". Se, no exemplo célebre de Freud[145], eu digo: "Sim, é minha culpa, eu não devia ter te emprestado o caldeirão etc." ou se digo: "Eles são realmente horrorosos, devolveram meu caldeirão quebrado", a reação é diferente. Os psicólogos estabelecem muito bem que a relação com a coisa varia dependendo da maneira de constituir a coisa. Eles relacionam a propensão a se culpar ou a propensão a culpar com o modo de reação, o que já é interessante. Contudo, por serem psicólogos, não procuram na gênese social das disposições que levam a constituir o evento de uma maneira em vez de outra. Como sociólogo, eu formularia imediatamente a hipótese de que a propensão a se culpar ou a propensão a culpar não se distribui ao acaso entre os sexos, entre as posições no espaço social e entre as trajetórias sociais.

---

143. Durante o intervalo, P. Bourdieu escreveu esta referência na lousa: KELLEY, H. H.; MICHELA, J. L. Attribution theory and research [Teoria da atribuição e pesquisa]. *Annual Review of Psychology*, v. 31, p. 457-501, 1980.

144. Sobre esse ponto, cf. em particular BOURDIEU, P. *Sociologia geral volume 1*: lutas de classificação. Trad. de Fábio Ribeiro. Petrópolis: Vozes, 2020. p. 35 [*Sociologie générale volume 1*. Paris: Seuil, 2015. p. 35].

145. "A. tomou emprestado a B. um caldeirão de cobre e, após a devolução, foi acusado por B. de ter feito um grande buraco no caldeirão, assim inutilizando-o. Eis como ele se defendeu: 'Primeiramente, não tomei caldeirão nenhum emprestado de B.; em segundo lugar, o caldeirão já tinha um buraco quando o peguei com B.; em terceiro lugar, devolvi o caldeirão inteiro'. Cada uma dessas afirmações singulares faz sentido em si mesma, mas, tomadas em conjunto, excluem-se umas às outras" (FREUD, S. *O chiste e sua relação com o inconsciente*. Trad. de Paulo César de Souza. São Paulo: Companhia das Letras, 2017 [*Der Witz und seine Beziehung zum Unbewussten*. Leipzig: Deuticke, 1905]).

O segundo conjunto de referências trata das mulheres agredidas [*femmes battues*][146]. As mulheres agredidas foram objeto de estudos feministas absolutamente interessantes, mas, depois de terem me escutado tagarelar longamente que *o* habitus *se determina*, vocês deverão considerar evidentes coisas que para muita gente não são. Observamos, por exemplo, que as mulheres agredidas voltam com muito mais frequência ao local de suas infelicidades do que poderiam acreditar os assistentes, os trabalhadores sociais etc. Essa espécie de propensão das mulheres agredidas a voltarem a ser agredidas parece geralmente inexplicável para os assistentes sociais que, por terem um outro *habitus*, julgam insuportáveis coisas que algumas pessoas podem considerar suportáveis sob certas condições. A surpresa dos assistentes é homóloga à surpresa dos esquerdistas diante de um certo tipo de submissão das classes dominadas. Aliás, há estudos que estabelecem que quanto mais se é rico, mais se é sensível, *sensitive*, à injustiça. Com efeito, quando fazemos estatísticas e perguntamos: "Quantas vezes você foi vítima de injustiça na sua vida?", as pessoas ricas, que poderíamos supor terem sido menos expostas à injustiça, reclamam mais do que as pobres, que poderíamos supor terem sido mais expostas, o que permite concluir que elas são mais sensíveis, já que os dados são a resultante da sensibilidade e da exposição à injustiça.

Agora, dois livros de filosofia. Kripke[147] propõe uma longa discussão do problema colocado por "seguir uma regra" e traz uma crítica rigorosa, difícil, um pouco monótona, da explicação disposicional (é nessa categoria que se situa a noção de *habitus*). Se vocês tiverem coragem, é interessante ler essa crítica muito rigorosa da noção de disposição. O artigo de Engel[148] talvez seja ainda mais útil, porque resume de maneira muito astuciosa e sutil o debate em torno da expressão "seguir uma regra" desde Wittgenstein, Ryle e Kripke até Davidson. Ele propõe uma teoria que, se eu fosse filósofo, seria a minha. No fundo ela está muito próxima do que digo sobre o *habitus*. Eu a li muito recentemente e fiquei muito contente por encontrar uma confirmação do que propus.

---

146. [No Brasil, hoje preferimos dizer "vítimas de violência doméstica" – N.T.] As referências que P. Bourdieu indica na lousa são as seguintes: FRIEZE, I. H. Perceptions of Battered Women [Percepções de mulheres agredidas]. *In*: FRIEZE, I. H.; BAR-TAL, D.; CARROLL, J. S. (orgs.). *New approaches to social problems*. São Francisco: Jossey-Bass, 1979; WALKER, L. *The battered women* [As mulheres agredidas]. Nova York: Harper & Row, 1979.

147. KRIPKE, S. *Wittgenstein on rules and private language: an elementary exposition* [*Wittgenstein sobre regras e linguagem particular: uma exposição elementar*]. Oxford: Basil Blackwell, 1982.

148. ENGEL, P. Comprendre un langage et suivre une règle [Compreender uma linguagem e seguir uma regra]. *Philosophie*, n. 8, p. 45-64, 1985.

Os campos como armadilhas

Agora passo para a análise de Virginia Woolf e das formas de dominação sutis tais como se manifestam nas relações entre os sexos. Como vocês certamente perceberam, eu me dou mais liberdade na segunda hora do curso, que a princípio é mais um seminário do que uma aula propriamente dita. Isso que direi não será de um rigor lógico perfeito. Isso tem a ver com a liberdade que me concedo, mas acho que também com o fato de que o que tento dizer aqui é muito complicado, cheio de nuances infinitesimais, e não se resume facilmente em proposições brutais, simples e diretas. No fundo, o exemplo das relações masculino/feminino me parece ser o terreno privilegiado para ilustrar a teoria da dominação[149] que propus por meio da análise das relações entre *habitus* e campo. Ele permite desmentir as teorias costumeiras da dominação. Particularmente, ele me parece fazer desaparecer completamente a alternativa "instrumentalista/pulsão-do-prazer". O que vou apresentar a vocês deve concretizar o que tive que dizer até agora de maneira muito abstrata.

Uma das razões pelas quais a dominação nas relações entre os sexos é mal-compreendida é que a dimensão sexual da dominação mascara a dimensão política da dominação sexual. Ao mesmo tempo, o interesse dessa forma de dominação é fazer enxergar como uma dominação política pode passar pelo corpo e por aquilo que, no corpo, é o mais descontrolado, como o desejo e todas essas coisas sobre as quais falamos de maneira muito ingênua. No fundo, ao utilizar Virginia Woolf, gostaria de estabelecer que existe uma constituição social (já refleti bastante sobre a palavra "constituição" nos anos passados[150]) do corpo em suas determinações aparentemente mais profundas, mais brutalmente biológicas: aquilo que colocamos sob o nome de desejo, *libido* etc. A tese central que gostaria de desenvolver, baseado em Virginia Woolf, é que o mundo social propõe jogos e que só há investimento nesses jogos por meio das pessoas dispostas a investir neles. Portanto, é na relação entre um *habitus* socializado, constituído de uma certa maneira, e um jogo constituído objetivamente de uma certa maneira que se cria a *illusio* como ilusão absolutamente séria – esse é sempre o paradoxo –, quer

---

149. Sobre esse ponto, como também sobre vários pontos abordados nesta parte do curso (incluindo o comentário sobre *Ao farol*), cf. BOURDIEU, P. La domination masculine. *Actes de la recherche en sciences sociales*, n. 84, p. 2-31, 1990; *Id. A dominação masculina*. Trad. de Maria Helena Kühner. Rio de Janeiro: Bertrand Brasil, 2002 [*La domination masculine*. Paris: Seuil, 2002].

150. Cf., em particular, o primeiro ano de ensino de P. Bourdieu no Collège de France em *Sociologia geral volume 1, op. cit.*

dizer, como relação ilusória para alguém que não está dentro, mas muito séria, insuperável, invencível para alguém que está dentro.

Correndo o risco de chocar vocês (mas, no final das contas, tenho ao meu lado a autoridade de Sartre, que disse: "Eleições, pega-trouxas" ["*Élections, piège à cons*"][151]), eu gostaria de mostrar como os campos sociais funcionam como armadilhas pega-trouxas. Hesitei em falar para vocês dessa forma, mas como isso diz muito bem a ideia central do que quero desenvolver hoje, a compreensão do que direi será facilitada. O mundo social prepara armadilhas e essas armadilhas são tão bem-preparadas que as pessoas caem nelas com alegria, com felicidade. Na expressão "pega-trouxa" existe uma espécie de sorriso entretido: vemos o jogo como ele é (é uma armadilha) e vemos também que há alguma coisa ao mesmo tempo tocante e ridícula em cair em armadilhas tão ingênuas (o que acabo de dizer no fundo é o olhar feminino sobre as "armadilhas pega-trouxas" masculinas)[152]. De modo geral, desenvolverei a seguinte tese: os grandes jogos masculinos, cujo paradigma é a guerra (mas todos os outros jogos masculinos são formas derivadas disso, incluindo o jogo intelectual), são "armadilhas pega-trouxas" que só pegam aqueles dispostos a serem pegos. Consequentemente, as mulheres têm o privilégio de não serem pegas, mas esse privilégio, quando os jogos são prestigiosos, sérios e geradores de poder, é uma privação, uma mutilação (assinalo para os que raciocinam em termos simples – "Será que somos privilegiados ou não?" – que podemos ter o privilégio de não sermos pegos por um jogo que implica privilégios…). Parece-me que os erros, mesmo os erros políticos, do movimento feminista ou do movimento machista – que não precisa se organizar para existir [*risos na sala*] – devem-se ao fato de que não enxergamos essa espécie de contradição contida na expressão "armadilha pega-trouxas". Eis a tese que vou desenvolver em detalhes, mas um pouquinho desordenadamente, com base em Virginia Woolf.

Um homem-criança

Começarei contando para vocês a história. No começo do romance chamado *Ao farol*, um menino se prepara com sua mãe para ir visitar o farol. Muito anima-

---

151. Sartre, J. P. Élections, piège à cons. *Les Temps modernes*, n. 378, 1973; reimpresso em *Situations X. Politique et autobiographie*. Paris: Gallimard, 1976. p. 75-87.

152. Ecoando o quadro de [Gustave] Courbet intitulado *A origem do mundo* (1866), que representa uma mulher nua deitada cujo sexo constitui o centro do quadro, a artista Orlan exibiu em 1989 um quadro similar, mas que representa um homem e chama-se *A origem da guerra*.

do, ele está fazendo recortes conversando com sua mãe. Ele diz: "Vamos ao farol". É o grande dia de sua vida, ele pensa nisso há meses. E depois o pai chega e solta: "O tempo estará ruim". Esse é o veredito paterno e o menino é enviado ao nada (voltarei um pouco mais tarde à relação pai/filho que é homóloga à relação masculino/feminino). O Sr. Ramsay [é o nome do pai], que acaba de fazer essa declaração peremptória (é um grande filósofo que tem teorias sobre a natureza, a existência etc.), é visto depois numa situação absolutamente ridícula. Isso começa na página 24 da edição original [francesa] de 1929[153] (a indicação das páginas é importante, porque é preciso levar em conta a lógica da sucessão). Ramsay é alguém tão sério a ponto de, quando lemos o romance pela primeira vez, não entendermos o que acontece com ele: não conseguimos imaginar, tendo em vista nossos pressupostos sobre o que é um homem, que um homem se meta numa situação tão ridícula. Seria preciso fazer uma pesquisa, mas acho que muitos dos leitores do romance não perceberam. Para começar, Ramsay berra – "Erro, erro fatal": "De repente, um grito agudo, como de um sonâmbulo, meio desperto, algo como *Assaltados por rajadas e rojões* entoado com toda a intensidade nos seus ouvidos…" (p. 24). E depois perdemos esse senhor, voltamos para a cabeça de sua esposa, e depois o reencontramos, mais uma vez surpreendido por outras personagens, Lily Briscoe e seu amigo. Começamos a compreender que ele foi surpreendido numa pose um pouco ridícula. Em seguida, o reencontramos na página 85 e começamos a ver a chave do que aconteceu: "E o seu hábito de falar alto, ou recitar poesia em voz alta, estava piorando, receava ela [*i.e.* sua esposa que também tinha ouvido a cena e que estava um pouco envergonhada – P.B.]; pois às vezes era embaraçoso…" (p. 87). Portanto, ele estava numa situação ridícula, porque fazia uma declamação de guerra na qual se tomava como um general e esquecera-se do resto: ele gritara em voz alta e todo o mundo o surpreendeu em estado de infantilismo. Um pouquinho antes, nas páginas 39-40, descreve-se seu mal-estar quando ele se viu percebido. Sua mulher, que entendeu que ele foi percebido e que está infeliz, diz: "Toda a sua vaidade, toda a sua satisfação com seu próprio esplendor […] tinha sido destroçada, destruída". Então, ele fora ultrajado e torturado etc. E um pouco depois, página 42: "Já envergonhado daquela petulância, daquela gesticulação das mãos, quando atacava à cabeça de suas tropas…" [*risos na sala*].

---

153. WOOLF, V. *Ao farol*. Trad. de Tomaz Tadeu. Belo Horizonte: Autêntica, 2013 [*To the Lighthouse*. London: Hogarth Press, 1927].

[A partir do confronto (?)] dessas duas cenas que foram vividas pela personagem principal, esse homem, esse pai terrível que acabara de matar os sonhos de seu filho, foi, assim, surpreendido em estado de jogo. No que consistia esse jogo? Ele brincava de guerra que é o "jogo por excelência", como escrevi há muito tempo sobre os cabilas[154]. A guerra é o jogo mais extraordinário que a honra inventou, já que nela jogamos nossa vida. Sendo assim, ele foi surpreendido num jogo de guerra e, ao fazer isso – esse é o procedimento que Virginia Woolf utiliza –, entregou sua chave, isto é, sua *privacy* [privacidade], o que tinha de mais secreto e que não se pode comunicar de outra forma: ele vive seu estatuto de intelectual na *illusio*, ele vive a vida intelectual como uma guerra. Depois, isso será desenvolvido: ele acaba de descobrir que foi visto nesse jogo ridículo. É a *illusio* vista por alguém que não está ilusionada.

> Ele tremia, ele estremecia. Toda a sua vaidade, toda a sua satisfação com seu próprio esplendor, cavalgando, fulminante como um raio, feroz como um falcão, à cabeça de seus homens, através do vale da morte [esse é o lado faroeste – P.B.], tinha sido destroçada, destruída. Assaltados por rajadas e rojões, com brio e bravura cavalgamos [aqui é a visão masculina: "Vou enfrentar diretamente todas as balas" – P.B.], fuzilados através do vale da morte, arremessados e arrojados – diretamente para cima de Lily Briscoe e William Bankes.

Aqui, isso se tornou um procedimento típico, o *fading* cruzado [*fondu-en-chaîné*] de Virginia Woolf: "Nós caímos... diretamente em cima de Lily Briscoe e William Bankes!" Nós caímos do alto, ora! Nós estamos no sonho e caímos sobre alguém que nos vê brincando como crianças. Poderíamos dizer que isso tudo é um incidente sem importância (ele divaga, declama versos), mas o olhar feminino enxerga que isso é algo muito mais importante: é toda a relação com a carreira que se desvela, portanto, a relação com os filósofos, os discípulos, ou seja, tudo que não deveria ser visto.

Demoraria demais para ler, mas recomendo a vocês as páginas 43-46 em que se desenvolve longamente o tema da guerra como metáfora da aventura intelec-

---

154. Mesmo que não seja possível encontrar essa frase, podemos nos reportar à passagem que P. Bourdieu dedica à guerra em sua análise do senso da honra (BOURDIEU, P. *Esquisse d'une théorie de la pratique, op. cit.*, p. 27-29).

tual ou da aventura intelectual como guerra. Vou ler só um pouquinho. Ele se revê no vale da morte:

> Sentimentos que não teriam desonrado um líder que, agora que a neve começara a cair, e o topo da montanha estava envolto em bruma, sabe que deve deitar-se e morrer antes que a manhã venha, chegaram-lhe sorrateiramente, empalidecendo a cor dos seus olhos...

"Mas ele não podia morrer deitado; ele encontraria algum rochedo, e ali, os olhos fixos na tormenta, tentando, até o fim, atravessar a escuridão, morreria de pé". Essa já é a metáfora intelectual. Depois vamos passar pela transição da metáfora guerreira para a experiência da vida intelectual:

> Seguramente o líder de um esquadrão suicida tem o direito de se fazer essa pergunta, e responder, sem ser desleal à expedição atrás de si: "Um só, talvez". Um só em toda uma geração [aqui pensamos: será que serei célebre numa geração? –P. B.]. Deveria então ser censurado se ele não era esse um [ele se pergunta se é o principal, se vai continuar célebre, o principal filósofo – P. B.], supondo-se que tenha labutado honestamente e dado o melhor de sua capacidade até não ter mais nada para dar? E sua fama, quanto dura? É permitido, mesmo a um herói agonizante, imaginar, antes de morrer, como os homens falarão dele no futuro (p. 45-46).

Isso continua: ele encontrará sua morte como "a perfeita figura de um soldado", "líder da condenada expedição" etc., e depois – essas frases talvez não estejam nessa ordem no romance – ele vai se precipitar ao lado de sua esposa que o surpreendeu para buscar sua simpatia: ele estava na "armadilha pega-trouxas", ele sofreu demais e exige o repouso do guerreiro. Ele vai buscar a simpatia daquela que viu a *illusio*, isto é, ao mesmo tempo a vaidade e realidade do sofrimento. Ele vai lhe dizer: "É horrível como a vida é dura". Ele se fará perdoar por ter brincado como uma criança. É uma descrição magnífica, uma passagem belíssima.

Já me sinto mal por ter contado tudo isso, mas falo de maneira metafórica sobre coisas absolutamente reais. O que foi dito de maneira que me parece metafórica é: o Sr. Ramsay é um homem-criança, ele brinca como uma criança e esse jogo de guerra não passa de uma manifestação daquilo que ele faz como costume. Vocês podem meditar sobre essa máxima: a diferença entre um homem e uma mulher é que o homem é criança quando age como homem, enquanto a mulher é criança (dizemos "mulher-criança") quando age como criança. Não sei se me faço compreender: os jogos sociais pelos quais os homens se deixam pegar, os jogos da virilidade (*manliness*), os jogos da guerra, de combate ("Morrerei de pé"), a *illusio* masculina são um "jogo de homem", um jogo digno de um homem, reconhecido como digno de um Homem (com H maiúsculo), um homem em oposição a uma mulher; esses jogos dignos de um homem são jogos de crianças, mas, como são os jogos aos quais ligamos o nome do homem, não percebemos que são jogos de homens-crianças, e não diremos: "Esse é um homem-criança". No fundo, o que se consegue com essa análise é a ideia de que o dominante, nesse caso em particular aquele que entra no papel masculino, entra numa espécie de alienação que é a condição de seu privilégio. É porque ele está preso no jogo que domina os jogos pela dominação. Os jogos da *libido dominandi* lhe são reservados, porque ele tem essa propriedade de estar vestido para jogar esses jogos.

Os homens, oblatos do mundo social

Aqui o começo do romance fica interessante. Depois das primeiras páginas em que vemos o menino fazendo recortes, segue-se uma passagem em que a mãe descreve seu filho pequeno. Ela vê, por sua personalidade aparente de menino, o homem que se tornará e diz: "Esse será um diplomata". Ela diz ainda (p. 12): "Na verdade, ela mantinha a totalidade do sexo oposto sob sua proteção [é o lado protetor que será descoberto depois – P.B.]; por razões que ela não conseguia explicar [...]". "Por razões que ela não conseguia explicar": é seu *habitus* feminino que é constituído dessa forma, seu papel é ser protetora, quer dizer, ter essa espécie de respeito pela criança que existe no homem e que jamais se revela tão bem quanto quando ele age como homem. "Ela mantinha a totalidade do sexo oposto sob sua proteção; por razões que ela não conseguia explicar": o *habitus* é o lugar das razões que não conseguimos explicar.

Isso volta um pouco depois a respeito de seu filho: "[...] havia na mente de todas elas um mudo questionamento dos códigos da deferência e do cavalheirismo, do Banco da Inglaterra e do Império Indiano, dos dedos anelados e das rendas, embora para todas elas houvesse nisso algo da essência da beleza, que evocava o que havia de masculino em seus corações de garotas, e as fazia…" Há uma descrição – não a infligirei sobre vocês, vocês lerão – dos efeitos da socialização feminina específica que é uma das condições, não da não entrada das mulheres no jogo, já que o jogo é reconhecido como um jogo masculino, mas da indulgência especial que elas concedem a esse jogo… Eu acho que para que os jogos sociais importantes (o Banco da Inglaterra, a diplomacia, o alto funcionalismo público etc.) funcionem, é preciso que eles sejam constituídos como masculinos, isto é, que funcionem como armadilhas para os homens constituídos de uma certa maneira. No entanto, também é preciso que eles sejam constituídos como masculinos aos olhos das mulheres que se excluem deles, mas que os reconhecem e aspiram a entrar neles por procuração. "Por procuração", ou seja, por meio do filho –, porque isso é uma imaginação que ela desenvolve a respeito de seu filho – e também por intermédio do marido, isto é, do depositário legítimo das aspirações substitutas a dominar os jogos, mas os jogos que só podem ser dominados por procuração, pela mediação de um homem. Essa espécie de divisão da estrutura das representações, dos *habitus*, é a condição do funcionamento do mecanismo (aqui também vemos como um mecanismo de dominação só é possível se encontrar as disposições correspondentes). Nesse sentido, poderíamos dizer que "o poder vem de baixo", mas isso não faz sentido: trata-se de *habitus*, de determinações obscuras… não vou repetir.

O dominante, neste caso o Sr. Ramsay, é vítima de sua dominação: ele se colocou numa posição ridícula, brincou de "general", ele sofre, foi grosseiro, foi muito desagradável, está infeliz e, além disso, vítima de seu privilégio, ele vem pedir a simpatia que obtém, já que o "repouso do guerreiro" faz parte da definição tradicional da divisão do trabalho entre os sexos. No fundo (vocês podem pensar novamente sobre o que eu disse [no final da primeira hora da aula] sobre a pequena-burguesia), a famosa frase de Marx, "O dominante é dominado por sua dominação", que é uma das frases que os marxistas sempre esquecem, da qual não tiraram nenhum partido, agora ganha seu sentido. Vemos, dessa maneira, como não se pode compreender o dominante se não compreendermos que além disso, em certos casos, ele sofre por ser dominante e que acontece até dele se atirar aos pés dos dominados. Se vocês empregarem a analogia com os burgueses/pequeno-burgueses que mencionei muito mal no final [da primeira hora], porque não tinha muito tempo, verão que há muitos mecanismos do mesmo tipo. Os homens, como vítimas por excelência da *illusio*, sendo dedicados desde a infância, são os oblatos do mundo social, e quanto mais subimos na hierarquia social mais isso é verdade. Assim como os professores do ensino básico são os oblatos do sistema universitário, de modo mais geral (e essa me parece ser a diferença entre os homens e as mulheres), o mundo social dedica muito cedo os meninos às grandes carreiras, às grandes ambições.

Aquilo que chamo de ritos de instituição[155], que geralmente chamamos de "ritos de passagem", para mim são em 90% dos casos redutíveis aos atos de nomeação com os quais dizemos às pessoas: "Você é um homem" e, ao mesmo tempo, "Você pode e deve entrar nos jogos masculinos", "Você pode e deve ser guerreiro", "É preciso que você seja viril", isto é, "É preciso que você afirme seus direitos nos jogos viris", "É preciso que você se afirme nos jogos viris"[156]. Portanto, os ritos de instituição são ritos que instituem no herdeiro instituído (essa é a lei geral das heranças) a propensão a investir na herança. Esse é um dos problemas da sucessão nas famílias principescas. Sempre pensamos que é agradável receber uma herança, mas esquecemos do medo do herdeiro indigno, isto é, do herdeiro que não quer "ser herdado" e que, por não querer "ser herdado", repudia a herança. Esse é um dos temas de *A educação sentimental* de Flaubert[157]. O herdeiro indigno não se deixa "herdar" pela herança. Ele não faz o que deve ser feito para ser um herdeiro digno. É o filho do rei que faz escândalo para se tornar rei.

Na divisão do trabalho entre os sexos, os homens herdam o que é sério socialmente. Eles são os que devem jogar seriamente os jogos sociais ("jogar seriamente" é uma velha referência filosófica[158]: *spoudaïos paizein* [σπουδαῖος παίζειν]; *paizein* é "brincar", "agir como criança" – *païs* [παῖς], é a "criança" –, e *spoudaïos* é "seriamente"). Eles devem jogar seriamente os jogos que o mundo social decreta como sérios. Consequentemente, eles devem ser socializados e investir nos objetivos que os diferentes campos propõem. A produção do *habitus* investido é, assim, determinante, e uma parte da socialização, em todas as sociedades, consiste

---

155. Cf. BOURDIEU, P. *Os ritos de instituição, op. cit.* Para desenvolvimentos mais longos sobre essa questão, cf. em particular a aula de 16 de novembro de 1982 em *Sociologia geral volume 2, op. cit.*, p. 183-187 [393-398].

156. Esta análise sem dúvida deve muito ao fato de que Bourdieu praticou rúgbi em sua juventude como a maioria das crianças do sudoeste da França e foi apaixonado a vida inteira por esse esporte "viril". Ele se refere ao rúgbi explicitamente em alguns textos, em particular para ilustrar metaforicamente o "senso de posicionamento".

157. Cf. a análise que P. Bourdieu propõe sobre *A educação sentimental* no prólogo de *As regras da arte, op. cit.*, "A questão da herança", p. 24-36 [30-49].

158. Cf. a aula de 8 de março de 1984 em *Sociologia geral volume 3, op. cit.*, p. 80, nota 100 [88, nota 1].

em fazer interiorizar nos meninos o reconhecimento dos objetivos sociais, quer dizer, masculinos, os objetivos monopolizados pelos homens e que os homens só podem ter se forem "verdadeiros homens", "verdadeiramente homens".

(Eu acho que se cometeu um erro enorme quanto aos ritos de passagem: sempre se descreveu os ritos de passagem como os ritos destinados a favorecer a passagem da infância para a idade adulta. Essa é a teoria de [Arnold] Van Gennep que não passa da introdução na ciência da representação espontânea do mundo social. Na verdade, o que essa função de passagem mascara é que os ritos de instituição só se aplicam aos meninos e que a coisa importante é que eles distinguem os que são dignos de ritos de instituição entre os meninos e os que não o são. Posto isso, os ritos de passagem são na verdade ritos de discriminação – e um rito exemplar desse tipo é a circuncisão – que separam, por uma diferença social, estatutária e sancionada os homens realmente homens e os não homens. Assim, a função mais importante é escondida por uma função aparente. Esse foi um parêntese para ligar esta análise a uma outra que alguns de vocês já conhecem.)

O problema dos ritos de instituição é fazer as crianças entrarem no jogo pueril da virilidade, tomando "virilidade" nos dois sentidos do termo, sexual e social. Eu acho que desenvolverei isso em seguida: a noção de potência, que podemos aplicar no terreno sexual e no social, é uma articulação determinante do elo entre os mecanismos sociais da dominação e as formas instituídas socialmente da dominação sexual. De modo geral, se seguirmos a filosofia de Virginia Woolf, o homem é essa espécie de criança grande que se faz prender por todos os jogos designados socialmente como sérios, aquele que leva a sério todos os jogos.

Darei um exemplo da Cabila, que é simplesmente o limite das sociedades europeias, em que a afirmação da oposição entre masculino e feminino é particularmente brilhante, particularmente clara: para os cabilas, a economia no sentido em que a entendemos, ou seja, a economia em que se calcula, em que fazemos render o que emprestamos (e num prazo preciso), é assunto das mulheres. As mulheres, por não terem a obrigação da virilidade, da honra, da indiferença ao cálculo, da nobreza, da dignidade, da questão de honra etc., podem se permitir serem sórdidas e dizer: "Você me pagará..." Se vocês refletirem, essa divisão do trabalho ainda existe em nossas sociedades[159], sob formas muito mais suaves: "Você lhe

---

159. No momento da publicação de *A dominação masculina*, P. Bourdieu fará referência a observações recolhidas durante a pesquisa sobre a venda de imóveis (BOURDIEU, P. Um contrato sob

dirá..." [*risos na sala*] etc. Os cabilas absolutamente não ignoram a economia no sentido moderno que implica cálculos, juros etc., mas essa economia, reprimida pelos homens, pode ser exibida pelas mulheres que, por definição, não têm dignidade ou só a têm por procuração. Baseio-me em pesquisas precisas: elas têm questões de honra para seus maridos, na medida em que devem proteger a honra de seus maridos. Sendo assim, os cabilas são uma "imagem ampliada" (Platão sempre empregava essa metáfora da "imagem ampliada"[160]) de nossos valores de honra; se vocês olharem o capítulo que escrevi sobre as estruturas do pensamento mítico em *O senso prático*[161], vocês terão uma psicanálise do inconsciente, do seu inconsciente, do nosso inconsciente e das estruturas profundas, constituídas socialmente, da oposição masculino/feminino em nossas sociedades, com todas as conotações: seco/úmido etc.

Nesse exemplo, vemos novamente que o privilégio é o privilégio da tensão. Os homens têm direito ao que é censurado: eles têm uma espécie de direito-dever à recusa da economia, à dignidade, à questão de honra, têm o direito-dever de arriscar sua vida, de se matarem por um sim ou um não, têm o direito-dever de assumir todos os riscos implicados nessa alta ideia da dignidade que lhes é inculcada, pois senão serão efeminados. Podemos ver que o direito, o privilégio, implicam uma tensão formidável: no plano da economia, eles não podem ter o privilégio das mulheres que é falar simplesmente, sem história. A divisão do trabalho nos casamentos[162], por exemplo, obedece a essa lógica: as mulheres são encarrega-

---

pressão. *In: Id. As estruturas sociais da economia, op. cit.*, p. 201-236): "Nós pudemos observar que, na ocasião da compra de um imóvel, em todos os meios, os homens não se rebaixam a se informar, eles deixam para as mulheres a preocupação de fazer perguntas, perguntar os preços e se der certo, deu certo. Se não der certo, foram elas que erraram. Através de milhares de detalhezinhos desse tipo, as mulheres se apagam ou são apagadas, e isso aumenta quando elas são de um meio mais modesto. A origem social dobra esse efeito" ("O homem decide, a mulher se apaga", entrevista com Catherine Portevin, *Télérama*, n. 2532, 22 de julho de 1998).

160. Por essa razão, P. Bourdieu intitulará de "Uma imagem ampliada" a primeira parte de seu livro *A dominação masculina*. A referência a Platão muito provavelmente remete à *República*, em que, diante da constatação de que a natureza da justiça estaria escrita em "letras pequeninas" no indivíduo, Sócrates propõe estudá-la no nível de uma "cidade inteira", pois, como "é maior a cidade do que o indivíduo", "é possível haver no que é de dimensões mais amplas uma justiça maior e mais fácil de conhecer" (PLATÃO. *A república*. Trad. de Carlos Alberto Nunes. Belém: Editora UFPA, 2000. 368d-e, p. 109).

161. BOURDIEU, P. *O senso prático*. Trad. de Maria Ferreira. Petrópolis: Vozes, 2009. "A casa ou o mundo invertido", p. 437-456 [*Le sens pratique*. Paris: Minuit, 1980, p. 441-461].

162. Cf. BOURDIEU, P. La parenté comme représentation et comme volonté [O parentesco como representação e como vontade]. *In: Id. Esquisse d'une théorie de la pratique, op. cit.*, p. 83-215.

das de dizer aquilo que os homens não podem se dizer; assim, elas encarnam a dimensão realista na divisão do trabalho, o princípio de realidade, enquanto os homens representam o princípio de prazer social que pressupõe censuras formidáveis e autorrepressões formidáveis. As mulheres, na medida em que são irresponsáveis, só engajam a si mesmas, podem sempre ser repudiadas, sobretudo quando são velhas. Assim, as mulheres podem assumir, com toda simplicidade, os papéis inconfessáveis dos quais os homens devem se privar para alcançarem o estatuto de homem.

Seria preciso continuar, mas, já que vocês devem estar se dizendo que invento um pouco, lerei para vocês um texto de Kant na *Antropologia* traduzida [para o francês] por Foucault:

> [...] as mulheres não defendem pessoalmente os seus direitos, nem exercem por si mesmas seus deveres cívico-estatais, mas somente mediante um responsável, assim como tampouco convém a seu sexo ir à guerra ["somente mediante um responsável": isso é evidentemente normativo, não é uma descrição positiva; isso enuncia uma regra não no sentido de regularidade, mas de norma – P.B.], e essa menoridade legal no que se refere ao debate público a torna tanto mais poderosa no que se refere ao bem-estar doméstico: porque aqui entra o *direito do mais fraco*, que o sexo masculino, já por sua natureza, se sente convocado a defender. Mas *tornar* incapaz a si mesmo [trata-se da mulher – P.B.], por degradante que isso possa ser, é, no entanto, muito cômodo [o que não é falso: o dominante sempre enxerga muito bem os interesses do dominado P.B.], e naturalmente não faltarão dirigentes que se utilizarão dessa docilidade da multidão (porque ela dificilmente se une por si mesma) [...]

Aqui, vejam, passamos das mulheres aos dominados. A analogia sexual é muito importante para pensar a política; é preciso pensar a política no sexual para poder pensar o sexual na política – é isso que eu queria dizer hoje. Como em Virginia Woolf, passamos por um *fading* cruzado das mulheres para as massas – que são femininas, certamente. A "multidão", como a mulher, não pode pensar, não é sintética e não tem unidade ordinariamente sintética *a priori*. [*P. Bourdieu retoma a citação*:] "[não faltarão dirigentes que se utilizarão dessa docilidade da multidão (porque ela dificilmente se une por si mesma)] e saberão apresentar como muito grande, como mortal, o perigo de se servir do *próprio* entendimento sem a guia de um outro. Os chefes de Estado se autodenominam *pais do povo*, porque sabem, melhor do que seus *súditos*, como se deve fazer para que eles sejam felizes; para o seu próprio bem, no entanto, o povo está condenado a uma constante menoridade"[163].

Isso é dito aqui de maneira crua e brutal, mas, atualmente, um dos grandes debates entre os filósofos políticos e os juristas nos Estados Unidos trata do que eles chamam de *paternalism*[164], num sentido que não é o mesmo que na França. É o problema de saber sob quais condições e até que ponto os governantes podem agir pela felicidade de seus sujeitos apesar deles: seria legítimo (essas são discussões filosóficas e éticas de nível altíssimo), em nome de uma competência específica superior, de um conhecimento melhor das causas e das razões, contrariar de alguma forma os dominados ao impor-lhes coisas que são do interesse deles? Esses debates partem de problemas muito concretos, que são (um pouco) casos-limites, como as drogas ou o suicídio, e depois se generalizam para o conjunto dos problemas políticos. A ideia de agir pela felicidade dos dominados apesar deles, que já se encontra em Platão e que está constantemente presente na reflexão política, para mim está absolutamente ligada à representação da divisão do trabalho segundo um modelo cujo paradigma é oferecido pela divisão do trabalho entre os sexos, a saber, o modelo da irresponsabilidade e da responsabilidade, da renúncia e da procuração. Para os que pensam que estou em abstrações um pouco distantes, eu lembraria que ainda hoje, como estabeleci em pesquisas, as pessoas que não respondem são mais as mulheres do que os homens[165]. Da mesma forma, quando interrogamos casais na saída de um museu, era preciso brigar para que a mulher respondesse e não dissesse: "Mas meu marido sabe mais..."[166]. Essas es-

---

163. KANT, I. *Antropologia de um ponto de vista pragmático*. Trad. de Clélia Aparecida Martins. São Paulo: Iluminuras, 2006. 209-210, p. 107 [*Anthropologie in pragmatischer Hinsicht*, 1798].

164. P. Bourdieu talvez pense em textos tais como FEINBERG, J. Legal paternalism [Paternalismo legal] *Canadian Journal of Philosophy*, v. 1, n. 1, p. 105-124, 1971; DWORKIN, G. Paternalism. *The Monist*, n. 56, p. 64-84, 1972; GERT, B.; CULVER, C. M. The justification of paternalism [A justificação do paternalismo]. *Ethics*, v. 89, n. 2, p. 199-210, 1979.

165. Cf. BOURDIEU, P. *A distinção*, *op. cit.*, em particular p. 375-378 [469-473].

166. Referência à pesquisa sobre os museus que P. Bourdieu e os pesquisadores de seu centro realizaram em 1964 e 1965 (e que levou à publicação de BOURDIEU, P.; DARBEL, A.; SCHNAPPER, D. *O amor pela arte*. Trad. de Guilherme João de Freitas Teixeira. São Paulo: Edusp, 2003 [*l'amour de l'art*. Paris: Minuit, 1966]).

truturas desse tipo não são, de modo algum, estruturas antropológicas, no sentido em que são estudadas pelo Laboratório de Antropologia Social[167].

Parece-me que se vocês tiverem feito a ligação entre o que eu disse na primeira hora e o que digo agora, serão capazes de desenvolver sozinhos as conclusões dessa análise. O famoso tema do desejo do poder, inversão chique da visão ordinária do poder segundo a qual o poder está no alto, apesar de tudo diz alguma coisa. No fundo, por essa teoria da divisão do trabalho entre os sexos que leva a uma espécie de relação indireta com o poder das mulheres como dominadas na divisão do trabalho entre os sexos, podemos fazer uma espécie de teoria política do desejo e formular a pergunta de saber se não poderíamos interrogar todas as formas de desejo masculino quanto à sua composição de vontade de potência, já que as relações entre os sexos são concebidas no modelo da guerra, da batalha, da caça (podemos encontrar um monte de metáforas...) e interrogar, do lado feminino, o desejo como desejo de submissão eletiva, mas por procuração. [...]

Isso é difícil de dizer em termos decentes, ou pelo menos decentes para mim, porque eu também interiorizei valores um pouco arcaicos como esses que descrevi; portanto, particularmente, não é fácil falar dessas coisas em termos simples. Direi simplesmente o seguinte, e tentarei refletir mais precisamente na próxima aula sobre as palavras que poderia empregar: seria preciso refletir sobre a noção de carisma, de charme, perguntando-se se o carisma e o charme masculino (isso é uma coisa trivial, mas não tão trivial se a investigarmos realmente a fundo) não teria sempre algumas relações com o charme do poder; e se a beleza capaz de atrair o desejo ou a concupiscência não seria uma forma específica da percepção do poder através dos olhos constituídos socialmente para amar o poder?

---

167. O Laboratório de Antropologia Social é o centro de pesquisas criado por Claude Lévi-Strauss em 1960 no Collège de France e na École Pratique des Hautes Études.

Aula de 22 de maio de 1986

Primeira hora (aula): resumo das aulas anteriores. – Indivíduo socializado e indivíduo abstrato. – *Habitus* e princípio da escolha. – Estruturas mentais e estruturas objetivas. – A adequação mágica do corpo ao mundo. – O falso problema da responsabilidade. – A coincidência entre as posições e as disposições. – *Amor fati.* – Segunda hora (seminário): *Ao farol* (2). – A incorporação do político. – O poder paterno e o efeito de veredito. – A somatização das crises sociais. – A metamorfose e a experiência originária do poder originário.

Primeira hora (aula): resumo das aulas anteriores

Tenho aqui uma pergunta que hesito em responder imediatamente... Ainda assim, prefiro encerrar o equívoco imediatamente com duas palavras: "'A multidão é feminina', o senhor disse na última aula, e adicionou: 'certamente!' A pergunta é a seguinte: em que consiste essa feminilidade da multidão da qual o senhor fala (sua frase foi exatamente: 'A multidão é feminina, certamente')?" Eu acho que temos um mal-entendido terrível. Entretanto, estou quase certo de que disse num certo momento que não era eu quem falava, e sim que eu fazia a representação coletiva falar. Eu me lembro de ter dito a respeito do texto que comentei de Kant que, na lógica que analisava, "a multidão certamente é feminina". Essa não é uma frase que tomo por minha, não é uma frase normativa: é uma constatação. Dito isso, o mal-entendido é interessante. Eu analiso isso constantemente durante a sequência de minhas aulas: ele se deve ao fato de que não podemos fazer constatações sobre o mundo social sem se expor a elas serem tomadas como normas. Como normalmente só falamos sobre o mundo social para dizer o que ele deve ser, quando os sociólogos cumprem seu ofício e tentam dizer o que ele é, arriscam-se a serem entendidos como dizendo o que ele deveria ser – ou não ser, o que dá no mesmo. Portanto, há aqui um mal-entendido típico que eu queria denunciar imediatamente; infelizmente, ele deve ser muito mais frequente do que sou capaz de ver.

Continuo na sequência do que disse aula passada, mas como cheguei mais ou menos na metade das aulas, gostaria de relembrar muito rapidamente a linha geral para que vocês não percam o fio. Em minhas análises, eu me esforço para dar a cada uma de minhas unidades temporais uma unidade lógica, mas tento também dar a essas unidades lógicas um encadeamento no tempo e tentei dar aulas encadeadas por cinco anos sucessivos. Imagino que obviamente a maioria de vocês não seguiu a totalidade das aulas e mesmo os que o fizeram devam perder o fio de vez em quando, mesmo na escala de um ano. É porque acho que o essencial do que tento dizer talvez esteja na escala do conjunto que às vezes faço recapitulações.

Um resumo muito rápido: ano passado tentei descrever e analisar o que é a percepção do mundo social; tentei fazer uma sociologia da percepção do mundo social, mostrar como o mundo social era percebido em função das categorias constitutivas dos *habitus*. Prolongando isso, tentei analisar este ano a relação fundamental entre o *habitus* e o campo, mostrar no que ela consiste. Comecei por uma análise do capital simbólico como aquilo que se engendra na relação entre um *habitus* e um certo tipo de campo. Foi a esse respeito que lembrei a análise de Benveniste sobre a noção de *fidēs*[168]: demonstrei que o capital simbólico ou o poder simbólico é uma relação cognitiva que se instaura numa relação dentro de um campo. A experiência do capital como capital simbólico, a experiência, por exemplo, da força física ou do poder econômico como poder simbólico é um caso particular desse fenômeno fundamental que me parece caracterizar a relação com o social e que chamo de *illusio*, ou seja, a relação de adesão originária ao mundo social, essa espécie de relação dóxica que se engendra na relação entre um *habitus* socializado conforme a estrutura de um campo e o campo no qual ele está engajado.

De passagem, utilizei muito rapidamente a noção de etnia. Indiquei – vocês certamente se esqueceram, porque fiz isso rápido demais – que ao fazer a análise

---

168. Essa análise foi apresentada na aula de 24 de abril de 1986 (com base em BENVENISTE, E. *O vocabulário das instituições indo-europeias, op. cit.*).

do capital simbólico eu tinha em mente, entre outros, o problema que muitas vezes nomeamos por meio da noção de racismo, o problema de saber o que é a etnia, essa propriedade que existe essencialmente pela percepção que as outras pessoas têm dela. Eu acho que as análises que fiz na aula passada aplicam-se a esse caso específico de maneira particularmente pertinente. Se a noção de etnia ou de raça – que é a expressão mais ordinária da coisa – existe pela percepção que os agentes têm dela, isso não quer dizer que é uma criação subjetiva que poderia ser transformada com uma varinha mágica, por uma conversão ética determinada por uma predicação moral de qualquer ordem que seja.

Uma função da análise do *habitus* que fiz anteriormente é exatamente mostrar que a *illusio*, essa espécie de adesão fundamental pela qual os agentes encontram-se implicados no jogo social, não tem nada de uma relação contratual e arbitrária na qual os agentes se engajariam deliberadamente e poderiam sair livremente; é uma espécie de encadeamento muito fundamental no qual o corpo, em particular, está implicado profundamente. Isso se compreende se tivermos em mente a definição de *habitus* que não paro de repetir: o *habitus* é a sociedade constituída em um corpo e, quando tenho o *habitus* da ordem social na qual estou inserido, faço corpo com essa ordem social que, de alguma forma, fala diretamente ao meu corpo, por intermédio, por exemplo, da emoção, do medo, da intimidação, do desejo etc. (Isso remete ao que analisei na aula passada na segunda hora sobre Virginia Woolf e que talvez retome daqui a pouco.)

A relação originária com o mundo social, logo, não é a relação entre um sujeito cognoscente e o objeto conhecido. Era aqui que eu estava. Em última instância, uma das funções da noção de *habitus* é romper com essa visão subjetivista, essa filosofia do sujeito, no sentido de sujeito transcendental, que constitui aquilo que percebe em função de categorias universais. O *habitus* constitui aquilo que percebe, mas em função de categorias que são elas mesmas constituídas historicamente. Elas são o produto do mundo social ao qual se aplicam e são incorporadas muito profundamente, de modo que a relação entre o sujeito e o mundo social é da ordem daquela que certos filósofos em ruptura com a filosofia do sujeito – Heidegger, por exemplo – descreveram como a relação ontológica entre, por um lado, o *Dasein* – é uma palavra para não dizer o "sujeito" –, o ser que somos, o existente, o ente, o *habitus* e, pelo outro lado, o mundo, que se chama "ser". Em última instância, acho que depois de ter feito o trabalho que fiz, podemos transferir as análises clássicas. Encontraríamos a mesma coisa no último Merleau-Ponty[169]: a relação entre aquilo que normalmente chamamos de sujeito e o mundo não é uma relação de conhecimento na qual o sujeito, como princípio autônomo, conceberia e constituiria a realidade, mas uma espécie de relação obscura, infraconceitual, muito pouco conceitualizada (e que, aliás, é alterada pelo simples fato da conceitualização, o que constitui a dificuldade de uma análise adequada dessa experiência), uma relação muito fundamental, de corpo a corpo. É por isso que acho que as metáforas esportivas que utilizo com frequência[170] são muito adequadas: o esporte é, se é que posso dizer, o terreno no qual melhor se sente essa espécie de experiência imediata, pré-reflexiva e não tética entre o "sujeito" e um universo sempre constituído socialmente.

Por isso, essa relação fundamental, ontológica e obscura não se reduz ao que fazem os filósofos do sujeito cujo paradigma, a forma mais exemplar e mais radical – e lógica [até] o absurdo – é a teoria sartriana do sujeito livre constituindo livremente o mundo social e, ao mesmo tempo, enfrentando o problema da seriedade do mundo. Mencionei isso aula passada: será que considero o mundo revoltante porque sou revoltado ou será que sou revoltado porque ele é objetivamente revoltante? Isso é desenvolvido no começo da última parte de *O ser e o nada*[171] e é uma forma erudita da velha pergunta: será que eu a amo porque ela é bonita ou será que ela é bonita porque eu a amo? Essa pergunta, que é uma das perguntas que dividem as filosofias, não faz sentido na problemática que coloco. (Se eu fosse anglo-saxão, falaria da *"fallacy*-do-será-que-a-amo-porque-ela-é-bonita*"* e isso logo seria citado em todos os manuais como a *"Bourdieu fallacy"* ["falácia de Bourdieu"] [*risadinhas na sala*], mas às vezes acho importante dizer frases desse tipo, porque elas chocam, elas são lembradas e em seguida tornam-se mecanismos de defesa quando os frasistas começam a falar longamente sobre esse tipo de alternativa; uma das funções da sociologia é dar mecanismos de defesa contra o mal pensar; é por isso que fiz esse pequeno desvio.) A alternativa um pouco ridícula entre o subjetivismo e o objetivismo, entre o idealismo e o realismo, que

---

169. Cf. MERLEAU-PONTY, M. *Résumés de cours*. Collège de France (1952-1960) [*Resumo de cursos*: Collège de France (1952-1960)]. Paris: Gallimard, 1968; *Id. A prosa do mundo*. Trad. de Paulo Neves: São Paulo: Cosacnaify, 2012 [*La prose du monde*. Paris: Gallimard, 1969].

170. Cf., por exemplo, a exposição sobre o "senso do jogo" na aula de 2 de novembro de 1982 (*Sociologia geral volume 2, op. cit.*, p. 113ss. [308ss.]).

171. SARTRE, J. P. *O ser e o nada, op. cit.*, p. 533ss.

apresento voluntariamente de forma depreciativa, mas que é muito séria e mobiliza as energias filosóficas mais poderosas, desaparece se levarmos a sério a noção de *habitus*, isto é, essa relação entre a sociedade feita corpo e a sociedade feita coisa. Essa relação na qual estamos presos em todo instante faz com que sejamos como peixes n'água no mundo social, porque nós somos um dos estados do mundo social.

Já repeti cem vezes, mas não é inútil repetir novamente: a alternativa indivíduo/sociedade que todos temos em mente, talvez porque ela se constitua espontaneamente, mas também porque ela é reforçada pelo mundo acadêmico (esse é um assunto clássico, uma história velha: sob formas diferentes, todo mundo já dissertou sobre esse tipo de alternativa), deve desaparecer em favor da ideia de que a sociedade existe em estado de corpo e em estado de coisa. Mais exatamente, a instituição se institui de duas maneiras, nas coisas e nos corpos[172] e (repito, mas sou obrigado, pois isso é absolutamente central) essa existência sob duas formas faz com que, quando estamos em relação com o mundo social, seja de alguma forma o social que se comunica consigo mesmo. O que explica esse tipo de experiência é o caráter ao mesmo tempo imediato, obscuro e muito profundo da relação de conhecimento que não é uma relação de conhecimento no sentido em que normalmente entendemos isso, ou seja, de conhecimento consciente. Portanto, é preciso ter em mente a necessidade dessa relação ontológica de conhecimento que une os agentes sociais ao mundo no qual agem para escapar de uma série de erros que denunciei ao longo dessas últimas aulas e que têm como princípio, todos eles, a ilusão do sujeito e a ilusão intelectualista que resulta disso.

Em particular, a questão do poder que mencionei – "O poder vem do alto ou de baixo?" – é uma variante da pergunta: "Será que eu a amo porque ela é bonita?" O poder deve ser pensado como poder simbólico: ele só se exerce na medida em que é desconhecido como poder, como violência, mas reconhecido por um ato de conhecimento que não é um ato de conhecimento intelectual, realizado por um sujeito livre, colocando-se a questão de saber se deve ou não reconhecer, mas que é o ato de uma espécie de corpo socializado que reconhece de alguma forma corporalmente. Dou um exemplo que todos entenderão: "O poder intimida" quer dizer que o corpo reconhece o poder, às vezes apesar da consciência, e o corpo pode ser revoltante para a consciência que não o domina. Utilizo o exemplo da

---

172. Cf. a aula de 12 de outubro de 1982, in *Sociologia geral volume 2, op. cit.*, p. 46 [231].

intimidação, mas também podia ter dito: "O poder se faz desejar". Não faço isso porque está na moda[173] e porque, em última instância, também faz parte das representações subjetivistas e idealistas (e também biologistas e naturalistas). Se o poder se faz desejar na lógica do que digo, é porque o desejo é uma das modalidades da relação entre o corpo socializado e a instituição objetivada. Em outras palavras, essa *libido* particular constitui-se sempre numa lógica social: só existe *libido* socializada. Isso não quer dizer que não exista uma *libido* no estado de pulsão pré-socializada tal como a psicanálise a apresenta, mas ela só aparece, só aflora na existência social sob uma forma socializada, e esse desejo do poder do qual às vezes falamos se realiza numa relação entre um certo *habitus* e um certo poder. Poderes desejáveis para algumas pessoas não o são para outras na medida em que o desejo é uma forma da relação entre um *habitus* e um certo campo no qual esse poder se efetua e se manifesta.

Indivíduo socializado e indivíduo abstrato

Obviamente já sugeri isso, mas agora gostaria de desenvolver de passagem num parêntese rápido as implicações disso que acabo de dizer em relação à noção de indivíduo. Essas são coisas que eu já disse várias vezes (acontece de eu me repetir, como hoje, mas quase sempre de maneira consciente, acho…), mas vou dizê-las novamente, porque o indivíduo volta à moda. (Voltarei a isso daqui a pouco: infelizmente há fenômenos de moda nas ciências sociais, o que prova que elas ainda não têm uma autonomia muito pronunciada. Eles também existem nas ciências naturais, mas nas ciências sociais as modas são mais brutais, mais simples, orquestradas pelos semanários, são mais comuns.) Como o indivíduo volta à moda há alguns anos[174], sou obrigado a fazer essa observação e derivar implicações que

---

173. P. Bourdieu tem em mente Michel Foucault, Gilles Deleuze ou Jacques Lacan, que desenvolveram de formas diferentes reflexões sobre o tema do desejo e/ou do poder.

174. Em meados da década de 1980, quando o liberalismo econômico ganha terreno com a manutenção do poder por Ronald Reagan nos Estados Unidos e Margaret Thatcher no Reino Unido, o tema de um retorno do indivíduo, de um recuo para a esfera privada após um esgotamento das ações coletivas, inspira muitas pesquisas de opinião e artigos da imprensa. São publicados ensaios sobre o tema: LIPOVETSKY, G. *A era do vazio*: ensaios sobre o individualismo contemporâneo. Trad. de T. M. Deutsch. Barueri: Manole, 2005 [*L'Ère du vide*. Essais sur l'individualisme contemporain. Paris: Gallimard, 1983]; LAURENT, A. *De l'individualisme*. Enquête sur le retour de l'individu [*Sobre o individualismo*: pesquisa sobre o retorno do indivíduo]. Paris: PUF: 1985. Na sociologia, o marxismo perde força e alguns começam a falar de um "retorno do indivíduo" ou de um "retorno do ator" fundamentando-se em particular nas obras de Raymond Boudon e de Michel Crozier.

vocês certamente já derivaram: por que utilizar a noção de *habitus* e como situá-la rapidamente em relação à noção de indivíduo?

Nesse respeito, o *habitus* poderia ser caracterizado como um indivíduo real em oposição a um indivíduo abstrato. O indivíduo biológico é um fato incontestável. A ciência social deve tomá-lo como tal, mas o que ela toma como objeto não é o indivíduo biológico, que é assunto dos biólogos, e sim o indivíduo enquanto ele é socializado, enquanto é incorporação do mundo social. Nessa capacidade, ele é diferente do indivíduo biológico, mas também do indivíduo abstrato e universal como visto, por exemplo, na economia. O indivíduo universal, abstrato, reduzido a uma capacidade de calcular racionalmente o melhor uso de certas propriedades que são independentes dele, não corresponde a nada de real cientificamente. Esse é o indivíduo da economia, mas também o indivíduo do direito: o direito e a economia têm o mesmo indivíduo abstrato e universal, uma espécie de homem sem qualidades supostamente invariável no tempo – aquilo de que falávamos na última aula. No limite, não há diferença entre os indivíduos abstratos da economia e os indivíduos sem qualidades, portanto, iguais e intercambiáveis, do direito, enquanto a noção de *habitus* reintroduz o sujeito real com toda sua história, da qual ele é o traço incorporado, e com todas suas propriedades incorporadas. Como já lembrei várias vezes, o *habitus*, para a escolástica, era de certa maneira o capital, as propriedades (aqui está uma das implicações da noção de *habitus* que vem do verbo *habeo*, "ter"[175]), o que faz a diferença em um indivíduo biológico, visto que é o traço incorporado de uma história particular. O capital cultural, por exemplo, como disse num dos cursos do passado[176], faz parte dessas propriedades incorporadas. Essa era uma observação que eu queria fazer de passagem.

Os defensores daquilo que chamamos hoje de "individualismo metodológico" opõem o indivíduo à totalidade[177]. De modo geral, eles dizem: "Nós introduzimos

---

175. *Habitus* é o infinitivo perfeito passivo desse verbo, aquilo que P. Bourdieu lembrou na aula de 29 de março de 1984 (cf. *Sociologia geral volume 3, op. cit.*) para defini-lo como um "tendo adquirido".

176. Cf. *Sociologia geral volume 3, op. cit.*, especialmente a aula de 19 de abril de 1984.

177. O "individualismo metodológico" consiste em estudar os fenômenos coletivos como o resultado de ações individuais. A expressão, que foi empregada pelo filósofo Karl Popper e pelo economista Joseph Schumpeter, renasce na sociologia francesa com Raymond Boudon, que a reivindica a partir da década de 1970. É ele que P. Bourdieu parece ter principalmente em mente na elaboração que se segue. O individualismo metodológico de R. Boudon apoia-se numa crítica das sociologias durkheimiana e marxista, percebidas como a encarnação de uma posição "holista" (termo formado a partir da palavra grega que significa "inteiro", "o todo").

o indivíduo contra o pensamento de tipo totalitário, durkheimiano, marxista etc. que ignora os indivíduos em favor do Todo". Na verdade, isso é absolutamente ridículo: a oposição não é de jeito nenhum entre indivíduo e totalidade, mas entre indivíduo abstrato, formal, sem propriedades, e indivíduo construído conforme a realidade – o que não quer dizer concreto –, isto é, dotado de propriedades. Não continuarei a exposição, porque isso não está na lógica do que eu queria dizer hoje, mas não poderia deixar de observar isso para não parecer estar na Lua e para dar alguns elementos de resposta àqueles que às vezes podem se interrogar sobre as relações entre o que faço e o que outras pessoas dizem que faço.

Habitus e princípio da escolha

O essencial do que eu queria dizer era que a relação entre o *habitus* e o campo se efetiva aquém da consciência e aquém da escolha livre no sentido da teoria intelectualista tal como vocês a encontram em Descartes e todos os cartesianos, para quem existe, por exemplo, um trabalho de consciência para elaborar os termos da alternativa presente e em seguida um trabalho de vontade por meio do qual decidimos entre os diferentes possíveis para realizá-los. As "escolhas" do *habitus*... Sempre escrevo a palavra "escolha" entre aspas, não para dizer que as pessoas não escolhem, mas para dizer que elas não escolhem como acreditam que escolhem. É óbvio que um jogador que tem o senso do jogo escolhe (basta ver a diferença entre um jogador bom e um ruim para saber que o bom escolhe), mas ele não escolhe no sentido em que a teoria intelectualista diz que escolhe; ele não escolhe por meio de um ato de conhecimento livre e realizado livremente. A questão da liberdade, que às vezes me fazem, talvez possa em grande parte ser [reduzida (?)] a uma questão de definição da liberdade. Se entendemos por liberdade uma escolha realizada explicitamente entre possíveis constituídos tecnicamente, é verdade que muito raramente somos livres. Somos determinados em 99% de nossas ações se for verdade que a definição de liberdade seja essa.

Com efeito, eu acho que é uma pergunta mal formulada: as escolhas objetivas que os agentes sociais realizam são escolhas das quais eles não são os sujeitos, no sentido da teoria do sujeito, na medida em que o princípio dessas escolhas não é dominado pelos que as realizam: o princípio dessas escolhas é um *habitus* que escolhe efetivamente entre as diferentes possibilidades, mas que não é escolhido no instante em que escolhe. Acho que esse é o coração da fórmula: como o *habitus* não é escolhido no instante em que escolhe, ele pode fazer coisas que, no instante em que o *habitus* escolhe para mim, eu não escolheria se escolhesse no sentido da teoria intelectualista tradicional – ver o exemplo da análise da indignação que fiz há pouco.

A seriedade e a gravidade dos investimentos, das escolhas dos *habitus* – "O mundo é revoltante, porque eu o considero revoltante" – deve-se ao fato de que eu não escolho o princípio de escolha. Isso é alguma coisa que acontece "em mim sem mim", como se diz na tradição filosófica: existe uma espécie de Isso histórico, o *habitus*, que escolhe por mim e, ao mesmo tempo, essa espécie de gravidade que Sartre tenta desesperadamente banir do mundo tal como ele o constitui desaparece. Vocês se lembram das análises de Sartre sobre a seriedade[178]: Sartre, no fundo, jamais consegue distinguir entre o que chama de espírito da seriedade, ou seja, a má-fé, e a seriedade. Na verdade, a teoria do *habitus* está aqui para dar conta do fato de que a relação principal com o mundo é a seriedade, a gravidade. Dizer que levo o mundo a sério quer dizer que, por exemplo, quando tenho medo, o aterrador me aparece como inscrito na objetividade; não me percebo como constituindo o aterrador por minha demissão livre, pela abdicação livre da liberdade de constituir o mundo como não aterrador.

Por que as coisas são assim? Porque esse princípio que está na parte subjetiva do lado do agente, que não é mais um sujeito, que contribui para a construção do mundo como aterrador não é constituído no momento em que opera sua ação de constituição. Da mesma forma, ele pode, por exemplo, constituir como aterradora alguma coisa que uma outra pessoa constituída diferentemente não constituiria como aterradora. Essas são coisas extremamente simples e, ao mesmo tempo, extremamente complicadas, e acho que é importante aproximar a teoria sartriana da emoção à teoria sartriana da revolução – é exatamente a mesma lógica – para compreender aquilo que está em jogo na noção de *habitus*. O *habitus*, como história singular, incorporada, constituída no estado de corpo, estabelece com o mundo objetivo uma relação opaca a si mesmo que não é imediatamente acessível ao olhar reflexivo, nem à exortação à tomada de consciência, à razão etc.

Se vocês repensarem o problema do racismo[179], Sartre também é interessante aqui, porque ele sempre dá à tese subjetivista sua forma mais radical e, assim, a mais interessante. É chique entre os filósofos dizer que Heidegger é um filósofo realmente

---

178. SARTRE, J. P. *O ser e o nada, op. cit.*

179. Foi na aula de 24 de abril de 1986 que P. Bourdieu mencionou o problema do racismo. Ele se referia às análises desenvolvidas por Jean-Paul Sartre em *A questão judaica, op. cit.*

profundo e que Sartre não passa de um epígono infeliz (isso acontece em particular com as pessoas na França que não leem alemão e que jamais leram os textos de Heidegger, isso faz parte das afetações), mas acho que Sartre é extremamente interessante, porque ele dá uma força absolutamente excepcional, ultraconsequente, ultralógica. Aliás, Merleau-Ponty já vira isso no livro chamado *As aventuras da dialética*[180] em que se pode encontrar a fundamentação filosófica, se for necessário, do que conto. Sartre dá uma forma ultraconsequente a essa teoria subjetivista e desenvolve a respeito do problema do racismo uma teoria em coerência perfeita com sua teoria da emoção e sua teoria da revolução: a raça desprezada só existe no olhar do racista, ela é constituída pelo olhar do racista. O que ele esquece é que esse olhar racista não é constituído por si mesmo. Isso não é um sujeito: ele já está constituído e poderíamos dizer que o racismo é uma síntese passiva, uma síntese sem sujeito. O sujeito que o efetiva, entretanto, não é passivo – porque normalmente, quando fazemos desaparecer o sujeito, é para fazer desaparecer a construção. O paradoxo do *habitus* é ser uma disposição cognitiva que constrói apesar de não ser sujeito. (Tudo isso é difícil, pois acho que isso toca em alternativas falsas que vocês podem conhecer, e daí a minha dificuldade de expressão, e esse será o caso por todo este final de curso, que no fundo é o final dessa espécie de síntese que desenvolvi por vários anos; é o ponto em que os diferentes fios que teci se tramam e se organizam; é, portanto, o momento em que estou mais satisfeito com o que digo e, ao mesmo tempo, sem dúvida o menos satisfatório, pois acho que, em muitos casos, preciso ao mesmo tempo explodir as alternativas e falar em relação a elas, porque elas continuam a existir na cabeça de vocês e também na minha.)

Assim, o *habitus* é essa espécie de não sujeito que age como normalmente acreditamos que age um sujeito. é um não sujeito que constrói, constitui, faz o mundo, mas ele não é feito, ele já está feito *para fazer* o mundo de uma certa maneira. Desta vez, acho que disse mais ou menos o essencial.

Estruturas mentais e estruturas objetivas

Depois de descrever a relação *habitus*/campo como uma relação de corpo a corpo, infraconsciente, podemos compreender melhor os efeitos de poder simbólico,

---

180. MERLEAU-PONTY, M. *As aventuras da dialética*. Trad. de Claudia Berliner. São Paulo: Martins Fontes, 2006 [*Les Aventures de la dialectique*. Paris: Gallimard, 1955]. Esse livro, escrito depois de Merleau-Ponty sair da revista de Sartre, *Les Temps modernes*, contém uma discussão das posições filosóficas (e políticas) de Sartre.

que estão entre os efeitos mais misteriosos do mundo social e, por isso, entre os mistérios mais difíceis da ciência social. Vocês conhecem o texto célebre de Lévi-Strauss, "O feiticeiro e sua magia"[181]. É um texto muito maussiano[182], na linha de todos os grandes antropólogos que tiveram a intuição dessa espécie de poder muito misterioso que, em certas circunstâncias, o mundo social, agindo por meio deste ou daquele agente, podia exercer sobre outros agentes à distância por uma espécie de ação quase mágica. A ação simbólica é uma ação mágica: dizer para alguém "Levante-se!" e [conseguir] que ele se levante é extraordinário, é desmentir as leis da física (na física, não se diz para uma pedra: "Levante-se!"). Há, dessa forma, uma espécie de milagre na ação simbólica e, no fundo, é desse milagre que querem dar conta os que formulam a pergunta: "De onde vem o poder? Do alto? De baixo?" Eles tendem a dizer: "Ele se levanta porque aquele que tem o poder o faz levantar-se" ou "Ele se levanta porque quer se levantar". (Estou simplificando as alternativas, mas se vocês relerem depois [de minhas aulas] autores que não nomeio para não parecer exibido, verão que minhas alternativas simplistas expõem a substância de alternativas construídas eruditamente e, muitas vezes, até mesmo não constituídas exatamente, porque se estivessem constituídas na forma explícita – logo, um pouco simplista – que enuncio, elas muitas vezes desapareceriam como tais.)

O poder simbólico é uma espécie de ação à distância que um certo número de filósofos mencionou. Austin, que eu classificaria com prazer nas ciências sociais, que eu anexaria com prazer, refletiu sobre esse problema: como acontece que em certos casos as palavras façam coisas, as palavras produzam efeitos?[183] Acho que para compreender essa eficácia específica do simbólico – da palavra, da ordem, ou da palavra de ordem – é preciso ter em mente essa filosofia da instituição como existindo ao mesmo tempo nos corpos e nas coisas. Depois de instituir-se o acordo entre as estruturas sociais e as estruturas mentais, entre as posições institucionais e as disposições, acontece essa espécie de adesão mágica e imediata das disposições às posições de maneira que as pessoas fazem de alguma forma o que a situação exige, o que a posição exige. Por conseguinte, é

---

181. LÉVI-STRAUSS, C. *O feiticeiro e sua magia, op. cit.*

182. Alusão a MAUSS, M.; HUBERT, H. *Esboço de uma teoria geral da magia, op. cit.*

183. AUSTIN, J. L. *Quando dizer é fazer.* Trad. de Danilo Marcondes de Souza Filho. Porto Alegre: Artes Médicas, 1990 [*How to do things with words.* Oxford: Clarendon Press, 1962]. A frase de P. Bourdieu aproxima-se do título original do livro, "Como fazer coisas com palavras".

pelo fato de que as estruturas sociais tornam-se posturas corporais, de alguma maneira, que o exercício do poder simbólico é possível. Por exemplo, se a intimidação é acompanhada de mudanças corporais, isso acontece em grande parte porque o corpo foi o depositário de toda uma série de imperativos políticos transformados em *hexis* corporal.

Não desenvolverei isso, mas a divisão do trabalho entre os sexos, por exemplo, traduz-se em todas as sociedades – isso é, mais uma vez, particularmente visível na sociedade cabila e na maioria das sociedades arcaicas – por intermédio de um aprendizado quase explícito da maneira diferencial de portar o corpo dependendo do sexo: o homem deve ser direito, olhar na cara. O exército é um dos locais em nossa sociedade em que se perpetua o ensino explícito das posturas corporais consideradas como legítimas: "Fique direito!", "Olhe para a frente!" – o olhar para o horizonte, a postura viril do fazer face, da postura de sentido etc. A noção de face, que é extremamente importante, está ligada à honra: fazer face é olhar de frente, é não dar as costas (mostrar as costas é uma ofensa – eu poderia desenvolver isso longamente), é também ficar direito e o "Fique direito!" – vocês vão pensar que faço um jogo de palavras, mas garanto que não – tem a ver com o direito, com o direito civil. Eu poderia demonstrar isso, mas me levaria a um parêntese enorme que faria vocês perderem completamente o fio – assim, digo isso para vocês em suspenso e continuarei o desenvolvimento.

Assim sendo, o corpo é o depositário de injunções políticas – as injunções quanto à diferença entre os sexos são fundamentalmente políticas – que, em seguida, poderão ser reativadas e ser de alguma forma – reutilizo esta metáfora – molas sobre os quais o poder simbólico poderá agir. Em outras palavras, se o poder simbólico consegue agir, é porque o corpo socializado é o depósito de um certo número de pequenas molas constituídas socialmente que podem ser ativadas ou não dependendo das circunstâncias. O "Fique direito!" encontra, por exemplo, uma reativação por excelência na bravura militar – e se não houver guerra ele jamais será reativado. Esse é um exemplo caricatural, mas há em cada um de nós injunções sociais incorporadas que poderão servir ou não, mas cuja existência precisamos supor para compreender que essas ações mágicas – intimidação, desejo de poder etc. – possam se exercer para que esse fato extraordinário que é a obediência (quando pensamos nisso: por que obedecer?) aconteça.

A adequação mágica do corpo ao mundo

Eu acho que agora entendemos melhor que, como eu já disse, a obediência é um ato de crença. Não é exatamente: "Eu creio que tenho que obedecer", e sim "Eu obedeço antes de me perguntar se tenho que obedecer ou não porque a obediência é autoevidente e porque, de uma certa maneira, o corpo socializado respondeu à injunção que lhe foi endereçada". Eu acho que essa representação do corpo como uma espécie de depósito ou de tesouro de ações virtuais que poderão lhe ser exigidas, por uma certa relação entre ele como corpo socializado e um certo espaço social, é extremamente importante para escapar da alternativa entre o objetivismo e o subjetivismo. (Às vezes é importante dizer novamente as coisas de jeitos diferentes para ter certeza de dominá-las completamente...)

Essa análise seria muito complicada e não sei se consigo realizá-la de improviso, mas existe uma análise muito célebre de Hegel sobre a relação com o corpo tal como ele o concebe, em ruptura com a visão dualista, cartesiana, kantiana da relação com o corpo que todos nós mais ou menos temos em mente, pois é a tradição judaico-cristã que a desenvolve. Hegel quer demonstrar que a relação com o corpo não deve ser concebida sob o modelo tradicional da relação entre uma espécie de *angelus rector*[184], uma alma, e uma máquina, mas como uma espécie de relação mágica, e ele emprega a imagem da magia[185]. Em última instância, ele dá os exemplos do virtuose e do acrobata, e mostra que nesses casos a relação entre a intenção e a execução é uma espécie de relação mágica e que no fundo o corpo é essa coisa sobre a qual agimos magicamente – infelizmente, a única: basta que desejemos para que ele se mova no sentido em que desejamos, desde que seja um

---

184. O *angelus rector* remete à ideia, ainda presente em Kepler, segundo a qual um "anjo guia" preside o movimento dos planetas.

185. Por exemplo: "Quando são *repetidas* muitas vezes as atividades do corpo a serem exercidas no serviço do espírito, elas alcançam um grau cada vez mais elevado de adequação, porque a alma adquire uma familiaridade sempre maior com as circunstâncias a serem ali levadas em conta, por isso está sempre *mais à vontade* em suas *exteriorizações*; em consequência, alcança uma capacidade sempre crescente de corporificação imediata de suas determinações interiores, e assim transforma cada vez mais o corpo em sua propriedade, em seu instrumento utilizável, de modo que por isso nasce uma relação *mágica*, uma influência imediata do espírito sobre o corpo" (HEGEL, G. W. F. *Enciclopédia das ciências filosóficas em compêndio (1830)*. Trad. de Paulo Meneses. São Paulo: Loyola, 1995. v. 3, *A filosofia do espírito*, §410, p. 175 [*Enzyklopädie der philosophischen Wissenschaften im Grundrisse*, 1830]); "[...] a magia *mais privada de mediação* é, mais precisamente, a que o espírito individual exerce sobre sua própria *corporeidade*, ao fazer dela a executante submissa, sem resistência, de sua vontade" (*ibid.*, adendo ao §405, p. 119).

corpo bem treinado. Ele chama isso de "hábito por destreza", que é o *habitus*: o *habitus* cria exatamente essa relação mágica entre o sujeito e seu corpo.

A lacuna entre a intenção e a prática, a inadequação entre a intuição e a prática que acontece no fracasso, na falta de jeito, não aparece nunca quando o corpo faz imediatamente aquilo que lhe pedimos. Essa relação mágica é o produto de um certo tipo de socialização, de um certo tipo de exercício, e é de alguma forma a recompensa de uma socialização bem-sucedida. Eu acho que é preciso expandir essa análise para a relação entre o mundo social e o corpo: quando a socialização é bem-sucedida, quando o trabalho de incorporação das injunções sociais fundamentais ("Fique direito!", "Seja homem!", "Olhe para a frente!" ou, pelo contrário, "Curve-se!", "Fique desse jeito!" etc.) é bem realizado, a relação entre os depositários legítimos da ordem social, as pessoas autorizadas a agir magicamente sobre as outras, isto é, os poderosos, os homens, os anciãos, é do tipo que Hegel descreve entre o sujeito e seu corpo: é uma relação absolutamente mágica em que a ordem desperta uma injunção de modo que a questão de saber quem é o sujeito da obediência não faz sentido.

O falso problema da responsabilidade

Gostaria de desenvolver um pouco esse ponto: um dos grandes obstáculos à posição adequada dos problemas de causalidade a respeito do poder é que constantemente formulamos os problemas de causalidade em termos de responsabilidade. Perguntamos: "No poder, quem é responsável? Será que são os dominantes ou os dominados?" Com efeito, dizer que o poder vem de baixo é dizer que isso é culpa dos dominados: "Eles são dominados porque gostam disso", "Eles são dominados porque se deixam ser dominados". Quando formulamos a pergunta da responsabilidade, respondemos na lógica dos romances policiais: *is fecit cui prodest* ["O criminoso é aquele que lucra com o crime"]. Por exemplo, na relação entre os sexos, como o dominante lucra com a relação de dominação, supomos que ele é o responsável; ou então invertemos dizendo que o responsável é aquele que sofre e que deveria revoltar-se. Esse é um problema absolutamente real: lembrem-se das discussões sobre os judeus e os campos de concentração. Falo de coisas absolutamente concretas sobre problemas fundamentais. Esse tipo de análise que desenvolvo esvazia essa espécie de moralização da pergunta e faz desaparecer a questão de saber onde está o princípio. No fundo, a função do modelo que proponho é fazer desaparecer a interrogação ingênua em termos de responsabilidade em nome do primado da relação *habitus*-campo que é, como eu disse, opaca a si mesma e na qual a pergunta de saber quem age e quem não age não faz sentido: os dois termos da relação agem por meio da experiência da relação como necessária ("É o que é preciso fazer", "Ele fez o que tinha que fazer" etc.)

Dessa maneira, essa análise me parece necessária para dar uma resposta correta à pergunta do poder e evitar trazer uma resposta de tipo subjetivista que tende, em última instância, a responsabilizar os dominados pela dominação que sofrem (esse é um efeito importante da visão subjetivista). Poderíamos transpor isso que eu disse até agora para o caso dos valores: será que os valores são feitos pelos sujeitos sociais, constituídos por eles, ou será que são descobertos como pré-existentes? A pergunta não faz sentido: o valor se constitui na relação. É porque sou constituído de tal maneira que reconheço um valor como valor, que ele me aparece como não tendo sido criado por mim, como existindo realmente. A mesma análise valeria para o sagrado: será que o sagrado é feito pelos atos de consagração ou será que é o sagrado que provoca os atos de consagração? Esses são debates reais, o livro de Otto sobre o sagrado gira em torno dessa alternativa[186]. Com efeito, a resposta é sempre a mesma: para um *habitus* socializado de tal maneira a estar preparado a constituir como sagradas coisas que lhe são designadas como sagradas no campo onde ele se encontra, o sagrado aparece não como alguma coisa que ele constitui como sagrado e que poderia não constituir como sagrado por uma simples conversão mental ("Liberte-se!", *Aufklärung* etc.), mas como alguma coisa que é realmente sagrada, isto é, fascinante e aterradora, que causa medo, que arrepia, que faz chorar.

A coincidência entre as posições e as disposições

Um outro fenômeno importante que, para mim, corresponde à mesma configuração: as relações entre os agentes e suas posições. Esse é um problema real que os sociólogos encontram, por exemplo se buscam explicar as condutas de um baixo funcionário repressivo, de um alto funcionário diletante ou de um médico sindicado: seria preciso explicar as práticas pela posição que o agente ocupa, os interesses correlativos e as potencialidades de ação inscritas na posição que

---

186. OTTO, R. *O sagrado, op. cit.*

ocupa, ou pelas disposições inerentes ao agente que ocupa essa posição? Em todas as vezes – e, eu já disse várias vezes, esse é o caso mais frequente – em que há coincidência e concordância entre a posição e as disposições daquele que a ocupa, a pergunta no limite não faz nenhum sentido: uma das artimanhas da razão social que o sociólogo deve descobrir consiste em colocar numa posição os agentes que são, como se diz, feitos para a posição, de tal forma que não precisamos lhes dar explicitamente instruções para que eles não façam – isso é o mais importante – aquilo que está excluído da posição; isso não vem à mente deles.

Às vezes temos sonhos, uma espécie de utopia do desespero: "O que aconteceria se um anarquista estivesse na presidência da República?" Na verdade, isso nunca acontece [*risos na sala*]! O fato de alguém fazer alguma coisa de impossível dada a definição da posição é, tirando um acidente histórico, impossível. Isso é mais complicado do que parece... Acontece de as pessoas sentirem-se, como se diz hoje em dia, "mal em sua própria pele" – na verdade, isso quer dizer "mal em sua posição": elas não têm as disposições previstas normalmente para a posição e fazem a posição rachar, elas a deformam. Existe uma espécie de luta entre as disposições e a posição: normalmente, a posição triunfa (dizemos: "Ele se adaptou bem"), mas às vezes as pessoas conseguem transformar a posição de maneira a ela ficar conforme suas disposições – e esse é um fator importante de mudança no mundo social[187].

O caso da socialização perfeitamente bem-sucedida que descrevi é um caso limite: ele jamais se realiza completamente, mesmo nas sociedades chamadas de tradicionais às quais o modelo se aplica melhor. Essa espécie de relação de compreensão imediata, de alguma forma, entre o posto e aquele que o ocupa, entre a posição e as disposições, deixa o funcionário feliz, aquele que está realmente adaptado à função, [...] aquele que todo mundo celebra, aquele que, por estar numa posição importante, sente-se importante, age como importante, tem a importância de sua função etc. Creio que esse exemplo fictício é uma ilustração muito clara da teoria da relação entre o *habitus* e o campo que proponho e enxergamos bem que a alternativa introduzida quando nos perguntamos se a causa é a posição ou o indivíduo é exatamente aquilo que todos os mecanismos sociais

---

187. Cf. BOURDIEU, P. *A distinção*, *op. cit.*, e, na aula de 2 de novembro de 1982, o desenvolvimento sobre a luta entre posições e disposições em *Sociologia geral volume 2*, *op. cit.*, p. 105ss. [299ss.].

visam abolir; eles visam a agir de modo que essa alternativa não exista, que não exista um sujeito e uma função.

Acho que esse tipo de análise pode fornecer uma fundamentação à teoria weberiana do funcionário que é absolutamente admirável, mas não me parece ser fundamentada antropologicamente. Um funcionário bem-sucedido é abolido de sua função como sujeito. É o que Weber diz: o funcionário bem-sucedido é um "a gente", ele jamais responde como pessoa. É a oposição entre o profeta que responde em primeira pessoa e o sacerdote que, como funcionário do culto, responde sempre em terceira pessoa: ele é o mandatário de uma instituição, ele não faz milagres, ele não é sujeito, é sempre impessoal, é a função. Um funcionário que diz para você – por exemplo, quando você tenta não ser multado dizendo: "Mas veja, seja humano, tenho três filhos etc." – "Regras são regras" simplesmente enuncia a definição funcional de sua função, isto é: "Sou apenas a regra", "Não sou um 'eu'", "Sou uma função"; o bom funcionário identifica-se com sua função. Isso é muito importante, por exemplo, nas discussões sobre a justiça e os juízes: um grande problema do direito é passar daquilo que Weber chama de *Kadijustiz*[188], ou seja, a justiça na qual o juiz permite-se ter opiniões pessoais, para uma justiça na qual o juiz é o código (ou em todo caso aquela em que fazemos acreditar que o juiz é o código, pois, na verdade, isso jamais funciona completamente sem uma importação de *habitus*). O funcionário funcional é aquele para quem, no limite, a distinção entre a pessoa e a função não faz muito sentido.

Isso se vê em particular no nível do discurso, e o problema do porta-voz é extremamente importante. Sempre podemos imaginar, por exemplo, um porta-voz que perca o controle, um porta-voz que fale. O problema foi formulado há alguns anos pela contestação esquerdista que fez descobrir de maneira sensível e intuitiva essa espécie de impessoalidade funcional do porta-voz. O porta-voz deve falar para não dizer aquilo que tem mandado para dizer, ele só fala como falaria sua função se existisse: não é ele que fala, é uma posição que fala. Ao mesmo tempo, o importante é que ele no fundo é a censura inerente à função que ocupa tornada corpo, ele é censura incorporada. Isso é extremamente importante, porque o fato de a censura ser incorporada, mais uma vez, é a melhor garantia contra o acesso de loucura. Se fosse o caso de um controle consciente, se fosse necessário a cada ins-

---

188. Para uma exposição mais ampla, cf. a aula de 10 de maio de 1984 em *Sociologia geral volume 3, op. cit.*

tante, na lógica da ação livre voluntária, dizer a si mesmo: "Atenção, será que falo hoje ou será que não falo?", "Será que hoje me descuido ou não me descuido?", "Será que escolho de acordo com o princípio do prazer ou o princípio de realidade?", "Será que otimizo ou maximizo?", isso seria uma catástrofe do ponto de vista da instituição, que acabaria rachando. No entanto, quando se trata de censura incorporada, se nos damos como predição a intuição que temos do *habitus* – sua atitude global, sua maneira de se portar: "Será que ele se porta direito?", "Será que ele penteou os cabelos?" etc. – temos uma predição muito mais certa, porque esses são indícios de socializações que ele sofreu e, portanto, do grau em que ele incorporou a disciplina, já que a melhor é aquela que é incorporada. Seria preciso discutir essa oposição entre disciplina e censura incorporada.

Amor fati

Na verdade, uma coisa importante que quero dizer por meio dessas análises é que, no caso limite do ajuste completo das disposições às posições, a relação entre o *habitus* e a posição, ou seja, o campo – já que a posição só é definida dentro de um campo –, é uma relação de *amor fati*. Esse é o amor do destino: amo minha posição, amo meu ofício e faço tudo que meu ofício exige, e até mais do que ele exige, em toda liberdade. Ainda que possa dizer que faço as coisas de bom grado, na verdade não sou eu quem as faz, jamais devemos nos esquecer disso. É por isso que o problema da liberdade é muito complicado. A noção de *habitus* diz que sou formidavelmente livre: ninguém é mais livre do que aquele que realiza seu *habitus*, ele se vê como totalmente livre; o problema é que ele não produziu seu *habitus*.

Ele pode ser livre para se alienar: existem *habitus* que são feitos para exigir mais disciplina. Não sei se vocês viram outro dia na televisão (para os que não têm experiência direta do mundo social tal como ele é, a televisão às vezes – muito raramente – dá um leve contato com o mundo social): entrevistaram às 22:30 um certo número de pessoas (vocês infelizmente vão pensar que saio dos limites de minhas atribuições, mas haveria muito a dizer sobre esse tipo de entrevistas desvairadas que os jornalistas praticam e que são ao mesmo tempo úteis e terrivelmente perigosas, porque é exercício ilegal da sociologia [*risos na sala*]; eles fazem coisas absolutamente monstruosas do ponto de vista da ciência – e isso no melhor dos casos, não falo da rotina…). Nesse programa, um velho senhor, operário de uma siderúrgica, disse: "Os melhores anos de minha vida foram os que passei no serviço militar", continuando: "Não tive escolha, fiz cinco anos, fui convocado três vezes". É como o paradoxo das mulheres agredidas que mencionei na última aula: como um ser normal e bem constituído pode dizer que os dias mais belos de sua vida foram esses? Como se pode gostar disso? É simplesmente desse jeito, é um *habitus* que encontra sua liberdade na necessidade, porque ele foi constituído, eis o ponto...

Acho um pouco simplista formular o problema da liberdade em termos de: "Será que sou livre ou será que não sou livre?" Os filósofos muitas vezes dizem que os sociólogos são simplistas, mas talvez seja preciso que os filósofos revisem sua definição filosófica dos problemas. Vou terminar com um texto de Marx, certamente o texto menos marxista de Marx. Ele me foi enviado por um de meus amigos: são os cadernos etnográficos de Marx, *The Ethnological Notebooks of Karl Marx*, editados em 1972. Trata-se de textos muito surpreendentes: "O direito de costumes... não é obedecido como a lei proclamada é obedecida. Quando ele vale em pequenas áreas e em pequenos grupos naturais, as sanções penais do qual depende são em parte opinião, em parte superstição, mas em parte muito maior [esse é o lado *Aufklärung* – P.B.] um instinto quase tão cego e inconsciente quanto aquele que produz alguns dos movimentos de nossos corpos. A coerção efetiva que é exigida para garantir a conformidade com o costume é inconcebivelmente pequena"[189]. Se a ação de socialização, isto é, de incorporação do social, é bem-sucedida, pode-se agir em seguida com um custo de disciplina muito fraco. Bastam pequenos petelecos: se as pessoas estão treinadas para andarem retas, elas andam retas, e depois, de tempos em tempos, um pequeno peteleco para a esquerda, um para a direita... Acho que essa relação entre o *habitus* e o campo é absolutamente fundamental para compreender por que o mundo social funciona, por que ele não é louco e por que, no fundo, com custos muito baixos, ele não funciona tão mal quanto poderíamos imaginar já que todas as razões estão reunidas para que as pessoas saiam dessa espécie de submissão à ordem. Digamos que me parece que a ordem não é tão perfeita para que não nos surpreendamos que as pessoas a considerem tão perfeita, e a noção de *habitus* é importante para compreender isso. Paro por aqui.

---

189. *"Customary law [...] is not obeyed, as enacted law is obeyed. When it obtains over small areas and in small natural groups, the penal sanctions on which it depends are partly opinion, partly superstition, but to a far greater extent an instinct almost as blind and unconscious as that which produces some of the movements of our bodies. The actual constraint which is required to secure conformity with usage is inconceivably small"* (KRADER, L. [org.]. *The ethnological notebooks of Karl Marx*. Assen: Van Gorcum & Comp, 1974. p. 335).

Segunda hora (seminário): *Ao farol* (2)

Por acaso, aquilo que tenho a dizer agora prolonga o que eu tentava dizer há pouco. Isso é bom, porque, como tenho uma sensação forte de não ter conseguido dizer bem o que tentava dizer, vou talvez, se não compensar, pelo menos completar o que tentei dizer agora há pouco.

Com efeito, como vocês veem de uma maneira muito evidente, o caso particular da dominação sexual é sem dúvida o mais favorável ao modo de análise que proponho. Acho que a maioria das análises que foram propostas sobre essa relação masculino/feminino pecam por uma grande ingenuidade, em parte porque caem nas alternativas que nascem do fato de formularmos o problema da explicação em termos de busca de responsabilidades e desejarmos absolutamente atribuir as responsabilidades para um ou outro lado. Nesse caso em questão, o paradoxo, como tentei demonstrar aula passada, é que o privilégio também pode ser uma armadilha, o que não quer dizer que deixe de ser um privilégio.

Entre os jogos que o mundo social propõe – esse talvez fosse o centro do que eu disse aula passada –, alguns são mais gratificantes, mais vitais, mais lucrativos do que outros e, por causa da socialização diferencial que a maioria das sociedades impõe às pessoas de sexo masculino e sexo feminino, os homens e as mulheres não entram do mesmo jeito nos jogos sociais e, em particular, nos jogos que geram mais lucros. Ao mesmo tempo, podemos descrever a distância constituída socialmente das mulheres em relação aos jogos dominantes como uma exclusão – e a analogia com os pequeno-burgueses e, *a fortiori*, diretamente com os dominados seria perfeita como exclusão que implica uma privação. Contudo, também podemos, e essa era a ambiguidade do olhar feminino pousado sobre a infantilização masculina, considerar essa privação como um privilégio relativo, na medida em que a entrada no jogo implica golpes, riscos, sacrifícios, decepções.

Assim, o fenômeno só pode ser compreendido como um efeito dessa relação de *illusio* obscura entre o jogador e o jogo que constitui o jogo como uma coisa formidavelmente séria, mesmo que o jogo só seja sério para alguém dotado de um *habitus* que constitua o jogo como algo que vale a pena ser jogado. A *illusio* é, paradoxalmente, ao mesmo tempo ilusória e supremamente séria já que, nos jogos mais masculinos, arrisca-se o objetivo limite, o objetivo supremo: sua vida. Os jogos mais sérios só existem como sérios para alguém que foi constituído para levá-los a sério.

Uma outra analogia é a relação diferencial com a cultura: dependendo das classes sociais, os agentes sociais são socializados diferentemente e, ao mesmo tempo, levados desigualmente a constituir os jogos culturais como jogos vitais. Poderíamos fazer uma outra aproximação com a oposição entre os artistas e os burgueses tal como ela se definiu durante todo o século XIX. O que torna os artistas estruturalmente homólogos às mulheres é que jamais sabemos se sua recusa dos jogos dominantes, isto é, dos jogos de poder, é o efeito de uma exclusão escolhida ou de uma exclusão sofrida. Essa é uma coisa que Sartre, porque ele também a sentia muito profundamente, enxergou a respeito de Flaubert[190]: a recusa dos artistas quanto aos jogos burgueses é sofrida ou escolhida? Será que recuso os jogos burgueses unicamente porque sou excluído deles, será que digo não querer a glória, o poder e as honras por, de qualquer maneira, não poder tê-las ou será que se trata de uma recusa verdadeira (cf. *O idiota da família* de Sartre)? Parece-me que essa relação ambígua entre o artista e os jogos de poder leva a pensar na relação das mulheres com os jogos de poder e acho que essa homologia de relação explica a aliança, muito importante para compreender a história da literatura, entre as mulheres burguesas e os artistas através do salão – não retomarei esse tema que já desenvolvi várias vezes[191]. O exemplo da dominação sexual é, portanto, a ilustração por excelência das análises que propus agora há pouco: é um caso em que enxergamos bem que a *illusio* se torna corporal e que a seriedade da adesão ao dominante pode se retraduzir em experiências somáticas que poderemos chamar de desejo, intimidação ou o que quisermos. Em outras palavras, a análise da relação de dominação sexual como relação política somatizada permite compreender, sem recorrer a outras explicações como as explicações psicanalíticas, mas sem excluí-las, um certo número de fenômenos fundamentais das relações entre os sexos.

A incorporação do político

Isso que tento dizer esta manhã é que sempre há uma somatização do político: as experiências de poder transformam profundamente o corpo, e a socialização

---

190. Cf. SARTRE, J. P. *O idiota da família*, op. cit., v. 3, *passim*. No livro, Jean-Paul Sartre associa o engajamento na arte pela arte a uma neurose (e ao "fracasso radical de ambições sociais e estéticas").

191. Cf. em particular a aula de 7 de dezembro de 1982 em *Sociologia geral volume 2, op. cit.*, p. 281 [515].

faz incorporar sob forma de disposições corporais as tomadas de posição políticas. Esse era o sentido do "Fique direito!" – por causa dessa espécie de somatização do político produzida pela socialização, a própria experiência sexual tende a ser pensada politicamente. Os etnólogos falam tradicionalmente da divisão sexual do trabalho: em muitas sociedades pré-capitalistas, a principal divisão do trabalho é a divisão do trabalho entre os sexos (os homens fazem certas tarefas, as mulheres fazem outras tarefas); essa divisão sexual do trabalho é fundamental nessas sociedades e, ao se tornar princípio de divisão fundamental, princípio de visão do mundo, *principium divisionis*, princípio de classificação do mundo, ela se torna o princípio de divisão de todas as coisas.

Creio ter demonstrado isso a respeito do sistema mítico cabila[192]: a divisão do trabalho entre os sexos, entre o masculino e o feminino, é o princípio comum a todas as oposições fundamentais do sistema mítico ou mítico-ritual, a partir do qual podemos reengendrar todas as outras oposições entre seco e úmido, leste e oeste, lua e sol etc. Em outras palavras, as divisões míticas se enraízam na principal divisão política dessas sociedades, isto é, na divisão do trabalho entre os sexos, de modo que esse princípio de divisão objetiva transformado em princípio de divisão subjetiva, ou seja, princípio de visão das divisões objetivas, torna-se também o princípio de visão da divisão do trabalho sexual (isso não é a divisão sexual do trabalho) ou da divisão do trabalho no ato sexual. Basta pensar no papel fundamental desempenhado pela oposição sobre/sob na maioria dos sistemas míticos e em nossa linguagem, e em particular na linguagem da política – é uma oposição fundamental: submeter-se, abaixar-se, dobrar-se, curvar-se, estar por cima, superar etc. Essas metáforas são metáforas políticas e, também, são estruturantes da percepção da relação sexual no que ela tem de corporal, não apenas em sua representação ideológica. Em outras palavras, a experiência sexual como ato e, de modo mais geral, a experiência das relações entre os sexos, tende a ser pensada politicamente já que é pensada por meio de princípios de divisão que são eles mesmos divisões políticas. A relação entre os sexos é pensada de maneira muito geral em termos de dominantes/dominados. A visão das relações entre os sexos que se expressa na metáfora absolutamente masculina da conquista, da guerra, parece-me ser a generalização inerente ao fato de que o princípio de construção universal tem, em seu princípio, uma oposição política que é sexual.

---

192. BOURDIEU, P. *O senso prático, op. cit.*

Nas sociedades como a nossa que são diferenciadas, e que são diferenciadas segundo outros princípios que não o da divisão sexual do trabalho, o princípio da divisão sexual do trabalho ainda é um dos princípios da divisão do mundo e dos sistemas míticos privados (por exemplo, na poesia, já que os poetas são os que conservam, eles são de alguma maneira mitólogos privados). Nas sociedades em que não há mais mitólogos coletivos, os princípios de oposição entre o masculino e o feminino permanecem muito operantes para pensar a esfera privada, mas também a esfera política. Da mesma maneira, essa experiência sexual vivida politicamente (e carregada de inconsciente – não somente político) torna-se um dos princípios de construção da esfera política, um dos princípios pelos quais o mundo político é analisado. Esse é um caso em que poderíamos citar Wittgenstein: basta deixar a linguagem ordinária solta, deixar que o conjunto de metáforas contido na linguagem fale (dei o exemplo de "sobre/sob", "submeter-se", mas poderíamos também usar as metáforas da dominação, da força e da fraqueza etc.), para ver a importância simultaneamente sexual e política do pensamento político, ou seja, a contaminação da política por uma estruturação político-sexual da experiência sexual.

Para além dessa observação que está próxima da intuição ordinária, acho que podemos compreender melhor os fenômenos de carisma e charme que mencionei aula passada e talvez possamos formular, como fiz, o problema do charme do poder. Weber destacou a questão do carisma, mas não fazia parte de seu estilo despertar, na noção de carisma, a conotação de charme, de sedução. Essa também não era a época: Weber não poderia pensar dessa forma. Mas acho que não é abusivo falar de charme do poder.

Durante uma série de seminários, os professores do Collège de France[193] elaboraram essa noção de charme do poder ou beleza do poder. Descobriu-se que, em situações muito diferentes no espaço e no tempo (o Japão antigo, a Assíria, a Babilônia, o Egito antigo etc.), a noção de poder – masculino, certamente – muitas vezes era cercada de uma série de conotações que sempre se referiam ao brilho,

---

193. Os anuários do Collège de France não permitiram identificar essa série de seminários. Segundo as indicações fornecidas por P. Bourdieu, podemos pensar que poderiam ter participado desse seminário, além de Georges Duby (catedrático de história das sociedades medievais de 1970 a 1991), Bernard Frank (catedrático de civilização japonesa de 1979 a 1996), Emmanuel Laroche (catedrático da Ásia Menor de 1973 a 1985), Jean Leclant (catedrático de egiptologia de 1979 a 1990), talvez também Gilbert Dagron (catedrático de história e civilização do mundo bizantino de 1975 a 2001) e Jacques Gernet (catedrático de história social e intelectual da China de 1975 a 1992).

ao brilhante, ao luminoso, ao que clareia, que ofusca, ao que se destaca como uma forma sobre um fundo, ao que se distingue, em última instância. Diante dessa espécie de sedução específica do brilho, Georges Duby disse com muita prudência que, no caso das civilizações medievais que ele estuda, poderíamos nos perguntar se o amor cortês dos jovens pretendentes pela mulher do príncipe não seria uma espécie de amor indireto pelo próprio príncipe[194], sem que seja necessário evocar uma homossexualidade reprimida, porque, com muita frequência (pelo menos essa é minha posição), essa espécie de sexualidade social é muito mais geral, muito mais englobante, em última instância mais abstrata, tudo isso sendo muito corporal. Ela não implica de modo algum a sexualidade no sentido ordinário do termo que, aliás, é preciso lembrar, é uma invenção do século XIX[195]. Com efeito, a sexualidade só se autonomizou, só se constituiu como tal, como operação prática, técnica, independente das construções sociais e políticas que normalmente estão ao seu redor, há muito pouco tempo, e em particular por intermédio da psicanálise e sua difusão. É extremamente importante saber disso para evitar um contrassenso. Os etnólogos sempre disseram isso, embora ainda não tenha chegado ao grande público.

Dessa maneira, o charme do poder tem algo a ver com essa espécie de experiência maravilhada que os indivíduos socializados a reconhecer um certo tipo de poder sentem diante do poder. Essa é uma experiência que poderíamos chamar de erótica, desde que tenhamos em mente que, como acabo de dizer, o erótico não havia sido constituído como tal de jeito nenhum. É uma situação "erótica" no sentido em que eu falava agora há pouco de "amor do destino": o amor do poder é o amor de um destino social constituído como tal por pessoas constituídas de modo a senti-lo e descobri-lo. Eis mais ou menos o que eu queria dizer.

---

194. "[Seria] a mulher algo além de uma ilusão, uma espécie de véu, de biombo [...], ou antes um intermediário, a mediadora[?] [...] Nessa sociedade militar, o amor cortês não foi na verdade um amor de homens? Eu darei com facilidade pelo menos uma fração de resposta: servindo à sua esposa, era (estou persuadido) o amor do príncipe que os jovens queriam ganhar, esforçando-se, dobrando-se, curvando-se. Assim como sustentavam a moral do casamento, as regras do 'amor delicado' vinham reforçar as regras da moral vassálica. [...] Disciplinado pelo amor cortês, o desejo masculino não foi então utilizado para fins políticos?" (DUBY, G. A propósito do amor chamado cortês. *In: Id. Idade Média, idade dos homens*. Trad. de Jônatas Batista Neto. São Paulo: Companhia das Letras, 2011, p. 75, trad. modificada [À propos de l'amour que l'on dit courtois. *In: Mâle Moyen Âge. De l'amour et autres essais*. Paris: Flammarion, 1988]).

195. Sobre esse ponto, cf. tb. Michel Foucault que, no primeiro volume de sua *História da sexualidade, op. cit.*, também analisou esse processo de autonomização da sexualidade no século XIX.

O poder paterno e o efeito de veredito

Volto a uma segunda relação que Virginia Woolf estabelece, em minha opinião de modo muito sutil e quase imperceptível, entre a submissão feminina ao poder masculino como desejo de poder e a submissão infantil ao poder paterno. Como eu disse a vocês, o início do romance é a descoberta do veredito paterno como veredito total e arbitrário por uma criança pequena. É a frase dramática e masculina do pai que corta de uma vez, brutalmente (o homem é comparado constantemente – é uma comparação muito cabila – a uma faca que corta, que penetra violentamente), todas as aspirações um pouco confusas da criança que esperava ir ao farol, com a cumplicidade de sua mãe: "Mas – disse o pai, parando em frente à janela da sala de estar, – não fará bom tempo". Isso é um veredito, um discurso enunciado com autoridade que trata do futuro; é uma previsão, uma predição, um juízo fatal. A palavra do pai é fatal porque, dita por ele, vai se realizar. Isso é o pai como detentor do poder simbólico e do poder simbólico por excelência, o poder simbólico originário; é o pai-rei, o pai todo-poderoso, em particular por ele ser capaz de dizer o que é verdade na medida em que o que diz vai se tornar verdade. Isso é extremamente importante: o pai tem o poder de fazer o que ele diz se tornar verdade já que é ele quem decide.

O problema da previsão nas ciências sociais está todo aqui: se digo que amanhã vai amanhecer e se tiver o poder de fazer amanhecer, vai amanhecer. No mundo natural, alguém que dissesse isso seria louco. No mundo social, sob certas condições, aquele que diz isso pode ser verídico, veraz; se eu sou rei e digo: "Amanhã, a Corte se reunirá", meu discurso é um *fatum*, um veredito que produz sua própria verificação, que é autoverificador. É uma *self-fulfilling prophecy*[196], uma profecia autoverificada, que confirma a si mesma, que não pode ser falseada. Não estou inventando, cito Virginia Woolf: "O que ele dizia era verdade. Era sempre verdade. Era incapaz de uma inverdade [aqui está o limite do poderoso: ele é vítima de sua própria dominação – P.B.]; nunca manipulava um fato, nunca alterava uma palavra desagradável para se adequar ao prazer ou à conveniência

---

196. Essa noção, geralmente traduzida como "profecia autorrealizadora", foi introduzida nas ciências sociais pelo artigo de MERTON, R. K. The self-fulfilling prophecy. *Antioch Review*, v. 8, n. 2, p. 193-210, 1958. Entretanto, P. Bourdieu a refere a POPPER, K. R. *A miséria do historicismo*. Trad. Octanny S. da Mota e Leonidas Hegenberg. São Paulo: Cultrix, 1980 [*The poverty of historicism*. London: Routledge & Kegan Paul, 1957].

de qualquer ser mortal, menos ainda de seus próprios filhos que, saídos de suas costelas, deviam estar conscientes desde a infância de que a vida é difícil"[197].

A potência masculina (a palavra "potência" tem conotações sobredeterminadas devido ao fato de que o paradigma da potência viril habita confusamente a politização do uso geral do conceito), a potência paterna, como se diz no direito, é uma espécie de potência total. Aqui, voltaríamos ao sentido freudiano: é o monopólio do exercício da potência sexual (respondo a uma pergunta que recebi a respeito da família) no campo relativamente autônomo constituído pela família, que pode no fundo ser pensada, por analogia, como um sistema estatal com um poder, uma ideologia, dominantes, dominados, uma divisão do trabalho. O detentor da potência paterna tem o poder de veredito, o poder de verdade, em grande parte porque sempre diz a verdade (isso faz parte de suas propriedades estatutárias e ele mesmo é restringido por essa propriedade) e ao mesmo tempo tem o poder de tornar verdade esse dizer a verdade. Podemos pensar que seu poder de tornar verdade o dizer a verdade tem um pouco a ver com o fato de que ele sempre diz a verdade. Ele é obrigado a acreditar que sempre diz a verdade, que é veraz. O tema do deus veraz[198] e o do pai veraz estariam muito próximos. Se o pai pelo menos se dispusesse a ser percebido como não sendo aquele que sempre diz a verdade, perderia a própria especificidade de seu poder que é o poder simbólico por excelência, isto é, um poder desconhecido como poder, o poder reconhecido por excelência, o poder incontornável exatamente porque a própria ideia de que é um poder não vem à mente ("É para o seu bem"). O modelo do paternalismo não se enraíza por acaso nesse poder original: o poder paternalista só pode agir em interesse dos dominados já que é importante que eles conheçam a realidade do mundo.

Por encarnar o princípio de realidade, esse poder só pode dizer a realidade. Ele é o depositário do princípio de realidade e, desse modo, faz antecipações sobre o mundo. O melhor serviço que ele pode oferecer é dizer antecipadamente aquilo que o mundo dirá. Portanto, ele é científico: é o socialismo científico. Ele diz: "Aquilo que te digo é verdade já que eu o digo e meu papel é dizer a você o que é verdade; e digo isso para o seu bem já que, de todas as formas, você descobrirá que o que digo é verdade e é melhor descobrir cedo demais do que tarde demais. Meu

---

197. WOOLF, V. *Ao farol, op. cit.*, p. 4-5.

198. Cf. *Sociologia geral volume 4, op. cit.*, p. 306, nota 467.

papel é ensiná-lo a viver, isto é, ensiná-lo o que é verdade, a saber, que o mundo é duro". Aqui apenas comento o que Virginia Woolf escreveu: "[…] menos ainda de seus próprios filhos que, saídos de suas costelas, deviam estar conscientes desde a infância de que a vida é difícil […]".

Isso é o princípio da realidade contra o princípio do prazer. Nessas condições, o pai não pode obedecer a seu bel-prazer: um deus cartesiano, um pai cartesiano que, criador das verdades dos valores eternos, possa se divertir fazendo com que dois mais dois sejam cinco se tiver vontade, não é vivível. É preciso que seu discurso seja conforme ao mundo, ou seja, confirmado constantemente pelo mundo. Para isso, é preciso que ele só anuncie o que é capaz de fazer. Esse é o paradigma de Jean-Christophe que dá às nuvens a ordem de ir na direção para a qual elas vão[199]! Os pais que querem conservar a autoridade têm esse recurso. Entretanto, em outros casos, ele também pode dar ordem às nuvens já que, pelo menos na ordem doméstica, tem uma certa autoridade. Estou dizendo isso mal, porque é difícil e resvala constantemente em coisas que pensamos mais ou menos. Para dizer isso realmente bem, seria necessário trabalhar por dias e mais dias mudando cada palavra. Quero dar uma ideia, isso é tudo que posso fazer.

No fundo, temos aqui uma espécie de experiência política originária. No quadro de uma fenomenologia da experiência vivida do mundo social, parece-me que é esse tipo de coisas que é preciso "fenomenologizar"; é preciso repensar os próprios fundamentos do poder paterno como paradigma de todos os poderes. O poder paterno não é apenas aquele por meio do qual podemos pensar todos os poderes, mas também aquele por intermédio do qual é preciso pensar todos os poderes já que, dado o caráter originário da experiência da relação ao poder paterno, a relação com o pai é uma das mediações, uma das experiências fundamentais pelas quais, por exemplo, as estratégias paternalistas poderão agir. O paternalismo é possível, pois todas as crianças tiveram pais e, mais exatamente, pais com veredito, pais que sabem melhor do que seus filhos o que é preciso fazer, pais para quem as multidões são mulheres, pais para quem as crianças não sabem o que é bom, pais que amam as crianças mais do que elas próprias se amam e também pais que, por todas essas razões, são fundamentalmente intimidantes: o que se pode dizer para um pai que não seja que ele tem razão (ele tem sempre razão…)?

---

199. ROLLAND, R. *Jean-Christophe*. Paris: Albin Michel, 2007 [1904-1912], p. 34 (cf. a aula de 15 de março de 1984 na obra *Sociologia geral volume 3, op. cit.*, p. 126, nota 165 [141, nota 3]).

As revoltas só são tão dramáticas porque – isso é tipicamente o que eu disse agora há pouco – existe a ordem do *habitus* que obedece e a revolta que desobedece. Vou dizer coisas que não são de minha competência, mas acho que a partir de minhas análises conseguiríamos descrever as revoltas adolescentes melhor do que costumamos fazer. Elas são revoltas não contra o pai, mas contra a obediência, contra o fato de que obedecemos a ele mesmo quando não queremos. O que é revoltante é que obedecemos quando queremos desobedecer. O que é revoltante é que o primeiro movimento seja obedecer, que o *habitus* tenda a obedecer quando queremos desobedecer. A luta com o poder é uma luta sobre a verdade do poder e a capacidade do poder de dizer a verdade, entendendo que, para que esse poder seja realmente poderoso simbolicamente, isto é, desconhecido como poder reconhecido, é preciso que ele apareça como verídico e, portanto, tenha uma forma de realismo. Não é possível que ele apareça como poder louco. Um poder paterno é um poder realista: "Faço o que é melhor para você. Mais tarde, você vai entender". Tudo isso faz parte da definição sociológica: não precisamos ir procurar qualquer outra coisa para, de alguma forma, deduzir a definição sociológica da potência paterna.

O ponto em que eu queria chegar é que esse poder que é potente simbolicamente, régio, veraz, verídico, quase divino, preditivo (é isso que é muito importante: "Eu sei melhor do que você o que você vai fazer e, em última instância, você verá que eu tinha razão, você fará o que eu te disse e se não fizer, vai se arrepender de não ter feito"), esse poder de predição, profético, de fatalização, é o poder simbólico por excelência, o poder de fazer com que se faça livremente o que é preciso fazer, e o exemplo é a intimidação que, como se diz, paralisa, prega no lugar, remove todos os meios, faz perder a compostura, mata o espírito de contestação ("Não encontrei nenhuma resposta"). (Uma razão pela qual o sociólogo é detestado estruturalmente como agente social é que ele exerce um efeito de veredito paterno; ele diz: "Você vai ver o que vai acontecer" – não continuarei, mas acho que isso é importante para fazer a autoanálise de certas reações.)

A somatização das crises sociais

O efeito de Juízo Final obviamente só se realiza com a cumplicidade daquele que o sofre e o que é terrível é que ele só se exerce sobre os crentes que não têm escolha entre crer e não crer: eles são constituídos de tal maneira que a questão de crer ou não crer não se coloca. O drama do veredito paterno é que ele não é um veredito como os outros: é um veredito absoluto – sobretudo quando se trata, como em *Ao farol*, de uma criancinha de cinco anos. Revoltar-se contra esse veredito é revoltar-se contra si mesmo, é arremessar-se ao nada, ao desespero, ao ateísmo. Hegel falava do "ateísmo do mundo moral"[200]; aqui, seria o ateísmo do mundo familiar, o desespero absoluto. *Ao farol* é um romance do desespero absoluto, isto é, da descoberta da maldade de Deus, do Deus malvado que não podemos condenar como malvado. Não me estenderei – não é meu trabalho analisar o romance como tal –, mas acho que isso faz parte da força da experiência originária do poder simbólico por excelência como poder mágico.

Irei completamente além dos limites de minha competência, mas é para tentar convencer vocês de algo em que acredito, ainda que estejamos na ordem das coisas em que é difícil encontrar provas. Eu disse há pouco que a força dos poderes simbólicos é agir diretamente sobre o corpo e fazer somatizar as experiências políticas. Eu poderia citar os períodos de grande crise, como os que as sociedades pré-capitalistas muito integradas, onde tudo funciona bem, conhecem bruscamente ao entrarem em contato com a civilização, com a colonização, e as estruturas sociais se desagregam. A infelicidade, a experiência patética da crise exprime-se, então, muitas vezes, em alguns indivíduos idosos, por exemplo, em termos somáticos, em termos de desespero corporal, de desgosto... Uma metáfora é aquela do vômito: "Esse mundo, ele me faz vomitar". Isso pode se encontrar em nossa sociedade. Por exemplo, [entre] professores universitários que estavam bem socializados num mundo universitário "perfeito" que se parecia muito com uma sociedade arcaica, na qual as relações pai/filho são sem história (era uma espécie de universo de reprodução simples, que dá uma experiência de completude, finitude, beatitude!), a crise da universidade ligada ao movimento estudantil desencadeou reações quase somáticas de desespero absoluto, aquelas que sentimos diante do trágico de um mundo que desaba[201]. O fato de eu relatar essas experiências, embora eu não partilhe do *habitus* que faz senti-las, prova que podemos simpatizar, teoricamente, com coisas que não sentimos no modo do *habitus*, mas, para compreendê-las completamente e para compreender em par-

---

200. HEGEL, G. W. F. *Filosofia do direito*. Trad. de Paulo Meneses *et al.* São Leopoldo: UNISINOS, 2010, p. 35 [*Grundlinien der Philosophie des Rechts*, 1821] (cf. a aula de 8 de março de 1984 na obra *Sociologia geral volume 3, op. cit.*, p. 71-72, nota 90 [77-78, nota 2]).

201. Cf. BOURDIEU, P. *Homo academicus, op. cit.*

ticular seu caráter dramático, patético, os fenômenos de depressões nervosas e as crises psicológicas provocadas por certas crises da ordem social, é preciso ter a ideia de que a ordem social está em cumplicidade com o mais obscuro de nosso corpo.

Um outro parêntese antes de chegar a um outro exemplo arriscado que darei a vocês: em muitas sociedades primitivas, as injunções sociais têm efeitos biológicos, há assassinatos simbólicos (isso existe – a excomunhão, por exemplo, pode ser fatal). A exclusão social pode provocar efeitos que consideraríamos somáticos. Isso também se observa num certo tipo de grandes movimentos modernos, como os regimes que chamamos um pouco apressadamente de "totalitários", os que agem sobre a totalidade da pessoa. Os universos sociais servem-se de mecanismos cuja teoria eles não têm. Em outras palavras, existe uma espécie de medicina psicossomática, uma teoria psicossomática funcionando num certo número de operações sociais: a disciplina, a integração em pequenos grupos superintegrados, os fenômenos de autocrítica etc. Os fenômenos de exclusão (aqui, os excluídos dos partidos [constituem os exemplos (?)] mais próximos desse problema[202]) resultam em efeitos que ultrapassam em grande parte aquilo que é controlado pela consciência. Eu disse tudo isso muito mal, mas é para fazê-los entender o que me refiro durante toda esta análise e fazê-los ver que estamos numa ordem das coisas que não é controlável, claramente, pela consciência.

A metamorfose e a experiência originária do poder originário

Chego agora ao que tinha na cabeça. Passo de Virginia Woolf para *A metamorfose* de Kafka. Direi brutalmente o que tenho em mente: *A metamorfose*, em última instância, é uma metáfora da potência paterna, ou seja, é um veredito, e Deus sabe que Kafka está interessado pelo problema do veredito e também pela relação com o pai – imagino que todos vocês tenham lido a *Carta ao pai*[203]. Acho que é preciso tomar *A metamorfose* como uma expressão metafórica do efeito do veredito sobre uma criança: há uma espécie de somatização de "Você não passa

---

202. Não foi possível reconstituir esta cláusula com certeza, mas é provável que P. Bourdieu tenha em mente os procedimentos de exclusão tais como eles foram praticados em particular pelo Partido Comunista francês durante a década de 1950.

203. Na aula de 28 de março de 1984, em que propunha uma análise de *O processo*, P. Bourdieu já aludira a essa carta que Franz Kafka escrevera, sem enviá-la, a seu pai em 1919 e que foi publicada na década de 1950 (cf. KAFKA, F. *Carta ao pai*. Trad. de Modesto Carone. São Paulo: Companhia das Letras, 1997 [*Brief an den Vater*, 1919]).

de um inseto", "Você é menos do que nada"[204]. Essa somatização é expressa de maneira hiperbólica. Contudo, acho que podemos ler *A metamorfose* como uma espécie de expressão simbólica dessa propriedade do poder simbólico de ser um poder mágico que, no caso da relação pai/filho, pode levar a uma espécie de superinteriorização dos sentimentos paternos.

Teríamos aqui uma socioanálise a fazer. Essas são coisas nas quais os psicanalistas não prestam atenção (isso é normal, não é seu ofício), mas eu adoraria fazer, por meio de entrevistas muito aprofundadas, um trabalho do mesmo tipo que o psicanalista faz, uma espécie de anamnese[205] dos sentimentos paternos constitutivos[206], os sentimentos paternos que tiveram um efeito extra-ordinário de constituição. Essa não é a primeira coisa que as pessoas dirão que será significativa, é preciso ajudá-las a recuperar essas coisas sobre as quais dizem: "Isso me marcou muito". Acho que descobriríamos um certo número de efeitos de nomeação criativa, ou seja, tudo aquilo que descrevi ano passado sobre a nomeação, o efeito de nomeação, de certificação, de títulos escolares etc. O efeito de nomeação pode ser positivo (como efeito de consagração) ou negativo (no insulto ou na injúria) e parece-me que ele se enxerga, em sua forma por excelência, no caso de um poder incontestável, sem recurso possível.

Uma outra coisa importante é a descrição no romance de Virginia Woolf da situação impossível da mãe que será o único recurso e que viu que o pai, de certa

---

204. Publicada enquanto Franz Kafka vivia (em 1915), a novela foi escrita em 1912 (na mesma época que a novela chamada "O veredito"). Seu personagem principal é um jovem funcionário que ainda mora com seus pais e sua irmã. O argumento da novela está contido em seu *incipit* célebre: "Quando certa manhã Gregor Samsa acordou de sonhos intranquilos, encontrou-se em sua cama metamorfoseado num inseto monstruoso" (KAFKA, F. *A metamorfose*. Trad. de Modesto Carone. São Paulo: Companhia das Letras, 1997, p. 7 [*Die Verwandlung*, 1915]).

205. A palavra grega *anamnèsis* (ἀνάμνησις) designa a ação de lembrar à memória. Platão emprega-a para defender sua teoria da reminiscência, segundo a qual "[é] apenas recordar o que denominamos aprender" (PLATÃO. Fedão. *In: Diálogos*, v. III-IV. Trad. de Carlos Alberto Nunes. Belém: Editora UFPA, 1980, 73b, p. 307) aquilo que a alma contemplou no céu das Ideias. A palavra passou para o vocabulário da medicina e da psicanálise (a cura visa fazer o paciente rememorar um passado inconsciente reprimido). Na década de 1990, P. Bourdieu utilizará bastante esse termo para designar a parte do trabalho sociológico ligada ao passado coletivo reprimido depositado num estado inconsciente em nossa visão do mundo (*As regras da arte, op. cit.*, p. 324-330 [473-481]; *A dominação masculina, op. cit.*, cap. 2) ou no passado social do pesquisador (*Esboço de autoanálise, op. cit.*).

206. P. Bourdieu formulará um projeto de pesquisa semelhante cujos resultados serão publicados sob o título *A miséria do mundo*. Trad. de Mateus S. Soares Azevedo *et al.* Petrópolis: Vozes, 1997 [*La misère du monde*. Paris: Seuil, 2015 (1993)].

forma, apunhalou seu filho que não sabe a que santo recorrer... já que é Deus Pai. Virginia Woolf foi considerada uma das grandes fundadoras do feminismo (as feministas americanas escrevem três livros por dia sobre Virginia Woolf), e ela é interessante, pois sabe que o *habitus* continua a funcionar, não importa o que diga a consciência. A mãe é desarmada, porque não quer contribuir com um drama que seria talvez ainda mais dramático, a saber, o assassinato do pai. Ela sabe que o pai paternal, ou seja, veraz, é extremamente importante e que o sofrimento da criança tem a ver com o fato de que ela tem a escolha entre uma verdade detestável e a morte do profeta veraz. Ela fica muito embaraçada: ficaríamos, em seu lugar.

Eu acho que o paradigma de Deus Pai, do pai-deus e do pai como paradigma do poder absoluto é importante para compreender realmente aquilo que classifiquei sob a noção do efeito de nomeação. Quando falo de "título escolar positivo", não quero dizer que o título deixa as pessoas inteligentes, mas esse certificado de inteligência pode lhes dar pelo menos uma espécie de aptidão a adotar os sinais exteriores da inteligência [*risos na sala*]! A mesma coisa vale para um estigma, uma condenação ("Você está demitido" etc.). Os dois efeitos que acabo de descrever podem ter efeitos de destino absolutamente terríveis. Queria lembrar desse efeito da potência paterna que Kafka descreve na metáfora de *A metamorfose*: as crianças levam as metáforas a sério, levam as palavras a sério – "Você não passa de um inseto" torna-se "Sou um inseto". A submissão absoluta do eu, a *fidēs*[207] absoluta da criança em relação ao pai é a condição do exercício do poder paterno absoluto como poder de nomeação criadora. Essas são palavras que fazem o que dizem, que têm um poder de fazer existir completamente aquilo que dizem.

É preciso voltar a essas experiências originárias do poder originário para compreender, em todas as suas forças, os poderes simbólicos dos quais o poder originário é o limite e para compreender a eficácia posterior de todos os poderes simbólicos que se baseiam nas forças constituídas pelo poder originário. Existem páginas belíssimas de Freud sobre o professor como substituto do pai[208], e aqui não enxergo mais a diferença entre a psicanálise e a sociologia. O professor exerce vereditos criadores, ele tem um poder de nomeação criativa – o efeito Pigmalião.

---

207. Cf. em particular a aula de 24 de abril de 1986.

208. P. Bourdieu talvez tenha em mente FREUD, S. "Batem numa criança": contribuição ao conhecimento da gênese das perversões sexuais. *In: Obras completas*. Trad. de Paulo Cezar de Souza. São Paulo: Companhia das Letras, 2010. v. 14 ["Ein Kind wird geschlagen" (Beitrag zur Kenntnis der Entstehung sexueller Perversionen)", 1919].

Seus poderes de nomeação criativa devem parte de sua eficácia ao fato de reativar as disposições políticas somatizadas que foram constituídas na relação originária com o poder ordinário, paradigmático, que é o poder paterno. Para compreender, por exemplo, as neuroses de gênese escolar, os efeitos neuróticos que se seguem aos veredictos escolares que os psicólogos e psicanalistas encontram com muita frequência hoje em dia, as análises do tipo dessas que proponho, são, acho, importantes: elas permitem conectar coisas que a divisão do trabalho entre as disciplinas leva a separar, já que as análises de tipo psicanalítico muitas vezes se constituem contra a sociologia com uma espécie de horror sobre o qual falarei na próxima aula. A psicanálise e a sociologia, no fundo, falam sobre a mesma coisa, desde que a sociologia fale melhor e desde que a psicanálise escute [*risos na sala*]. Vou parar aqui.

Aula de 29 de maio de 1986

Primeira hora (aula): a divisão do trabalho de produção das representações. – Uma teoria da ação. – As condições da decisão racional. – Não existe um problema como tal. – A deliberação como acidente. – Um racionalismo ampliado. – As alternativas e a lógica dos campos. – Segunda hora (seminário): o campo do poder (1). – O campo do poder e a diferenciação dos campos. – O surgimento do universo "como tal". – O poder sobre o capital. – O poder e sua legitimação.

Primeira hora (aula): a divisão do trabalho de produção das representações

Isso que proporei hoje não é muito simples e temo antecipadamente desapontar vocês e me desapontar. Como vou me situar num ponto de discussão nas ciências sociais em que se encontram diferentes teorias da ação e, de modo mais geral, da prática social, mencionarei de maneira necessariamente elíptica um certo número de posições com as quais relacionarei minhas próprias análises sem poder expor completamente essas posições e pressupondo que alguns de vocês conheçam pelo menos algumas delas. Estabelecer relações entre minhas análises e teorias concorrentes é difícil (uma apresentação rigorosa do espaço dos possíveis teóricos em relação aos quais situo minhas próprias análises exigiria horas de desenvolvimento), mas isso me parece indispensável para compreender e controlar melhor as análises propostas. Se a teoria da prática, a teoria da ação, parece-me ser um objetivo muito importante da discussão científica, um outro argumento é que não se pode escapar das alternativas obrigatórias com as quais nos defrontamos a partir do momento em que abordamos esse problema sem trazer à consciência a teoria da prática que engajamos em nossa prática científica nas ciências sociais.

153

Ora, parece-me que não há nenhuma outra maneira rigorosa de explicitar a teoria da prática que muitas vezes engajamos de maneira prática do que situá-la em relação a outras teorias.

Se eu tivesse que resumir a intenção central das análises desenvolvidas nas aulas anteriores, diria que a ciência social deve pressupor que os agentes sociais percebem o mundo social, que eles o compreendem, que eles o constroem, mas por meio de operações que, normalmente entendidas numa lógica intelectualista como atos de conhecimento intelectual, podem permanecer como operações práticas, pré-reflexivas, não téticas, implícitas, sem implicar representações no sentido estrito. Essa teoria da ação e da prática me parece indispensável para dar conta adequadamente das práticas sociais, mas também para formular adequadamente um dos problemas fundamentais da ciência social, o problema da representação. Como acabei de dizer, a forma comum ou ordinária da compreensão e do conhecimento do mundo social não implica a representação mental e explícita da coisa conhecida. Em referência à frase de Leibniz segundo a qual "somos empíricos em três quartos de nossas ações"[209], poderíamos dizer que engajamos em três quartos de nossas ações um conhecimento do mundo social que permanece no estado prático e que não implica representação: os agentes ordinários, em sua prática ordinária, empregam um conhecimento sem representação.

Postulando isso, podemos nos interrogar sobre o estatuto das pessoas que têm como profissão produzir representações. É apenas tendo essa teoria correta da prática que podemos formular corretamente a questão teórica fundamental da divisão do trabalho teórico, da divisão do trabalho de produção de representações, trate-se de representações pictóricas, discursivas, representações pela manifestação ou representações políticas no sentido muito ampliado. É preciso levar a sério a palavra "representantes", muitas vezes empregada em relação aos políticos: os representantes representam os grupos que lhes dão mandato, eles dão uma representação das supostas representações dos que lhes dão mandato. De fato, se a característica da prática social é engajar uma compreensão que não implica a representação, vemos que a passagem entre a prática e qualquer espécie de representação implica um tipo de *saltus*, de salto qualitativo. Essa é uma das razões pelas quais parece-me importante ter uma teoria correta da prática, e no fundo esse é o objetivo da análise que vou propor hoje.

---

209. Cf. *supra*, nota 127.

Uma teoria da ação

Na última aula eu disse que é na relação entre um *habitus* e um campo que se engendra ao mesmo tempo um conhecimento e uma motivação. É preciso buscar o motor da prática ou da causa da ação (o que faz com que as pessoas ajam?) não do lado dos agentes nem do campo, mas na relação entre um *habitus* e um campo. Dizer isso sugere empregar a metáfora da energia (que, como todas as metáforas, tem seus perigos): a energia se engendra se a corrente passar entre o *habitus* e o campo. O que tentei desenvolver nas análises anteriores são as condições pelas quais um *habitus* é constituído de maneira a sentir as injunções de um campo e a fazer existir essas injunções ao percebê-las adequadamente. Quando o *habitus* está ajustado ao campo, a energia se engendra, há motivação, isto é, não necessariamente representação, mas crença, crença de que isso vale a pena e, simultaneamente, investimento e engajamento na prática. Poderíamos dizer que é na relação *habitus*/campo que se engendra essa forma fundamental de "desejo" (no sentido de Espinosa, e não no sentido restritivo que lhe foi dado na filosofia recente[210]), que é o desejo de fazer alguma coisa, de se apropriar de alguma coisa. A sociologia reconhece a existência da *libido* que se engendra na relação entre um *habitus* particular e um campo particular: falamos de *libido sciendi*, de *libido dominandi*[211]; existem tantas *libidines* quanto campos e relações entre os *habitus* e os campos.

Certamente podemos, assim, pressupor o que sustenta a tradição Schopenhauer-Freud, a saber, uma espécie de *libido*, de pulsão fundamental em persistir na existência, em perseverar no ser, uma espécie de *conatus*[212] fundamental. Porém, o que importa do ponto de vista sociológico são as diferentes formas que assume essa tendência a perseverar no ser. Por exemplo, é sempre dentro da lógica

---

210. Para Espinosa, "o desejo é o apetite juntamente com a consciência que dele se tem", e o apetite corresponde ao esforço do homem para "perseverar em seu ser" e "nada mais é do que a própria essência do homem" (ESPINOSA, B. *Ética*. Trad. de Tomaz Tadeu. Belo Horizonte: Autêntica, 2009. pt. III, proposição 9 e escólio [*Ethica*, 1677]). São sem dúvida a psicanálise e os autores inspirados diversamente por ela (como Gilles Deleuze e Félix Guattari) que P. Bourdieu tem em mente quando menciona utilizações recentes do termo.

211. Conceitos desenvolvidos por Santo Agostinho em *A Cidade de Deus* e retomados por Pascal: "'Tudo o que há no mundo é concupiscência da carne, ou concupiscência dos olhos, ou orgulho da vida: *libido sentiendi, libido sciendi, libido dominandi*'. Desgraçada a terra de maldição que esses três rios de fogo abrasam em lugar de regarem!" (PASCAL. *Pensamentos*. Trad. de Sérgio Milliet. *In: Os pensadores*, vol. XVI. São Paulo: Abril Cultural, 1973, 458, p. 155 [*Pensées*, ed. Lafuma, 545]).

212. O *conatus* ("esforço", em latim) designa o fato de que "Cada coisa esforça-se, tanto quanto está em si, por perseverar em seu ser" (ESPINOSA, B. *Ética, op. cit.*, pt. III, proposição 6).

de um campo que se definem aquilo que chamo de estratégias de reprodução[213], essas estratégias que têm como princípio a tendência dos agentes sociais a perseverar em seus seres sociais, ou seja, na posição que ocupam dentro de um espaço social. Essa espécie de *conatus* social, para empregar a linguagem espinosista, que está no princípio da maioria das condutas econômicas no sentido muito amplo do termo (a escolha de uma boa escola para os filhos, de um bom investimento financeiro, a escolha de comprar um apartamento em vez de alugá-lo etc.), e em particular de todas as estratégias de reprodução, sempre se engendra historicamente na relação entre um *habitus* histórico e um campo histórico.

Isso é importante para distinguir claramente essa teoria da prática ou da ação de uma ou talvez da única forma de teoria da prática ou da ação que seja efetivamente constituída explicitamente. Os especialistas em ciências sociais paradoxalmente deixam quase sempre no estado implícito a teoria da ação que engajam necessariamente (já que uma das funções da ciência social é dar razão, dar conta de práticas sociais e de ações sociais). Hoje em dia, uma das raras formas constituídas da teoria da ação é aquilo que chamamos de "teoria da decisão"[214] que é uma forma explícita, mais ou menos codificada, da teoria em operação na tradição econômica. Essa teoria da ação racional ou do cálculo racional, no fundo, é o paradigma antitético ou antinômico do que proponho. Vou tentar resumir rapidamente os dois modos de análise para tentar fazer surgir as funções da teoria que proponho em oposição a essa.

As condições da decisão racional

Parece-me que uma diferença principal reside no fato de que a teoria da decisão racional pressupõe a existência de uma espécie de, digamos, "desejo" anterior à ação: a ação encontraria seu princípio numa operação anterior ao

---

213. P. Bourdieu proporá em 1993, em uma de suas aulas no Collège de France, um "quadro das grandes classes de estratégias de reprodução" (BOURDIEU. P. Estratégias de reprodução e modos de dominação. Trad. de Patrícia C. R. Reuillard. *RePOCS*, v. 17, n. 33, p. 21-36, 2020 [Stratégies de reproduction et modes de domination. *Actes de la recherche en sciences sociales*, n. 105, p. 3-12, 1994]).

214. P. Bourdieu já tratara, mas de uma perspectiva um pouco diferente, da "teoria da decisão" em seu segundo ano letivo (aula de 9 de novembro de 1982 na obra *Sociologia geral volume 2, op. cit.*).

ato em si mesmo. Bizarramente, encontraríamos essa teoria tanto entre os neo-marginalistas[215] quanto entre os marxistas, e uma de suas expressões mais típicas poderia ser a famosa metáfora do arquiteto e da abelha que Marx emprega para caracterizar a ação humana. Segundo essa análise célebre, o arquiteto e a abelha distinguem-se como a conduta racional e a ação instintiva[216]: o arquiteto constrói uma planta, uma maquete anterior à execução prática da empreitada. Essa filosofia da ação, que daqui a pouco tentarei demonstrar ser uma filosofia de engenheiro cujo modelo é a técnica, pressupõe que a ação é precedida por um desenho, um *design*, ou seja, por um projeto que postula fins explícitos em relação aos quais toda a ação, e particularmente o cálculo dos meios mais adequados, vai se ordenar. O desenho muitas vezes assume a forma de um *design*, uma planta, um esquema, um diagrama, isto é, uma objetivação prática, visível, comunicável, já que essa objetivação preliminar é a condição do controle racional da coerência do desenho, da coerência do projeto e também da coerência do projeto com os meios empregados.

A teoria da decisão é assim uma teoria intelectualista ou logicista, segundo a qual a decisão racional é precedida por uma deliberação racional. Hoje em dia essa filosofia se efetua na análise matemática dos processos de decisão ou na ciência da administração, disciplinas que têm em comum pressupor uma divisão dos momentos da operação prática. Que esses momentos correspondam a posições diferentes na divisão do trabalho tem sua importância: a divisão do trabalho, especialmente a burocrática, repousa na oposição entre o momento da concepção, com os idealizadores, os executivos que redigem as "instruções", como se diz (ou as circulares, os manuais de instruções) e o momento da execução pelos trabalhadores, pelos operários. Como a divisão em momentos corresponde a uma divisão social do trabalho, podemos nos perguntar (não vou aprofundar esse ponto) se a ilusão intelectualista na base dessa teoria da ação não obtém uma espécie de

---

215. O "marginalismo", no sentido estrito, remete à introdução no pensamento econômico a partir da década de 1870 do raciocínio por margens e dos conceitos de utilidade e produtividade marginais. A palavra aqui sem dúvida entende-se como simples sinônimo de "economia neoclássica", corrente dominante na ciência econômica e oposta em vários aspectos à economia marxista.

216. "Pressupomos o trabalho numa forma em que ele diz respeito unicamente ao homem. Uma aranha executa operações semelhantes às do tecelão, e uma abelha envergonha muitos arquitetos com a estrutura de sua colmeia. Porém, o que desde o início distingue o pior arquiteto da melhor abelha é o fato de que o primeiro tem a colmeia em sua mente antes de construí-la com a cera" (MARX, K. *O capital* – livro I. Trad. de Rubens Enderle. São Paulo: Boitempo, 2013, p. 255 [*Das Kapital*, 1890]).

evidência do fato de estar fundamentada com muita força nas estruturas objetivas da divisão do trabalho.

A decisão racional, tal como definida pelos partidários dessa forma de teoria da ação, deve efetuar várias operações sucessivas. Primeiro, ela deve estabelecer a lista completa das escolhas estratégicas possíveis. Essa é uma das condições da ação racional: é preciso que todos os possíveis, todas as escolhas permutáveis da escolha que será feita sejam examinadas. Segundo, a estratégia da deliberação racional que leva a uma estratégia racional deve examinar as consequências completas das diferentes estratégias e tentar prever quais custos resultarão de cada uma das estratégias. Por fim, ela deve avaliar, comparativamente, essas consequências em função de critérios de avaliação explícitos. No total, para que uma ação seja racional nessa lógica, é preciso que ela tenha um desenho premeditado, postulado como fim exclusivo, e que a conduta seja deliberadamente orientada para a realização desse desenho formulado explícita e rigorosamente. Portanto, a ação racional tem como condição a existência de um desenho explícito, e a palavra "explícito" é importante: a decisão racional começa com a formulação na linguagem, a explicitação, a enunciação, a objetivação da intenção. Vocês são capazes de enxergar: isso se opõe a tudo que eu disse sobre o senso prático ou o senso do jogo como resposta imediata a um problema que não é formulado como problema.

Existe uma objeção clássica a essa visão da ação racional. Na própria lógica do paradigma dominante, alguns partidários da decisão racional objetaram que nenhuma das três condições jamais é observada completamente na prática: é impossível conhecer todas as possibilidades, o conhecimento das consequências é sempre fragmentário e, por fim, é impossível conhecer racionalmente os valores relativos das diferentes consequências. Muitas vezes citado nesse tópico, Herbert Simon desenvolve essa crítica em seu livro relativamente antigo, *Comportamento administrativo*[217]. Numa obra mais recente de 1972[218], ele se aproxima ainda mais do paradigma que propus: "A solução de um problema pressupõe a busca de uma solução num espaço de soluções alternativas", mas ele adiciona: "Ter um

---

217. SIMON, H. A. *Comportamento administrativo*: estudo dos processos decisórios nas organizações administrativas. Trad. de Aluízio Loureiro Pinto. Rio de Janeiro: FGV, 1965 [*Administrative behavior*: a study of decision-making processes in administrative organizations. Nova York: Macmillan, 1947].

218. NEWELL, A.; SIMON, H. A. *Human problem solving* [*Solução de problemas humanos*]. Englewood Cliffs: Prentice-Hall, 1972.

problema implica (pelo menos) que certa informação seja dada a quem resolve o problema: informação sobre o que se deseja, sob quais condições, com quais ferramentas e operações, começando com qual informação inicial e com acesso a quais recursos"[219].

Repetirei isso de maneira mais clara. O que me parece importante, se desenvolvermos completamente o que Simon diz (nesse texto de 1972, páginas 70-73), é que a decisão racional não começa no momento decisivo da decisão: de alguma forma, a decisão racional precede a si mesma e pressupõe toda uma série de preliminares mínimos, mesmo do ponto de vista da teoria da decisão extremamente abstrata e reduzida que esse paradigma aceita. Com efeito, para que o *problem solver*, aquele que resolve o problema, possa resolver um problema, é preciso que ele saiba o que quer, o que não é pouca coisa. De fato, é preciso que ele saiba tudo: é preciso que saiba sob quais condições ele quer o que quer, o que ele está disposto a pagar (isso é imenso: é toda a história do sujeito agente que está em questão), quais são os meios aceitáveis e inaceitáveis e (isso talvez seja o essencial) a partir de quais informações e por intermédio de quais recursos intelectuais e práticos ele quer resolver esse problema. Resumindo, é preciso que ele saiba tudo que coloquei no *habitus*: aquilo que é reintroduzido sob a aparência de corrigir os pressupostos abstratos do paradigma é tudo aquilo que define o paradigma antagônico que proponho.

Não existe um problema como tal

Simon é interessante, porque, no fundo, ele está para o paradigma da ação racional como Tycho Brahe[220] está para o paradigma copernicano: como ele se deu conta de que um modelo de ação racional tão puro e perfeito só pode ser construído às custas de uma abstração fantástica, ele tenta corrigir o paradigma permanecendo nos limites do paradigma, mas ele o corrige até os limites em que o paradigma explode. Percebe-se bem que, sob a aparência

---

219. *"To have a problem implies (at least) that certain information is given to the problem solver: information about what is desired, under what conditions, by means of what tools and operations, starting with which initial information, and with access to which resources"* (*Ibid.*, p. 73).

220. O astrônomo Tycho Brahe (quase contemporâneo de Giordano Bruno, que foi executado pela Inquisição em 1600 por ter defendido a hipótese heliocêntrica de Copérnico) permanece célebre sobretudo pelo compromisso que tentou estabelecer de modo a salvar a hipótese geocêntrica integrando algumas objeções direcionadas a ela.

de pequenas correções, ele se esparrama completamente num outro universo. Desenvolverei aquilo que está implicado na crítica de Simon lembrando muito rapidamente o que eu disse antes, o que resultará em repetições, mas como farei isso em referência a esse paradigma que acabo de mencionar, ganhará um outro sentido para vocês.

Simon diz, de fato, que a própria ideia de problema, o problema como problema, só pode surgir para um agente constituído de tal maneira que a realidade cause problema para ele. Não existe um problema como tal que se apresentaria diante de um sujeito qualquer completamente constituído, de tal forma que o sujeito precisaria apenas tomá-lo como tal e tentar resolvê-lo. Poderíamos retornar nesse contexto, mas dando-lhe um sentido completamente diferente, a célebre frase de Marx, "Os homens só se colocam os problemas que são capazes de resolver"[221]: é preciso ter as capacidades teóricas e práticas inerentes à solução de um problema para que esse problema possa existir como problema. Não existe problema como tal, mas apenas problemas práticos. Eu iria ainda mais longe: será que os problemas práticos ainda são problemas? Só existem problemas práticos que, como um problema de um molho que deu errado para um cozinheiro ou um problema de matemática para um matemático, só existem na relação entre um *habitus* preparado para resolvê-lo e as dificuldades que surgem para esse *habitus*. Assim, o problema só existe para alguém que seja socializado de tal maneira que ao entrar num espaço social ele faz surgir, faz voar (como fazemos as perdizes voarem) os problemas que ele é capaz de resolver. O *habitus* faz voar problemas inscritos no campo. Por isso, é preciso ter, de alguma forma, os meios de superar as dificuldades que são colocadas como dificuldades, mas não como problemas, já que são resolvidas a partir do momento em que são constituídos como dificuldades: é característico do senso prático resolver, superar as dificuldades sem constituí-las como problemas. A participação, o pertencimento ao campo, que pressupõe o *habitus* adequado (essa é a condição de entrada no campo), faz surgir problemas

---

221. "Uma sociedade jamais desaparece antes que estejam desenvolvidas todas as forças produtivas que possa conter, e as relações de produção novas e superiores não tomam jamais seu lugar antes que as condições materiais de existência dessas relações tenham sido incubadas no próprio seio da velha sociedade. Eis por que a humanidade não se propõe nunca senão os problemas que ela pode resolver, pois, aprofundando a análise, ver-se-á sempre que o próprio problema só se apresenta quando as condições materiais para resolvê-lo existem ou estão em vias de existir" (MARX, K. Teoria e processo histórico da revolução social. *In*: FERNANDES, F. (org.). *Marx & Engels*: História. Trad. de Florestan Fernandes. São Paulo: Ática, 1989. p. 233).

que, de alguma forma, não existem antes dele, que são engendrados na relação entre o *habitus* e o campo.

Isso leva as teorias da decisão racional ao erro fundamental que mencionei aula passada e que consiste em considerar como princípio da ação ou a deliberação racional, ou (a única alternativa possível) a referência a uma regra explícita. No fundo, o paradigma da decisão racional só admite dois modos de determinação de uma prática: o cálculo racional que mencionei, ou a obediência a uma regra, a uma norma explícita, expressa. As duas soluções são intercambiáveis e baseiam-se no mesmo erro, na medida em que podemos inferir uma regra da prática sem que a prática tenha tido essa regra como princípio. Eu já disse isso várias vezes nas aulas anteriores: o fato de que as condutas tenham uma regularidade, uma estrutura, um *pattern* [padrão], que elas sejam organizadas e não aleatórias, não implica que elas tenham como princípio a estrutura que podemos descobrir por uma análise dessas práticas. O erro fundamental dessa teoria da prática reside no fato de que se considera como princípio da prática a regra que foi preciso construir para compreender a prática. Esse é um erro muito clássico nas fases arcaicas da ciência: ele consiste em inferir um princípio da prática por meio da análise e fazer desse princípio descoberto *ex post* o fator determinante, a causa determinante da prática.

Poderíamos, neste ponto, invocar as dificuldades que os teóricos e praticantes da inteligência artificial têm encontrado para tentar formalizar os conhecimentos de peritos. Alguns de vocês talvez conheçam o problema dos sistemas peritos, essas tentativas de dar uma forma rigorosa e codificada, portanto, calculável, a competências práticas: por exemplo, aquelas do clínico capaz de fazer um diagnóstico, ou as do jurista capaz de aplicar uma lei a um caso particular[222] (não é por acaso que esses sejam os dois domínios aos quais essa pesquisa de sistemas peritos foi aplicada). Quando se tentou construir esses sistemas, percebeu-se muito rapidamente que os sistemas peritos práticos tais como dominados pelos agentes sociais escapam à codificação. Poderíamos dizer em uma frase que não se programa o senso prático: o senso prático do clínico não se deixa capturar num

---

222. P. Bourdieu provavelmente tem em mente as obras de Aaron Cicourel sobre os programas peritos em medicina; um artigo fora publicado em francês seis meses antes desse curso: CICOUREL, A. V. Raisonnement et diagnostic: le rôle du discours et de la compréhension clinique en médicine [Raciocínio e diagnóstico: o papel do discurso e da compreensão clínica na medicina]. *Actes de la recherche en sciences sociales*, n. 60, p. 79-89, 1985.

programa completamente explícito. Na lógica que proponho, a resposta à pergunta de saber se os computadores são inteligentes é a seguinte: eles são inteligentes, se quisermos, mas de uma inteligência que não é aquela da ação prática. Por não obedecerem ao paradigma que propus, mas ao paradigma da decisão racional, eles estão adaptados à programação de sistemas já formalizados como os jogos (o xadrez, por exemplo) ou a matemática: eles funcionam perfeitamente com o formal já formalizado. No entanto, a partir do momento que tentam mimetizar as escolhas práticas do senso prático e da inteligência prática eles parecem deficientes, o que tende a demonstrar que as formas consideradas inferiores de inteligência são superiores às formas consideradas superiores de inteligência, já que não conseguimos capturar essas formas inferiores nos instrumentos mais poderosos da inteligência superior.

Essa referência aos sistemas peritos, que também exigiria um longo desenvolvimento, permite compreender que exista uma espécie de excedente da prática em relação ao conjunto de regras formais com as quais gostaríamos de capturá-la. Quando colocamos no princípio de uma prática um conjunto de regras formais (como aquelas que existem num programa de computador), não conseguimos mais reengendrar a prática, mesmo a prática mais simples. Se não conseguimos, por exemplo, reengendrar a prática do diálogo, isso não é somente porque a prática do diálogo faz surgir uma infinidade de possibilidades, é também porque ela pressupõe o registro prático de uma infinidade de informações não formalizáveis e de esquemas geradores que não têm a rigidez dos esquemas formais.

A deliberação como acidente

Isso ilumina a oposição entre a lógica da prática e aquela pressuposta pelos sistemas formais da teoria da decisão racional. Uma outra diferença, que me parece muito importante, é que, como disse na aula passada, se a ação cotidiana implica escolhas entre alternativas, o princípio a partir do qual as escolhas são realizadas jamais é escolhido. Esse princípio não se deixa capturar na instantaneidade daquilo que é fornecido pela situação ou pelo cálculo dos possíveis aparentemente implicados na situação. A ideia de que a prática teria um começo que poderia ser designado não faz sentido. Quando entramos no jogo, o jogo já começou há muito tempo. É mais ou menos isso que Simon dizia na frase que citei há pouco. No caso de um problema científico, por exemplo, é toda a história do campo científico e toda a história do sujeito científico para quem um problema científico surge que já estão completamente presentes no mundo da decisão. De modo que a decisão que devemos chamar de razoável [*raisonnable*], e não mais de racional [*rationnelle*], é aquela que está em conformidade as regularidades imanentes de um campo e não com as regras formais que podemos retirar da atividade realizada conforme as regras imanentes de um campo.

Um outro elemento importante: esses momentos reflexivos e esses elementos determinantes da escolha racional, segundo a teoria da decisão – que são a reflexão, deliberação e premeditação – estão ligados (isso remete, por exemplo, a toda a teoria heideggeriana da inserção no mundo[223]) a acidentes, de alguma forma, da relação imediata entre o *habitus* e o campo: a reflexão, deliberação e premeditação aparecem nas situações de irresolução em que os automatismos do conhecimento prático e empírico fracassam. É nos momentos críticos, isto é, por exceção e por acidente, que surge o recurso à deliberação racional, o que não significa que a deliberação racional dos momentos críticos seja uma deliberação racional conforme a descrição dos defensores do paradigma da ação racional.

Apenas menciono a frase de Sartre: "A deliberação voluntária é sempre ilusória"[224], mas seria preciso voltar às análises de Proust, como a análise célebre da decisão do narrador de romper com Albertine[225]. Aliás, não se trata por acaso de uma decisão de ruptura, e esse seria um outro argumento importante para marcar a diferença entre a teoria da decisão e a teoria do *habitus*: do ponto de vista do *habitus*, o que é natural é a continuidade, é a inserção normal do sujeito no campo, no universo e a experiência da solução constante dos problemas; enquanto a deliberação da teoria da decisão aparece com a interrogação, com a frustração das expectativas e busca restaurar a continuidade ao recolocar os fins que são colocados antecipadamente. O exemplo de Proust é uma espécie de paródia da descrição da deliberação racional tal como a apresentam os teóricos da decisão: o narrador decide romper e evoca, no modo imaginário e de maneira quase hipnótica e alucinatória, tudo aquilo que vai acontecer, todas as consequências, evidentemente muito dolorosas, dessa ruptura (ele se imagina acompanhando Albertine até a

---

223. HEIDEGGER, M. *Ser e tempo, op. cit.*

224. SARTRE, J. P. *O ser e o nada, op. cit.*, p. 556.

225. PROUST, M. *Em busca do tempo perdido*. Trad. de Mario Quintana. São Paulo: Globo, 2000. v. 4: Sodoma e Gomorra [*À la recherche du temps perdu*: Sodome et Gomorrhe. Paris: Gallimard, 1922].

163

estação, carregando sua bagagem etc.), de modo que no final dessa evocação ele decide não romper [*risos na sala*]. Eu acho que essa é uma bela contra-análise realista da relação real com a decisão.

A experiência ordinária da inserção no mundo é a experiência da continuidade na qual os fins e os meios são colocados mesmo antes de terem sido colocados como tais; os problemas são resolvidos antes de serem colocados como tais e as regularidades são cumpridas sem precisarem ser colocadas como regras: a experiência da crise e a experiência da deliberação são, de alguma forma, acidentes no curso normal da experiência.

Um racionalismo ampliado

Agora gostaria de demonstrar no que a análise da ação que proponho se opõe à teoria concorrente da ação que fundamenta em especial a teoria econômica. O que está em jogo nessa oposição, no fundo, é uma definição diferente do racionalismo. Os que defenderam uma teoria da ação próxima daquela do *habitus* muitas vezes o fizeram numa lógica irracionalista e em reação contra o modelo racionalista dominante, contra a filosofia do sujeito, contra a filosofia da deliberação voluntária, contra toda a tradição cartesiana sobre o problema do conhecimento, a tradição kantiana sobre o problema da moral. Porém, é em nome de uma definição estreita demais da racionalidade que podemos constituir como irracionalista uma definição correta da conduta razoável. Em outras palavras, os irracionalistas (podemos citar Heidegger, por exemplo) em última instância concordam com os racionalistas da Escola de Chicago[226] quanto a uma definição estreita demais da racionalidade.

Já a teoria da prática que proponho através da noção de *habitus* me parece ser a fundamentação de um racionalismo ampliado no qual uma ação impulsiva, uma explosão espontânea, uma erupção de cólera, uma atividade realizada conforme uma regra, uma atividade "instintiva" como a ação de um jogador numa prática esportiva podem ser consideradas razoáveis, como tendo uma razão imanente sem ter como princípio a Razão, essa espécie de faculdade transcendental

---

226. O rótulo remete aqui à concentração no departamento de economia da Universidade de Chicago, a partir da década de 1960, de economistas de inspiração neoclássica: monetaristas, teóricos das antecipações racionais, da *public choice* [escolha pública] etc. Gary Becker e Milton Friedman são os mais célebres "membros" dessa Escola.

e universal que situamos no princípio das práticas na tradição racionalista. Poderíamos, em vista disso, chamar de "razoáveis", ou mesmo de "racionais", todas as condutas que se conformam às leis imanentes de um campo sem ser por isso o produto de uma intenção racional no sentido da tradição racionalista. Quando dizemos: "Isso foi bem jogado", "Isso foi bem-feito" ou "Isso foi o que era preciso fazer", a razão, ou a racionalidade, mede-se em relação ao que foi feito, isto é, à prática realizada e à conformidade dessa prática à lógica de um campo, e não àquilo em nome do que isso foi feito. Fazer da deliberação e do cálculo explícito a condição da racionalidade é dar uma definição tão impossível da racionalidade que é preciso concluir, como fez Kant em relação à ação moral, que uma ação racional nunca foi realizada[227]. Resumindo, a alternativa entre o racionalismo sumário e o irracionalismo puro baseia-se, como muitas vezes acontece nas ciências, numa cumplicidade quanto a uma definição comum da racionalidade. É porque, nos dois casos, fazemos da construção teórica a condição de uma prática realmente racional que podemos ou propor uma definição da prática racional de modo que nenhuma prática racional jamais tenha sido realizada, ou dizer, em nome dessa constatação, que não é possível nenhuma prática racional.

No fundo, o problema central é o das relações entre a teoria e a prática, entre a teoria como explicitação que faz ver, e que, portanto, pressupomos que deve preceder a ação para que a ação seja racional, e a *praxis* orientada pelo *habitus*, visão tácita, silenciosa e implícita daquilo que se passa no mundo. O problema se coloca de maneira particularmente aguda nas ciências sociais, para as quais um dos objetivos é saber se, para agir corretamente no mundo, ou seja, conforme as leis imanentes dos jogos sociais nos quais estão engajados, os agentes sociais precisam de uma teoria adequada do mundo social ou se eles podem se contentar com um senso da posição no mundo social ("Onde estou no mundo social?"), aquilo que Goffman chama de *the sense of one's place*[228] [o senso de lugar]. Mais uma vez, é nessa alternativa de aparência abstrata entre a inconsciência que leva a agir de qualquer jeito e a consciência como conhecimento

---

227. KANT, I. *Fundamentação da metafísica dos costumes*. In: *Id. Os pensadores*, vol. XXV. Trad. de Paulo Quintela. São Paulo: Abril Cultural, 1974. Seção 2 [*Grundlegung zur Metaphysik der Sitten*, 1795].

228. GOFFMAN, E. Symbols of class status [Símbolos de estatuto de classe]. *British Journal of Sociology*, v. 2, n. 4, p. 297, 1951; *Id. A representação do eu na vida cotidiana*. Trad. de Maria Célia Santos Raposo. Petrópolis: Vozes, 1995 [*The presentation of self in everyday life*. Nova York: Doubleday, 1959]).

teórico da verdade objetiva da condição que se fecha, por exemplo, a discussão marxista sobre a consciência de classe. Para que uma consciência de classe medida dessa forma fosse possível, seria preciso que cada agente, de alguma maneira, dominasse uma teoria completa do mundo social para ter um conhecimento completo de sua posição no mundo social.

A análise que proponho dá conta do fato de que os agentes não fazem qualquer coisa sem pressupor que sabem o que fazem. Eles obedecem a um senso prático que é uma espécie de douta ignorância que, por definição, os ignorantes não conhecem como tal, mas que os cientistas também não conhecem como tal, porque eles sempre tendem a pensar que o único conhecimento é o conhecimento científico. Quando eles não encontram num conhecimento as características do conhecimento científico – explicitação, coerência, sistematicidade etc. –, decretam a ignorância. A expressão de Nicolau de Cusa, que retomava um tema platônico[229], é importante para dar conta desses conhecimentos intermediários e crepusculares que, sem serem explícitos, reflexivos, sistemáticos, são suficientes para orientar a prática e a compreensão adequada do mundo.

As alternativas e a lógica dos campos

Sendo assim, eu queria referir as análises que propus ao paradigma do conhecimento racional, mas só o fiz quanto a um dos dualismos com os quais as duas teses se confrontam. Uma outra oposição estabelece-se entre a visão que podemos chamar de estruturalista e a que podemos chamar de construtivista. Ela também pode ser quase – mas não completamente – sobreposta. Uma dificuldade da ciência em geral, e da ciência social em particular, é que o espaço das tomadas de posição possíveis é balizado por dualismos que dividem o conjunto do campo social e o conjunto do campo científico dentro do qual se pensa o mundo social. Essas oposições são relativamente independentes umas em relação às outras. Elas têm as mesmas propriedades das oposições dentro de um sistema mítico. Num sistema mítico, a oposição entre o quente e o frio não se sobrepõe exatamente à oposição entre masculino e feminino, mas, quando se está do lado quente, você está mais do lado masculino. Aqui, da mesma maneira, a oposição entre o paradigma

---

229. A expressão "douta ignorância" (que P. Bourdieu acaba de empregar) está associada à obra de Nicolau de Cusa (*Sobre a douta ignorância*, 1440), que explica "como 'saber' é 'ignorar'" baseando-se especialmente em Sócrates, "que conhecia apenas sua ignorância".

da decisão e o paradigma do *habitus* e a oposição entre o paradigma da construção e o paradigma estruturalista não são redutíveis uma à outra, mas, quando se opta pelo cálculo lógico na primeira alternativa, tendemos a optar pela construção na segunda. Essas alternativas nas quais a discussão científica se prende, por serem estruturantes do pensamento do mundo social, esses "pares epistemológicos", como Bachelard teria dito[230], são fictícios e devem ser superados por meio de um trabalho do tipo que propus quanto às fundamentações da teoria da ação.

Por não poder desenvolver as diferentes alternativas (isso exigiria que minha mente fosse mais vigilante e ágil), vou apenas enumerar (e vocês vão se virar com elas…) uma série de oposições que são ao mesmo tempo parcialmente independentes e com intersecções múltiplas. Para começar, há a oposição entre objetivismo e subjetivismo, assim como a oposição entre realismo (há um mundo social objetivo, que existe) e idealismo (o mundo social é minha construção, não existe referente, o mundo social é o que penso sobre ele; é, para transpor a frase de Schopenhauer, "minha representação"[231]). Outras oposições (vocês devem fazer paralelos entre os primeiros termos de minhas oposições: objetivismo/subjetivismo, realismo/idealismo etc.): as oposições entre determinismo e indeterminismo ou entre determinismo e liberalismo. De um lado dessa oposição, o mundo social é determinado, submetido a leis que tendem a garantir a reprodução do mundo social tal como ele é; do outro lado, ele é indeterminado, é produzido pelos agentes, muda o tempo todo, é o produto da concorrência.

Outra oposição: a oposição entre cientificismo/centralismo e espontaneísmo/"basismo" [*basisme*], que se organiza em torno da ideia de que um conhecimento científico é possível, que os cientistas conhecem verdadeiramente o mundo e que por isso merecem, de alguma forma, governar o mundo: é o mito do filósofo-rei que, de Platão a Lênin, acabando em Althusser[232], é um mito recorrente do filósofo: o filósofo conhece o mundo tal como ele é e realiza um corte com a visão ordinária do mundo; esse corte é o corte científico, que separa o profissional

---

230. BACHELARD, G. *O racionalismo aplicado*. Trad. de Nathanael C. Caixeiro. Rio de Janeiro: Zahar, 1978 [*Le rationalisme appliqué*. Paris: PUF, 1949].

231. Alusão ao livro de SCHOPENHAUER, A. *O mundo como vontade e representação*. Trad. de M. F. Sá Correia. Rio de Janeiro: Contraponto, 2007 [*Die Welt als Wille und Vorstellung*, 1818].

232. Platão desenvolve a teoria do "filósofo-rei" no livro V de *A república*. Lênin reativa essa teoria no sentido em que condena o espontaneísmo e considera que o Partido deve guiar os trabalhadores, dar a eles os "conhecimentos políticos". O Partido Comunista Francês, em particular, criticou Louis Althusser em 1966 por ressuscitar, com o "corte epistemológico", a figura do "filósofo-rei".

do profano, e os profanos são privados, de alguma forma, da verdade do mundo. Esse cientificismo está ligado ao centralismo, na medida em que é importante que os que têm esse conhecimento governem. Em oposição, a visão espontaneísta considera que o mundo não tem um lugar privilegiado, que o social é um círculo cujo centro está em todo lugar e lugar nenhum, e que todas as visões do mundo se equivalem. Poderíamos falar também de uma oposição centralismo/perspectivismo, ou ainda opor (aqui vocês vão pensar que coloco no mesmo plano coisas diferentes mas, se refletirem, há muitas interações) de um lado o coletivismo, o reconhecimento da existência de coletivos, de crenças coletivas, de vontade coletiva e, do outro lado, aquilo que alguns hoje chamam de "individualismo metodológico"[233], isto é, a recusa de qualquer crença coletiva, de qualquer representação ou ação transcendente ao sujeito individual.

Como eu disse, essas diferentes alternativas são ao mesmo tempo independentes e podem ser parcialmente sobrepostas, e uma análise empírica da maneira como os sociólogos, por exemplo, distribuem-se numa dada sociedade entre essas diferentes alternativas seria muito interessante. Também seria preciso fazer uma pesquisa empírica sobre a maneira como os agentes sociais não profissionais do conhecimento do mundo social distribuem-se entre essas diferentes alternativas, e relacionar essas distribuições com as propriedades sociais, ver como essas distribuições variam dependendo da origem social, da posição no mundo social etc. Estou disposto a apostar que haveria correlações muito fortes entre a tomada de posição quanto a essas alternativas e as posições ocupadas no mundo social.

Essas alternativas são extremamente fortes, porque têm bases sociais. Por exemplo, quando se trata dessa falsa oposição "individualismo metodológico"/"coletivismo", os individualistas metodológicos engendram seu antagonismo sob a forma do coletivismo. Se isso acontece, é porque sua estrutura mental serve para isso, mas também porque, na realidade social, essa oposição é forte: a oposição entre socialismo e liberalismo é um dos princípios fortes de oposição das lutas sociais.

Existindo ao mesmo tempo na realidade social e nos cérebros, essas diferentes alternativas fazem surgir construções de objetos irreais. Como os fenômenos de mudança também obedecem à lógica dos campos, isto é, à lógica das lutas, o movimento científico apresenta-se como um movimento pendular entre ambos esses

---

233. P. Bourdieu mencionou essa corrente das ciências sociais na aula anterior, de 22 de maio de 1986.

polos. Considero errado descrever esse movimento pendular, como muitas vezes se faz, em termos de moda: é absolutamente lógico, no funcionamento de um campo, que os recém-chegados reajam contra o modelo dominante do período anterior. Se as mudanças intelectuais assumem essa forma pendular, se, por exemplo, depois de um triunfo da posição objetivista, triunfa a posição subjetivista, é porque os recém-chegados, reagindo contra a posição objetivista, encontram-se inclinados à posição subjetivista. Essa lógica do funcionamento em campo contribui para criar a força dessas oposições na medida em que a própria luta, dentro dessas oposições, contribui para reforçar constantemente essas oposições e a dar àqueles que estão engajados no campo apenas a escolha entre estar num polo ou noutro.

Acho que um dos mecanismos sociais mais terríveis para o conhecimento científico é que, já que os pares epistemológicos estão encarnados em posições sociais antagônicas num campo científico, eles são vividos como destinos teóricos de modo a tornar muito difícil pensar um universo de pensamento que não seja estruturado segundo essa oposição. Da mesma forma, nada é mais difícil do que pensar essas oposições [...] em sua relação com as bases sociais e os interesses sociais, os objetivos sociais e, ao mesmo tempo, do que libertar, como tento fazer hoje, seu pensamento das estruturas inerentes às lutas, aos objetivos, aos lucros etc.

(Na próxima aula considerarei que esta aula, infelizmente, foi uma espécie de rascunho e tentarei refazê-la de maneira muito mais elíptica, muito mais rápida e muito mais clara. Assim, acho que o produto que ofereci para vocês deve-se em parte à dificuldade objetiva daquilo que eu tinha a dizer, e que me atormentou o dia todo antes de vir [dar esta aula], porque eu tinha a sensação de ter coisas extremamente difíceis de dizer. Acho que fiquei um pouco esmagado pela antecipação [*risos na sala*], mas havia assim uma relação entre o estado subjetivo no qual estou e a dificuldade objetiva daquilo que eu queria dizer [*risos na sala*]).

Uma razão pela qual essas alternativas são muito poderosas é que elas dão a impressão de renascerem eternamente. Poderíamos dizer, claro que com algumas simplificações, que as oposições que mencionei já se encontram em Platão. Evidentemente, do ponto de vista de uma história da filosofia rigorosa, diremos que isso não é verdade, que não podemos assimilar a oposição entre [Gary] Becker e Bourdieu à oposição entre os amigos da terra e os amigos das Ideias[234], que isso

---

234. Referência ao "combate de gigantes" entre o materialismo (os amigos da terra) e o idealismo (os amigos das Ideias) segundo *O sofista*, de Platão (246a).

não tem nada a ver. Porém, na escala global das lutas científicas e, sobretudo, das lutas políticas, em que essas oposições são muitas vezes reduzidas a antagonismos relativamente simples entre conteúdos míticos extremamente reduzidos (totalidade/indivíduo etc.), acho que temos o direito de fazer essa assimilação.

Os problemas fundamentais que aparecem como problemas eternos e que são o feijão com arroz [*le pain béni*] do filósofo especializado na *philosophia perennis* devem sua eternidade à estrutura dos campos cujas estruturas são relativamente eternas (sempre há ortodoxia/heresia etc.). Essa eternização dos problemas, resultado em última instância da lógica repetitiva dos campos, é um dos fatores mais terríveis para o conhecimento. O trabalho que quis fazer hoje consistia em tentar mostrar como, por meio da objetivação e da explicitação de um desses antagonismos, poderíamos obter um domínio, poderíamos [tocar (?)] ao mesmo tempo sua verdade intelectual e sua verdade social... Acho que esse tipo de trabalho é absolutamente indispensável para arrancar a empreitada científica da repetição compulsiva na qual ela está presa e para a qual um monte de fatores contribuem. Por exemplo, ao propor formas de pensar elaboradas conscientemente para escapar dessas alternativas, vocês se expõem por antecipação a serem pensados constantemente segundo um ou outro dos termos da alternativa (posso dizer isso: acontece comigo o tempo todo...); dirão a vocês: "Sim, você é isto; sim, você é aquilo", segundo a lógica do "ou isto ou aquilo". Como os pares epistemológicos estão enraizados em pares sociais e, logo, nas estruturas mentais, e levando em conta essa espécie de circularidade e de fechamento do mundo intelectual, o trabalho científico que consiste em explodir essas alternativas está exposto a um mal-entendido permanente. Entretanto, parece-me que o trabalho científico deve realizar outras combinações do que a série que enumerei... Vou parar por aqui... muito descontente [*risos na sala*]!

Segunda hora (seminário): o campo do poder (1)

Aquilo sobre o que gostaria de falar hoje, e isso não será com grande segurança nem grande *certitudo sui* [certeza de si], porque talvez eu não esteja totalmente num estado favorável, portanto, espero que vocês sejam indulgentes, é a noção que chamo de "campo do poder"[235]. Isso é algo que acredito ser muito importante,

---

235. Esta sessão do seminário e também as duas seguintes, dedicadas ao campo do poder, têm como base um texto que P. Bourdieu acabara de escrever, mas não publicou em vida. Esse texto, encontrado em seus arquivos, foi publicado depois de seu falecimento: "Champ du pouvoir et divi-

mas não tenho certeza. É um conceito absolutamente de trabalho e uma das funções de um ensino de pesquisa tal como o que eu gostaria de fazer é a de comunicar o trabalho *in process* [em processo]. Sendo assim, é algo difícil de comunicar quando, como aqui, a situação de comunicação não é muito favorável. Isso seria muito mais fácil num seminário pequeno, diante de umas quinze pessoas muito familiarizadas com a lógica da pesquisa a ponto de entender que a pesquisa não é o ensino e que o estado "pastoso" é o estado normal da pesquisa. Depois de dizer isso para captar sua benevolência, como se dizia na retórica clássica, hoje vou tentar formular o problema para depois detalhá-lo mais a fundo.

Por que criar essa noção de "campo do poder" e quais funções ela cumpre? Se recorri a essa noção, foi primeiro por razões negativas, porque a noção de "classe dominante" ordinariamente empregada não me satisfazia de jeito nenhum. Para começar, ela força a utilizar a noção de classe com todas as suas ambiguidades (voltarei a esse ponto na aula) e, além disso, ela tende a reforçar a representação realista do poder que denunciei várias vezes nas aulas anteriores. Ela tende a identificar o fato da dominação a uma população de dominantes. Em outras palavras – indiquei isso outro dia –, poderíamos acreditar que, para um sociólogo, resolver o problema do poder consistiria em responder à pergunta: "Quem governa? Quem tem o poder? Quais são as pessoas que têm o poder?"[236]. Ao falar de classes dominantes, deixamos entender que existe um certo número de pessoas que são as dominantes e que ao descrevê-las damos conta da lógica do poder. Essa lógica substancialista me desagrada. Mesmo quando se fala de frações da classe dominante, permanecemos nessa lógica realista: pode-se operar partições mais ou menos rigorosas dentro da população e descrever, a partir dessas partições, as relações entre essas populações, as relações de dominação dentro da classe dominante, mas permanece-se numa lógica realista.

Ao falar de campo de poder, quero dizer que o poder, ou mais exatamente as diferentes espécies de poder, ou ainda mais exatamente as diferentes espécies de capital são ao mesmo tempo os instrumentos e os objetivos de uma luta entre um

---

sion du travail de domination. Texte manuscrit inédit ayant servi de support de cours au Collège de France, 1985-1986" ["Campo do poder e divisão do trabalho de dominação: manuscrito inédito de apoio de aula no Collège de France, 1985-1986"]. *Actes de la recherche en sciences sociales*, n. 190, p. 126-139, 2011.

236. P. Bourdieu alude a uma corrente da ciência política americana da qual um representante emblemático é Robert A. Dahl, autor de um livro chamado *Quem governa?* [*Who governs?, op. cit.*].

conjunto de agentes e de instituições. Em outros termos, o campo do poder tem as propriedades gerais dos campos: é um lugar no qual se luta, no qual se opõe, no qual se está em concorrência. No caso em questão, estamos em concorrência pelos poderes e através deles. Poderíamos até dizer que estamos em concorrência *através de* um poder *para* a imposição desse poder como forma exemplar, e até única, do poder. Ou ainda poderíamos dizer que o campo do poder é o lugar de uma luta pelo monopólio da posse legítima de uma forma determinada de poder em relação a outros poderes.

Vocês devem achar que essas coisas são abstratas e um pouquinho irreais, mas a eficácia desse tipo de construção pode ser vista imediatamente se pensarmos em situações históricas: por exemplo, as lutas de sucessão dentro de um tipo de regime determinado que os historiadores estudam, aquilo que chamamos a história dos regimes ou a teoria comparada dos regimes políticos, ou então a história das relações entre os intelectuais e os detentores do poder econômico, ou ainda (isso está começando um pouquinho a ser feito...) o estudo das diferentes frações da classe dominante num momento dado do tempo, o que os historiadores fazem hoje em dia com o nome de prosopografia. Em duas palavras, a prosopografia é um "método" que os historiadores da Antiguidade empregam para estudar as elites: tenta-se estudar, em última instância por métodos genealógicos, as grandes famílias dominantes de cavaleiros ou de senadores na Roma ou Grécia antigas para tentar determinar qual era a população dos dominantes, que relações essas pessoas mantinham entre si, o grau de endogamia, as estratégias matrimoniais etc. Para evitar formular os problemas teóricos que tento formular, os historiadores dizem: "Nós fazemos prosopografia", quer dizer, "Nós estudamos as genealogias da elite da França no final do século XIX ou XVIII".

Esses estudos concretos que, aparentemente, escapam de qualquer crítica, constituem para mim respostas malformadas e malformuladas ao problema que tento colocar ao falar de campo do poder. Quero dizer que me parece que, em toda sociedade relativamente diferenciada do ponto de vista das formas de poder, existe uma luta quanto ao poder entre os detentores de diferentes formas de poder; e muitos dos fenômenos tratados pela história da literatura ou história da arte podem ser compreendidos como manifestações dessa concorrência entre detentores de formas diferentes de poderes ou entre detentores de espécies diferentes de capital.

Evidentemente, essa noção de campo do poder não é trans-histórica. Uma das perguntas a fazer é saber quando surge um campo do poder, sob quais condições pode surgir uma luta entre diferentes poderes. Compreende-se imediatamente que, para que exista um campo do poder, é preciso haver uma diferenciação do mundo social em campos diferentes e, ao mesmo tempo, o surgimento de espécies diferentes de capital ou de espécies diferentes de poder. A história comparada dos campos do poder, que espero que seja feita, precisa basear-se num estudo das sociedades históricas relativamente diferenciadas nas quais vemos surgir oposições de maneira estruturada e permanente, uma espécie de divisão do trabalho de dominação, por exemplo entre o poder espiritual e o temporal.

O campo do poder e a diferenciação dos campos

O que sustenta essa noção de campo do poder é a ideia de que os campos do poder são a conclusão de um processo de diferenciação que não se deve confundir com um processo de estratificação. Aqui eu me referirei a Durkheim, que enxerga no processo de diferenciação o principal processo da evolução das sociedades humanas, mas ainda que esse processo de diferenciação esteja ligado a um processo de estratificação, ele não é redutível ao que normalmente consideramos o processo de estratificação. Dizer que uma sociedade se diferencia em campos não é exatamente a mesma coisa que dizer que uma sociedade se diferencia em classes sociais. Cito Durkheim, páginas 191-193 do curso *Pragmatismo e sociologia* publicado por Cuvillier em 1955 na editora Vrin[237]. Reagindo ao que chama de "vitalismo unitarista" de Bergson, Durkheim inspira-se em Spencer, para quem o universo sempre "vai do homogêneo ao heterogêneo". Ele cita a evolução que leva daquilo que chama de "estado primitivo de indivisão" ao estado diferenciado característico das sociedades modernas. O estado primitivo de indivisão caracteriza-se pelo fato de que as diversas funções (religião, direito, arte etc.) já estão presentes, mas "no estado de confusão": a vida religiosa, por exemplo, mistura o rito, a moral, o direito, a arte e até uma ciência iniciante. A evolução vai desse estado primitivo de indivisão para aquilo que ele chama de separação progressiva de todas essas funções diversas, mas primitivamente confundidas: "O pensamento laico e científico separou-se do pensamento mítico e religioso. A arte separou-se do culto, a moral e o direito separaram-se do rito"[238].

---

237. Curso proferido em 1913-1914 na Sorbonne.

238. DURKHEIM, E. *Pragmatisme et sociologie*. Paris: Vrin, 1955. p. 192.

Não posso fazer isso aqui, mas acho que valeria a pena explicitar completamente uma das chaves, um dos pontos centrais da filosofia da história de Durkheim: este considera que essa confusão inicial das funções é um obstáculo à plena realização de cada uma delas; portanto, é apenas com a diferenciação que cada uma dessas funções se realiza e a diferenciação é um progresso. Assim, "primitivamente, todas as formas de atividades, todas as funções são reunidas, como prisioneiras umas das outras; cada uma impede que a outra realize completamente sua natureza"[239]. Essa ideia pode ser reforçada empiricamente. Penso, por exemplo, que há observações na obra de Mauss inspiradas pela mesma filosofia da história que encaram a indiferenciação entre o econômico e o religioso como um obstáculo à constituição do econômico como econômico.

Por exemplo, Mauss descreve muito bem os obstáculos à racionalização, no sentido de Weber, da economia, que estão inscritos no fato de que os conceitos econômicos fundamentais não são separados dos religiosos e permanecem com conotações religiosas. Segue-se uma espécie de instabilidade conceitual – Mauss diz mais ou menos isso –, uma certa instabilidade que faz com que as sociedades pré-capitalistas indiferenciadas exijam dos agentes sociais uma espécie de enorme desperdício de energia ligado exatamente ao fato de que os conceitos econômicos não são econômicos, de que como a purificação e a especificação que são correlativas à constituição de um campo econômico não aconteceram, os conceitos econômicos são sempre sobredeterminados religiosa e eticamente[240]. Eles têm, assim, uma espécie de instabilidade conceitual e prática que faz com que as economias primitivas (a economia da dádiva, por exemplo, comparada à economia do "toma lá dá cá") sejam terrivelmente custosas; elas não são econômicas, porque exigem uma espécie de desperdício de invenção e de energia. Se examinarmos, por exemplo, a diferença entre pagar honorários e dar um presente, vemos imediatamente que o presente implica um trabalho suplementar de desperdício de energia. Mauss alude a isso.

---

239. *Ibid.*, p. 193.

240. P. Bourdieu pensa no "Ensaio sobre a dádiva" (1923-1924), que comentará mais longamente em seu curso de 1992-1993 dedicado à gênese do campo econômico. Nesse texto em particular, que termina com uma "conclusão de sociologia geral e de moral", Mauss destaca, entre outras coisas, que "as sociedades progrediram na medida em que elas mesmas, seus subgrupos e seus indivíduos, souberam estabilizar suas relações, dar, receber e, enfim, retribuir" (*In*: MAUSS, M. *Sociologia e antropologia, op. cit.*, p. 313).

O surgimento do universo "como tal"

Posto isso, podemos prolongar a análise de Durkheim por meio de uma análise weberiana à qual já aludi na linguagem que utilizei. Weber diria que as diferentes esferas não foram constituídas como tais e, em última instância, a constituição de um campo coincide com a constituição de uma axiomática específica. Em outras palavras, poderíamos dizer na linguagem de Weber (é uma lembrança, infelizmente não posso dar a referência a vocês, porque não sei onde Weber disse isso, mas estou quase certo de ter lido isso em Weber) que o surgimento de um campo autônomo diferenciado se expressa pelo surgimento do "como tal" (*als*): a economia como economia, a arte como arte, o direito como direito[241]. Em outras palavras, com o surgimento de um campo autônomo surge de maneira explícita, constituída, a constituição fundamental desse universo, a lei fundamental desse universo. Sabemos qual jogo jogamos, enquanto as economias pré-capitalistas indiferenciadas são jogos muito confusos em que nunca sabemos se estamos jogando amarelinha ou futebol etc.: pode-se mudar as regras – todas as regras estão na rua –, o que faz com que as estratégias racionais sejam extremamente difíceis de aplicar. A partir do momento em que a economia se constitui como economia, com o axioma "negócios são negócios", sabemos que "nos negócios não há sentimentos", o jogo é claro. É o "como tal"[242], mesmo que – aqui, é preciso prestar atenção para não cair no erro que denunciei na primeira hora – existam "como tais" práticos. Essa é uma ligação com o que eu disse há pouco. Existem "como tais" práticos, isto é, a constituição de uma esfera da existência constitui a lei fundamental do universo.

Desenvolvo isso com uma tese de Lukács: em *História e consciência de classe*, Lukács insiste na relação entre o surgimento de teorias puras (isso é completamente Weber) do direito, da ciência, da língua etc. com o surgimento de esferas

---

241. Talvez se trate da seção "Ética religiosa e 'mundo'" da "Sociologia da religião" em *Economia e sociedade*, *op. cit.*, v. 1, p. 385-404. Nela, Weber trata das tensões que surgem entre a religião de salvação quando ela se sistematiza e as "ordens intramundanas" que são "sistematizadas de acordo com suas legalidades intrínsecas" (p. 386). Encontramos frases que mencionam "a ética religiosa [...] como tal" (*ibid.*), a "arte puramente como tal" (p. 403), a arte que "se constitui como uma esfera" (p. 402) ou, tratando-se da economia, um processo de "objetivação [...] sobre a base da relação associativa no mercado [que] obedece a suas próprias legalidades objetivas" (p. 390).

242. P. Bourdieu já insistira nesses pontos na aula de 22 de março de 1984, na obra *Sociologia geral volume 3*, *op. cit.*

de atividades separadas[243]. Marx, num texto (aqui também não conseguirei dar a vocês a referência, trata-se de uma leitura muito antiga), [fala de] "processo de apriorização", palavra extremamente interessante, para designar o processo pelo qual o universo se constitui como autônomo, quer dizer, como autofundador: os próprios princípios desse universo aparecem como *a priori*, sem nenhum outro fundamento que não a própria existência desse universo[244]. E Lukács insiste no fato de que esse processo de apriorização, de autonomização, pelo qual o universo aparece para si mesmo como não tendo outras leis que não aquelas que ele se dá, seria a base social do surgimento de teorias puras, autônomas, recusando como pré-científica qualquer tentativa, qualquer ideia de totalização, recusando até a ambição totalizante como pré-científica. Entre os pressupostos do paradigma de Chicago que mencionei agora há pouco, está obviamente – eles não duvidam disso – esse processo de apriorização e essa espécie de afirmação de que existe uma lógica do cálculo econômico irredutível a qualquer outra lógica.

Assim, Weber insiste no fato de que o processo de diferenciação que Durkheim descreveu é inseparável da instituição de universos sociais autônomos, separados, lugares de uma legalidade específica que se manifesta numa constituição específica, de uma lei fundamental que os constitui "como tais". Esse processo de diferenciação resulta na existência de campos separados que são o local de concorrências e dentro dos quais engajam-se formas específicas de poder, na medida em que cada um dos campos é o local de uma luta por uma espécie particular de poder dentro do qual existem distribuições desiguais desse poder específico.

O poder sobre o capital

Chego ao que me parece ser o segundo momento da construção da noção de campo do poder: o campo do poder me parece ser o local de enfrentamento de diferentes poderes por meio dos agentes e instituições que detêm poder sobre campos diferentes. Essa frase não está nem um pouco clara, vou dizer de outra

---

243. LUKÁCS, G. *História e consciência de classe*. Trad. de Rodnei Nascimento. São Paulo: Martins Fontes, 2003 [*Geschichte und Klassenbewusstsein*, 1923].

244. P. Bourdieu sem dúvida pensa numa frase de Friedrich Engels que citou em outras ocasiões: "o jurista imagina operar com normas apriorísticas, mas elas são apenas o reflexo do econômico" (ENGELS, F. Carta a C. Schmidt, 27 de outubro de 1890. Trad. de Flávio R. Kothe. *In*: FERNANDES, F. [org.]. *Marx & Engels: História, op. cit.*, p. 461).

forma. O campo do poder é o local de lutas entre pessoas que não têm apenas um poder, que não têm apenas capital cultural (ou capital econômico, ou religioso, ou artístico etc.), mas que têm o suficiente desta ou daquela forma de capital específico para ter poder sobre os outros detentores dessa forma de capital específico. Para dar um exemplo: os intelectuais engajados na luta no campo do poder não serão os pequenos portadores de capital cultural, mas sim agentes cuja posição no campo intelectual, seu capital cultural, coloca-os em posição de exercer um poder sobre os outros detentores de capital cultural. Em outras palavras, o campo do poder é um local de lutas entre, no fundo, capitalistas específicos, entre detentores de capital específico em quantidade suficiente para dominar campos diferentes. Em outras palavras, para pensar o campo do poder, é preciso interpor uma distância preliminar entre a simples posse de capital e a posse de um capital que confira poder sobre o capital, isto é, sobre a estrutura de um campo e, ao mesmo tempo, sobre as taxas de lucro garantidas pela luta dentro de um campo.

Por exemplo, podemos nos referir, no caso do campo econômico, a uma distinção clássica que encontraremos em muitos economistas (em François Perroux, François Morin etc.) entre os que chamamos de "acionistas de controle", que têm uma verdadeira propriedade econômica, e os pequenos acionistas, que têm uma simples propriedade jurídica sobre uma certa quantidade de capital. Da mesma maneira, quando se trata de cultura, podemos distinguir, por exemplo, entre os simples possuidores de capital cultural e os que têm um capital suficiente para determinar a conservação ou a transformação da estrutura das chances de lucro, por exemplo no campo científico, ao manter o paradigma científico dominante ao qual está ligada uma certa estrutura da distribuição das chances de poder ou ao transformá-lo radicalmente[245]. Darei um exemplo muito mais concreto, porque isso que disse aqui pode parecer abstrato para vocês: os autores consagrados, num certo grau de consagração, têm, além de uma quantidade importante de capital, um poder sobre o capital que lhes dá essa quantidade importante de capital e que se manifesta especialmente no fato de estarem em posição de consagrar, por meio de prefácios, ou ao publicarem ou fazerem publicar outros autores. Um outro exemplo, o poder dos editores, que são personagens complexas, que, com

---

245. Cf. BOURDIEU, P. O campo científico. Trad. de Paula Montero. *In*: ORTIZ, R. (org.). *Pierre Bourdieu*: Sociologia, *op. cit.* [Le champ scientifique. *Actes de la recherche en sciences sociales*, n. 2-3, 1976].

base num capital econômico *e* cultural, podem exercer um poder extremamente importante sobre o campo intelectual ao controlar a passagem à existência, por exemplo, dos autores: são os que, em certa medida, consagram um autor, que o fazem existir ou o condenam à inexistência[246]. Eis exemplos de poder de segunda ordem, por assim dizer. Portanto, isso não é simplesmente a posse de um capital, mas um poder sobre o capital. [...]

(Eu sofro ao dizer isso, pois tenho a sensação contínua de não conseguir justificar completamente o que digo porque, por um lado, nem tudo está completamente esclarecido e, pelo outro, porque é no nível do conjunto do esquema que essas coisas que podem parecer um pouco precipitadas e assertóricas serão fundamentadas. É no nível do conjunto do esquema que as coisas que são peremptórias serão fundamentadas pelas consequências que poderei extrair dessas afirmações que podem parecer peremptórias. O lado linear do discurso é muito desagradável, porque me obriga a dizer sucessivamente coisas que seriam mais convincentes se fossem ditas simultaneamente. Sinto uma sensação subjetiva muito desagradável de arbitrariedade quando digo isso que digo.)

Essa distinção entre [a posse do capital e] o poder que dá a posse de um capital, mesmo em quantidade restrita, em relação àqueles que não têm capital nenhum (é a distinção entre o poder e o poder sobre o poder) me parece importante, porque é por intermédio dos que têm muito poder sobre um campo a ponto de estarem em posição de mobilizar o poder do campo nas lutas contra os outros campos que se realiza a luta entre os campos que é constitutiva das lutas inerentes ao campo do poder. Concretamente, poderíamos dizer, se quiséssemos dar uma definição rigorosa da classe dominante (isto é, do conjunto dos agentes que podemos classificar objetivamente como dominantes, da classe lógica dos dominantes), que ela é constituída pelo conjunto dos agentes que possuem uma quantidade desta ou daquela espécie de capital suficiente para dominar o funcionamento dos campos correspondentes e para dominar, ao mesmo tempo, o sistema de reprodução que garante a reprodução desse campo.

---

246. Num texto posterior ao curso, P. Bourdieu mencionará o editor como "um personagem duplo, [que deve saber] conciliar a arte e o dinheiro, o amor à literatura e a meta de lucro" e "que tem o extraordinário poder de assegurar a *publicação*, ou seja, de fazer com que um texto e um autor tenham acesso à existência *pública*" (BOURDIEU, P. Uma revolução conservadora na edição. Trad. de Luciana Salazar Salgado e José de Souza Muniz Jr. *Política & Sociedade*, v. 17, n. 39, p. 198-249, 2018, trad. modificada [Une révolution conservatrice dans l'édition. *Actes de la recherche en sciences sociales*, n. 126-129, p. 3-26, 1999]).

O poder e sua legitimação

Depois de dizer isso, parece-me que existem invariantes da estrutura do campo do poder e das lutas dentro dessa estrutura que se devem, acho (aqui também hesito bastante) à própria lógica do poder, quer dizer, ao fato de que, como eu disse nas aulas anteriores, o poder só se realiza realmente à medida que é reconhecido, ou seja, desconhecido como poder. O poder só se realiza numa estrutura na qual aquele que o exerce encontra a "cumplicidade" objetiva dos que o sofrem. Em outras palavras, se existem invariantes das relações de força dentro do campo do poder, se encontramos, em universos muitos diferentes, variantes da mesma oposição fundamental, é porque todo poder deve se legitimar, deve se fazer reconhecer para poder ser exercido duravelmente. Como o poder deve produzir a crença em sua própria legitimidade, há assim um espaço para uma divisão do trabalho de dominação entre os que exercem o poder político, econômico, militar etc. e os que, consciente ou inconscientemente, contribuem para produzir essa condição de exercício do poder que é o reconhecimento da legitimidade do poder. Estou muito envergonhado, porque pareço – e acho que faço isso – postular a existência de uma espécie de natureza do poder; tendo em vista meu modo de pensar, eu preferiria não ter que fazer esse postulado, mas isso se deve à minha linguagem: não posso recontar tudo o que disse nas duas aulas anteriores sobre as relações entre *habitus* e estrutura, sobre o fato de que a relação de dominação é dedutível daquilo que descrevi esta manhã; é uma relação na qual os dois termos não contam, na qual o que conta é exatamente a própria relação.

Dessa forma, o campo do poder encontra o princípio de sua divisão no fato de que, para se manter de maneira durável, o poder deve contribuir para sua própria legitimação, de modo que o campo do poder tende sempre a se organizar ao redor da oposição entre o poder político ou temporal – que pode ser, dependendo das conjunturas e das épocas, de domínio militar, econômico, político etc. – e o poder cultural ou espiritual. Assim, é essa propriedade fundamental, essa relação fundamental entre o poder e sua legitimação, que faz com que encontremos, acho, entre as invariantes da divisão do trabalho de dominação, ou seja, de modo geral, aquilo que descreve a tríade de Dumézil do poder temporal, do poder espiritual, complementares e opostos na dominação que exercem sobre o terceiro personagem da tríade, isto é, os dominados[247]. Na linguagem de Duby, que aplica o modelo de Dumézil a um universo mais próximo de nossa experiência, é a oposição entre os *bellatores*, os detentores do poder militar, os *oratores*, ou seja, os que oram e os que falam (e, em particular, os que falam do poder, os que enunciam o poder), e por fim os *laboratores*, os dominados[248].

Para dizer as coisas de maneira simples: é porque o poder, qualquer que seja, só pode se impor de modo durável se se fizer reconhecer como legítimo ao dissimular o arbitrário da força que está em sua base, que o poder militar ou econômico etc. é tributário de um poder propriamente simbólico, de um poder propriamente cultural, que deve adicionar de alguma forma sua força própria ao poder de fato para que esse poder de fato possa produzir seus efeitos e para [que ele possa garantir] uma reprodução durável de seus efeitos. Assim, é em nome dessa espécie de axioma da dependência do poder de fato em relação a um poder simbólico de legitimação que podemos fundamentar a oposição historicamente atestada em conjunturas e contextos diferentes entre os dois poderes e essa espécie de divisão do trabalho de dominação, de complementariedade antagônica entre os dois poderes.

Depois disso, vou simplesmente anunciar em poucas palavras o que gostaria de dizer nas próximas aulas. Eu disse: "complementariedade antagônica". Um dos principais problemas do poder é que ele só pode se exercer se for legítimo (primeira proposição), mas ele não se legitima sozinho (segunda proposição). [...]

(Estou terrivelmente desconfortável, porque pareço fazer o que detesto nas ciências sociais, a saber, uma espécie de gênese transcendental do mundo social. Eu pareço fazer o que Sartre fez na *Crítica da razão dialética*: eu me dou duas ou três definições e reengendro a história. É terrível proceder assim. Ao mesmo tempo, quando queremos demonstrar coerência, é extremamente difícil não fazer esse tipo de coisa, isto é, não dar um certo número de princípios simples que

---

247. Com um trabalho de mitologia comparada, Georges Dumézil formula uma teoria da "trifuncionalidade" (religião, guerra, produção). Cf. em particular *L'Idéologie des trois fonctions dans les épopées des peuples indo-européens* [*A ideologia das três funções nas epopeias dos povos indo-europeus*]. Paris: Gallimard, 1968; *Les Dieux souverains des Indo-Européens* [*Os deuses soberanos dos indo-europeus*]. Paris: Gallimard, 1977.

248. DUBY, G. *As três ordens ou o imaginário do feudalismo*. Trad. de Maria Helena da Costa Dias. Lisboa: Estampa, 1982 [*Les trois ordres ou l'imaginaire du féodalisme*. Paris: Gallimard, 1972].

combinamos para encontrar a realidade. Qual é a diferença entre uma espécie de axiomatização por ajustes a uma realidade que já conhecemos, ou seja, uma falsa criação transcendental, e uma espécie de construção fundamentada historicamente, que é o que tento fazer? Tenho medo o tempo todo de que vocês tenham a impressão de que faço uma falsa criação transcendental.) [...]

Como a questão da legitimidade, isto é, do reconhecimento, se coloca para todo poder e como nenhum poder pode se exercer de modo durável a não ser que obtenha dos dominados uma espécie de adesão, de crença fundamentada no desconhecimento, o poder, portanto, invoca instâncias de legitimação. Por que ele invoca instâncias de legitimação? Essa é minha segunda proposição. Porque não se pode se legitimar sozinho. O paradigma que utilizo para que vocês entendam é o paradigma de Napoleão coroando a si mesmo[249]. Coroar a si mesmo é uma tentação permanente para um poder, ou seja, exercer ele mesmo o trabalho de reconhecimento. Quando o primeiro-ministro diz para a imprensa que é preciso dizer sobre o primeiro-ministro aquilo que o primeiro-ministro quer que se diga sobre o primeiro-ministro, isso não é acidental de jeito nenhum, isso é inerente ao poder: faz parte das condições de existência do poder querer impor sua própria imagem e estar em posição de fazê-lo em grande parte, desde o retrato do rei até a estátua equestre[250]. Essa tentação nada tem de psicológica: se o poder for o que digo, a saber, alguma coisa que exige sua justificação e seu reconhecimento para não ser ameaçado como poder, ela é inerente ao poder. É, dessa maneira, uma condição de existência reprodutível [quer dizer, para a reprodução indefinida do poder]. Isso faz parte do *conatus* de qualquer poder, para retomar o que eu disse há pouco, querer perseverar no ser, querer se reproduzir, se perpetuar e, ao mesmo tempo, produzir uma representação do poder que implica a continuação do poder (primeira proposição).

Segunda proposição: mas não se pode se legitimar sozinho. Se, como faziam os surrealistas, eu digo que sou o maior poeta vivo – já usei muito esse exemplo –, vemos com clareza demais até que ponto tenho interesse em dizer que sou o maior poeta vivo para que o mecanismo de desconhecimento funcione. Um dos grandes problemas do poder é conseguir as pessoas mais estranhas ao poder

---

249. P. Bourdieu já mencionara esse paradigma durante suas aulas (cf. em particular *Sociologia geral volume 1*, *op. cit.*, p. 124-125 [146-147]).

250. Sobre esse ponto, cf. a aula de 9 de maio de 1982 (*Ibid.*, p. 50-51 [55-56]).

possíveis que digam que o poder é legítimo. Um outro exemplo simples para dar a intuição (quero tentar dar a vocês a intuição antes de propor a formulação formal): mencionarei como exemplo os círculos de legitimação curtos que vemos constantemente na imprensa, nos semanários como *Le Nouvel Observateur* etc. Quando estamos bem-informados, sabemos que tal escritor-jornalista escreve sempre sobre fulano que escreve sempre sobre esse escritor-jornalista. Para alguém que está iniciado, o principal efeito que é a condição da legitimação, ou seja, o efeito de desconhecimento, não se produz: a independência, a indiferença e o desinteresse daquele que reconhece em relação àquilo que reconhece não é comprovada, e o reconhecimento é de alguma forma desqualificado, pois aparece como determinado pelo poder, não aparece como um ato de reconhecimento livre e desinteressado.

Estamos muito próximos da lógica hegeliana, mas acho que repensada historicamente. Para que um ato de reconhecimento seja socialmente eficaz, independentemente do que pensemos sobre as teorias da liberdade, é preciso que ele pareça não determinado pela eficácia política daquele que é reconhecido. É a suspeita que atinge os clubes de admiração mútua tão frequentes na filosofia, literatura e poesia. A suspeita que sempre atinge os escritores ou jornalistas de serviço inspira-se numa tese antropológica fundamental sobre o que é a legitimidade.

Quanto mais um ato de reconhecimento for reconhecido como legítimo, isto é, quanto mais desconhecido na verdade de suas dependências, maiores suas chances de ser reconhecido de modo geral como legitimador. Por exemplo, quanto mais autônoma for a celebração da casta sacerdotal de César, mais valor ela terá, e o problema mais interessante é o das relações entre os juristas e os poderes, porque esse é o caso em que o problema se coloca em toda a claridade. Historicamente (há muitas obras sobre essa questão), o corpo dos juristas é construído a partir do fato de lutas muito complicadas contra os príncipes[251]. Os príncipes achavam que ninguém conseguia fazer justiça melhor do que eles, não enxergavam razões para delegar e houve uma espécie de luta histórica do corpo dos juristas, que tinham seus interesses na autonomia, contra os príncipes, mas também com eles, já que

---

251. P. Bourdieu dedicará um curso inteiro à análise do campo jurídico (curso do ano letivo 1988-1989), assim como um artigo (A força do direito: elementos para uma sociologia do campo jurídico. *In*: BOURDIEU, P. *O poder simbólico*. Trad. de Fernando Tomaz. Rio de Janeiro: Bertrand Brasil, 1989. p. 209-254 [La force du droit. Éléments pour une sociologie du champ juridique. *Actes de la recherche en sciences sociales*, n. 64, p. 3-19, 1986]).

o corpo dos juristas tinha interesse em que os príncipes compreendessem que era de seu interesse respeitar a liberdade dos juristas, porque se os juristas fizessem o mesmo julgamento que o príncipe e parecessem ser livres em relação a ele, seu julgamento seria muito mais poderoso simbolicamente do que o *self-service* jurídico do príncipe. Da mesma forma, se o cronista de Luís XIV consegue se fazer parecer como autônomo em relação a Luís XIV, seu discurso será muito mais legitimador que as memórias de Luís XIV, que [parecem] autocelebração.

No fundo, o que eu queria dizer é que um poder deve se fazer reconhecer, deve obter a crença, isto é, o desconhecimento. Em segundo lugar, quando se trata do poder, o axioma "se quiser algo bem-feito, faça você mesmo" é falso. Se existe um caso em que fazer você mesmo é fazer errado, é a legitimação. Precisamos no mínimo de uma outra pessoa, mas de uma outra pessoa o mais distante possível do ponto de vista das relações de poder. São esses dois axiomas que explicam que encontremos de modo quase universal uma espécie de átomo elementar de divisão do trabalho de dominação, com os que simplesmente dominam e os que contribuem para a dominação por meio de um exercício específico, um exercício da produção de um discurso sobre o mundo social que, quanto mais independente pareça do poder que consagra, mais servirá para a perpetuação da dominação. Na aula que vem voltarei a isso. Obrigado.

Aula de 5 de junho de 1986

Primeira hora (aula): os eternos falsos problemas. – A alternativa entre o mecanicismo e o finalismo, e as condições de racionalidade. – Oposições científicas e oposições políticas. – O domínio prático das estruturas. – A imposição do ponto de vista do direito. – Segunda hora (seminário): o campo do poder (2). – O exemplo das "capacidades". – Sistema escolar, *numerus clausus* e reprodução social. – A busca de formas estáveis do capital. – As estratégias de reprodução segundo as espécies de capital. – Sociodiceia e ideologia.

Primeira hora (aula): os eternos falsos problemas

[*P. Bourdieu começa pedindo para não ser gravado e explica o motivo:*] A comunicação tal como a concebo pressupõe uma forma de liberdade que já é difícil de instaurar numa relação com um público tão vasto, mas a situação se torna impossível se adicionamos a gravação com tudo que ela implica de eternização e objetivação. Entre outros fatores, a gravação contribui para tornar muito difícil para mim a experiência da emissão [*i.e.*, o fato de ter que me expressar] e acho que, ao mesmo tempo, a qualidade do que tenho a dizer sofre muito por isso[252].

---

252. Se, apesar desse pedido, nós publicamos *in extenso* esta gravação de seu curso que ele fez para seu uso pessoal, já que P. Bourdieu utilizava as aulas e seminários menos como ocasiões para expressar o "já pensado" do que como uma incitação a prosseguir com sua reflexão ao expô-la, é porque, além do interesse em si que esta exposição apresenta – que preferimos reproduzir exatamente ao invés de restituir com anotações parciais e imprecisas –, as reticências que ele explicita para justificar essa proibição para seu auditório ultrapassam o caso particular e constituem uma advertência que vale para a maneira de ler o conjunto de seu curso, insistindo especialmente no fato de que não se deve tomar "ao pé da letra" o texto, que é a retranscrição de um discurso oral parcialmente improvisado e inacabado.

Como eu já disse no passado, o ensino tal como eu o concebo deve ser exposto (como dizemos "fazer uma exposição"). Se as formas ordinárias da comunicação pedagógica, como a maioria das produções acadêmicas, têm como princípio dominante obedecer a uma preocupação extrema de proteção (da dissertação à tese, um dos imperativos principais é expor-se o mínimo possível), parece-me que a comunicação científica pressupõe, pelo contrário, que tomemos riscos; como resultado, ficamos expostos a réplicas, críticas e objetivações que podem ser desagradáveis. Como eu tento fazer isso em condições que são muito pouco favoráveis, não posso romper os limites para além dos quais isso se tornaria insuportável, e se eu não quiser que essas aulas se tornem uma obsessão, sou obrigado a pedir a vocês para não as gravarem mais.

Retomo tentando dizer o que tentei dizer na última aula. Demonstrei que as ciências sociais se deparam com uma série de pares epistemológicos, de oposições, de alternativas entre as quais os especialistas sentem-se obrigados a escolher apesar de elas deverem sua força essencialmente a razões sociais. Elas são problemas sociais que tendem a se impor como problemas sociológicos ou até como problemas epistemológicos. Da mesma maneira, é importante objetivá-las, constituí-las como tais. Para fazer isso direito, seria preciso analisá-las, mostrar como as oposições constitutivas desses problemas sociais se distribuem no espaço social tomado em seu conjunto ou dentro do campo científico, ver como os campos se constituem, sobre quais bases, quais variáveis os determinam. Como a hipótese que fiz era que os agentes sociais, tanto no campo social como no científico, não se distribuem por acaso entre os polos dessas oposições, seria preciso analisá-las e objetivá-las para conseguir, de alguma forma, a força para superá-las. Em seguida, seria preciso objetivar esses esquemas que, por serem estruturas objetivas do espaço social e do campo científico, tendem a se tornar estruturas mentais, e, portanto, a parecer evidentes, o que dificulta sua demolição e seu questionamento. Ora, quando as transferimos para o campo científico, quando fazemos delas – como muitas vezes é o caso – problemas epistemológicos, esses problemas sociais convertidos em problemas sociológicos tornam-se falsos problemas e bloqueiam a pesquisa, favorecendo uma espécie de eternidade fictícia que nasce precisamente da historicização repetida eternamente.

Esse é um outro paradoxo simples que é preciso ter em mente: os problemas eternos são muitas vezes os problemas historicizados constantemente. Podemos tomar o esquema que sustenta o livro célebre de Troeltsch sobre a história do catolicismo: desde as origens até nossos dias, o catolicismo não parou de mudar de sentido e é essa espécie de historicização permanente que faz sua eternidade[253]. Da mesma forma, os problemas filosóficos (os que chamamos desse jeito nas escolas) são eternos, porque são eternamente reproduzidos em benefício de uma historicização inconsciente. É o que faz o professor de filosofia: "*A república* de Platão nos permite compreender a oposição entre a RPR e a UDF"[254]. (Eu brinco para não ser maldoso, mas poderia dar exemplos verdadeiros que seriam cruéis...) Essa espécie de eternidade vinda da recriação contínua também faz parte da potência social desses problemas. Os filósofos são os guardiões dos problemas eternos e, mesmo que essa não seja de jeito nenhum a ideia que eles fazem de si mesmos, acho que eles funcionam como cães de guarda[255], particularmente em relação às ciências – outrora as ciências naturais, hoje em dia as ciências sociais – que os chateiam ainda mais ao tirar deles a maior parte de seus objetos e, além disso, às vezes cometem a imprudência de objetivá-los em seu trabalho de eternização.

Essa eternização dos problemas encontra assim sua fundamentação na própria lógica do campo científico que, como eu já disse mil vezes, procede através ou de grandes revoluções radicais como a de Copérnico ou por pequenas revoluções permanentes como nas ciências muito avançadas, por exemplo a física. Muitas vezes, essas revoluções assumem a forma de uma oposição entre gerações simplesmente porque opõem os recém-chegados ao campo científico, que são evidentemente mais jovens, aos ocupantes atuais, aos já consagrados[256]. Nessa luta, as oposições eternas que mencionei são muito úteis, porque sempre podemos voltar ao caso anterior. Nas ciências sociais, por exemplo, quando saímos de uma fase que, no final da década de 1960, tinha sido terrivelmente (e para mim estupidamente: na época eu estava muito descontente quanto a essa tendência) objetivista e estruturalista, como dizia-se na época, os recém-chegados que queriam constituir sua identidade e originalidade tendiam espontaneamente – já que o espontâneo é condicionado socialmente – a

---

253. TROELTSCH, E. *Die Absolutheit des Christentums und die Religionsgeschichte* [*O caráter absoluto do cristianismo e a história das religiões*], 1902.

254. Siglas dos dois principais partidos de direita franceses na década de 1980, União pela República e União pela Democracia Francesa.

255. Talvez se trate de uma alusão rápida ao livro sobre os filósofos de NIZAN, P. *Les Chiens de garde*. Paris: Rieder, 1932.

256. BOURDIEU, P. *O campo científico, op. cit.*

desenvolver teorias que poderíamos chamar de subjetivistas ou construtivistas. Eles queriam restaurar o sujeito[257] e caíam nas posições que os estruturalistas criticavam trinta anos antes. E a história recomeça... Eu acho que poderíamos (com alguns riscos) prever grosseiramente a próxima moda (que não é uma moda, como eu disse aula passada), quando entendemos que os retornos, tão frequentes em matéria de arte, jamais são retornos puros e simples a não ser que sejamos completamente ignorantes da história do campo, ou seja, estrangeiros no campo – é isso que define o ingênuo. As pessoas dizem "retorno a Condillac" ou "retorno a Kant", o que já foi feito tantas vezes que é surpreendente que ainda se possa fazer na França[258], mas a França tem esse privilégio, baseado em grande parte na falta de cultura, de poder recomeçar do zero toda vez...

Os retornos são ainda mais perniciosos quando utilizam, navegam e surfam numa onda e ao mesmo tempo autorizam sempre uma lacuna minúscula que faz sua originalidade. A lógica do campo favorece os movimentos pendulares que permitem e explicam esses retornos enquanto contribuem para dificultar a superação dos falsos problemas. Como eu disse na última aula, os que se esforçam, os que conseguem – isso acontece – superar essas alternativas são constantemente convocados pelos que permanecem presos nos problemas sociais a situarem-se em relação à alternativa que superaram. Como vocês suspeitam, obviamente penso em mim mesmo, mas é um caso muito frequente: convocamos e convocaremos eternamente Marx, Weber, Durkheim e alguns outros a situarem-se em relação às alternativas que eles superaram em sua obra. Assim, fabrica-se o jovem Marx contra o velho Marx[259] (ainda não se fez isso para Durkheim, mas pode ser feito [*risos na sala*]!), ou um Weber subjetivista e um Weber objetivista. Como uma obra importante é grande [*i.e.* longa], ela comporta épocas e sempre se pode produzir essa espécie de distinção. Evidentemente – sempre repito isso –, o *homo*

---

257. Sobre esse ponto e outros aspectos mencionados na sequência dessa aula, cf. BOURDIEU, P.; PASSERON, J. C. Sociology and philosophy in France since 1945: death and resurrection of a philosophy without subject [Sociologia e filosofia na França desde 1945: morte e ressurreição de uma filosofia sem sujeito]. *Social Research*, v. 34, n. 1, p. 162-212, 1967.

258. P. Bourdieu dá o exemplo de Kant sem dúvida porque ele pairava no ambiente da década de 1980 (por exemplo, RAYNAUD, P. Le retour à Kant et la philosophie politique [O retorno a Kant e a filosofia política]. *Commentaire*, n. 30, p. 651-657, 1985).

259. Essa oposição foi sustentada em particular por Louis Althusser, para quem o "jovem Marx", ideológico, estaria separado do "velho Marx", científico, por uma "ruptura epistemológica" acontecida em 1845-1846 (ALTHUSSER, L. *Por Marx*. Trad. de Maria Leonor F. R. Loureiro. Campinas: Editora da Unicamp, 2015 [*Pour Marx*. Paris: Maspero, 1965]).

academicus é determinante nesses processos: ele precisa classificar, encontrar-se, dar aulas com visões cômodas e é muito útil numa aula opor Durkheim a Weber, por exemplo; como resultado reproduz-se eternamente uma alternativa cuja tentativa de superação eles tinham em comum, o que não quer dizer que eles não tenham verdadeiras oposições, mas elas estão em outro lugar, onde não as encontramos a não ser que saiamos desses debates.

No fundo era isso que eu queria dizer. É um pouco embaraçoso dizer as coisas dessa forma, mas como este é o final da estratégia intelectual que aplico há anos, não posso não dizer isso num certo momento do desenvolvimento do meu trabalho.

A alternativa entre o mecanicismo e o finalismo, e as condições de racionalidade

Essas alternativas não são nem sequer teses ou antíteses que precisaríamos superar no sentido hegeliano; elas devem ser deixadas de lado, ser completamente ignoradas: é preciso reconstruir completamente as questões que elas postulam. Darei o exemplo, que já desenvolvi mil vezes, da alternativa entre o mecanicismo e o finalismo. Ela renasce hoje em dia com os que utilizam a teoria dos jogos para descrever as condutas humanas: não há nada de errado com isso, tirando que eles aplicam a filosofia de tipo racionalista e finalista que critiquei aula passada. Eles postulam a hipótese antropológica fundamental de que os agentes sociais sabem o que fazem, no sentido em que calculam, projetam fins, têm planos e têm um domínio consciente não apenas do que fazem, mas dos modelos segundo os quais fazem o que fazem. Poderíamos transpor aquilo que Leibniz disse sobre Deus – *Dum deus calculat mundus fit*, "Deus calcula e o mundo se faz"[260]: os agentes sociais calculam e agem. Ao ler algumas obras que aplicam a teoria dos jogos ou outras formas de modelos científicos, temos a impressão de que, antes de tomar uma decisão estratégica elementar que, em geral, deve ser tomada num milésimo de segundo, os agentes constroem curvas de oferta e demanda, procuram o ponto de Schelling[261] e, se não o encontram, resolvem-se a decidir sem saber.

---

260. GERHARD, C. I. (org.). *Die philosophischen Schriften von Gottfried Wilhelm Leibniz [Os escritos filosóficos de Gottfried Wilhelm Leibniz]*. Berlim: Weidmann, 1875-1890. v. 7, p. 191.

261. Noção da teoria dos jogos proposta, com o nome de "ponto focal", em SCHELLING, T. *The strategy of conflict [A estratégia do conflito]*. Cambridge: Harvard University Press, 1960. Trata-se da solução (por exemplo, para ter a possibilidade de se encontrarem) para a qual tendem a convergir duas pessoas que não têm a possibilidade de comunicarem-se.

Por seu lado, a hipótese da reação mecânica faz como se os agentes sociais fossem autômatos ou até realidades físicas determinadas como a limalha num campo. A alternativa muito cômoda entre o cálculo racional e a reação mecânica pode durar eternamente. Ela dificulta a formulação do problema tal como eu o propus, a saber: não seriam os agentes sociais, como dizia Leibniz, "empíricos na maioria de suas ações"[262], ou seja, movidos por determinações que não estão nem do lado do objeto, nem do sujeito, mas que estão numa certa relação obscura – é o sentido das análises anteriores – entre o indivíduo socializado que chamo de *habitus* e o mundo social, ambos estruturados sob formas homólogas?

Ao formular o problema dessa maneira, podemos nos perguntar sobre as condições sociais e históricas nas quais pode surgir algo como uma decisão racional. Quais condições sociais e históricas devem ser cumpridas para que devamos e possamos sair da rotina dos automatismos nos quais os problemas não se colocam como problemas (foi o que eu disse aula passada) e para que seja formulado explicitamente o espaço dos possíveis, o universo das escolhas, as consequências dessas escolhas, o valor relativo das diferentes consequências? É certamente mais nas situações críticas que se rompe a continuidade das antecipações bem atendidas pelas expectativas sobre o mundo, pelo porvir do mundo: a crise, a ruptura, o desconcerto, a surpresa obrigam a interrogar o universo, o que não quer dizer que as condições do cálculo racional estejam cumpridas. As condições para que um cálculo racional seja possível são a posse de um capital cultural (evidentemente, distribuído de forma desigual), quer dizer, de ferramentas e instrumentos racionais forjados pela história. É também uma certa postura global em relação ao mundo que se adquire quando estamos posicionados em condições objetivas nas quais a racionalidade tenha um sentido.

Talvez eu retome esse tema da *skholè*. Acho que esse velho tópico da tradição universitária repousa sobre algo de verdadeiro. Platão diz em algum lugar que os filósofos se distinguem dos advogados, das pessoas de ação, pelo fato de terem a *skholè* (σχολή), isto é, o tempo, o lazer, e *skholè* está na base de "escolar", "escolástica" etc.[263]. Eu ligo essa análise célebre de Platão ao que Austin diz em algum lugar

---

262. Cf. *supra*, nota 127.

263. "[...] o tempo [σχολή] de que [os filósofos] sempre dispõem, por terem folga para conversar em paz, tal como se dá neste momento conosco [...]. É o que eles fazem quando um novo tema lhes agrada mais do que o debatido, sem se preocuparem se a conversa dura muito ou pouco. O que importa é atingir a verdade. Os outros, ao revés disso, só falam com o tempo marcado, pre-

de passagem: ele diz que um certo número de problemas que os filósofos adoram são, em última instância, o produto daquilo que chama de *scholastic view*[264] [visão escolástica], quer dizer, o ponto de vista escolástico. Podemos nos fixar na palavra *skholè* no sentido forte ("lazer"), mas Austin coloca nela outras coisas: existe uma tradição acadêmica, problemas que se colocam, pois sempre são colocados. Por exemplo, para Austin, um pressuposto constitutivo da *scholastic view* é que o senso comum é sempre mais estúpido do que o senso comum erudito que o filósofo desenvolve. Ora, ele demonstra (e assim explicita uma das teses implícitas da filosofia analítica) que o senso comum é muitas vezes muito mais erudito do que o senso comum erudito e que as distinções filosóficas tradicionais, mesmo as mais sofisticadas, são extremamente simplistas em relação às distinções que descobrimos na linguagem comum quando sabemos analisá-la corretamente. (Isso é absolutamente magnífico, porque é minha doutrina e quando um filósofo a admite, fico satisfeito e acho que isso é importante.)

Portanto, a *scholastic view* é uma postura particular em relação ao mundo que se torna possível pelo fato de não estarmos engajados na urgência do mundo, de termos uma extensão de tempo. Não se trata simplesmente de dizer que as ações da vida não têm nenhuma espera, que não temos o tempo de decidir, que é preciso decidir com urgência. Isso, até os defensores mais fanáticos da

---

midos a todo instante pela água da clepsidra, que não os deixa alargar-se à vontade na apreciação dos temas prediletos. Ademais, o adversário não arreda pé de junto deles, a insistir nos artigos da acusação, de nome antomosia, outras tantas barreiras que não podem ser ultrapassadas" (PLATÃO. Teeteto. *In: Id. Teeteto e Crátilo*. Trad. de Carlos Alberto Nunes. Belém: UFPA, 1988. 172e, p. 44-45).

264. "Minha opinião geral sobre [essa doutrina] é a de que se trata de um ponto de vista [tipicamente] *acadêmico* [*scholastic*], imputável, primeiro, a uma obsessão por umas poucas palavras, cujos usos são simplificados em excesso e não são realmente entendidos, cuidadosamente estudados ou corretamente descritos; e, segundo, a uma obsessão com uns tantos 'fatos' mal estudados (e quase sempre os mesmos). (Disse 'acadêmico', mas poderia também ter dito 'filosófico'; simplificação excessiva, esquematização e constante repetição [obsessiva] da mesma série de 'exemplos' estéreis não apenas não são peculiares a este caso, mas são por demais difundidos para poderem ser descartados como uma fraqueza ocasional dos filósofos.) O que acontece, como procurarei mostrar, é que [nossas] palavras correntes são muito mais sutis em seus usos, e marcam muito mais distinções do que as vislumbradas pelos filósofos, e que os fatos da percepção, [tais] como descobertos, por exemplo, pelos psicólogos, mas também pelo comum dos mortais, são muito mais diversos e complexos do que se tem pensado. É fundamental, aqui como em toda parte, abandonar os velhos hábitos da *Gleichschaltung*, a adoração profundamente arraigada de dicotomias bem-arrumadinhas" (AUSTIN, J. L. *Sentido e percepção*. Trad. de Armando Mora de Oliveira. São Paulo: Martins Fontes, 2004. p. 5 [*Sense and Sensibilia*. Oxford: Clarendon Press, 1962. p. 3, trad. modificada]).

teoria da ação racional admitem; eles dirão que existem casos, por exemplo um general no campo de batalha, em que não podemos fazer o cálculo de maximização e precisamos simplesmente decidir. Não é isso que quero dizer; o importante é que a postura racional, o *habitus* racional, a propensão a adotar uma postura calculista diante dos problemas da vida, por exemplo, antes de comprar um apartamento ou escolher um cônjuge (esse é um exemplo dos teóricos da ação racional[265]; eles não recuam diante de nenhum sacrilégio [*risos na sala*]! Eles contemplam isso de modo muito sério, mesmo que admitam que nesse caso, manifestamente, há outras variáveis que escapam ao cálculo...), é tributária não apenas da *skholè* imediata, na situação de decisão, mas também da *skholè* constitutiva de alguma forma, enquanto a condição da constituição de uma disposição a tomar distância, a adotar em relação ao mundo o olhar distante e afastado que é preliminar à própria ideia de cálculo racional. Evidentemente, as duas coisas, a disposição escolástica e a competência racional [...] estão em geral correlacionadas na medida em que, por exemplo, ambas são a condição do acesso e sucesso no sistema escolar. Essa distinção de razão que faço é importante porque há muito mais na postura racional do que a propriedade dos instrumentos racionais: a apropriação de instrumentos matemáticos no ensino escolar se defronta com um obstáculo gigantesco nas crianças que vêm de meios nos quais essa postura não é comum, já que a adoção da postura é a própria condição da aquisição dos instrumentos nos quais a postura se realiza. (É a mesma coisa para a disposição estética: essa disposição muito geral a observar as coisas como finalidade sem fim é independente da competência artística específica, apesar de ser a condição da aquisição dessa competência.)

Essa alternativa entre a ação racional e a ação determinada pelas causas, desse modo, desaparece completamente quando nos colocamos o problema das condições reais de adoção da conduta racional. Descobrimos que não é preciso escolher entre os dois termos da alternativa e, depois de descobrirmos que existem outros princípios determinantes da prática que não a coerção mecânica ou o projeto racional, somos levados a nos perguntar quais são as condições estruturais e ocasionais para que um agente determinado obedeça a um ou outro dos princípios de

---

265. Alusão a BECKER, G. S. *The economic approach to human behavior* [*A abordagem econômica ao comportamento humano*]. Chicago: University of Chicago Press, 1976. cap. 11, "A theory of marriage" ["Uma teoria do casamento"]; *Id. A Treatise on the family* [*Um tratado sobre a família*]. Cambridge, MA: Harvard University Press, 1981.

determinação da ação. Em outras palavras, enquanto a alternativa conduz a uma espécie de monismo (as pessoas dizem: "Eu sou mecanicista!" ou "Eu sou finalista!"), uma tentativa científica de responder ao problema formulado corretamente leva a dizer: quais são as condições estruturais e ocasionais que dão conta do fato de que, numa situação determinada, um agente determinado obedecerá em sua prática mais às coerções mecânicas, mais ao cálculo racional ou mais – como é o mais provável – às determinações obscuras ligadas à relação entre seu *habitus* e o campo no qual ele funciona?

Para essa pergunta, a única resposta é a empírica, mas obviamente "empírica" não significa sem teoria: construiremos modelos com um certo número de parâmetros que faremos variar e veremos em situações concretas diferentes o valor que esses parâmetros terão e ao mesmo tempo a forma concreta que o modelo tomará em cada caso. Logo, escapamos da alternativa para chegar numa espécie de praxeologia pluralista: existem muitos princípios de ação que têm pesos diferentes dependendo dos agentes sociais e das situações e, portanto, dependendo da relação entre os agentes sociais e as situações. Isso é simples, isso é desapontador, mas matamos um *Streit* ["conflito"] eterno... enfim, não o matamos, porque infelizmente vão continuar a me perguntar: "Mas então o *habitus* é uma noção determinista ou não?"... e continuarei a responder.

Oposições científicas e oposições políticas

Uma outra oposição importante atualmente nas ciências sociais é, rapidamente, a oposição entre estruturalistas e construtivistas. Terminarei o conjunto dessas aulas com esse problema, porque é uma divisão importante no mundo social e, nesse caso, acho que é possível reestruturar a oposição de maneira a fazer uma verdadeira síntese das duas posições antagônicas.

Apresento a posição estruturalista de uma forma simplista, mas correta: os defensores da posição estruturalista na utilização social ordinária do termo dirão que existem estruturas objetivas, que o mundo social tem regularidades, que não se faz qualquer coisa que se queira no mundo social. Eles vão se opor ao que chamarão de "espontaneísmo". Lévi-Strauss, num texto, desenvolveu recentemente essa oposição, qualificando os que questionam o estruturalismo, no movimento pendular que tende a derrubar sua dominação, de "espontaneístas" que contestam qualquer regularidade[266]. A palavra "espontaneísta", que ele emprega cientemente, é muito interessante, porque tem conotações políticas. É uma alusão àquelas pessoas que, em 1968, sacudiram as estruturas sociais e queriam colocar a anarquia na rua. Assim, o defensor de um dos polos se serve – isso é muito clássico nos combates científicos – da importação política, sempre presente, mas no estado reprimido, nos conceitos que utiliza para amedrontar o sujeito da posição que ele combate: "Atenção, saiba o que faz: se você cai no espontaneísmo, está do lado dos que desceram para a rua, que defendem a anarquia, que fazem do sujeito uma espécie de criador livre que sacode as estruturas, brandindo a bandeira preta ou a vermelha, ou as duas ao mesmo tempo". O defensor da posição estruturalista de fato inventa uma posição espontaneísta que não existe de verdade, mas que poderia ser o princípio real das posições.

Nesse caso, trata-se de problemas muito técnicos: será que as trocas matrimoniais têm como princípio modelos estruturais ou estratégias, isto é, ações cujos "sujeitos" são os agentes sociais? Nesse debate, que poderia permanecer muito teórico e resumir-se a confrontações de diagramas de parentesco sobre a prima paralela e a cruzada, vemos ressurgir bruscamente um problema político que dividiu a geração. E é verdade que, para a *doxa* – não nos livros recentes que misturam tudo e não têm interesse algum[267] –, as pessoas da geração de 1968 desenvolveram, contra o estruturalismo e suas definições objetivistas do mundo social como estruturas duras, prisões, fechamentos, uma representação do mundo social como efervescente, dinâmico, espontâneo, saltante etc.

Menciono isso porque, como já disse mil vezes, por trás das opiniões científicas há quase sempre oposições intuitivas muito confusas e, muitas vezes, metáforas. Por exemplo, há alguns anos eu me diverti fazendo uma análise de um certo número de textos de [inaudível] que eram muito divertidos por essa razão. No fundo, eles tinham muito poucos conceitos como base, mas havia metáforas: o jato d'água, o jardim à inglesa contra o jardim à francesa, o jato d'água contra

---

266. LÉVI-STRAUSS, C. L'ethnologie et l'histoire [A etnologia e a história]. *Annales ESC*, v. 38, n. 6, p. 1217-1231, 1983. Trata-se do texto da conferência Marc Bloch que Claude Lévi-Strauss pronunciou em junho de 1983; P. Bourdieu já se expressara sobre essa conferência: BOURDIEU, P. Da regra às estratégias. *In: Id. Coisas ditas*. Trad. de Cássia R. da Silveira e Denise Moreno Pegorim. São Paulo: Brasiliense, 1990. p. 77-95 (*Choses dites*. Paris: Minuit, 1987. p. 75-93).

267. Sem dúvida, alusão ao ensaio de FERRY, L.; RENAUT, A. *La Pensée 68*. Essai sur l'anti-humanisme contemporaine [*O pensamento 68*: ensaio sobre o anti-humanismo contemporâneo], publicado em novembro de 1985 pela editora Gallimard.

a canalização, canalizar etc. As metáforas são muito importantes. Elas sustentam as tomadas de posição sobre os problemas epistemológicos e, quando eu disse há pouco que postulava a hipótese da existência de uma relação significativa, tanto estatística quanto inteligivelmente, entre as posições sobre esses grandes problemas e as posições no espaço social e no espaço científico, era isso que eu queria dizer: acho que essas metáforas são a mediação entre as posições e as tomadas de posição quanto a esses problemas. Assim, se você prefere o jato d'água, você é efervescente, espontaneísta; se você prefere o canal, você é estruturalista... agora vocês entendem por que não quero que gravem [*risos na sala*]! Imaginem se alguém citar isso e colocar "(*sic*)" depois [*risos na sala*]... A única coisa a fazer seria escrever: "Eu jamais disse isso dessa forma..."

Depois de dizer o que era preciso dizer para dar a intuição rápida que substitui pedagogicamente – mas não realmente – uma análise longa, direi muito rapidamente como essa oposição socialmente muito poderosa e cientificamente sem grande interesse pode ser ao mesmo tempo reformulada e superada na lógica propriamente científica. Na lógica do movimento pendular que mencionei há pouco, vamos evidentemente passar de uma fase estruturalista, em que todo mundo procura estruturas em todo lugar, a uma fase subjetivista na qual vamos nos esforçar para restaurar o papel ativo dos agentes dizendo: "Isso é horrível, o estruturalismo reduziu os agentes a simples autômatos" (o que é verdade e era o que eu dizia na época do estruturalismo: a noção de *habitus* foi construída contra essa redução dos agentes ao estatuto de simples portadores da estrutura, de *Träger*[268], como diziam os althusserianos por meio de uma tradução exagerada dessa palavra absolutamente banal que encontramos [em Marx]). Como reação, reabilitam-se os sujeitos e volta-se a uma definição do sujeito pré-estruturalista, em vez de ir além e se perguntar se esse sujeito não deveria alguma coisa ao efeito estruturante da estrutura. Esse sujeito não seria, como eu suponho, construído em parte pela incorporação da estrutura? Em outras palavras, será que a alternativa estrutura/sujeito não deveria ser abolida em favor da objetivação dupla – que não parei de repetir aqui – da instituição sob a forma de estruturas objetivas e sob a

---

268. Os neomarxistas franceses reunidos desde a década de 1960 ao redor de Louis Althusser (*Ler O Capital*. Trad. de Nathanael C. Caixeiro. Rio de Janeiro: Zahar, 1979 [*Lire Le Capital*. Paris: Maspero, 1965]) fizeram da palavra *Träger*, que Marx empregou ocasionalmente, um dos termos chave de sua perspectiva "anti-humanista", na qual os agentes sociais não passavam de suportes ou portadores do papel que lhes foi designado no processo de produção.

forma de estruturas incorporadas? Em vez de ir nesse caminho, as pessoas dizem "retorno ao sujeito", quer dizer, de volta à estaca zero, à fenomenologia. Como Sartre não está mais em moda, está acabado, superado, não é mais chique (até os professores de filosofia viram o rosto para ele), vão procurar nas ciências sociais uma forma renovada. Encontrarão a etnometodologia, que é um subproduto da fenomenologia que simplesmente passou pelos Estados Unidos, isto é, um pouco formalizado e simplificado, e farão ela chegar à França como a última onda da vanguarda (no momento em que ela está morta nos Estados Unidos), como um instrumento de luta contra o estruturalismo dominante.

Vocês são capazes de perceber que esse movimento que descrevi de forma acelerada não é simplesmente questão de moda. Para descrevê-lo em detalhes, seria preciso descrever o campo, a relação estrutural entre os campos da sociologia francesa e da sociologia americana; seria preciso descrever a estrutura do choque entre os dois campos, a posição da tendência emprestada do campo americano e a posição de quem recebe essa tendência no campo francês. Se descrevêssemos tudo isso, acho que seria desesperador: as coisas obedecem a determinismos de uma brutalidade desencorajadora quando se trata de universos sociais que têm como função estudar os determinismos. Obedecer aos determinismos nesses universos é um defeito profissional (aqui não sei se me faço entender...): infelizmente está na lógica das coisas que os agentes sociais sejam movidos por efeitos estruturais, mas é uma pena que esses efeitos extremamente simples que saltam à intuição e dos quais a análise se apropria quase completamente se exerçam nos campos científicos, e acho que isso justifica o que tento fazer, com um certo mal-estar, e que consiste em objetivar as estruturas mentais que os profissionais da objetivação utilizam para objetivar.

Eu acho que é absolutamente necessário fazer isso e que a objetivação ao mesmo tempo sociológica e científica das estruturas de objetivação é a única arma verdadeira de que as ciências sociais dispõem para escapar das leis que descrevem, para dominá-las, para controlá-las. Em outras palavras – repito sempre, mas isso merece –, as ciências sociais têm o meio de romper um pouquinho com o famoso círculo do historicismo que fazem surgir por sua própria existência: é preciso que elas se apropriem o mais possível das estruturas objetivas das quais as ações dos agentes científicos podem ser o produto, em particular as estruturas objetivas dos campos nos quais esses agentes estão situados, isto é, o campo científico e não apenas o campo social em seu conjunto. Com efeito – essa é outra coisa que já disse mil vezes, mas que também repito, pois acho que é importante –, a objetivação do campo social em seu conjunto e a da posição dos intelectuais no campo social em seu conjunto [...] é a estratégia de desvio mais cômoda para escapar da objetivação do campo científico no qual se situam as verdadeiras determinações, os verdadeiros interesses. Tudo isso para explicar que entrarei nesse terreno não para acertar as contas com adversários, mas porque acho que essa é a principal condição para se dar um pouquinho de liberdade em relação às estruturas que nos comandam.

Agora que objetivei esse debate (a estrutura recorrente, o movimento pendular, os processos sociais etc.), o que podemos fazer com esse problema social? Podemos constituí-lo como um problema sociológico e nos perguntar – no fundo, esse era o sentido de todas as aulas deste ano – como esses agentes sociais que, num certo aspecto, podem ser construídos como partículas num campo, como englobados no mundo e submetidos a determinações estruturais, podem ao mesmo tempo estruturar o mundo que os estrutura. Como eles podem ter uma percepção, uma construção, uma representação desse mundo e como podem, a partir dessa representação, contribuir para transformar esse mundo, para mudar as estruturas? [...] Isso seria um trabalho belíssimo, mais uma vez absolutamente eterno: podemos reativar a oposição Heráclito/Parmênides, a estrutura e a reprodução de um lado, a mudança permanente e a emergência do outro. Com efeito, passa-se muito facilmente de uma oposição à outra: na oposição estrutura *vs.* construção, do lado da estrutura estariam a eternidade, a reprodução, a ausência da história, do lado da construção, a história, o agente, o sujeito etc. Diremos então que os estruturalistas duros "não compreendem a história" (o que é verdade para um estruturalista estrito). A questão é saber como podemos formular o problema da ação social escapando dessa alternativa.

Eu mencionei duas oposições, mas poderia ter falado de outras (isso seria longo demais…). De fato, como já disse na última aula, as diferentes oposições têm intersecções moles. Elas funcionam como os sistemas ideológicos que têm uma lógica caleidoscópica. Sua força é sua capacidade de escapar da análise. Elas são como os sistemas míticos, nos quais cada oposição tomada em si mesma (masculino/feminino, quente/frio, leste/oeste etc.) não é muito forte, mas um conjunto de oposições fracas, ligadas frouxamente entre si num conjunto fluido, gera algo de muito poderoso, porque, quando se passa de uma oposição à outra, é um pouco a lógica do castelo de cartas: de alguma forma fica de pé. Por trás da oposição escolha racional/[mecanicismo (?)], há [liberalismo (?)]/coletivismo, socialismo. Poderíamos continuar e inventar: seriam vários temas de dissertações…

O domínio prático das estruturas

Agora vou tentar recapitular e dizer como podemos responder a essas perguntas reformuladas e bem formuladas, constituídas como problemas sociológicos e não mais como problemas sociais e, nas próximas duas aulas, tentarei demonstrar, numa espécie de síntese, de fechamento, como podemos pensar o conjunto do mundo social escapando dessa alternativa e como, em particular, podemos resolver esse famoso velho problema das classes sociais que é absolutamente central para as ciências sociais. Isso parece arrogante, mas acho que podemos resolver o problema das classes sociais que, enquanto estiver nessas alternativas, é eterno. O problema das classes sociais gira com muita facilidade, podemos girar infinitamente, mas se o reconstruirmos de acordo com a alternativa real, ele pode desaparecer. É isso que gostaria de demonstrar para vocês na próxima aula.

Hoje, tento apenas responder à pergunta que formulei. Primeira proposição: os agentes sociais são realmente agentes que agem. É por isso que emprego a palavra "agente" em vez de "ator", ainda que não seja muito bonita por causa do agente policial. Existem conotações inconscientes e sei que muita gente considera vulgar a palavra "agente". (É assim, a sociologia é muitas vezes rotulada... Eu teria muita coisa a dizer sobre como se busca evitar as palavras vulgares, que é um dos obstáculos à construção científica. Os filósofos, que têm uma grande preocupação em evitar as palavras vulgares, porque é assim que são constituídos – eu mesmo fui constituído dessa maneira, tenho a intuição do senso do jogo e sei muito bem quais palavras não deveria empregar –, não conseguem pensar algumas coisas exatamente porque não conseguem empregar as palavras que precisariam para pensá-las. Isso não é uma maldade minha de jeito nenhum, é uma autocrítica retrospectiva.)

Assim, os agentes sociais constroem o mundo social, mas, na medida em que são construídos pelo mundo social, ou seja, estruturados por sua experiência de um mundo estruturado, eles têm no estado prático um domínio prático das estruturas desse mundo e, por isso, se orientam nele – essa é a frase correta –, eles compreendem tudo imediatamente, têm o senso do jogo. É claro que isso não é universal, isso vale nos casos em que eles estão num jogo no qual suas estruturas foram constituídas. Portanto, a proposição geral vai se especificar: quando um agente for arremessado num jogo cujas estruturas ele não incorporou, ele vai se sentir deslocado, estará em estado de mal-estar, instável. Ou ele será esmagado pelas estruturas, ou então poderá causar problemas para as estruturas. Esse é um ponto importante para compreender estruturalmente as mudanças da estrutura: os agentes sociais podem estar mais ou menos ajustados às estruturas do mundo no qual agem. Com base numa observação histórica comprovada, os criadores de subversão muitas vezes têm como propriedade sentirem-se mal na estrutura. Por exemplo, no campo religioso, os agentes sociais de tipo profético que propõem discursos que buscam constituir o mundo de forma diferente da qual é constituído muitas vezes têm como propriedade estarem nesses lugares incertos da estrutura do espaço social onde, de uma certa maneira, tudo é possível; e quando os agentes sociais mal estruturados ocupam uma posição pouco estruturada, eles podem ser o princípio de reestruturações. (Essa é uma alternativa clássica no mundo social: ou a estrutura digere o fator perturbador, ou então o fator perturbador consegue obrigar a estrutura a se reestruturar em relação a ele. Esse foi um parêntese.)

Assim, os agentes constroem o mundo social, mas são construídos por ele e é por serem construídos por ele que são capazes de construí-lo, e esse construir pode consistir, no começo, em constituí-lo como objeto de percepção por meio de um ato de construção mental (ano passado demonstrei que a percepção é uma construção cujos princípios são estruturas sociais); ao construírem o mundo social em sua percepção, os agentes sociais podem assim trabalhar para construí-lo de modo diferente na realidade.

A imposição do ponto de vista do direito

Darei um exemplo simples, referindo-me a uma tradição da sociologia do direito que foi desenvolvida recentemente nos Estados Unidos: a *dispute theory* – a teoria das disputas[269]. É uma tendência de pessoas que estudam a gênese dos conflitos jurídicos: como surge o fenômeno do processo? Eles se colocam o problema de saber como surge a percepção da injustiça. Um certo número de pessoas não percebe como injustas coisas que outras percebem como injustas. Isso é trivial,

---

269. Cf. o número especial Dispute processing and civil litigation. *Law and Society Review*, v. 15, n. 3-4, 1980-1981 (em particular, P. Bourdieu citará os seguintes artigos desse número: MATHER, L.; YNGVESSON, B. Language, audience and the transformation of disputes [Linguagem, plateia e a transformação de disputas], p. 776-821; FELSTINER, W. L. F; ABEL, R. L.; SARAT, A. The emergence and transformation of disputes: naming, blaming, claiming [O surgimento e a transformação das disputas: nomear, culpar, reivindicar], p. 631-654; COATES, D.; PENROD, S. Social psychology and the emergence of disputes [A psicologia social e o surgimento de disputas], p. 654-680).

mas, por exemplo, os negros podem não perceber as agressões racistas como injustas no mesmo grau que os brancos antirracistas. Como se passa de uma queixa despercebida, ou percebida subliminarmente, para uma queixa percebida, e depois que a queixa é constituída como tal, como se passa de uma queixa percebida a uma queixa imputada ("A culpa é de...")?

Darei um exemplo de meu trabalho muito antigo sobre a Argélia[270]. Como eu o realizei em plena guerra e não podia fazer perguntas muito políticas (a colonização etc.), eu perguntava para as pessoas: "Há muitos desempregados. A que você atribui o desemprego?" Existe um primeiro problema: por mais surpreendente que pareça, o desemprego pode não ser percebido. Todo um trabalho estatístico demonstrou que, nas regiões em que a noção de trabalho como tal não estava constituída, em que trabalhar é cumprir sua função de homem (ou seja, ir à assembleia, falar com os outros velhos etc.), o desemprego não é percebido como tal, enquanto era constituído como tal nas regiões em que o trabalho é constituído como tal (por exemplo, a [parte da] Cabila que enviava muitos imigrantes para a França tinha uma percepção das formas modernas de trabalho). Depois de constituir o trabalho e o desemprego, ainda era preciso constituir os princípios de construção do desemprego como imputável a esta ou aquela causa. Uma parte das pessoas podia dizer: "Existe desemprego porque existe desemprego"; "Existe desemprego porque as pessoas não têm trabalho". Algumas diziam: "Existe desemprego porque as mulheres trabalham. Não é normal que as mulheres trabalhem enquanto há homens sem trabalho" (na França, se fizéssemos a mesma pergunta, poderíamos ter uma resposta análoga: "Existe desemprego porque existem imigrantes"[271]). Recolhi e analisei toda uma série de causas, desde causas completamente mágicas e afetivas até explicações em termos de causas estruturais. Isso que acabo de dizer vale da mesma forma para uma queixa na vida cotidiana: "É o gato da vizinha", "É culpa dos varredores" etc. Os problemas de causalidade são extremamente complexos, como vocês sabem; os filósofos refletem sobre eles com

---

270. BOURDIEU, P. *Travail et travailleurs en Algérie* [*Trabalho e trabalhadores na Argélia*]. Paris: Raisons d'Agir, 2021 [1963].

271. Os dez anos que precedem este curso foram caracterizados por um aumento muito grande do desemprego na França e sucedem um período marcado por novos movimentos de imigração (vindos do Marrocos e da Tunísia a partir da década de 1960, e da África subsaariana um pouco mais tarde). No momento do curso, a Frente Nacional, que obteve em 1982 e 1984 suas primeiras vitórias eleitorais, afirmava que os dois problemas estariam relacionados.

bons motivos há gerações. Na vida cotidiana, as pessoas têm teorias relativamente simples da causalidade, mas isso faz parte da construção do mundo.

Portanto, há a percepção e imputação a uma causa da queixa percebida. (Evidentemente, é pelas necessidades da análise que se descreve uma progressão linear; não é assim que acontece na realidade.) Em seguida, há todo o trabalho de transformação da queixa percebida e imputável em queixa constituída socialmente como objetivo de lutas jurídicas. Esse é o momento decisivo em que os profissionais vão intervir. Para transformar um "Minha vizinha tirou uma cerca e a cabra dela comeu minha horta" em "Abro um processo em nome de…", existe um novo trabalho de constituição, de construção – as duas palavras são importantes, e a palavra "constituição" deve ser tomada no sentido jurídico e filosófico. Esse trabalho de constituição está ligado a um trabalho de nomeação imputável, mas acho que, quando chegamos no campo jurídico propriamente dito – é aqui que divirjo um pouco dessa teoria das disputas –; existe uma espécie de fronteira qualitativa: é toda a lógica do campo, o *nomos* – como digo o tempo todo – do campo jurídico que vai se impor ao pleiteante em potencial que, de simples pleiteante, vai se tornar responsável e será ele próprio constituído pelo campo jurídico ao mesmo tempo em que seu pleito será constituído como pleito. Assim, há aqui uma luta entre a constituição espontânea da queixa e a constituição jurídica da queixa. Essa luta está em toda a tradição da crítica do sistema jurídico (*Os litigantes* [de Racine] etc.), mas ela não foi analisada. O que a sociologia do direito, no meu sentido, deve fazer é descrever essa espécie de imposição de uma construção obrigatória.

Chegarei ao meu segundo ponto: os agentes sociais estão em luta quanto ao senso do mundo, eles constroem o mundo social na medida em que são construídos por ele. Em outras palavras, a estruturação que imporão ao mundo depende de sua posição na estrutura (foi isso que eu disse nas outras aulas: o ponto de vista comanda a visão etc.); eles terão a visão do mundo que sua posição no mundo tende a lhes impor. Em seguida, por terem posições diferentes no mundo, terão pontos de vista divergentes e vão se confrontar, cada um tentando, como se diz, "impor seu ponto de vista". Aqui concordo com Austin, vale a pena refletir sobre as palavras ordinárias: não dizemos que buscamos "impor nossa visão", mas sim "impor nosso ponto de vista". É preciso levar tudo em conta: é preciso captar a visão e é preciso captar o ponto de vista. É o que esquecem os fenomenólogos que dizem: "É preciso se colocar no lugar", como nas análises célebres de Husserl sobre a intercomunicação subjetiva. É muito bom colocar entre aspas "se colocar

200

no lugar", mas não se coloca no lugar: se vocês quiserem a visão, assumam o ponto de vista! Aliás, fala-se de "ponto de vista inassumível" [*risos na sala*]. [...] As pessoas trabalham para impor seu ponto de vista, isto é, impor a dominação de seu ponto, de sua posição no espaço social.

Minha história das disputas é levada a propor: nessas disputas, as pessoas têm uma posição particular. Elas são designadas profissionalmente para resolver as disputas. Esse é seu ofício: elas têm um poder específico que consiste em impor a maneira correta de resolver as disputas. Elas dizem: "Abandonem a violência, parem de brigar, agora vamos discutir, o código diz que..." Assim, elas têm o poder de constituir o ponto de vista dos querelantes como pontos de vista de pleiteantes definidos pelo código, pelas decisões anteriores, os precedentes etc. Percebe-se que, nessa luta pelos pontos de vista (e entre eles), existe um ponto de vista particular: o ponto de vista do direito, o ponto de vista direito. É a representação direita (o que se traduz em grego por *orto-doxia*[272]), a visão direita que temos quando estamos no ponto correto, no ponto de vista do Estado, poderíamos dizer. Essa posição direita também é uma construção do mundo que se realiza numa certa lógica social: na luta dos pontos de vista, na luta das classificações, na luta das visões de mundo, existe um árbitro oficial: o campo jurídico.

Como fui um pouco apressado por causa do meu exemplo, voltarei a isso na próxima aula. Eu digo que os agentes constroem o mundo, mas a segunda etapa que pulei um pouco no meu raciocínio é que os agentes lutam pelo mundo e seria preciso desenvolver um pouco mais esse ponto. Nessa luta pelo mundo, a posição jurídica é absolutamente especial: ela está na luta enquanto se apresenta como exterior à luta. Em seguida, tentarei [na próxima aula] demonstrar como a alternativa que mencionei entre lutas práticas e lutas intelectuais se encontra na divisão do trabalho.

Segunda hora (seminário): o campo do poder (2)

Na última aula, abordei o problema da estrutura do campo do poder. Gostaria de começar com uma espécie de retorno crítico ao que disse. Refletindo sobre o que diria hoje, pareceu-me – e acho que essa era uma das causas do meu

---

272. A palavra "ortodoxia" é formada a partir de dois termos gregos, *orthos* (ὀρθός), "direito", e *doxa* (δόξα), "opinião".

mal-estar – que eu havia me dirigido ao que para mim atualmente é o ponto mais interessante e difícil, mas ao mesmo tempo mais incerto, e omiti, por um lado, o caminho que trilhei para formular o problema do poder e do campo do poder nos termos que formulei e, pelo outro, aquilo que me parecia relativamente fácil de fazer admitir quanto a esse problema. Por consequência, eu tinha uma sensação constante de distanciamento entre o sentimento de necessidade subjetiva que experimentava sobre o que disse e a sensação muito aguda da irrealidade objetiva e do fato de que vocês poderiam, com razão, opor a mim uma espécie de resistência que sentia com muita força. Portanto, vou tentar retomar o tema.

Esta segunda hora deveria ser uma sessão de seminário, mas, como vocês podem perceber, tendo em vista a estrutura do auditório, do espaço, é muito difícil fazer um seminário de verdade. Dessa forma, eu me esforço, apesar de tudo, para dar-me as liberdades reais de um seminário no qual não somos obrigados a dizer tudo na ordem correta, podemos dizer alguma coisa e depois retomá-la, podemos dar um exemplo, há um meio de dialogar etc. Todas essas coisas são muito importantes tanto para a qualidade do que é dito e sobretudo para a qualidade da comunicação do que é dito. Acho que um certo número de coisas atingirá vocês como muito necessárias, ou em todo caso muito esclarecedoras, explicativas ou sutis, se vocês as virem surgir em relação a um trabalho empírico de alguém que veio falar sobre seu material e com o qual eu poderia, por exemplo, fazer funcionar aquilo que disse *in abstracto*; vocês veriam imediatamente as coisas de modo completamente diferente. Assim, uma dificuldade deste gênero de situação é que devo produzir ao mesmo tempo a oferta e a demanda. Em particular, como as condições de credibilidade não são cumpridas muito facilmente, a experiência do orador às vezes se torna desagradável.

No fundo, na última aula, tentei ir direto para o problema extremamente difícil das invariantes da estrutura do campo do poder. Isso estava implícito nas comparações que utilizei, quando me referi a Dumézil, à oposição entre *bellatores/oratores* que relacionei a oposições atuais como, por exemplo, entre empresários e intelectuais. Eu formulei logo no começo um problema muito geral, o que deu uma aparência axiomática e dedutiva à minha proposta: existem poderes; todo poder deve obter alguma forma de reconhecimento; para obter esse reconhecimento, é preciso uma divisão do trabalho de dominação, na medida em que se há alguma coisa que um poder não pode se conceder, é o reconhecimento do poder já que, como a legitimidade pressupõe o desconhecimento, a reflexividade perfeita não é a forma ideal da consagração. Digo isso mal, mas é mais ou menos o que eu disse. Para dizer em outras palavras: o poder não pode ser reconhecido nem se reconhecer sem uma rede de legitimidade; assim, é preciso uma divisão do trabalho de dominação que tende a apresentar uma estrutura invariante e encontramos, em conjunturas históricas muito diferentes, oposições com mais ou menos a mesma forma entre os detentores do poder dominante (poder econômico, político, guerreiro etc.) e os detentores de uma forma de poder mais dominada, de componente cultural, que pode conceder ao poder dominante aquilo que ele não pode se conceder, ou seja, o reconhecimento simbólico.

Como fui rápido demais, interrompo a análise. Normalmente, eu deveria continuar nessa lógica e descrever o que me parece ser a rede de circulação da legitimidade... Bom, direi imediatamente, pois talvez me esqueça de dizer (e digo também para mim, porque está na lógica do que eu tinha vontade de dizer). Eu gostaria de descrever duas grandes estruturas da divisão do trabalho de dominação. Utilizando a distinção durkheimiana entre solidariedade orgânica e mecânica[273], eu gostaria de opor duas grandes estruturas das classes dominantes ou dos campos do poder: numa delas, o campo do poder reúne os detentores de poder que, como nas sociedades segmentárias, estão simplesmente justapostos; na outra, há uma divisão complexa do trabalho de dominação, como em nossas sociedades. Eu tinha em mente que, quando se fala do "desaparecimento das classes sociais" ("Em nossas sociedades, não existem mais classes sociais") ou, de forma mais sutil, de uma passagem à "era dos gerentes"[274], opomos implicitamente uma forma sutil de divisão do trabalho de dominação às formas mais antigas do trabalho de dominação, de modo a acreditarmos num desaparecimento das formas de dominaçao. Eis, de modo geral, o que eu tinha em mente, mas era muito mais complicado e, sobretudo, sem preliminares.

O exemplo das "capacidades"

Diante disso, vou retomar. Vou dizer as coisas de modo muito mais simples e um pouco desordenado. A noção de campo do poder está estreitamente ligada

---

273. Essa oposição é a tese central de DURKHEIM, E. *Da divisão do trabalho social.* Trad. de Eduardo Brandão. São Paulo: Martins Fontes, 1995 [*De la division du travail social.* Paris: PUF, 2007 (1893)].

274. Sem dúvida, referência ao tipo de teses defendidas em BURNHAM, J. *The managerial revolution* [*A revolução gerencial*]. Nova York: John Day, 1941; ou, na década de 1960, por GALBRAITH, J. K. *O novo Estado industrial.* Trad. de Leônidas Gontijo de Carvalho. São Paulo: Nova Cultural, 1988 [*The new industrial State*. Boston: Houghton Mifflin, 1967].

à noção de espécie de capital. Os que seguiram o curso com fidelidade devem se lembrar que há dois anos[275] desenvolvi as propriedades das diferentes espécies de capital. Tentei demonstrar como cada espécie de capital (o capital econômico, cultural e social) tinha suas propriedades específicas e, em particular, formas particulares de transmissão. Demonstrei que o capital cultural se distingue do capital econômico pelo fato de ele não ser fácil de mobilizar imediatamente e de transmitir. Ele não é hereditário, porque morre com seu portador. Ele é transmissível, mas em condições muito particulares, com uma perda considerável; ele pode ser transmitido, mas não receber a sanção acadêmica que lhe dá sua validade universal. É preciso ter isso em mente para compreender o funcionamento do campo do poder no qual esses diferentes poderes vão se confrontar: as diferentes frações que podemos recortar dentro da população dos detentores de poder vão dever parte de suas propriedades sincrônicas e diacrônicas às propriedades da espécie de capital principal sobre a qual seu poder repousa.

Para dar um exemplo: os detentores de poder fundamentado num capital cultural, aquilo que se chamava no século XIX de "capacidades"[276] (essa é uma palavra magnífica), conhecem um conjunto de problemas específicos que os proprietários, por exemplo, de bens imobiliários não encontram. No século XIX, a terra podia ser transmitida de maneira relativamente simples. Como a acumulação é lenta, os detentores de capital imobiliário com muita frequência são também detentores de capital social, eles são antigos na classe dominante. Para ter muitas terras, é preciso ser antigo, é preciso tê-las recebido por herança; é comum ser nobre, é comum ter uma rede social importante etc. Isso gera imediatamente um perfil: os detentores de capital econômico da espécie imobiliária terão quase *eo ipso* propriedades em relação ao capital cultural, ao capital social etc. Do lado das capacidades (os advogados, médicos, tabeliões etc.), o problema é muito diferente. As capacidades terão propriedades que são pessoais, porque, mesmo se houver transmissão de capital cultural pela família, elas são adquiridas na geração e não são transmissíveis diretamente; por exemplo, a tentação permanente das capacidades de instaurar a hereditariedade das atribuições encontra cada vez mais obstáculos.

---

275. Aula de 3 de maio de 1984, em *Sociologia geral volume 3, op. cit.*

276. P. Bourdieu refere-se aqui a uma acepção antiga do termo "capacidade", no sentido de ter o reconhecimento legal para exercer certos atos da vida civil [N.T.].

Uma outra propriedade das capacidades é que o capital cultural permite produzir serviços (atos médicos, conselhos jurídicos etc.) cuja raridade depende da importância da oferta, o que considero ser extremamente importante. Em outras palavras, os detentores de capital cultural, as capacidades (seria preciso adicionar os professores), são tributários do Estado, andam de braços dados com o Estado de muitas maneiras. Para começar, seu privilégio, seu controle do mercado, depende do controle da oferta, isto é, da produção dos produtores e, assim sendo, do Estado que concede os diplomas. Não é por acaso que as capacidades voltam eternamente ao problema da inflação dos títulos acadêmicos ou, segundo um tema que retorna periodicamente durante todo o século XIX, do medo obsessivo da superprodução de bacharéis. Desde 1848, fala-se que a revolução de 48 foi feita por pessoas que têm títulos acadêmicos, fracassadas, descontentes etc. Essa obsessão com a superprodução de diplomados se explica quando vemos que o valor do capital cultural garantido pelos títulos acadêmicos depende da raridade dos produtores no mercado, logo, da limitação da oferta de serviços produzíveis a partir desse capital (serviços jurídicos etc.), portanto, do controle da produção dos produtores e, assim, do controle do sistema escolar.

Ainda hoje, quando se faz uma pesquisa sobre o sistema escolar, vemos que essas categorias têm uma preocupação especial. Elas têm uma taxa de respostas elevada numa amostra espontânea de respondentes. Numa pesquisa que fizemos recorrendo à imprensa[277] na qual perguntamos: "O que você pensa sobre o sistema escolar depois de 1968?", as pessoas podiam responder livremente, e as capacidades estavam representadas desproporcionalmente por perceberem-se como aquelas que "tinham direito" sobre o sistema escolar. Elas justificavam isso ao dizer implicitamente: "Por sermos detentoras de capital cultural, temos algo a dizer quando se trata de cultura". Essa justificação pela competência não é absurda. Ela tem as aparências a seu favor, ainda que não seja fácil ver o que ela esconde e que é algo muito mais importante: "Nós precisamos do Estado para nos ajudar a reproduzir nossa raridade, nós temos um monopólio coletivo que é apoiado e sustentado pelo Estado e que vale pelo tempo que o Estado o sustentar".

---

277. Essa pesquisa, realizada em 1969, é citada em particular na conferência de Pierre Bourdieu intitulada "A opinião pública não existe" (1972). *In*: BOURDIEU, P. *Questões de sociologia*. Trad. de Fábio Creder. Petrópolis: Vozes, 2019. p. 210-221 [*Questions de sociologie*. Paris: Minuit, 1980. p. 222-235].

Darei exemplos que vão parecer bizarros para vocês, mas que são importantes: houve debates nos Estados Unidos sobre a questão de saber se a anestesia devia ser aplicada por médicos ou não. Goffman analisou isso muito bem[278]: é um objetivo, um problema de limite do grupo, na verdade um problema de *numerus clausus*: quem está habilitado a [aplicar a anestesia]? Em outras palavras, é um problema de controle estatutário e jurídico de mercado. O sistema escolar é certamente a instância social mais monstruosamente estratificada já que nela as pessoas se distinguem de acordo com seus títulos, com a admissibilidade etc. Existe uma pletora de nuances absolutamente fantásticas que servem como maneiras de controlar o mercado, de limitar o acesso ao mercado. No campo jurídico, poderíamos demonstrar a mesma coisa. Por exemplo, um estudo americano mostra que o crescimento da população escolarizada e do número de detentores de títulos acadêmicos de tipo jurídico resultou numa diminuição da renda média, mas também em todo tipo de consequências como o surgimento de divisões muito importantes entre o topo da hierarquia, que consegue conservar, se não o monopólio, pelo menos uma proporção tão importante do mercado que sua posição não é ameaçada e, no outro polo, frações inferiores das profissões jurídicas que se proletarizam. Na França, existe um fenômeno análogo quanto aos médicos. A superprodução de diplomados ("superprodução" não quer dizer nada de modo absoluto: é sempre em relação a um estado) resulta em efeitos globais no conjunto dos detentores de títulos, como o direito de acesso privilegiado e monopolístico a um mercado e, também, em efeitos diferenciais que só podem ser compreendidos a partir de uma análise da estrutura do campo dos detentores de títulos que dão um monopólio coletivo aos membros do campo.

Nos campos que eram mais corpos ou ordens[279], como a Ordem dos Médicos, vemos as ordens ou corpos tenderem a funcionar como campos. Por exemplo, se vocês lerem corretamente [o jornal] *Le Monde* (quer dizer, se vocês o lerem sociologicamente, que é a única maneira de torná-lo suportável), podem ter visto

---

278. "A diferença entre a fachada mantida por uma enfermeira e a mantida por um médico é grande; muitas coisas aceitáveis nas enfermeiras são *infra dignitatem* para os médicos. Alguns médicos acham que uma enfermeira está 'abaixo da categoria' no que se refere à tarefa de aplicar anestesia, e que os médicos estão 'acima da categoria'. Se houvesse uma condição social intermediária entre enfermeira e médico, uma solução mais fácil para o problema poderia talvez ser encontrada" (GOFFMAN, E. *A representação do eu na vida cotidiana*, op. cit., p. 35).

279. Sobre a diferença entre "corpo" e "campo", e sobre a passagem da lógica do corpo à do campo, cf. BOURDIEU, P. *Manet*: uma revolução simbólica, op. cit.

que, recentemente, foram divulgados os resultados das eleições do Sindicato da Magistratura[280]. Vou resumir isso rapidamente, pois vocês poderiam pensar que falo por falar, mas podemos entrar em detalhes. A matéria diz que há três sindicatos (esqueci as siglas)… Um sindicato [USM] que sempre existiu, mas com um outro nome [a União Federal dos Magistrados] era uma espécie de associação [profissional]. Nem todo mundo era sindicado, mas todos que eram associavam-se a esse "sindicato", o que é o sinal de que se trata de um corpo, de uma espécie de associação ou de fraternidade, como dizem os anglo-saxões. Esse sindicato sempre existiu. Em maio de 1968, criou-se um novo sindicato, o Sindicato da Magistratura, que produziu algo absolutamente imprevisto. (De certa maneira, aconteceram coisas análogas no sistema de ensino superior, nas faculdades de direito e medicina. Não vou descrever, mas apenas digo isso para que vocês ponham em operação as analogias estruturais e para que as coisas que podem lhes parecer abstratas tornem-se muito mais concretas para vocês.)

Quando surge, o Sindicato da Magistratura cria uma espécie de problema: ele surge como algo que politiza o corpo dos magistrados, que tinha como propriedade ser extrapolítico, neutro juridicamente etc. Assim, esse campo conseguia estar fora do campo estando dentro do campo… Uma condição era essa espécie de neutralidade jurídica: "Nós somos apolíticos, está fora de questão que um magistrado assuma uma posição política". É claro que, quando houve a questão do aborto[281], eles assinaram mais do que a média, mas tirando isso "não fazemos política"… observa-se uma espécie de neutralidade. Assim, o corpo dos magistrados encontra-se clivado pelo surgimento desse sindicato. Durante anos, a oposição se perpetuou e, recentemente, um sindicato de direita [APM] surgiu e temos um espaço polarizado com o sindicato antigo que permanece dominante numericamente e que ocupa a posição central, mais uma direita e uma esquerda, isto é, um campo cuja organização podemos imaginar quase dedutivamente. Aqui temos

---

280. B. L. G. Politisation chez les magistrats [Politização entre os magistrados]. *Le Monde*, 29 maio 1986. O artigo resume da seguinte maneira os resultados das eleições profissionais ocorridas em maio de 1986: "Baixa da influência da União Sindical dos Magistrados (USM, moderada), progresso do Sindicato da Magistratura (SM, esquerda), grande avanço da Associação Profissional dos Magistrados (APM, direita). Esses são os resultados [...] que confirmam a politização da magistratura".

281. P. Bourdieu talvez tivesse em mente um manifesto de março de 1971 que, pouco tempo antes do "Manifesto das 343" [manifesto redigido por Simone de Beauvoir e assinado por 343 mulheres que declararam ter realizado um aborto – N.T.], opôs-se a um projeto que flexibilizava a legislação sobre o aborto e que foi assinado, principalmente, por magistrados (ao lado de médicos, professores e militares).

um efeito de uma crise do modo de reprodução das capacidades que está ligada às propriedades das capacidades. Para compreender isso que acabo de dizer em poucas palavras, seria preciso estudar todas as mudanças da estrutura dos modos de reprodução dentro da classe dominante.

Sistema escolar, *numerus clausus* e reprodução social

Depois dessa série de parênteses que me fez desviar, volto ao problema particular das capacidades. Assim, as capacidades se distinguem das outras frações, em particular daquelas que se baseiam na posse de capital econômico: para começar, o capital daquelas, por ser a propriedade do indivíduo, morre com ele; em seguida, esse capital deve funcionar como capital por sua raridade, ou seja, por meio de condições estruturais que dependem em grande parte do Estado. Isso aqui é uma coisa que junto ao que havia dito nas análises das propriedades específicas do capital cultural: esse capital só detém essa raridade à medida que o acesso a sua forma garantida seja limitado, o que, portanto, depende em grande parte da mediação do sistema escolar, do Estado. Poderíamos demonstrar também que essas capacidades têm uma relação particularmente interessada com o sistema escolar, na medida em que elas se consideram parte interessada do sistema escolar: de certa maneira, elas defendem sua pele ao defenderem o sistema escolar.

Essa é uma coisa que as pessoas não compreendem, mas se as querelas sobre o sistema escolar muitas vezes exibem uma violência extrema, se elas assumem a forma de lutas pelos valores últimos, se no fundo trata-se das Guerras de Religião de nossa época, isso acontece em grande parte porque há objetivos de reprodução nas lutas pelo sistema escolar: o sistema escolar tornou-se um dos grandes mecanismos estruturais de reprodução das posições dominantes, de modo que controlar o sistema escolar é a única maneira de controlar sua própria reprodução – ainda mais quanto mais se depende do sistema escolar para sua reprodução –, e, ao reproduzir o sistema escolar do qual somos o produto, reproduz-se a excelência que atribuímos a nós mesmos. Em outras palavras, as guerras escolares assumem a forma de guerras de religião, de vida e morte, porque os objetivos são, de alguma forma, objetivos absolutos: o que está em jogo (simplifico um pouco, eu poderia argumentar e nuançar, mas quero apenas sugerir a ideia) é a reprodução daquilo que sou, de meu valor pela reprodução de um mercado no qual meu capital tem valor.

Se, por exemplo, suprimimos pura e simplesmente o latim – essa é uma imagem que emprego com frequência –, os detentores do latim ficam como os detentores de empréstimos russos[282]: de um dia para o outro, seu capital, isto é, anos e anos de trabalho, está desvalorizado, sem valor. Acontece o mesmo com os detentores de capitais linguísticos. Os comentaristas que têm uma visão um pouco racionalista-economista das lutas muitas vezes descrevem as lutas linguísticas como irracionais, como se houvesse de um lado a razão, do outro a paixão. Na verdade, também há uma razão econômica nessa questão: se, por exemplo, muda-se o modo de aquisição da língua ou das línguas em concorrência, é toda a estrutura da distribuição dos capitais que acaba transformada. É esse, por exemplo, o caso dos países que foram colonizados, como a Argélia, em que se enfrentam três línguas: o berbere, o árabe e o francês: mudar o sistema escolar é mudar as relações de força entre os pequenos portadores e os grandes portadores de capital linguístico. Também vemos que os objetivos de luta não têm nada de passional. Mais exatamente, eles são passionais, mas da mesma forma que as lutas econômicas. Nem mais, nem menos. Eles não são irracionais, são razoáveis sem serem racionais.

Os detentores de capital cultural ocupam uma posição especial, absolutamente bizarra, devido à vulnerabilidade particular de seu capital. Como esse capital anda de mãos dadas com um certo modo de reprodução, com uma certa lógica de reprodução, ele é constantemente ameaçado por uma crise do modo de reprodução que poderia resultar na desqualificação dos detentores da forma tradicional desse capital. Ao mesmo tempo, a relação com o sistema escolar torna-se determinante, e também a relação com o Estado como capaz de garantir a estabilidade do modo de reprodução, de certa forma, do modo de sucessão – esquecemos disso, mas no fundo o sistema escolar é um modo de sucessão. Assim como alguns protestam contra o imposto sobre as grandes fortunas[283], outros protestam contra qualquer reforma do bacharelado. Mesmo que isso não salte aos olhos, está na mesma lógica, e acho que uma virtude da construção rigorosa é aproximar coisas que o senso comum separa e separar coisas que o

---

282. Alusão aos títulos de empréstimos do império russo no século XIX que, após a ascensão dos bolcheviques ao poder em 1917, foram declarados nulos por esse governo e perderam completamente seu valor [N.T.].

283. Trata-se do imposto criado em 1982 pelo governo socialista francês e que a partir de 1989 passou a chamar-se "imposto de solidariedade sobre a fortuna".

senso comum confunde[284]. Assim, as decisões burocráticas do Estado são de grande importância, porque podem afetar o monopólio; elas podem, por exemplo, estender o número de pessoas que fazem parte do monopólio ou, ao contrário, diminuí-lo com o *numerus clausus* (o *numerus clausus* é absolutamente fundamental nessa lógica).

Ao deixar o número crescer por meio de uma espécie de *laisser-faire* pedagógico, deixamos acontecer um processo de desvalorização dos títulos e dos detentores de títulos, um processo de intensificação da concorrência entre detentores de títulos, com tudo aquilo que está implicado na intensificação da concorrência: conflitos abertos que podíamos não ver (como os que surgem entre os magistrados), formas de competição inconfessáveis. Por exemplo, aconteceram nos Estados Unidos muitas discussões entre os advogados sobre a questão de saber se eles podiam ou não fazer publicidade. Isso é muito interessante, porque eles poderiam se propor a estender os direitos jurídicos, dar direitos jurídicos a todos (não sei se me faço entender, eu queria pelo menos que entendessem por meias palavras…), eles poderiam militar, já que o militantismo pode ser uma forma confessável da conquista de mercado (era isso que eu queria dizer, mas não queria dizer…). Há todo tipo de formas atuais de militantismo cujo aporte progressista não se deve contestar. Pode ser muito importante lutar para que os negros tenham uma defesa, para que eles tenham à sua disposição formas gratuitas de defesa contra as discriminações. Sendo assim, isso tem como efeito aumentar a demanda e, nos períodos em que a oferta aumenta muito, é importante aumentar a demanda. A imaginação pode chegar aos magistrados quando a oferta aumenta e a demanda diminui, o que quer dizer que as ideias mais nobres podem ter seus princípios em mecanismos que não o são.

(Tendo em vista a minha filosofia da história, eu acho isso normal e consideraria inquietante que os grandes valores surgissem de iluminações; é muito mais saudável saber que eles nascem de interesses, sob certas condições, o que não quer dizer que eles sejam redutíveis a esses interesses. Esse é um pequeno parêntese, mas distingo duas grandes filosofias da humanidade [uma para a qual o progresso

---

284. P. Bourdieu talvez tenha em mente mais ou menos claramente frases muito citadas em DURKHEIM, E. *As regras do método sociológico*. Trad. de Paulo Neves. São Paulo: Martins Fontes, 2007 [*Les Règles de la méthode sociologique*. Paris: PUF, 1981 (1895)]: "o cientista distingue com frequência o que o vulgo confunde" [p. 130]; um defeito dos conceitos ruins consiste em "confundir as espécies mais diferentes, [...] aproximar os tipos mais afastados" [p. 46].

é resultado de indivíduos de moralidade excepcional e outra que o explica por meio da existência de mecanismos propriamente sociais que fazem com que exista um interesse na moral[285].)

Para voltar à minha análise: os produtores de serviços com base em capital cultural estão ligados com muita força ao Estado, de várias maneiras: por meio do Estado, eles podem controlar a produção de produtores, mas também (eu disse isso de forma implícita com o exemplo do militantismo) a criação da demanda, já que eles podem conseguir impor medidas pelas quais a demanda aumenta (se você diz: "é preciso assistência jurídica para todas as mulheres vítimas de violência doméstica", você cria uma demanda jurídica). Desenvolvi bastante esse ponto, pois é um bom caso, mas poderíamos fazer a mesma coisa a propósito de cada grupo definido pela posse dominante de uma forma particular de capital.

A busca de formas estáveis do capital

As capacidades também têm uma terceira razão para sentirem-se parte interessada em tudo que é público, estatal, burocrático: é o fato de que a fragilidade de seu capital, ligado àquilo que é vitalício (eis, no fundo, o que eu procurava agora há pouco: ele é vitalício em oposição às outras formas de capital), as obriga a apoiar seu capital, para mantê-lo no tempo, em outras formas de capital. O pai de Flaubert, por exemplo, compra terra [ele adquire capital econômico sob a forma de bens imóveis], depois ele empurra seu filho aos estudos. As capacidades têm ambas essas estratégias. Ou então tentam casar bem seus filhos. No século XIX, por exemplo, essas estratégias de perpetuação orientavam-se para os elementos de aquisição das formas estáveis de capital, especialmente o capital imobiliário, pois todo mundo sabe comprar terra, enquanto comprar empresas é muito mais difícil. Isso ainda é verdade: quando estudei as estruturas de poupança das diferentes categorias dominantes, [observei que] as capacidades, como no tempo de Flaubert, não sabem se colocar na indústria. Assim, elas se colocam na terra, o que sem

---

285. Na década de 1990, P. Bourdieu voltará em várias ocasiões à questão do interesse na moral e no desinteresse, por meio de sua análise da gênese do campo literário (que distingue a fase dos "começos heroicos" e aquela em que o desinteresse é institucionalizado no campo), em seu curso sobre o campo científico (*Para uma sociologia da ciência*, *op. cit.*) e em textos mais gerais ("É possível um ato desinteressado?" *In*: BOURDIEU, P. *Razões práticas*. Trad. de Mariza Corrêa. Campinas: Papirus, 1996. p. 137-156 [*Raisons pratiques*. Paris: Seuil, 1996 (1994). p. 147-167]).

dúvida não é tão bem adaptado quanto era no século XIX, no qual a terra gerava simultaneamente rendas estáveis e capital social, às vezes sobrenomes nobres etc.

Para garantir sua estabilidade, uma outra estratégia importante é a relação com o campo burocrático, o Estado, o alto funcionalismo público e o campo político. Esses detentores de capital cultural – e isso explica muita coisa na nossa vida política atual[286] – têm um direito de entrada privilegiado no campo político e, assim, um acesso imediato ao campo burocrático do alto funcionalismo público que permite controlar indiretamente um monte de coisas: por meio do poder político, pode-se agir sobre o poder burocrático, e então fazê-lo adotar um certo número de medidas, mas também se apropriar de todo tipo de vantagens, por exemplo, proteger pessoas, constituir clientelas, o que é um dos objetivos de qualquer poder. [...]

Retomo: dado que uma propriedade geral de todas as espécies de capital é jamais ser autossuficiente, não podemos opor as frações da classe dirigente, como muitas vezes se faz, a partir de recortes simples, como detentoras de bens imobiliários, detentoras de investimentos financeiros, detentoras de capital cultural desta ou daquela espécie etc. Com efeito, eu acho que uma condição do pertencimento legítimo e completo à classe dominante é a posse de várias espécies de capital (em proporções diferentes). O que separa as frações, por exemplo, os artistas e os comerciantes, é – eu já disse isso mil vezes aqui[287] – a estrutura do capital, isto é, a proporção relativa do volume das diferentes espécies de capital no volume global do capital possuído. Dito isso, o detentor de uma forma particular de capital adquirido "geracionalmente" deve adicionar outras espécies de capital para ser membro integral do campo do poder. O novo-rico, ou *self-made man*, que adquiriu seu capital em uma geração só se tornará membro integral da classe dominante se tiver adicionado a esse capital [uma outra espécie de capital], e isso também vale para o capital cultural (basta ver como Proust, isto é, [o mundo dos] salões, fala dos universitários...).

Uma maneira de adquirir capital social – e alguma coisa a mais – é o casamento. (Hesito em dizer algumas coisas, pois tenho medo de que vocês as rebaixem

---

286. P. Bourdieu sem dúvida pensa na representação maior que a média, que mencionará explicitamente um pouco depois, das profissões liberais e dos docentes nas instâncias políticas representativas.

287. Cf. BOURDIEU, P. *A distinção, op. cit.*, capítulo "O senso da distinção".

para o plano da intuição ordinária). O casamento dos novos-ricos é um dos direitos de entrada reais. Uma das grandes garantias dadas ao universo dominante é casar com uma das filhas (ou um dos filhos, no caso – muito mais improvável – do acesso intrageracional de uma mulher à classe dominante); é preciso fazer um depósito (eu poderei voltar a esse ponto se alguns quiserem).

Dadas as propriedades específicas do capital cultural, os detentores desse capital, para se realizarem, para se perpetuarem, são terrivelmente tributários do Estado como instituição capaz de controlar o sistema escolar (público ou privado – desenvolver este ponto levaria horas). Eles são tributários do espaço burocrático e do espaço político, que são capazes de fornecer uma forma reconvertida do capital cultural e, por intermédio dele, formas duráveis de capital. Constatou-se várias vezes que na política os advogados, médicos e professores têm uma representação maior do que a média nas instâncias representativas. Essas são coisas que entendemos rápido demais. Mencionamos o fato de que eles sabem falar, mas nem todas as pessoas que sabem falar têm vontade de ir falar nesses mercados… Quais são as verdadeiras razões que explicam esse interesse pela política? Foi um pouco isso que tentei desenvolver.

As estratégias de reprodução segundo as espécies de capital

Recapitulo. Como desenvolvi muito longamente esse exemplo das capacidades (o que não esperava fazer), desequilibrei todo o fio da meada. Eu queria dizer que, para compreender aquilo que entendo como "campo do poder" e a lógica das lutas que acontecem dentro desse campo, é preciso ter em mente que existem espécies de capital dotadas de propriedades específicas. Essas propriedades específicas explicam que as estratégias de reprodução, as estratégias de perpetuação nas posições dominantes são muito variáveis dependendo da espécie de capital possuído. Ao mesmo tempo, os detentores das diferentes espécies têm relações diferentes com sua própria reprodução. Mencionei desordenadamente várias ideias: a ideia de que não podemos compreender o campo do poder e o que acontece nele sem levar em conta o fato de que ele nunca deixa de se colocar o problema de sua própria reprodução – isso é quase um axioma –, a ideia de que podemos compreender a maioria das estratégias dos agentes como estratégias de reprodução.

Por exemplo, durante todo o século XIX, as capacidades tiveram uma taxa de natalidade muito mais baixa do que as outras frações da classe dominante.

Se vocês tiverem me compreendido, isso se explica imediatamente, sobretudo se tiverem em mente o elo que tentei estabelecer em outras ocasiões entre as diferentes estratégias de reprodução de um mesmo grupo[288]. Como o princípio unificador dessas estratégias diferentes é o *habitus*, existe um elo – falo muito rapidamente – entre as estratégias de reprodução biológica e as estratégias de reprodução mais geral, as estratégias de investimento, de sucessão, matrimoniais etc. Todas essas estratégias compõem um sistema e constituem um conjunto inteligível, a ponto de não fazer praticamente nenhum sentido estudar, por exemplo, os costumes de sucessão sem estudar as estratégias de natalidade ou as estratégias matrimoniais[289]. Os estudos históricos que ignoram esse sistema podem não compreender nada. Por exemplo, uma parte das estratégias de reprodução biológica pode ter como efeito compensar as dificuldades das estratégias de sucessão; ou, pelo contrário, as estratégias de sucessão podem ter como efeito compensar os fracassos das estratégias de reprodução. Segundo o exemplo que sempre dou, porque é simples, ter apenas filhas num sistema de direito do filho primogênito é uma catástrofe[290]; é preciso compensar num outro terreno e ter estratégias matrimoniais muito sutis para conseguir ter, por meio das filhas, o que se poderia ter por meio do filho.

A reprodução é uma espécie de imperativo constitutivo – poderíamos quase dizer axiomático… Uma classe dominante inquieta-se estatutariamente com sua própria reprodução, ela só pensa nisso. O que não quer dizer que isso seja tematizado dessa forma. Uma frase de Balzac que citei como epígrafe do primeiro trabalho que escrevi sobre a reprodução diz, aliás, mais ou menos isso: "A reprodução é o problema de

---

288. P. Bourdieu alude a suas obras sobre o celibato camponês (reunidas em *O baile dos celibatários*. Trad. de Carolina Pulici. São Paulo: Editora Unifesp, 2021 [*Le Bal des célibataires*. Paris: Seuil, 2002]). Na exposição que se segue, ele se baseia em suas obras sobre as estratégias de reprodução que progressivamente ampliou para outros grupos além da classe camponesa. Cf. em particular BOURDIEU, P.; BOLTANSKI, L.; SAINT-MARTIN, M. As estratégias de reconversão: as classes sociais e o sistema de ensino. Trad. de Maria Alice Machado de Gouveia. *In*: DURAND, J. C. (org.). *Educação e hegemonia de classe*. Rio de Janeiro: Zahar, 1979 [Les stratégies de reconversion. Les classes sociales et le système d'enseignement. *Informations sur les sciences sociales*, v. 12, n. 5, p. 61-113, 1973]; BOURDIEU, P. Futuro de classe e causalidade do provável, *op. cit.*; *Id. A distinção, op. cit.*; e, posteriormente ao curso, *Id.* Estratégias de reprodução e modos de dominação, *op. cit.*

289. Cf. BOURDIEU, P. As estratégias matrimoniais no sistema das estratégias de reprodução. *In*: *O baile dos celibatários, op. cit.*, p. 173-209.

290. *Ibid.*

todo poder" ou "A duração é o problema de todo poder"[291]. Como durar, como se perpetuar? Em outras palavras, a principal questão política sobre o problema do poder é: "Como durar?" Os modos de durabilidade dos diferentes poderes são um dos grandes princípios de diferenciação dos diferentes poderes. Formular o problema do poder é, portanto, formular o problema do modo de reprodução. As diferentes frações da classe dominante, das diferentes regiões do campo do poder, distinguem-se pela espécie de capital que constitui a parte dominante de seu capital e, ao mesmo tempo, pelas relações diferentes com o sistema, com os mecanismos de reprodução disponíveis, e pelas relações diferentes com o modo de reprodução dominante, entendendo por "modo de reprodução" – acho que é uma definição quase rigorosa – o conjunto dos sistemas, dos mecanismos de reprodução disponíveis e a relação que os diferentes grupos estabelecem com esses diferentes mecanismos de reprodução.

Mais um exemplo: para o período recente, que vai de 1880 a nossos dias, uma grande mudança da classe dominante é a mudança do modo de reprodução causada pelo crescimento do peso do sistema escolar no sistema dos mecanismos de reprodução. Tanto que, hoje em dia, mesmo as frações economicamente dominantes devem passar pelo sistema escolar, ao menos para legitimar seu modo de reprodução e até para garanti-lo (considero aqui apenas esse modo de reprodução com componente escolar – especifico isso, porque as pessoas simplificam e dizem: "Bourdieu diz que é o sistema escolar que reproduz"; o que digo é que o sistema escolar *contribui* para a reprodução). Como tentei estabelecer para o patronato num artigo que publiquei há alguns anos[292], mesmo as frações cuja posição, cujo pertencimento à classe dominante, cujo pertencimento ao campo do poder, depende da posição do capital econômico – o capital mais facilmente transmissível dentro dos limites das leis de sucessão e de um certo número de restrições relacionadas – tendem cada vez mais a servir-se do sistema escolar para garantir sua própria reprodução, parcial ou total. Por exemplo, as estratégias de reprodução que as famílias burguesas do século XVIII empregavam para garantir a reprodução da família, da fratria em seu conjunto – um herda a empresa, outro torna-se bispo,

---

291. "A autopreservação é o objetivo de todo poder". Essa frase de *O médico rural* (1833) é citada por P. Bourdieu como epígrafe de "Reprodução cultural e reprodução social". Trad. de Sergio Miceli. *In*: BOURDIEU, P. *A economia das trocas simbólicas*. Org. de Sergio Miceli. São Paulo: Perspectiva, 1992. p. 295-336 [Reproduction culturelle et reproduction sociale. *Informations sur les sciences sociales*, v. 10, n. 2, p. 45, 1971. A epígrafe citada não consta da tradução brasileira – N.T.].

292. BOURDIEU, P.; SAINT-MARTIN, M. Le patronat [O patronato]. *Actes de la recherche en sciences sociales*, n. 20-21, p. 197, 1978.

o terceiro vai para o exército etc. – transformam-se muito, diversificam-se muito com o surgimento da necessidade/possibilidade de recorrer ao sistema escolar para reproduzir toda ou parte da linhagem.

De modo geral, portanto, é preciso levar em conta a existência de espécies diferentes de capital e de relações diferentes com os mecanismos de reprodução. Bruscamente, quando temos uma boa construção teórica, compreendemos de outra forma aquilo que era banal. Acho que aqui causarei um efeito desse tipo. Anuncio isso (no circo, rufariam os tambores num caso parecido), pois, quando não estamos completamente no campo científico, podemos considerar triviais coisas na verdade muito surpreendentes, e vice-versa. (Temo constantemente que vocês se perguntem: "Por que ele insiste tanto nesse tema que é óbvio?" Parece-me que muitas vezes é porque deve haver um distanciamento entre o seu sistema de construção do objeto e aquele que emprego implícita ou explicitamente.)

Sociodiceia e ideologia

O que separa os detentores de diferentes espécies de capital ou, mais exatamente, de estruturas de capital dominadas por espécies diferentes – é bom ser preciso –, são os modos de reprodução diferentes, as utilizações diferentes dos diferentes instrumentos de reprodução. Se for verdade que, como eu disse, toda classe dominante tende a trabalhar simplesmente por existir, para sua reprodução como dominante, entendemos que, na luta das classificações que mencionei há pouco, ou seja, a luta pela imposição do ponto de vista legítimo sobre o mundo social, na luta política, os dominantes tendam sempre a propor aquilo que Weber chama – é uma expressão magnífica – de uma "teodiceia de seus próprios privilégios"[293], ou, mais simplesmente, uma sociodiceia. Explico rapidamente. A teodiceia

---

293. "Quem é feliz raramente se contenta com o simples fato de ter felicidade. Além de possuí-la, sente necessidade de *ter direito* a ela. Quer convencer-se de que a 'merece' e principalmente: que a merece em comparação com os demais. Daí querer também poder acreditar que quem é menos feliz que ele, quem não tem uma felicidade comparável à dele, também está, tanto quanto ele, recebendo em troca a parte que lhe cabe. A felicidade quer ser 'legítima'. Quando na expressão genérica 'felicidade' se encerram todos os bens da honra, do poder, da posse e do gozo, eis-nos diante da fórmula mais geral daquele serviço de legitimação – a teodiceia da felicidade – que cabe à religião prestar aos interesses externos e internos de todos os poderosos, todos os proprietários, todos os vitoriosos, todos os sadios, numa palavra, de todos os felizardos" (WEBER, M. Religiões mundiais: uma introdução. *In: Id. Ética econômica das religiões mundiais*: 1. Confucionismo e taoismo. Trad. de Antonio Luz Costa. Petrópolis: Vozes, 2016. p. 25-26 [Die Wirtschaftsethik

(em Leibniz) não é o julgamento de Deus, é a justificação de Deus, é a tentativa de justificar que Deus exista[294]: como Deus é possível se o mal existe? As ideologias, se quisermos defini-las de maneira cômoda e simples (se quisermos manter a palavra…), são teodiceias de privilégios, isto é, discursos coerentes de pretensão sistemática destinados a justificar que um grupo dominante domine, exista como dominante. Ao mesmo tempo, elas sempre têm a forma do enunciado constativo que disfarça o performativo: "As coisas são o que são, tudo bem que seja assim, e é preciso que seja assim".

Resulta do que eu digo que as teodiceias variam dependendo do privilégio. Era aqui que eu queria chegar: os dominantes tenderão a desenvolver teodiceias de seus privilégios que serão função da estrutura de seu capital e da espécie dominante. As capacidades, sobre as quais falei muito longamente, encontrarão assim sua teodiceia naquilo que chamo de "a ideologia do dom"[295], ou seja, numa combinação incoerente, mas sociologicamente muito poderosa de meritocracia e, poderíamos dizer, de "carismocracia", já que o dom é um carisma. Na verdade, a ideologia profissional dos professores é uma combinação de ideologias do dom ("aluno bem-dotado") e de ideologias do mérito ("trabalhador"), ainda que o trabalho certamente seja um pouco inferior ao dom ("sério, mas não brilhante", "brilhante…"[296]). Essa ideologia profissional na verdade é consubstancial ao sistema escolar.

A palavra "ideologia" não é boa e eu nunca a utilizo, exceto para que me compreendam. É preciso pensar num trabalho de ideias. Ora, aquilo que chamamos

---

der Weltreligionen, 1915]); e WEBER, M. O problema da teodiceia. *In: Id. Economia e sociedade, op. cit.*, v. 1, p. 350-355.

294. A palavra "teodiceia" é formada a partir de duas palavras gregas, *théos* (θεός) e *dikè* (δίκη), que significam respectivamente "Deus" e "julgamento" ou "ação judiciária" – portanto, ela também pode ser compreendida como remetendo ao julgamento de Deus. Sua origem se encontra no título do livro que Leibniz publica em 1710: os *Ensaios de teodiceia sobre a bondade de Deus, a liberdade do homem e a origem do mal* buscam, contra "[aqueles] que acusaram a divindade, ou [...] fizeram disso um mau princípio", "fazer ver sua bondade suprema e [...] conceber um poder regulado pela mais perfeita sabedoria" (LEIBNIZ, G. W. *Ensaios de teodiceia sobre a bondade de Deus, a liberdade do homem e a origem do mal, op. cit.*, p. 49). Leibniz *não define nem utiliza o termo "teodiceia"* em seu livro, mas em 1715 escreveu que ele significava "a doutrina da justiça de Deus".

295. BOURDIEU, P.; PASSERON, J. C. *Os herdeiros*: os estudantes e a cultura. Trad. de Ione Ribeiro Valle e Nilton Valle. Florianópolis: Editora da UFSC, 2013 [*Les Héritiers*. Les étudiants et la culture. Paris: Minuit, 1964]; BOURDIEU, P.; PASSERON, J. C. *A reprodução*. Trad. de Reynaldo Bairão. Petrópolis: Vozes, 2011 [*La Reproduction*. Paris: Minuit, 1970].

296. Alusão às análises de P. Bourdieu sobre os adjetivos utilizados nos juízos escolares (cf. em particular BOURDIEU, P.; SAINT-MARTIN, M. As categorias do juízo profissional, *op. cit.*).

de "ideologias" podem ser práticas, não é necessariamente um discurso. É uma ideia de ideólogo, e até de professor de filosofia, acreditar que, para dominar, é preciso fazer discursos e que as ideologias são ideologias. As melhores "ideologias" são mecanismos. O sistema escolar, assim, é uma formidável ideologia em estado prático; ele produz constantemente a ideologia do dom, dizendo que os mais dotados são os melhores, que os melhores são os mais dotados. É por isso que utilizo a palavra "ideologia" entre aspas. O que é preciso manter é que os detentores de diferentes espécies de capital tendem a se reconhecer em sistemas justificadores diferentes. Ainda assim, existem invariantes. Em todos os casos, trata-se de dizer que aquilo que existe está certo, que é assim e que é bom que seja assim: a característica de todas as teodiceias é naturalizar. É a naturalização como forma de universalização. Marx disse que "a ideologia é a universalização dos interesses particulares"[297], e a estratégia ideológica primária consiste em dizer: "Eu sou aquilo que é preciso ser já que aquilo que sou é universal". A universalização dos interesses particulares assume uma forma particularmente poderosa quando o universal é uma natureza.

No caso das aristocracias imobiliárias, temos uma ideologia da terra e do sangue (poderíamos conservar a palavra "ideologia", mas apenas para designar a forma explícita de discursos justificadores que surgem quando a reprodução é questionada). Essas ideologias da terra e do sangue que podemos designar a alguns autores surgem na Alemanha na década de 1830[298], quando os privilégios dos *Junkers* [os membros da nobreza com terras na Prússia] são questionados e um certo número de processos automáticos de transmissão são pelo menos contestados pelos filósofos racionalistas e críticos. Temos assim um discurso constituído explícito, produzido pelos profissionais da ideologia. É ainda aquilo que eu disse na primeira parte: uma grande divisão opõe as respostas na prática e as respostas no discurso produzidas pelos que hoje chamaríamos de intelectuais de

---

297. Essa ideia, ainda que não essas palavras exatas, encontra-se em passagens tais como: "Realmente, toda nova classe que toma o lugar de outra que dominava anteriormente é obrigada, para atingir seus fins, a apresentar seu interesse como o interesse comum de todos os membros da sociedade, quer dizer, expresso de forma ideal: é obrigada a dar às suas ideias a forma da universalidade, a apresentá-las como as únicas racionais, universalmente válidas" (MARX, K.; ENGELS, F. *A ideologia alemã*. Trad. de Rubens Enderle, Nélio Schneider e Luciano Cavini Martorano. São Paulo: Boitempo, 2007. p. 48 [*Die deutsche Ideologie*, 1845-1846]).

298. Sobre esses pontos, cf. o curso do segundo ano em *Sociologia geral volume 2*. p. 368ss. [617ss.].

direita, que constituem um discurso que é a *praxis* justificadora dos dominantes: a linhagem, o sangue etc. Isso é lógica prática, é o instrumento e a arma principal de grupos cujo poder repousa na reprodução pela terra e pela linhagem. Conhecer sua genealogia, saber se tal pessoa é uma herdeira ou não, muitas vezes é fundamental. O que está na genealogia vai se tornar a terra e o sangue, e teremos os oradores da terra e do sangue.

No caso de uma "culturocracia", para assim dizer, das capacidades, teremos mecanismos práticos de legitimação e justificação que são mais poderosos por reproduzirem sem serem vistos nem enunciados. Eles reproduzem dissimulando sua contribuição à reprodução, e legitimam em relação à definição que dou da legitimidade: a legitimidade é o desconhecimento do arbitrário. O sistema escolar, por exemplo, é uma "máquina ideológica", entre aspas, formidável já que garante a reprodução de maneira invisível até os sociólogos fazerem aparecer o que ele faz ao exibirem sua contribuição para a reprodução social. Assim, a ideologia do dom acaba precisando se constituir e ela se constitui como reacionária. Existe um debate ritual sobre a hereditariedade da inteligência: será que ela está nos genes ou na sociedade? As pessoas brigam e sempre aparece um biólogo para dizer que nada está nos genes, tudo está na história. Esse é um belíssimo debate do tipo que mencionei há pouco: ele surge quando a ideologia do dom é ameaçada na prática. Quando não é, basta escrever "brilhante" nas margens das dissertações e isso funciona sozinho: na verdade, [escrever] "brilhante" é um ato de ideologia prática absolutamente extraordinário (eu poderia desenvolver isso).

Para terminar: as diferentes espécies de capital predispõem muito desigualmente às diferentes formas de discursos justificadores do privilégio, entendendo-se que todos os discursos justificadores são discursos que naturalizam. Em última instância, poderíamos corrigir um pouquinho a bela frase de Weber: trata-se de uma sociodiceia. Poderíamos dizer que os discursos justificadores são sociodiceias por naturalização: são discursos que justificam fenômenos históricos, por exemplo, distribuições desiguais, por meio da naturalização. Eles transformam o *nomos* em *phusis*[299]: eles transformam aquilo que existe pela lei, pela distribuição, numa coisa que existe pela natureza. Eles transformam aquilo

---

299. Referência à oposição, no pensamento grego antigo, entre a natureza (*phusis*, φύσις) e a lei (*nomos*, νόμος), que tem origem humana.

que é arbitrário, no sentido de contingente ou de produzido pela história, em necessário, no sentido de natural. Essa lógica geral e genérica da sociodiceia tem base nas espécies de capital.

Na próxima aula, abordarei outras propriedades do capital, em particular as propriedades sobre a estrutura do campo do poder.

Aula de 12 de junho de 1986

> Primeira hora (aula): espaço das posições e espaço das tomadas de posição. – A representação do mundo social como objetivo de luta. – Uma construção coletiva. – Uma luta cognitiva. – A explicitação do implícito. – A especificidade do campo científico. – Segunda hora (seminário): o campo do poder (3). – A fronteira dos campos e o direito de entrada. – O exemplo do campo literário – Fluxo de capitais e variação das taxas de câmbio. – Instaurar um novo modo de reprodução. – O demônio de Maxwell.

Primeira hora (aula): espaço das posições e espaço das tomadas de posição

Hoje continuarei aquilo que comecei em relação à noção de campo e vou recapitular de alguma forma as propriedades que estão inscritas no fato de que os campos são campos de lutas e não apenas campos de forças. Eu já disse que um certo número dessas propriedades é deduzido do fato de que os campos são campos de lutas para transformar o campo de forças, e os diferentes agentes ou instituições têm nas lutas uma força correspondente à sua posição no campo de forças. É preciso juntar essa dupla relação antagônica: os agentes têm uma capacidade de construir e transformar uma posição que, por sua vez, é construída pela posição no campo.

Eu acho que um dos problemas colocados pelos campos em que o objetivo é um objeto cultural (como é o caso do campo religioso, artístico ou científico) é ser preciso e, ao mesmo tempo, levar em conta a existência de um *motus*, de uma propensão a lutar, de um princípio de movimento e de mudança, e levar em conta a direção dessa mudança. Sobre esse ponto, eu apenas indico a direção na qual procuro uma resposta. Parece-me que a distinção que propus várias vezes entre o espaço das posições e o espaço das tomadas de posição é importante aqui, sendo o espaço das posições aquilo que chamo de campo de forças e o espaço das tomadas de posição o espaço das estratégias que os ocupantes das diferentes posições propõem em suas competições e que podem ter como objetivo transformar o espaço das posições, espaço que é homólogo ao espaço das tomadas de posição. O espaço das tomadas de posição, nos campos como o jurídico ou o científico, está repleto de todas as lutas passadas, de modo a definir a orientação para a qual o campo vai se dirigir. Para dizer as coisas de maneira simples: para compreender como muda um campo científico ou artístico, é preciso ver que o motor está no campo das posições e que uma espécie de *angelus rector*[300] o orienta, e o que define a orientação está no campo das tomadas de posição. (Voltarei a esse ponto, porque às vezes temo que as perguntas que vocês se fazem antecipam o momento em que darei minha resposta: portanto, tento responder antecipadamente, mas isso nem sempre é fácil.)

Assim, é preciso juntar as duas coisas: os agentes constroem o mundo social, mas a partir de instrumentos de construção que lhes são fornecidos pelo mundo social, instrumentos de construção que podem estar incorporados no *habitus* sob a forma de esquemas de percepção. Os agentes sociais trabalham, ou em cooperação ou em oposição, para transformar a estrutura, mas é a estrutura que determina as tomadas de posição que buscam transformar a estrutura. Outra maneira de dizer a mesma coisa: os agentes sociais lutam a propósito do sentido do mundo – é aquela luta das classificações que mencionei; eles lutam não somente pela significação do mundo, mas também pelo princípio a partir do qual pode-se construir o sentido do mundo, e essa luta cognitiva pelos princípios da visão do mundo encontra seu princípio nos interesses que não são cognitivos. Os que insistem no fato de que o mundo social é construído esquecem-se da dimensão materialista dessa construção: essa construção não acontece no vazio, ela se realiza a partir de uma certa posição no mundo social.

A representação do mundo social como objetivo de luta

Por isso, o mundo social é um objetivo de luta; não existe um campo social no qual a verdade não seja ao mesmo tempo uma arma e um objetivo de luta.

---

300. Cf. *supra*, nota 184.

Acho que isso é um pressuposto antropológico. Essa constatação empírica pode, como fazem Habermas e outros, ser constituída como uma espécie de pressuposto transcendental[301] e dizer que existe uma espécie de reivindicação universal de validade, particularmente no campo filosófico ou científico. Eu acho que [o fato de constituí-lo como constatação empírica ou pressuposto transcendental] é uma questão de estratégia intelectual ou de opinião filosófica. Essas duas maneiras de expressar a mesma coisa estão separadas por um universo filosófico sem que isso mude muita coisa do ponto de vista que me interessa, o de uma construção científica. Assim, é indiferente dizer que existe uma espécie de pretensão universal à verdade que é engajada por todos os agentes sociais que entram num jogo, e em particular no campo científico, ou dizer mais simplesmente que não existe um jogo científico no qual a pretensão à verdade não seja afirmada pelos jogadores, no qual a verdade não seja ao mesmo tempo um instrumento e um objetivo, no sentido em que aquele que tem a verdade para si tem algo a mais que, em certos campos, pode até representar uma força social importante.

A verdade sobre o mundo social é um objetivo de luta no mundo social e o campo político é evidentemente um dos universos em que essa luta para impor seu ponto de vista, para fazer ver, fazer crer e fazer fazer ganha sua forma mais transparente. Ele tem uma posição particular no universo dos campos possíveis na medida em que nele a dimensão polêmica resplandece. Podemos tomar como dois polos extremos o campo político e o científico. No campo político (sobretudo quando a política é do tipo maquiavélico), a luta se declara em sua verdade, ao passo que, no campo científico, a luta é mascarada pela própria lógica das formas pelas quais ela deve se insinuar. Desse modo, todos os campos são campos de lutas. Segue-se que o mundo social é uma estrutura objetiva de certa forma dada previamente (é seu lado durkheimiano: a estrutura impõe coerções, exclui a liberdade absoluta dos agentes singulares) e, ao mesmo tempo, é um *constructum* passível, a cada instante, de transformações.

Portanto, poderíamos dizer que o mundo é nossa construção contra a tradição idealista para a qual o mundo é minha representação. Parece-me que certas correntes da fenomenologia social chegam até esse subjetivismo radical. Em

---

301. HABERMAS, J. *A transformação estrutural da esfera pública, op. cit.*; Id. *Conhecimento e interesse*. Trad. de Luiz Repa. São Paulo: Unesp, 2015 [*Erkenntnis und Interesse*. Frankfurt: Suhrkamp, 1968].

Schütz, por exemplo, o mundo social tende a se reduzir à experiência que os sujeitos sociais têm deles[302]: não existe transcendência social, existe uma espécie de antidurkheimianismo radical. Toda essa corrente de alguma forma foi construída contra as ideias durkheimianas de "consciência coletiva", contra a pretensão de constituir a sociologia como uma ciência de objeto irredutível à psicologia, contra a concepção que postula a coerção como critério da realidade do social, contra a ideia de que o mundo social se apresenta e deve ser estudado como uma coisa etc. Todas essas propriedades com as quais Durkheim caracterizou o mundo social para constituí-lo como objeto específico para a sociologia são revogadas pela tendência subjetivista e radical cuja melhor expressão para mim é encontrada em Schütz, mas que também encontraremos em muitos etnometodólogos. Essas teorias tendem a considerar o mundo social como uma construção pura da mente e poderíamos parafrasear o título do livro de Schopenhauer, *O mundo como vontade e representação*, para dizer que, para essas teorias, o mundo social não passa da representação que os agentes se fazem dele: ele só existe enquanto os agentes o percebem e [só existe da maneira que] eles o percebem. Fui obrigado a relembrar os dois polos dessa alternativa para marcar o que retemos e o que rejeitamos dela quando tentamos superá-la.

Uma construção coletiva

Assim, o mundo social não é minha representação e sim nossa construção. Ele é uma construção coletiva, ou seja, o produto de um trabalho coletivo de negociações, de transações (os etnometodólogos concordariam até este ponto) que se realizam sob restrições (é aqui que se marca a diferença com a etnometodologia). É verdade que os agentes sociais negociam e que têm estratégias antagônicas. A relação pedagógica que se instaura numa sala de aula é, assim, o produto de negociações entre os estudantes que bagunçam ou não e o professor. Os sociólogos interacionistas e os etnometodólogos, sobretudo Goffman, tiveram o mérito de demonstrar que os equilíbrios sociais que observamos na escala microssociológica de uma simples sala de aula (ou, outro exemplo, na relação paciente/médico) são o produto de um trabalho coletivo; eles têm como sujeito uma espécie de *nous*

---

302. Cf. em particular as aulas de 19 de abril de 1984, em *Sociologia geral volume 3, op. cit.*, e de 7 de março de 1985, em *Sociologia geral volume 4, op. cit.*

que se realiza, sem que os agentes sociais tenham consciência disso, a partir de estratégias de *bargaining* [barganha], de negociações.

Entretanto, essa posição é apenas parcialmente verdadeira (portanto, é falsa). Ela descreve os equilíbrios como o produto de negociações que se produziriam entre sujeitos intercambiáveis (suas propriedades não são caracterizadas), ao passo que essas negociações se realizam entre indivíduos socialmente constituídos, dotados de *habitus*, ocupando posições diferentes e tendo interesses, mas também entre forças, diferentes nas relações que se instituem na ocasião desta ou daquela negociação. Em outras palavras, os equilíbrios que se observam entre os cônjuges nas unidades domésticas, entre os diferentes ramos de uma linhagem numa família estendida ou entre clãs dominantes e dominados devem suas propriedades objetivas à própria estrutura na qual foram produzidos e não podemos imaginar dar conta dessas transações e desse trabalho de construção do mundo sem levar em conta as propriedades incorporadas dos que fazem esse trabalho e as condições sociais nas quais eles o realizam.

Podemos pensar nas análises de relações de negociação numa sala de aula, por exemplo aquelas propostas por Mehan[303]: sem o saber, as análises reintroduzem as propriedades dos *habitus* e das posições que não aparecem em sua teoria (isso acontece bastante: as pessoas, em sua prática científica, agem melhor do que sua teoria diz). Para dar conta das negociações, elas são obrigadas a levar em conta que a professora, mulher no meio de estudantes homens, e separada deles por uma diferença etária pequena, tem uma margem de manobra reduzida, ela não pode utilizar certas estratégias (que estariam acessíveis, por exemplo, para um homem) etc. Resumindo, elas empregam todo tipo de variáveis secundárias que estão inscritas na própria estrutura a partir da qual acontecem as negociações, e essas micromodificações da estrutura estão no princípio das grandes mudanças estruturais. Um dos modos de mudança são todos esses deslocamentos infinitesimais de escala minúscula que, acumulados, adicionados, integrados, acabam dando em grandes mudanças, por exemplo, por meio de efeitos de limite. Superar a alternativa entre o estruturalismo e o construtivismo, como faço sem parar, também é superar a alternativa entre

---

303. MEHAN, H. *Learning lessons*: social organization in the classroom [*Aprendendo lições*: a organização social na sala de aula]. Cambridge, MA: Harvard University Press, 1979. Trata-se de uma etnografia realizada num curso [equivalente ao final do ensino fundamental no sistema brasileiro – N.T.] dado por uma professora (daí as observações que se seguem de P. Bourdieu).

estrutura e história que infelizmente está na cabeça da maioria das pessoas que fazem ciências sociais e que é um triste tópico de ensino universitário jogado sobre a realidade científica.

Essas negociações sobre o mundo social e esses atos têm por fundamento social um ato de construção individual, mas esses atos de construção fazem intervir os agentes singulares inseridos em relações que são elas mesmas estruturadas, de modo que as construções são construções coletivas. É por isso que eu disse: "O mundo é nossa representação", o que não é uma frase muito boa; seria preciso dizer que os agentes sociais trabalham coletivamente, numa colaboração (que pode estar no conflito, como no caso da negociação) que não se coloca como tal, para transformar as estruturas que estão no próprio princípio de suas intenções transformadoras.

Uma luta cognitiva

Uma outra proposição importante: como eu disse há pouco, as lutas a respeito do mundo social são lutas cognitivas. Muitas vezes me acontece de dizer a mesma coisa de forma diferente. Eu acho – é um pouco para justificar meu modo de fazer – que o trabalho em ciências sociais exige esse trabalho sobre as palavras. Na minha experiência, acontece com muita frequência compreender bruscamente uma coisa que eu dizia há bastante tempo, porque eu a disse de outra maneira. Espero produzir o mesmo efeito no atual trabalho e que os que não entenderam o que eu disse quando falei que as lutas eram lutas "simbólicas" compreenderão bruscamente se eu disser que são lutas cognitivas.

Quando dizemos "lutas cognitivas" pensamos, numa lógica intelectualista, em atos de conhecimento discursivos no sentido forte do termo. Ora, como tentei dizer, existem atos de conhecimento não discursivos. É esse o sentido que dei à expressão de "lógica prática". Uma das funções da noção de *habitus*, como sistema de esquemas, é lembrar que os agentes sociais podem, no modo prático, isto é, aquém de qualquer consciência, conhecer e construir o mundo social, porque existe uma maneira prática de fazê-lo. Assim, no caso das negociações numa sala de aula que mencionei, os agentes sociais que se confrontam podem não ter nenhuma ideia explícita do objetivo cognitivo, que é saber o que é um verdadeiro professor hoje em dia: será que um professor não deixa de ser um professor se for uma professora?

De tempos em tempos, é verdade que as coisas afloram. Eu me lembro, por exemplo, de um debate muito pomposo há alguns anos com sumidades universitárias e os representantes mais eminentes do mundo econômico (como se diz nas matérias do [jornal] *Le Monde*): pelo menos 20% do tempo foi dedicado à questão de saber se o mundo não teria mudado pelo fato das crianças (na verdade, as da burguesia) só terem tido mulheres como professoras... Seria preciso o talento de Flaubert para poder contar como essas coisas são ditas concretamente na ingenuidade triunfante do discurso burguês, mas aquilo que se dizia era, de modo geral: "Como nós, homens modernos muito ocupados que somos, raramente estamos em casa, as crianças ficam deixadas às mulheres tanto em casa como na escola; será que, nessas condições, conseguiremos reproduzir a virilidade que é uma das condições da realização das altas funções que ocupamos"? [*risos na sala*] Eis o tipo de problema que pode ser debatido eruditamente por pessoas muito eminentes... A feminização é um processo que progride insensivelmente e ela se torna visível num momento dado (é o paradoxo do monte de trigo[304]), porque há um efeito de limiar, de tomada de consciência. Acontece, então, um debate no *Le Monde*. Seria preciso descrever concretamente como as coisas acontecem: Ménie Grégoire fala disso um dia [*risos na sala*], depois temos um editorial de Ivan Levaï, depois um editorial de July e, por fim, um artigo erudito do *Le Monde* recapitula[305] [*risos na sala*].

Resumindo, uma série de experiências descontínuas e difusas se torna um problema social e, evidentemente, os "sociólogos" se atiram sobre esse problema social. (Um problema específico da sociologia é que ela é parte interessada nesse jogo. O que quer que faça, o discurso de pretensão científica é imediatamente

---

304. Também chamado de "paradoxo sorites", em referência a seu suposto formulador, Eubulides de Mileto. Consiste na seguinte pergunta: "se um monte é reduzido de grão em grão, qual é o ponto exato em que ele deixa de ser um monte?" [N.T.].

305. Em suma, o problema é retomado pouco a pouco pelos agentes que têm o maior poder de consagração no espaço jornalístico: Ménie Grégoire foi uma apresentadora de rádios cujos programas na [emissora] RTL tinham uma grande audiência e tratavam de problemas da sociedade ligados à família e à sexualidade; Ivan Levaï, um jornalista que, entre outros cargos, transmitiu por muitos anos, em particular no momento em que o curso aconteceu, editoriais e programas de notícias nas [emissoras] Europe 1 e France Inter; Serge July foi o diretor de *Libération* e o principal responsável pelas transformações que levaram o jornal, na primeira metade da década de 1980, a rivalizar com os grandes títulos da imprensa cotidiana, dos quais *Le Monde* ainda era o mais poderoso. Sobre *Libération*, cf. RIMBERT, P. *Libération*. De Sartre à Rotschild. Paris: Raisons d'agir, 2005; e, sobre *Le Monde*, cf. CHAMPAGNE, P. *La double dépendance* [*A dependência dupla*]. Paris: Raisons d'agir, 2016.

retomado pelo jogo, explorado em função de estratégias e interesses. As ciências da natureza não conhecem essa dificuldade: elas não precisam levar em conta o uso que os planetas fazem de seus discursos. Um problema que se coloca para as ciências sociais é que os jogos internos do campo científico, mesmo muito autônomo, interessam bastante para os outros agentes sociais; ao mesmo tempo, a autonomia é sempre ameaçada. Voltarei a esse ponto.)

Portanto, a construção do mundo social é coletiva, o que quer dizer que é o produto de um trabalho no qual muita gente está engajada, em relações de força, com interesses diferentes etc. Eu especifico para marcar bem a diferença com a filosofia dominante da economia neoclássica. Esta postula indivíduos isolados sem relações (além das relações de mercado) e, ao mesmo tempo, só consegue descrever os efeitos coletivos na lógica da agregação que é uma lógica puramente aditiva, fisicalista, estatística. Na lógica em que me coloco, as produções coletivas não são obtidas pela agregação aditiva de partículas elementares intercambiáveis; os indivíduos não estão isolados, estão inseridos em relações objetivas, em espaços cujas estruturas comandam suas ações. Numa relação de força muito assimétrica, o coletivo resultante poderá assim dever 90% de suas propriedades ao dominante na estrutura e jamais obteremos o resultado que observamos pela simples adição dos elementos presentes. Em outras palavras, em qualquer interação entre indivíduos, qualquer que seja o objeto, toda a estrutura está presente por intermédio dos *habitus* dos agentes. (Deixo isso explícito para sugerir as consequências de coisas que às vezes digo um pouco rápido e que vocês poderão acabar considerando banais quando, na verdade, são muito diferentes de outros modos de pensamento.)

Essas construções coletivas podem ser tomadas de posição, construções cognitivas e gnosiológicas sem serem, entretanto, atos de conhecimento no sentido redutivo que normalmente utilizamos. "Cognitivo" não significa "intelectual", porque existem conhecimentos práticos. Era isso que eu queria dizer com o exemplo que desenvolvi um pouco da maneira como a feminização questionou uma imagem coletiva no fundo do inconsciente e fez surgir uma nova imagem do professor escolar, da professora escolar. Poderíamos fazer análises sobre o que é a representação coletiva comum de um certo número de agentes sociais num certo momento (o policial, professor, médico, juiz etc.).

Esse trabalho coletivo pode ser feito aquém do discurso, já que essas representações devem uma parte considerável de sua força coletiva do fato de, exatamente, serem infradiscursivas, permanecerem implícitas, muitas vezes estarem enraizadas em experiências antigas muito emocionantes. O fantasma originário do universo educativo elementar no qual nos formamos e que amamos muito é despertado a partir do momento em que começamos a falar sobre educação. Podemos ver as mentes mais eminentes regredirem a modos de pensar infantis quando falam sobre educação, porque elas se referem a complexos cognitivos e afetivos (o cheiro da cola, o barulho do giz etc.). Na última aula, falei sobre o motivo de as lutas pedagógicas serem sempre dramáticas para as categorias que devem tudo à escola. Porém, uma outra razão que explica o caráter patético e o clima de guerra religiosa das discussões sobre o sistema escolar deve-se ao fato de que os agentes engajam nessas discussões experiências originárias do mundo social que são sobrevalorizadas social e psicologicamente, como a experiência do mundo escolar ou a experiência da relação pedagógica como forma transformada da relação com o pai ou com a mãe. Nesse ponto, seria preciso retomar todos os relatos na literatura do século XIX sobre o primeiro dia na escola. Aliás, eles contribuem para um reforço das experiências elementares, porque são reenviados para a escola sob a forma de textos escolhidos para a escola primária. Isso esclarece coisas que já disse várias vezes: a educação e o aprendizado depositam em cada um de nós pequenas molas que podem jamais ser reativadas, mas que, num certo momento, alguém poderá reativar. Hesito em fazer isso, mas posso dar o exemplo de Chevènement que, por razões que em grande parte lhe escapam (ele é filho de professor, tem um grande inconsciente escolar), foi capaz de reativar todas essas pequenas molas e fazer regredir toda uma nação[306] [*risos na sala*]. Pronto. Isso foi menos um parêntese do que uma ilustração de coisas que disse nas aulas anteriores.

A explicitação do implícito

As lutas a respeito do mundo social, portanto, são lutas cognitivas, o que não quer dizer necessariamente lutas intelectuais. Elas são muitas vezes lutas práticas

---

306. Esta aula aconteceu pouco mais de três meses depois da esquerda perder as eleições legislativas e o governo socialista de Laurent Fabius ter sido desfeito, em consequência. Jean-Pierre Chevènement fora ministro da educação nacional por quase dois anos nesse governo. Ao ocupar essa função, ele formulou o objetivo que consistia em "trazer 80% de uma classe etária ao nível do bacharelado", mas também tomou medidas marcadas por uma imagem da escola ligada ao começo da Terceira República (ele restabeleceu, por exemplo, a "instrução cívica").

nas quais os agentes engajam construções práticas infradiscursivas passíveis de serem levadas à ordem do discurso através do trabalho específico de agentes que, como os escritores ou os sociólogos, se dão como tarefa explicitar essas construções práticas (ao dizerem, por exemplo, o que é um professor de educação básica). Essas lutas cognitivas também podem se basear em construções teóricas. As lutas a respeito do mundo social engajam uma espécie de divisão do trabalho na qual os agentes ordinários, os que não têm como função propor visões discursivas do mundo social, encontram-se confrontados com os profissionais do discurso sobre o mundo, e em particular sobre o mundo social.

Com efeito, existem campos especializados na produção de discurso sobre o mundo social, começando com o campo jurídico. Como eu disse aula passada, os juristas são profissionais que foram encarregados ou, mais exatamente (já que houve uma luta entre os príncipes e os juristas para que os juristas adquirissem o direito de dizer o direito), que se encarregaram de dizer a visão direita, ortodoxa, para dizer como se deve ver o mundo, para dizer isso no discurso e propor um discurso direito, constituindo explicitamente uma experiência que pretende, com uma chance razoável de sucesso, como diria Weber, ser reconhecida como *a* visão legítima.

Aqui seria preciso desenvolver o que está implicado na passagem entre a construção prática (por exemplo, a professorinha gentil da década de 1980) e a construção teórica explícita como modelo social ou retrato social, figura, estereótipo. Poderíamos usar como exemplo a imagem do juiz. Houve uma série de debates nos anos que se seguiram ao maio de 1968 sobre os juízes vermelhos[307]. Uma obra coletiva, na qual os jornalistas desempenharam um papel considerável, constituiu uma nova imagem do juiz: todos temos em mente um fantasma de juiz que contém um pouco [das caricaturas de Honoré] Daumier, a imagem de um senhor com um chapéu. Num certo momento, esse fantasma é trabalhado coletivamente. Algumas pessoas bagunçam essas imagens que outras defendem, e esse trabalho prático pode, num certo, momento passar à ordem discursiva, o que marca uma espécie de salto qualitativo. Insisto nesse ponto: existe um verdadeiro ato de criação, e acho que a passagem do implícito para o explícito é um

---

307. Um artigo sobre os "juízes vermelhos" foi publicado em *Actes de la recherche en sciences sociales*: CAM, P. Juges rouges et droit du travail [Juízes vermelhos e o direito trabalhista]. *Actes de la recherche en sciences sociales*, n. 19, p. 2-27, 1978.

salto extremamente importante. É um poder específico muito importante detido pelas pessoas que controlam essa passagem. Elas têm a capacidade específica de transformar o prático, o confuso, o fluido, o vago que constituem o essencial de nossa experiência do mundo social em discurso explícito, constituído, formalizado, codificado, homologado, de forma que entramos em acordo sobre as mesmas palavras. Nas sociedades diferenciadas, existem evidentemente várias formas de explicitação desse tipo, o que é bastante bom: devido à força própria da explicitação, seria aterrador se uma categoria de "explicitadores" conseguisse deter o monopólio desse trabalho de explicitação.

Na ideologia desses profissionais da explicitação, esse trabalho é descrito como "criação". Poderíamos falar de "produtores", como às vezes fazemos quando se trata do campo artístico: isso produz um efeito de achatamento economicista que tem como virtude destruir a ideologia profissional dos profissionais da explicitação, mas, num segundo momento – é preciso sempre desconfiar das rupturas, muitas vezes elas são excessivas –, é preciso reconhecer aquilo que existe de verdadeiro na ideologia da criação. Na verdade, essa passagem do implícito para o explícito parece não ser nada, pois aquilo que é explicitado estava lá previamente: o que é que a explicitação realiza, já que ela anuncia alguma coisa que já sabíamos? Esse é o efeito profético típico: o profeta diz para as pessoas alguma coisa que elas já sabiam, mas não conseguiam se dizer. Essa é uma verdadeira conversão, uma mudança de estatuto ontológico que pode exercer uma força de imposição formidável. A experiência implícita dos agentes pode se encontrar transformada: os agentes podem ter a sensação de descobrir a verdade do que viviam numa explicitação que não é a experiência implícita na qual viviam.

É isso que chamo de *allodoxia*, que consiste num erro sobre o objeto. Ela é possível devido ao fato de que o implícito pode sofrer várias explicitações: existe uma indeterminação que está ligada ao fluxo do *habitus*, que não é o produto de uma regra precisa, é sempre ajustado "de modo geral". Essa indeterminação parcial das tomadas de posição práticas as torna vulneráveis à explicitação forçada: para que uma explicitação seja eficaz, é preciso que aquele que é explicitado se encontre nela; não se pode dizer qualquer coisa. É o que Max Weber demonstra quando fala das afinidades entre as grandes tradições religiosas e este ou aquele grupo social[308]: as religiões camponesas têm muito a ver com uma espécie de

---

308. Cf. WEBER, M. *Economia e sociedade*, *op. cit*. v. 1, "Estamentos, classes e religião", p. 320-350.

paganismo e com a sensação de impotência do camponês tradicional, e teremos dificuldade em pregar para um camponês tradicional uma religião que seria muito conveniente para uma burocracia confuciana. Assim, a margem de tolerância é grande o bastante para que isso possa funcionar. É realmente importante ver que essa passagem do implícito para o explícito é determinada e que, ao mesmo tempo, há uma margem de liberdade, de tolerância, de indeterminação que permite, especialmente na política, explicitações allodóxicas.

Darei o exemplo um pouco brutal do debate permanente sobre as opiniões políticas dos dominados, em particular dos trabalhadores manuais, da classe operária: como explicar que, dependendo das conjunturas, os mesmos operários possam se reconhecer em mensagens do tipo materialista e comunista e em mensagens fascistoides, nacionalistas etc.? É simplesmente que a mesma experiência prática (com variantes) é passível de explicitações relativamente diferentes. Isso cria o poder dos produtores específicos de representações discursivas do mundo social: eles têm o poder de transformar as construções práticas, de representá-las (a palavra "representação" é fundamental). No fundo, os profissionais têm o monopólio da representação e da passagem ao explícito que é a passagem à representação em todos os sentidos do termo. Essa autonomia relativa da representação em relação à experiência prática é, portanto, o ponto arquimediano a partir do qual e sobre o qual o desvio político pode se apoiar.

Preciso corrigir o que acabei de dizer, já que vocês poderiam extrair de minha análise uma representação maquiavélica da política ("Todos os representantes são malvados") e pensar que eles utilizam seu poder de explicitação da experiência implícita do mundo social apenas para seu benefício. Isso é parcialmente verdadeiro, mas o salto do implícito para o explicito é tão perigoso que nem sequer é preciso querer desviar para desviar. É realmente difícil explicitar as experiências práticas... Eu acho que o trabalho de explicitação é o equivalente do trabalho socrático; ele é até mais difícil. O bom sociólogo trabalha a partir dos indicadores fornecidos pelo discurso dos entrevistados, mas o discurso que os indivíduos têm sobre si mesmos é quase sempre um discurso alienado [isto é, já explicitado por outras pessoas][309]. Não existe literatura menos operária do que a literatura

---

309. Na pesquisa publicada em 1993 com o título *A miséria do mundo, op. cit.*, que se baseia principalmente num conjunto de entrevistas, P. Bourdieu retomará em grandes detalhes a relação de pesquisa, em particular a entrevista sociológica como maiêutica, isto é, sobre o trabalho propriamente sociológico de explicitação da experiência implícita do mundo social dos entrevistados. Cf., em particular, a conclusão da obra, intitulada "Compreender".

escrita pelos operários. Vale o mesmo para os textos sobre a escola primária escritos pelos trânsfugas das classes populares que fazem seu pequeno circuito em Paris e voltam para sua província para fazer populismo depois de fracassarem na margem esquerda parisiense[310]. Essa literatura, esses textos escolhidos para a escola primária, voltam para a consciência comum. Os sociólogos a registram ingenuamente, acreditando registrar a experiência popular quando registram o discurso populista reintegrado pela experiência popular quando ela é interrogada por um sociólogo populista que quer possuir a verdade da experiência popular [*risos na sala*]. (E quando digo isso, sou eu quem parece ter preconceitos...)

A distorção [entre o implícito e sua explicitação], portanto, é autoevidente. O que não é autoevidente é o verdadeiro milagre que é a explicitação verdadeira, porque ela necessita de todo um trabalho para ajudar as pessoas, sem constrangê-las, a encontrarem os instrumentos para dizer aquilo que exatamente não conseguem dizer, pois não têm as palavras para dizer e as palavras que lhes oferecemos são muitas vezes palavras escolhidas que vão contra sua experiência. Toda a linguagem disponível espontaneamente, como os sistemas de adjetivos que menciono com frequência, é construída contra aquilo que seria preciso dizer. Esse ponto é importante: a deformação não é o produto de malevolência, de uma má vontade, mas de mecanismos sociais poderosíssimos, em particular os mecanismos de desconhecimento. "Desconhecimento" não é a palavra correta (procurarei uma melhor... vocês também podem procurar). Dito isso, talvez todas as palavras para expressar o que estou dizendo sejam falsas: elas expressam mais a relação das pessoas que as produziram com seu objeto do que o objeto em questão. A "falsa consciência", por exemplo, é um mito: ela pressupõe que exista uma [verdadeira] consciência; ela pressupõe uma teoria da consciência revolucionária; ela pressupõe a tomada de consciência e, portanto, em última instância, os intelectuais que trazem a consciência para os que não a têm. Esse é um viés "intelectocêntrico" típico: pressupomos que existem pessoas inconscientes e outras que lhes trarão a consciência.

O que se passa nessa alquimia que é a passagem do implícito ao explícito é muito obscuro e as duas partes contribuem para a mistificação. Nesse encontro

---

310. P. Bourdieu já mencionara a trajetória desses trânsfugas nos campos literário e artístico no segundo ano de seu curso (BOURDIEU, P. *Sociologia geral volume 2, op. cit.*, em particular p. 365, 420-424 [614, 681-685]).

entre dois *habitus*, um elemento importante da mistificação é o *habitus* não analisado de quem analisa: se o analista for para as pessoas (pois é disso que se trata) com nostalgias populistas, com uma culpabilidade de trânsfuga ou com generosidade à venda, seu trabalho de explicitação, em todos esses casos, expressará muito mais sua relação com esse objeto do que o objeto e, exatamente por isso, os efeitos allodóxicos serão favorecidos. As estratégias de condescendência que menciono com muita frequência[311], assim, estão no princípio de muitos erros sociológicos. Existem maneiras de falar dos dominados (mulheres, camponeses, operários etc.) que são muito difíceis de rejeitar para os que são o objeto dessa condescendência já que ela tem intenções tão boas [*risos na sala*]. Eu queria dizer isso para que não passemos rápido demais por uma coisa central do ponto de vista da prática científica, já que a entrevista é uma das operações fundamentais da ciência social (mas isso também pode valer para a leitura e análise de documentos).

Os campos especializados são locais nos quais se produzem construções do mundo social que têm a força particular do explícito: como o explícito está aqui, está em palavras, acabamos acreditando que vivemos o que devemos viver quando alguém o diz, e sobretudo o diz com autoridade. Eu me lembro (repito mais uma vez para tentar fazer compreender) que, quando li algumas análises fenomenológicas de Sartre, sempre tinha a impressão de que eram formidavelmente inteligentes. Era tão bem expresso que dizíamos: "Mas sim, é assim que vejo isso". No entanto, tínhamos a sensação obscura de que não era exatamente desse jeito, de que jamais vivêramos uma emoção como Sartre a descrevia, mas a descrição era tão forte que podia ter razão contra o árbitro absoluto que é – o próprio Sartre dizia – o "Certo"[312], aquilo do qual tenho experiência. Ele podia, portanto, ter razão contra esse famoso vivido que devia explicitar. O fato de os sociólogos e etnólogos obterem a aprovação de seu entrevistado não significa, assim, que eles tenham razão. O fato de eles não a obterem, aliás, também não significa que estejam errados, pois existe de fato uma forma de defesa populista do direito do povo a pensar a si mesmo que é absurda. Essa é, por exemplo, uma reação clássica nos países inteiramente colonizados: dizer que apenas os nativos podem fazer a análise das sociedades em questão em nome de uma experiência participante misteriosa.

---

311. Cf. em particular *Sociologia geral volume 2*, *op. cit.*, p. 313-314 [551-552].

312. SARTRE, J. P. *O imaginário*: psicologia fenomenológica da imaginação. Trad. de Monica Stahel. Petrópolis: Vozes, 2019. pt. I [*l'imaginaire*. Paris: Gallimard, 1940].

Vocês são capazes de enxergar: estamos em terrenos em que os objetivos políticos se arriscam constantemente a mascarar os imperativos cognitivos. No fundo, todas essas análises, talvez um pouco longas, têm pelo menos a vantagem de ilustrar a imbricação entre o cognitivo e o político no mundo social.

A especificidade do campo científico

Na luta pelo conhecimento legítimo do mundo social, que sempre é uma dimensão das lutas políticas, confrontam-se as experiências explicitadas e as experiências implícitas, o discursivo e o infradiscursivo, e o discursivo tem essa força específica que é a força de revelação ou de consagração. Nesse espaço, o direito tem uma posição particular já que ele é investido de todas as propriedades que atribuí ao discurso, em particular aquele efeito de autoverificação que pertence ao discurso quando tem diante de si um implícito. Esse efeito de autoverificação é reforçado no caso do discurso jurídico, porque é acompanhado da coerção (o veredito é um discurso que será executado, ou seja, verificado). Ao mesmo tempo, é preciso fazer uma observação (eu a faço, pois vocês poderiam fazer essa objeção) que remete sempre ao axioma fundamental que enunciei no começo da aula: o discurso jurídico, como forma por excelência da eficácia simbólica associada ao discurso, só se verifica na medida em que consagra alguma coisa que é pré--existente a ele. Esse é o debate sobre o direito e os costumes. O discurso jurídico se verifica na medida em que anuncia aquilo que se anuncia, na medida em que impõe alguma coisa que se impõe.

Eu não disse nada daquilo que queria dizer hoje [*risos na sala*], mas ainda assim quero terminar com um último ponto. As lutas políticas sobre o mundo social tendem a assumir duas formas muito diferentes, lutas práticas, sob o modo do *habitus*, como as negociações cognitivas do tipo que mencionei com a professora de escola, ou lutas teóricas num campo erudito, já que um dos problemas mais importantes científica e politicamente é a questão de saber como se estabelece a correspondência entre os espaços autônomos (o espaço jurídico, o científico ou o político) e o espaço social. Vou apenas mencionar o problema.

Para terminar, quero tentar nomear um problema (na verdade, ele era o essencial daquilo que eu queria dizer hoje...) e tentarei voltar a ele na próxima aula. Nessa análise, uma das coisas que pode desaparecer é a especificidade do campo científico[313]. Essa pergunta sem dúvida é legítima, mas é interessada. É preciso sempre desconfiar de si mesmo. Não seria porque pertencemos a um campo que gostaríamos de fazer uma exceção e tratá-lo diferentemente? Não nos arriscamos aqui a sermos vítima de uma representação oficial do campo científico e da ideologia profissional que ele produz?

Depois de enunciar essa desconfiança como advertência, podemos nos fazer a pergunta de saber se as leis gerais dos campos que foram mencionadas anteriormente também valem para o campo científico. Será que o campo científico é o local de uma luta para impor uma verdade, na qual cada um detém a força correspondente à sua posição nas relações de força? Será que essas leis se aplicam ao campo científico e, se esse for o caso, não seria autodestrutivo ou pelo menos paradoxal ter mencionado tudo o que mencionei como marcado pelo selo da verdade? Em outras palavras, será que a ciência social, quando vai até o fim de sua lógica (quer dizer, até o ponto de analisar o universo social no qual ela é produzida) não se aniquila como ciência? Será que os sociólogos, que são os mais alvejados por esse retorno relativista ou historicista, podem levar até o fim a análise dos campos sociais científicos sem destruir os próprios fundamentos de sua pretensão ao discurso científico? Esse problema é, evidentemente, muito antigo e é arrastado em todas as *classes terminales*[314]. Hoje em dia, de vez em quando, as gazetas retomam esse problema como o último grito do pensamento filosófico quando tudo isso já havia sido formulado na década de 1880 por Marx (a quem, evidentemente, esse gênero de análise se opõe).

Para terminar, tento formular melhor o problema, que poderia ser enunciado desta maneira: será que a lógica dos mecanismos de produção da verdade e dos objetivos sociais das lutas particulares que chamamos de "científicas", isto é, orientadas para a produção da verdade sobre o mundo social, contradiz a pretensão dos agentes engajados nessa luta em enunciar a verdade? Ou será que haveria condições sociais particulares [...] nas quais a própria lógica do jogo tende a fazer com que os agentes sociais transcendam os limites sociais associados às condições sociais de produção dos discursos sobre o mundo? Voltarei a isso semana que vem.

---

313. P. Bourdieu já publicara um artigo sobre esse tema quando proferiu este curso (O campo científico, *op. cit.*). Ele voltará a esse ponto em seu último ano letivo no Collège de France, que publicou sob o título *Ciência da ciência e reflexividade* [*Para uma sociologia da ciência, op. cit.*].

314. Último ano dos estudos em liceus, que correspondem ao final do ensino médio no sistema brasileiro, mas mais especializado e direcionado para estudos universitários [N.T.].

Segunda hora (seminário): o campo do poder (3)

[...] Vou tentar recapitular o que eu disse nas sessões anteriores sobre o campo do poder e tentar organizar tudo para ir mais longe. Eu disse que chamava de "campo do poder" um campo de forças entre agentes de instituições detentoras de poderes diferentes ou de espécies de capital diferentes, e esse campo de forças era, ao mesmo tempo, um campo de lutas para transformar a relação de força instituída no campo, ou seja, as lutas pelo poder entre detentores de poderes diferentes. Quais são os limites desses campos e como construí-los? Para essa pergunta perfeitamente legítima, não existe uma resposta teórica absoluta e universal. Cabe à pesquisa histórica determinar para cada caso quem faz parte do campo e quem não faz, se os limites estão claramente traçados ou não. Uma das virtudes de um esquema teórico é exatamente propor um sistema de perguntas metódicas sobre a realidade, e sobretudo sobre realidades extremamente diferentes.

O *numerus clausus*, do qual falei aula passada, remete exatamente a uma questão de limites. Percebe-se facilmente que ele só aparece em certos estados críticos das lutas dentro de um campo. O recurso ao *numerus clausus* (talvez eu me aventure um pouco, mas saibam que sei quando faço isso... acho que tenho arrependimentos e hesitações suficientes para que vocês estejam convencidos) é um sinal de crise e de fraqueza no sentido em que, normalmente, um campo do poder preocupa-se com a reprodução de sua existência. Quase por definição, um campo do poder organiza-se em função de sua própria reprodução. Ao mesmo tempo, num campo do poder feliz, num campo do poder no estado orgânico, como Auguste Comte teria dito[315], a questão do *numerus clausus* não precisa ser colocada: os mecanismos de reprodução são tais que não existem problemas de casamentos desacertados, não existem problemas de acesso ilegal ao exercício da medicina, não existem problemas de surgimento de pessoas que não têm as propriedades conformes etc. O *numerus clausus* é um recurso jurídico explícito, logo, de certa maneira é fraco porque declarado, já que, se vocês

---

315. Auguste Comte opôs os períodos "críticos" aos períodos "orgânicos" que deveriam fechar as revoluções passadas (*Cours de philosophie positive* [*Curso de filosofia positiva*], v. VI. Paris: Bachelier, 1842, *passim*). BOURDIEU, P.; PASSERON, J. C. utilizaram essa distinção em *A reprodução, op. cit.*, p. 119-120 [113-114].

tiverem compreendido bem o que eu disse nas aulas anteriores, os mecanismos de reprodução que podemos chamar de "automáticos", como por exemplo o sistema escolar, são muito mais poderosos, porque fazem o que têm que fazer, mas de um modo tal que não vemos que eles o fazem; a própria operação de reprodução é incontestável já que nem sequer é percebida. Como eu disse na última aula, o modo de reprodução do sistema escolar, em sua fase eufórica e triunfante (antes do surgimento das contradições específicas das quais acho que o maio de 1968 é uma manifestação), tem, portanto, essa propriedade de ser um mecanismo "ideológico" que cumpre ao mesmo tempo uma função de reprodução e dissimula que cumpre essa função, ou a cumpre de tal maneira que as coisas não chegam à consciência.

Uma fraqueza de todas as teorias das ideologias, começando com a de Marx e seus epígonos, é descrever os mecanismos de dominação como orientados de alguma maneira por vontades: sempre há uma espécie de finalismo, de teleologia individual ou coletiva. A reprodução da ordem estabelecida é pensada como o produto de vontades orientadas para a reprodução, cuja forma por excelência seria a propaganda, a publicidade etc. Existe toda uma forma de denúncia simplista que tem todas as aparências da virtude progressista e que, na verdade, é extremamente ingênua e permite que o essencial subsista. Do ponto de vista de um analista, ela pode, em certa medida, ser descrita como uma forma de cumplicidade, porque, quando denunciamos com muita força alguma coisa que mal existe e ficamos quietos sobre algo que existe muito, podemos desviar a atenção e, nesse sentido, então realmente desempenhamos uma função ideológica.

Muitas denúncias indignadas, das quais os intelectuais se tornaram um pouco profissionais em fazê-las, são desse tipo: por não estarem esclarecidas quanto aos mecanismos obscuros, elas não se contentam em não os esclarecer, elas os mergulham na obscuridade. O caso do sistema escolar é típico exatamente por se tratar de um desses mecanismos cuja eficácia passa parcialmente despercebida pelo fato de só poder ser captada na escala de agregações estatísticas e de escapar da intuição nativa: todo mundo conhece uma filha de caseiro que está na Politécnica – a probabilidade deve ser muito baixa, mas se procurarmos bem, sempre encontraremos. Esses são os exemplos que se opõem à análise científica; eu poderia dar exemplos terríveis de análises percebidas como refutações de análises estatísticas que mostram uma correlação entre as origens sociais e o sucesso escolar...!

Uma propriedade do modo de reprodução que chamo de "com componente escolar", esse modo de reprodução que mencionei aula passada e no qual o sistema escolar desempenha um papel muito importante, é ser um modo de reprodução estatístico: ele não reproduz o filho do rei mecanicamente, ele reproduz estatisticamente um dos filhos do rei, não é o rei que o escolhe etc. Dessa forma, a relação entre as gerações, entre os ocupantes e os sucessores, é uma relação estatística, e não uma relação mecânica que enxergamos de maneira evidente como quando existe a transmissão do poder com o direito de primogenitura. (Em casos desse tipo, a consciência aparentemente muito esclarecida, o lado Escola de Frankfurt, denunciadores críticos da sociedade moderna, passa longe dos mecanismos mais profundos que fazem seu trabalho sem palavras, no estado implícito, e percebemos bem como a explicitação consegue fazer enxergar coisas completamente despercebidas. Fecho o parêntese.)

As fronteiras dos campos e o direito de entrada

Um campo tem limites, portanto. Em todo caso, a questão dos limites está mais ou menos em questão dependendo do campo e do estado do campo. Quando ela é confiada a intervenções jurídicas explícitas e patentes, parece-me que é porque os mecanismos felizes, ou seja, invisíveis, de reprodução não cumprem seu propósito, sua função. De uma certa maneira, o recurso ao *numerus clausus* é uma confissão de fraqueza, sobretudo nas sociedades que proclamam os valores de igualdade e democracia, já que o *numerus clausus* declara uma vontade de reprodução que só pode ser afirmada tacitamente, no modo do isso-é-óbvio, em oposição, por exemplo, à noção de "igualdade de oportunidades": quando a igualdade de oportunidades é um valor quase constitucional, declarar a limitação autoritária das oportunidades é um tipo de contradição.

Qualquer que seja, a questão dos limites não pode ser formulada *a priori*. Ela está em jogo e os limites – quase sempre estatísticos – para além dos quais a força do campo não se exerce mais podem, em certas circunstâncias, se tornar fronteiras designadas, ou seja, criações jurídicas, já que as fronteiras são um recorte arbitrário num *continuum*: traça-se uma linha que faz a diferença entre o que está antes e depois dela. Eu certamente já disse isso[316], mas quando se trata das fronteiras sociais, não é inútil relembrar um exemplo dos humoristas. Alphonse Allais brincava muito com o problema das fronteiras: "Imaginem o pai de família que dispararia um alarme para anunciar que seu filho completou três anos e, por isso, precisa pagar extra já que havia se beneficiado da redução para as crianças com menos de três anos!"[317] Fazemos a mesma brincadeira com as malas de mais ou menos 30 quilos: é evidente que o ato jurídico institui fronteiras arbitrárias que têm como função exatamente anular os conflitos quanto a fronteiras ou limites. Isso volta ao que eu dizia sobre a noção de *habitus*: na ausência de um limite expressamente fixo, o aduaneiro vai julgar um *habitus*. Se estiver de mau humor, ele dirá: "29,850 quilos, você paga"; se estiver de bom humor, ele vai te autorizar a passar com 32 quilos. Esse modo de funcionamento gera conflitos. Ele convém para sociedades em que se tem tempo para regatear, para as civilizações que podem funcionar pelo *habitus*. Aliás, seria importante ver o elo entre as formas de sociedades e o grau de codificação. O papel do direito consiste universalmente em estabelecer fronteiras claras, decididas, unívocas, universais, sem deixar nada para discussão.

Quando se trata dos campos, pode acontecer das fronteiras serem constituídas. Por exemplo, quando o campo das profissões médicas entra em crise, temos, como mencionei aula passada, debates para saber se a anestesia é um ato médico ou não. No nível do campo jurídico, há debates para saber quais atos jurídicos podem ser desempenhados por esta ou aquela categoria. Todas essas coisas devem ser observadas historicamente. O que resulta do modelo teórico é que em todo campo existe a questão da reprodução do campo, que muitas vezes tem a ver com o controle do direito de acesso ao campo. Por exemplo, o direito de acesso é menos controlado juridicamente no campo artístico do que no campo universitário. O campo universitário é controlado com muita força pelos atos jurídicos, os diplomas etc. Já o campo artístico – é

---

316. Cf. em particular o curso de 28 de abril de 1982 em *Sociologia geral volume 1, op. cit.*, p. 25 [22].

317. ALLAIS, A. Un honnête homme dans toute la force du mot [Um homem honesto em toda a força da palavra]. *In: Id. Deux et deux font cinq*. Paris: Paul Ollendorf, 1895. p. 69-72.

isso que explica uma parte das mudanças artísticas no século XIX[318] – não exige, como o campo dos negócios, esse direito de entrada que é o capital econômico ou a herança, e também não exige, como o campo administrativo, esse direito de entrada que é o diploma ou (na época em que o campo administrativo estava menos submetido à codificação acadêmica do que hoje em dia) a patronagem, o favor, a proteção de um membro antigo. O campo universitário passou a exigir, antes dos outros campos, o título garantido. Sobrou o campo artístico que era um campo de entrada aberta: pode-se entrar nele sem diploma, sem título.

Quando começamos a estudar comparativamente, como fizeram por exemplo Ponton e Charle[319], os diplomas comparados dos diferentes meios, percebemos que o campo artístico e literário se caracteriza por uma fraca posse coletiva de capital acadêmico. Esse universo de direito de entrada pouco controlado estará, consequentemente, vulnerável ao fenômeno de afluxo. É um universo no qual não se concebe estabelecer *numerus clausus*: todo mundo pode entrar nele, mulheres, judeus etc. Mesmo nas sociedades que mais segregam, esse era um dos lugares onde os judeus podiam entrar, o que contribui para explicar a representação mais expressiva dos judeus nesses universos. Como o direito de entrada não é controlado, os efeitos da superprodução dos diplomados no sistema de ensino secundário vão agir imediatamente, e um dos fatores mais poderosos de transformação, quando se trata do campo artístico, é o efeito puramente morfológico do aumento do número dos produtores (artísticos ou literários), porque não somente os espasmos da superprodução não são freados, mas o campo artístico serve de alguma forma como refúgio para qualquer excedente de produção! Esse ponto, que é importante para compreender a evolução do campo literário, é sempre esquecido na história literária tradicional, pois é difícil de captar (é preciso trabalhos estatísticos

---

318. Cf. as análises que P. Bourdieu dedica às revoluções artísticas do século XIX no campo literário (BOURDIEU, P. *As regras da arte*, *op. cit.*) e no campo da pintura (BOURDIEU, P. *Manet*, *op. cit.*).

319. PONTON, R. *Le champ littéraire en France de 1865 à 1905* [O campo literário na França de 1865 a 1905]. 1977. Tese (Doutorado) – École des Hautes Études en Sciences Sociales, Paris, 1977; *Id*. Naissance du roman psychologique [Nascimento do romance psicológico]. *Actes de la recherche en sciences sociales*, n. 4, p. 66-81, 1975; CHARLE, C. *La Crise littéraire à l'époque du naturalisme*. Roman, théâtre, politique [*A crise literária na época do naturalismo*: romance, teatro, política]. Paris: Presses de l'École normale supérieure, 1979.

muito complicados), mas também por razões ideológicas: não se quer saber esse tipo de coisas que ameaçam a imagem sublimada do artista, da vida artística etc. Haveria mais a dizer, mas paro por aqui.

Acho que demonstrei a vocês, com esses dois ou três exemplos mencionados no modo da digressão, como se pode pensar o problema das fronteiras a partir da noção de campo. Depois, poderíamos nos interrogar sobre os meios que os diferentes campos empregam para controlar as fronteiras. Os agentes, os *gatekeepers*[320], podem controlar as fronteiras de maneira formal, como uma espécie de aduaneiros que exigem pagamento para a entrada, mas também pode haver formas muito mais sutis de exclusão e eliminação: então quem desempenha esse papel? Será que são os editores, os curadores de galerias…? Temos assim um conjunto de perguntas e de perguntas gerais que, por definição, especificam-se quando trabalhamos empiricamente.

O exemplo do campo literário

Como eu disse, o campo do poder é essa espécie de construção que somos obrigados a nos dar para compreender um certo número de fenômenos. Para fazer vocês compreenderem, talvez eu devesse ter começado com isto: fui levado a pensar nesses termos ao trabalhar sobre o campo literário, ou, mais exatamente, sobre o surgimento de um campo literário autônomo[321] ou, ainda mais precisamente, dentro desse campo literário autônomo, sobre os defensores da arte pela arte, ou seja, os escritores que se davam como próprio princípio de existência a autonomia em relação ao externo. Muito rapidamente ficou claro para mim que essa autonomia não era, como os artistas acreditavam, a autonomia em relação ao mundo social em seu conjunto, mas sim a autonomia em relação a esse universo no qual os artistas estão englobados, aquilo que normalmente chamamos de classe dominante, mas que – disse isso na aula passada – prefiro chamar de campo do poder. Fui levado a falar de campo do poder para dar conta de uma propriedade muito importante do campo

---

320. Literalmente, "porteiros", mas o termo é empregado na sociologia para designar agentes encarregados do controle de acesso a instituições e campos [N.T.].

321. Sobre o papel desempenhado pelos trabalhos sobre o campo literário na gênese da noção de campo, cf. em particular a aula de 11 de janeiro de 1983, em *Sociologia geral volume 2, op. cit.*, p. 337ss. [580ss.].

artístico e daqueles engajados nele. Não se pode captar essa propriedade sem situarmos o campo artístico no campo do poder. Trata-se do fato de que esses são agentes que participam da dominação, que têm um poder, mas numa posição dominada.

Um ponto de partida para compreender é este pequeno esquema [*P. Bourdieu desenha na lousa o esquema abaixo*].

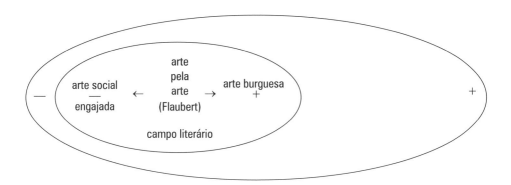

Desenhei limites para os campos, mas, como acabo de dizer, eles estão em discussão. Para simplificar, um campo literário ou artístico inclui os dominantes, os dominados e as pessoas que, por serem pela "arte pela arte", estão na posição central, nem dominantes, nem dominados. As pessoas como Flaubert, por exemplo, estão nessa posição central: elas se definem simultaneamente contra aquilo que chamam de "arte burguesa" (o "teatro burguês" etc.) e contra a arte social, a arte engajada. Elas querem se opor aos dois polos ao mesmo tempo.

Mas um certo número de propriedades fundamentais dos escritores não pode ser compreendido na escala desse espaço que está englobado no espaço maior que chamei de campo do poder e que também comporta posições dominantes e dominadas, e o conjunto do campo artístico ou literário está situado numa posição dominada dentro do campo do poder. […] Evidentemente, é preciso imaginar um espaço ainda maior que o campo do poder, o espaço social, com um alto e um baixo, um + e um –, com o campo do poder situado nas posições dominantes do espaço social em seu conjunto.

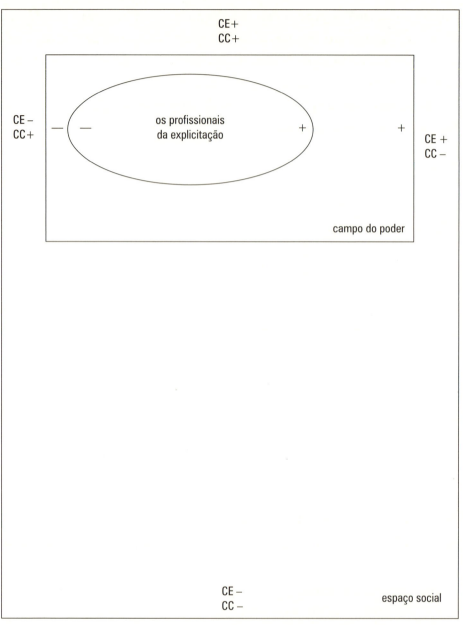

CE capital econômico
CC capital cultural

Como todos os esquemas, esse esquema é perigoso e simplificador, mas se vocês o tiverem em mente, compreenderão melhor – é por isso que resolvi desenhá-lo para vocês – o conjunto daquilo que quero dizer. Ele permite, por exemplo, compreender um problema que mencionei de manhã: as pessoas que explicitam ou pretendem explicitar as experiências das pessoas que estão [*P. Bourdieu mostra posições no espaço social*]. Isso é simples: será que, quando elas falam disto [das posições no espaço social], elas não estariam falando essencialmente daquilo [de posições em seu próprio campo]? O que eu disse abstratamente há pouco torna-se concreto: será que, falando dos operários, [Pierre] Leroux não fala de sua relação com Flaubert? Sob a aparência de falar de [*P. Bourdieu designa uma posição no espaçoespaço social*], será que Zola não fala de sua relação com Mallarmé ou com algum outro poeta simbolista? Isso não quer dizer que ele também não fale desses aqui [*a posição designada no esquema*] ou para eles (com a ambiguidade da palavra "para"...).

Esse tipo de esquema leva a se perguntar por meio de quais mediações se constitui essa relação que é a única relação invocada. Os porta-vozes atraem a atenção do analista, do observador, do concorrente, para a relação direta com aqueles cuja voz se porta, quando na realidade a relação entre os porta-vozes é a mediação real, a tela entre o porta-voz e aqueles de quem ele fala; e o porta-voz fala mais ou menos – aqui também, não há uma lei geral, e sim uma pergunta geral a respeito dessa relação –, o porta-voz sempre pode ser questionado sobre a parte de sua voz que é determinada por sua relação com os outros porta-vozes, quando ele afirma sempre que sua palavra é determinada unicamente por sua relação com seus representados. Eu acho que foi útil dar esse esquema para vocês para facilitar a compreensão do que direi.

Fluxos de capitais e variação das taxas de câmbio

Assim, o campo do poder é o espaço no qual se confrontam os detentores de espécies de capital diferentes, de poderes diferentes, e um objetivo de seu confronto é determinar a hierarquia entre os poderes que se enfrentam. Para empregar metáforas um pouco perigosas, poderíamos dizer que a cada momento as diferentes espécies de capital estão em relações de força. Por exemplo, no campo do poder atual, o capital econômico é a espécie dominante de capital. Entre os indicadores dos quais dispomos para tentar definir a hierarquia entre as espécies de capital ou a hierarquia entre os campos fundamentada na primazia de uma ou outra espécie de capital, existem os movimentos, ou seja, os fluxos de um campo para outro: por exemplo, quem, durante sua vida, ou de uma vida para outra, passa do campo universitário para o campo administrativo, do campo administrativo para o campo político, do campo político para o campo dos negócios? Esses fluxos são indicadores e podemos supor que os agentes sociais indicam, por seus deslocamentos, o polo dominante (eles se dirigem para esse polo). Aqui, as coisas são simples: colocamos o campo dos negócios, o campo econômico no polo + e o campo intelectual e artístico no polo –. Um outro indicador estatístico reside nos casamentos: a circulação das mulheres segue as mesmas direções e gera a mesma hierarquia entre os campos do que a circulação dos homens durante suas carreiras. Portanto, num momento dado existe uma espécie de taxa de câmbio entre as diferentes espécies de capital, que define a estrutura das relações de força entre os detentores das diferentes espécies de capital.

Um dos objetivos das lutas dentro do campo do poder é mudar a taxa de câmbio. Por exemplo, uma petição do tipo "Dez cientistas eminentes protestam para defender..." é uma luta para elevar a taxa de câmbio do capital científico contra as medidas que buscam global e estruturalmente, servindo-se do poder administrativo e político, rebaixá-la. Quando, por exemplo, fala-se como nos livros de história de uma "República dos professores"[322], isso quer dizer que, estruturalmente, a taxa de câmbio do capital cultural aumenta: nas lutas internas à classe dominante, a mesma quantidade de capital cultural permite obter mais do que a geração anterior teria obtido. Essa estrutura interna do campo do poder é, assim, um estado da relação de força entre os detentores de diferentes espécies de capital que comandam eles mesmos as lutas destinadas a transformá-la. Essa luta pela imposição da espécie de capital dominante (ou pela revalorização de uma espécie de capital) pode ser deduzida daquilo que descrevi há pouco: ela assume a forma de um esforço para mudar a representação das diferentes formas de capital, o que remete ao que mencionei aula passada sobre a sociodiceia do privilégio e a discussão sobre as razões legítimas de dominar que formam o essencial dos debates políticos internos da classe dominante.

Por exemplo, para o século XIX, Charle descreve em detalhes a luta para codificar o acesso ao alto funcionalismo público[323], ou seja, para substituir os modos

---

322. "A República dos professores" é uma expressão utilizada em relação à Terceira República [francesa], em que uma parte significativa dos dirigentes políticos importantes, como os deputados da esquerda radical e do socialismo, eram professores (como origem da expressão, muitas vezes menciona-se o livro de THIBAUDET, A. *La République des professeurs*. Paris: Grasset, 1927).

323. CHARLE, C. *Les hauts fonctionnaires en France au XIXe siècle* [*Os altos funcionários na França do século XIX*]. Paris: Gallimard-Julliard, 1980.

muito arcaicos de transmissão dos cargos, herdados da realeza (com as formas de patronagem ou de quase-sucessão etc.) por formas codificadas, mediadas pelo exame, o concurso e percebidas como legítimas. Essa luta divide as pessoas em função das propriedades que detêm. Darei um exemplo simples – a ótima análise de Charle ilustra perfeitamente o que eu disse há pouco: as pessoas que lutam para introduzir os concursos, as formas burocráticas de seleção, caracterizam-se por um conjunto de propriedades que as distingue dos outros membros da classe dominante. Elas são mais protestantes, têm mais diplomas universais, são mais progressistas por sua linhagem etc. Em outras palavras, temos a ilustração típica do que eu disse há pouco: as tomadas de posição que buscam mudar as relações de força num campo são determinadas pela posição ocupada nas relações de força constitutivas desse campo. As pessoas que se posicionam, mais ou menos na mesma época, pela criação da Sciences Po[324] tinham propriedades bem diferentes: eram mais provincianas, mais católicas, mais conservadoras... Evidentemente, nas lutas no campo do poder, nem todo mundo se mobiliza diretamente. As pessoas que lutam pela introdução do concurso e aquelas que, ao mesmo momento, lutam para instituir a Sciences Po talvez jamais tenham se encontrado. Ainda assim, sua ação só ganha sentido quando pensamos o conjunto do espaço sobre o qual elas querem agir.

(Isso que eu apresento aqui para vocês é um pouquinho de loucura, eu ia dizer que é subjetivamente o ápice do meu esforço de pensamento: é isso que eu tento fazer de mais arriscado, mais difícil. Isso está em ruptura com a intuição comum, ao mesmo tempo muito próxima e muito longe, e existe uma espécie de risco de parecer ao mesmo tempo dogmático e irreal. Eu acho que, se desenvolvido completamente, poderíamos explicar de maneira muito esclarecedora um monte de coisas que, sem isso, estão dispersas, descosturadas, sem pé nem cabeça... Sou obrigado a dizer isso para não vivenciar a coisa de maneira rasgada demais...)

Instaurar um novo modo de reprodução

Assim, o campo do poder é essa espécie de coisa que é preciso construir para compreender fenômenos como esse que vou enunciar (que é, vocês vão ver, o mais

---

324. A Escola Livre de Ciências Políticas foi criada em 1872. P. Bourdieu publicará em sua revista em 1987 um artigo sobre a gênese dessa instituição: DAMAMME, D. Genèse sociale d'une institution scolaire: l'École libre des sciences politiques [Gênese social de uma instituição acadêmica: a Escola Livre de Ciências Políticas]. *Actes de la recherche en sciences sociales*, n. 70, p. 31-46, 1987.

abstrato e o mais absurdo, mas ao mesmo tempo ele faz compreender uma coisa muito fundamental). Eu mencionei as lutas a respeito da criação de novas universidades: entre 1880 e 1900, há todo um trabalho no campo do poder para transformar o modo de reprodução dominante que era o modo de transmissão familiar (com a transmissão do patrimônio etc.) e instaurar um novo modo de reprodução no qual o sistema escolar, com sua lógica estatística, torna-se a principal mediação entre as gerações (quando eu digo "trabalho para", isso é finalista e completamente falso, seria preciso dizer "trabalho que tende objetivamente a", "trabalho cujo resultado objetivo é…", mas minhas frases já são difíceis demais…). Construir esse novo modo de reprodução não é neutro, já que os diferentes agentes engajados no campo do poder têm interesses desiguais nesse novo modo de reprodução… Os tipos da Sciences Po, Centrale [Escola Central das Artes e Manufaturas], Politécnica e da École Normale são extremamente diferentes e não têm o mesmo interesse nesse aspecto. Em seguida, no segundo grau, eles têm interesses muito desiguais nas diferentes sanções escolares. Por exemplo – podemos verificar isso muito bem por meio de um estudo sobre as Grandes écoles[325] –, os diferentes membros da classe dominante, definida como eu o fiz aula passada, têm interesses muito desiguais nas diferentes instituições de ensino superior. Rapidamente: aquele que demanda objetivamente e resulta objetivamente na Politécnica e na École normale é muito diferente do que resulta na HEC [Escola de Altos Estudos Comerciais] e na Sciences Po.

O filtro acadêmico específico, ou seja, o campo universitário, impõe de maneira desigual sua lei específica dependendo de seus setores. Quanto mais se vai da École normale para a HEC, mais a especificidade do filtro acadêmico diminui. Ao mesmo tempo, os que têm mais interesse no exercício completo da especificidade do sistema acadêmico – isto é, no critério que chamaríamos de acadêmico e científico, ou seja, os professores (hoje em dia os professores de ciências) – têm, portanto, muito mais interesse em reforçar o setor do sistema acadêmico que tende a favorecer sua reprodução, enquanto os que, por terem menos capital acadêmico, e sobretudo capital acadêmico específico de dimensão científica, terão mais interesse em reforçar o outro polo do campo, isto é, a Sciences Po, ENA etc. Ora, o que pode parecer muito abstrato quando vemos hoje em dia, podemos ver historicamente quando estudamos as pessoas que

---

325. Cf. BOURDIEU, P. *La noblesse d'état, op. cit.*

trabalharam para reforçar, por um lado, o peso do critério acadêmico entre as condições de reprodução e, do outro, o peso diferencial no sistema acadêmico do mais acadêmico e do menos acadêmico. As pessoas como [Émile] Boutmy que apoiaram a criação da Sciences Po separam-se, em muitos aspectos, daquelas que apoiaram o reforço das universidades de tipo científico. Umas estão para as outras como as instituições que defendem estão para as outras.

Isso não é tudo... Uma das coisas mais misteriosas na ordem social tal como a observamos hoje em dia é que tudo se passa como se tivéssemos um espaço de posições dominantes, um espaço de campos com, indo da direita para a esquerda, dos dominantes para os dominados, o campo dos negócios, o campo administrativo, o campo universitário e depois o campo intelectual e artístico. E tudo se passa como se esse campo, que tem uma estrutura global ligada ao valor relativo na relação de força das espécies de capital correspondentes, encontrasse sua reprodução por meio da mediação de um campo de instituições acadêmicas que lhe é homólogo. Em outras palavras, o que é reprodutor não é uma universidade específica (não é a École normale que reproduz os professores, a Politécnica que reproduz os engenheiros nem a Centrale que reproduz os empresários... ainda que isso não seja falso, porque encontraremos nelas uma taxa particularmente elevada...), mas é a homologia entre os dois sistemas de diferenças.

Um problema é saber como isso funciona, concretamente, na lógica das escolhas individuais (esse gênero de modelos estruturais não exclui de jeito nenhum compreender como os agentes funcionam, pelo contrário). Isso gera o sistema de restrições dentro dos quais os agentes sociais que não são partículas vão se deslocar. Eles vão passar em provas escritas, orais, vão apresentar bem ou mal, vão bem na prova escrita, mal na oral, vão gostar disso ou daquilo, vão ter vocação para a Sciences Po ou para a ENA, vão ser recusados na Sciences Po e mandados para a licença de direito[326] etc. Portanto, teremos uma série de construções sociais, de transações, como eu disse há pouco, de negociações (um exame é uma negociação, incluindo um exame escrito: temos *captatio benevolentiae*, temos "valorização", "inflação", "blefe", "deflação" etc.). Os agentes em questão, de ambos os lados, farão esse trabalho (vão dar as notas, ou seja, os preços de mercado etc.), evidentemente na inconsciência dessas estruturas (eu precisaria de vinte horas

---

326. Diploma básico do ciclo universitário francês – P. Bourdieu quer dizer que essa pessoa não fará pós-graduação, numa comparação com o sistema brasileiro [N.T.].

para explicitar completamente essas estruturas). Eles vão agir, de alguma forma, como se fossem os agentes dessa estrutura.

O demônio de Maxwell

Os físicos invocam o famoso demônio de Maxwell para responder à pergunta: "Mas como acontece das partículas mais quentes irem para um lado..." O sistema escolar funciona assim[327]. Tudo se passa como se, quando observamos as coisas em bloco, os agentes individuais, os filhos desses e daqueles, chegassem diante desse espaço de instituições com uma percepção do espaço que, por ser ela mesma estruturada pela posição ocupada no espaço, predispõe a perceber isso mais do que aquilo e a nem sequer ver certas instituições que existem. Um filho de professor de matemática tem muito pouca chance de enxergar a HEC (ou, se enxergar a HEC, ele não enxergará uma universidade de comércio menor). Os agentes chegam diante desse universo com inércias, *impetus*, *conatus*, ligados à posição de toda sua família, à trajetória de sua família que é uma espécie de impulso para cair ou recomeçar mais alto. Elas vão ser separadas ou, melhor ("ser separadas" é passivo demais) elas vão se separar (é a vocação) e ser separadas (é a cooptação), as duas operações: separar-se e serem separadas acontecem em função das intuições do *habitus*. Assim, nos exames, sem falar dos concursos de recrutamento e de cooptação, existe uma parte enorme de simpatia dos *habitus*. Os agentes serão recrutados de tal maneira que no final tudo se passa como se a estrutura global do espaço das posições dominantes tivesse encontrado sua reprodução por meio da mediação de uma estrutura homóloga das instituições acadêmicas.

Para prolongar e retomar a analogia do demônio de Maxwell: esse sistema muito surpreendente tem como efeito reunir, nas universidades, pessoas que têm muito em comum. Tudo se passa como se o princípio dessa espécie de seleção (é aqui que a imagem do demônio de Maxwell é importante) fosse uma espécie de mecanismo, de processo (isso é muito difícil de expressar, seria preciso ter palavras diferentes a cada instante) de modo que poderíamos acreditar que esse

---

327. Para desenvolvimentos sobre essa analogia com o demônio de Maxwell, cf. BOURDIEU, P.; SAINT-MARTIN, M. Agrégation et ségrégation. Le champ des grandes écoles et le champ du pouvoir [Agregação e segregação: o campo das Grandes écoles e o campo do poder]. *Actes de la recherche en sciences sociales*, n. 69, p. 17, 1987; e BOURDIEU, P. *Razões práticas, op. cit.*, p. 36-37 [40-41].

processo tem como objetivo reunir o máximo possível de pessoas com o máximo possível de coisas em comum: os mesmos gostos de pintura, de música, uma probabilidade muito forte de ter as mesmas opiniões políticas etc. Como sistema de diferenças, vocês sempre terão: "O politécnico está para o aluno da HEC como…", o que tem dezenas de efeitos, por exemplo, o efeito de socialização extraordinária exercido pelas Grandes écoles – elas constituem afinidades, amizades (e, agora que são mistas, casamentos), ligações, socialmente instituídas ou não, por toda a vida. Depois de sair de uma Grande École, as pessoas jamais encontrarão um outro universo no qual terão ao redor delas gente com tantas coisas em comum, e sem ter desejado ou exigido isso. As pessoas nunca se perguntaram: "Mas meu *coturne*[328] ou meu parceiro de esgrima (isso depende da escola) é filho deste ou daquele, é da mesma religião ou não?" Se esse tipo de perguntas pode ser completamente "escotomizado"[329], anulado, é exatamente porque o trabalho é feito pelo conjunto dos mecanismos. A força das adesões e das cooptações inconscientes é aumentada precisamente pelo fato de serem inconscientes. Essas são afinidades eletivas não eletivas, e daí essa espécie de sentimento de paraíso perdido tão notável nos relatos de ex-alunos das Écoles normales e da Politécnica ("Os mais belos anos de minha vida!")… É um mundo social rousseauniano, um mundo sem resistência, sem aspereza, já que as pessoas têm o máximo possível de coisas em comum, ainda que certamente com diferenças o bastante para não enxergarem que têm tudo em comum.

Era nisso, que é muito importante, que eu queria chegar, mas para chegar nisso precisei passar por todas as mediações. Mais uma vez, não fiz isso, pois sentia um ceticismo rampante na plateia e, segundo uma estratégia que não é muito racional, saltei para o mais incerto para tentar convencer um pouquinho. Pronto. Na próxima aula, tentarei mais uma vez retomar… porque eu disse que me permitiria, mais do que nunca, não seguir um itinerário linear nesta segunda hora [da minha aula].

---

328. A palavra faz parte da gíria da École normale supérieure: o *coturne* (ou *cothurne*) de um aluno é o colega com o qual ele divide um quarto do internato – a *turne*.

329. *Scotomisé* no original, termo psicanalítico que se refere ao bloqueio mental de percepções indesejadas [N.T.].

Aula de 19 de junho de 1986

Lutas prática e lutas de teóricos. – As lutas dos profissionais da explicitação. – Ciência da ciência e relativismo. – A ciência como campo social. – Um relativismo racionalista. – A vulnerabilidade da ciência social. – O efeito Gerschenkron. – O problema da existência das classes sociais. – A "classe": uma ficção bem construída. – Classes construídas e classes infrarrepresentacionais. – O momento construtivista.

Lutas práticas e lutas de teóricos

Vou estender esta última aula por duas horas para poder dar uma certa unidade e um fechamento ao que disse este ano. Vou tentar abordar, por um lado, o problema da especificidade do campo científico e, pelo outro, [...] o problema do confronto entre as perspectivas estruturalista e construtivista sobre o problema absolutamente central das classes sociais.

No primeiro momento, gostaria de retomar o que dizia na última aula. Eu distingui duas formas de lutas: as lutas práticas, que não implicam necessariamente uma representação dos objetivos, objetos ou ocasiões de lutas, e as lutas que se baseiam na posição explícita e objetiva. Essa distinção corresponde, de modo geral, à oposição entre as lutas que acontecem nos campos especializados de produção cultural e aquelas que acontecem na existência cotidiana, ordinária, no campo social em seu conjunto. Como também disse, essas lutas podem, além do mais, assumir uma forma individual ou coletiva; voltarei a essa distinção quando formular o problema das classes sociais.

O que eu gostaria de indicar é que o caráter prático das lutas cotidianas resulta num certo número de consequências do ponto de vista da análise à qual podemos submetê-las. Eu acho que existe um erro comum entre as pessoas que se interessaram por essas lutas cotidianas, em particular os interacionistas e os etnometodólogos, que têm sido uma espécie de sociólogos da existência cotidiana. Dando-se como projeto fazer uma sociologia da existência cotidiana e da experiência cotidiana do mundo social, eles não teriam como não encontrar as estratégias, lutas, conflitos, blefes, resumindo, todas as práticas destinadas, por exemplo, a melhorar a imagem subjetiva ou, como diz Goffman, a apresentar o eu de uma forma particularmente favorável[330].

O erro fundamental que acho que eles cometeram consiste em constituir como estratégias conscientes, como lutas constituídas, as lutas práticas. Esse erro decorre da ignorância da distinção entre o prático e o teórico (ou o representado). Os que o cometem tendem a colocar na consciência dos agentes aquilo que o analista precisa produzir para dar conta das práticas dos agentes. Eu destaquei várias vezes esse erro antropológico fundamental. Os pesquisadores das ciências sociais, para dar razão – como se dizia no século XVII – das práticas, precisam produzir construções científicas ou pelo menos enunciados discursivos cujo objetivo é tornar inteligíveis as práticas que não são necessariamente inteligíveis para elas mesmas. Um erro quase automaticamente inscrito na prática científica consiste em esquecer que essas produções são o produto do trabalho científico e constituí-las como princípios explicativos objetivos, ou seja, constituir como princípio antropológico que determina as práticas por dentro aquilo que é a construção do cientista elaborada para dar conta delas.

Portanto, é preciso distinguir as lutas cotidianas das lutas tais como elas acontecem no campo dos profissionais, do qual os profissionais da análise fazem parte. Os profissionais da explicitação, paradoxalmente, se esquecem do trabalho de explicitação. É por isso que insisti na última aula um pouco demais sobre o caráter muito extraordinário, quando refletimos sobre ele, do trabalho de explicitação: o trabalho de análise faz aquilo que é analisado sofrer uma espécie de transmutação. Paradoxalmente, os analistas ignoram em sua teoria da experiência ordinária aquilo que é o ordinário de sua experiência, ou seja, a teorização. Quando se vive num universo teórico, por mais elementar que seja, quando se vive num universo de discurso, esquece-se de constituir o discurso como objeto de discurso. Esse é um paradoxo elementar: para constituir a prática como prática, é preciso constituí-la como não teórica, ou seja, como não discursiva, não reflexiva. E é o mesmo movimento que faz descobrir a prática como prática e a teoria como teoria.

---

330. GOFFMAN, E. *A representação do eu na vida cotidiana, op. cit.*

Essa prática particular, que é a prática dos agentes de reflexão [que são os profissionais da reflexão], por assim dizer, deve ser constituída como tal para evitar cair nessa espécie de projeção, que, aliás, é inspirada por uma forma de boa vontade humanista e de generosidade (os intelectuais muitas vezes pensam que não existe nada melhor do que pensar as outras pessoas à sua própria imagem): de certa forma, presenteia-se os agentes engajados na prática com uma relação com a prática que está excluída da prática. Esse presente me parece gerar erros teóricos muito importantes e impede a formulação dos problemas mais fundamentais da ciência social e da vida social, o problema da passagem à explicitação, que é em particular o problema da política, que me parece existir apenas se marcarmos fortemente a distância entre a prática e a teoria.

As lutas dos profissionais da explicitação

Eu acabei de dizer que a oposição entre as lutas práticas e as teóricas correspondia "de modo geral" à oposição entre a ação ordinária no campo social e a atividade específica que acontece nos campos profissionais. Disse "de modo geral" de propósito: é evidente que não há uma espécie de corte iniciático entre os agentes sociais que não pensariam, que não analisariam, que não teriam instrumentos reflexivos, e os cientistas que seriam reflexivos do começo ao fim. Uma prova disso é que, como acabo de dizer, os cientistas não refletem sobre as condições sociais de sua reflexão, sobre o conjunto dos pressupostos tanto práticos quanto teóricos, que estão implicados no fato de ter uma atitude teórica.

Falar de "prática teórica", como fazem os althusserianos[331], é recorrer a uma expressão terrível que oculta tudo isso que estou tentando explicitar. Ela teve o sucesso de todas as expressões que, como o "intelectual orgânico" de Gramsci ou o "intelectual sem laços nem raízes" de Mannheim[332], são a expressão da

---

331. Cf. em particular ALTHUSSER, L. *Por Marx, op. cit.*, em que a expressão é utilizada para designar uma empreitada filosófica.

332. "[Os intelectuais desvinculados] sempre forneceram teóricos aos conservadores que, devido à sua estabilidade social, dificilmente conseguiam alçar-se até a autoconsciência teórica. Forneceram, da mesma forma, teóricos ao proletariado que, devido a suas condições sociais, carecia dos pré-requisitos para a aquisição do conhecimento necessário em face do conflito político moderno. Sua filiação à burguesia liberal já foi discutida. Essa capacidade de se vincularem a classes a que originalmente não pertenciam era possível aos intelectuais, pois eles podiam adaptar-se a qualquer ponto de vista e porque eram os únicos em condições de escolher uma filiação, ao passo que os indivíduos imediatamente ligados por filiações de classe somente em raras exceções se mostra-

ideologia profissional dos intelectuais. Esses *slogans* de autossatisfação para intelectuais são imediatamente um sucesso considerável ao passo que as análises que tento propor são desagradáveis para os que são seu objeto (vejo isso pelos efeitos sociais que elas produzem) e são imediatamente lançadas de volta a seu autor, suspeito de esquecer de que ele mesmo é objeto dessas análises (como se isso pudesse ser possível…). Resumindo, os campos sociais especializados são o local de uma prática absolutamente particular que também tem seu inconsciente. Dessa forma, se esses campos têm como lei fundamental trazer para a ordem do discurso as práticas, pensamentos e relações com o mundo que as outras pessoas deixam no estado prático, isso não quer dizer que os agentes exteriores a esses campos não tenham "pensamentos"; como sempre repito, pensamentos não discursivos podem ter, em certas situações, uma eficácia específica infinitamente maior do que pensamentos pensantes.

Os universos da produção específica de discursos, os diferentes campos de produção cultural (campo religioso, campo filosófico, campo jurídico, campo político, campo científico etc.) são, portanto, todos mundos nos quais questiona-se explicitamente, no discurso, o que significa ser no mundo. Eles propõem visões eruditas do mundo que muitas vezes têm pretensões de coerência e sistematicidade, seja a quase-sistematicidade dos sistemas religiosos, a quase-sistematicidade dos sistemas jurídicos ou a sistematicidade provisória dos sistemas científicos. Esses universos que propõem visões de mundo que têm pretensões de coerência e, em todo caso, estão inscritos num regime permanente de explicitação e discursividade são múltiplos: não temos um universo e sim um multiverso (acho que isso é muito importante). E poderíamos dizer, se quiséssemos fazer juízos normativos, que no fundo uma chance para os dominados – isto é, para os que, entre o conjunto dos agentes que não têm como profissão explicitar, são os mais desprovidos de instrumentos de explicitação e

---

vam capazes de transcender os limites de sua visão de classe" (MANNHEIM, K. *Ideologia e utopia.* Trad. de Sérgio Magalhães Santeiro. Rio de Janeiro: Zahar, 1972. p. 183 [*Ideologie und Utopie.* Bonn, 1929]). A noção de "intelectual orgânico", que é mobilizada em oposição à anterior, vem de Antonio Gramsci: "Todo grupo social, nascendo no terreno originário de uma função essencial no mundo da produção econômica, cria para si, ao mesmo tempo, organicamente, uma ou mais camadas de intelectuais que lhe dão homogeneidade e consciência da própria função, não apenas no campo econômico, mas também no social e político" (GRAMSCI, A. *Cadernos do cárcere, vol. 2*: Os intelectuais. O princípio educativo. Jornalismo. Trad. de Carlos Nelson Coutinho. Rio de Janeiro: Civilização Brasileira, 2001. p. 15 [*Quaderni del carcere.* Turim: Einaudi, 1948]).

das condições sociais de possibilidade da explicitação – reside na pluralidade dos campos de produção cultural e na existência de contradições, ou pelo menos tensões, entre esses campos.

Como não voltarei na sequência ao campo do poder, repetirei uma coisinha para fechar pelo menos uma das análises que propus. O campo do poder tal como o defini é o local do confronto entre os agentes que dominam os diferentes campos de produção cultural. Ele é o lugar ao mesmo tempo das tensões objetivas e das lutas explícitas entre os diferentes campos e os que os dominam. A noção de campo do poder tem como função, em particular, manifestar claramente um dos efeitos da análise em termos de campo: ela faz perceber que existem, dentro do mundo social, esferas de existência, universos, mundos autônomos e que estes têm leis fundamentais e sistemas de interesses diferentes. Assim, a noção permite compreender um dos fatores mais importantes de mudança histórica, a saber, a tensão estrutural entre os diferentes campos e as lutas explícitas entre os dominantes dos diferentes campos, em particular os dominantes dos campos de produção cultural. Em certos estados do campo do poder, essas lutas podem assumir a forma de guerras palacianas: luta entre a ciência e a religião, entre os juristas e as ciências sociais etc. Essas lutas são extremamente importantes: elas são um dos fatores da transformação da visão do mundo e podem, ao mesmo tempo, contribuir para transformar o mundo se as visões de mundo transformadas se tornarem forças sociais ao se tornarem ideias-forças capazes de mobilizar grupos sociais.

Um outro efeito importante da divisão em campos e das concorrências ligadas ao confronto entre os campos é que as lutas internas de cada campo podem, sob certas condições, entrar em fase, por assim dizer, com as lutas mais gerais, as lutas práticas. Vou explicitar um pouco esse ponto que é relativamente importante. É um velho problema da teoria política, e em particular da tradição marxista, saber de onde os dominados poderiam tirar os instrumentos necessários para a tomada de consciência, para falar a linguagem da tradição marxista. Segundo o termo de Kautsky, acho, é o problema da "consciência do exterior"[333]: de onde

---

333. Lênin utiliza o termo em *O que fazer?* citando um texto de Karl Kautsky de 1901-1902: "Mas o portador da ciência não é o proletariado, e sim a *intelectualidade burguesa*: foi do cérebro de alguns membros dessa camada que surgiu o socialismo moderno e foram eles que o transmitiram aos proletários intelectualmente mais desenvolvidos, os quais por sua vez o introduzem na luta de classe do proletariado onde as condições o permitem. Desse modo, a consciência socialista é algo introduzido de fora na luta de classe do proletariado e não algo que surgiu espontanea-

pode vir essa famosa tomada de consciência (essa noção fictícia na qual eu já disse que não acredito[334])? Como os dominados podem encontrar os instrumentos de tomada de consciência de sua posição no espaço social? Essa pergunta, que interessa muito aos intelectuais e que excita imediatamente o "intelectocentrismo", gerou muitos discursos e é nesse terreno que encontramos todas as ideologias que acabei de mencionar, de Gramsci a Mannheim, passando por Sartre.

Eu acho que a noção de campo e a ideia de que existem campos autônomos com objetivos específicos e uma estrutura independente da estrutura do campo social em seu conjunto permitem formular o problema de maneira realista. Com efeito, uma propriedade comum aos diferentes campos é que eles tendem a se polarizar, ou seja, a se organizar segundo uma oposição fundamental entre os detentores do capital específico e os que menos têm o capital específico. Mesmo que ela assuma formas diferentes dependendo dos campos, essa oposição se encontra tanto no campo religioso quanto no campo de produção cultural, no campo jurídico: desse modo, há também dentro desses universos que ocupam as posições dominantes no espaço social uma oposição entre dominantes e dominados.

Assim, segundo o esqueminha que propus aula passada, se havia um alto e baixo, um + e um – no campo social, encontramos, dentro do espaço situado na posição dominante do espaço social tomado em seu conjunto, oposições designadas por um + e um – entre os detentores de capital e os desprovidos de capital específico. Acho que vocês percebem em que ponto quero chegar: uma coisa difícil de compreender na lógica tradicional, em particular na lógica marxista tradicional que só conhece uma forma de capital e ignora os efeitos de estrutura captados pela noção de campo, é a aliança que, por exemplo, os intelectuais (detentores, portanto, de uma forma particular de capital gerador de lucros de um tipo particular) podem estabelecer com os desprovidos. Esse paradoxo da aliança entre capitalistas e desprovidos se esclarece quando enxergamos que existem posições dominadas dentro dos universos sociais dominantes. As alianças que são impossíveis de compreender com base em identidades de condição podem ser compreendidas com base na homologia de posição: como o campo intelectual

---

mente no seu seio" (LÊNIN, V. I. *O que fazer?* Trad. de Edições Avante! São Paulo: Boitempo, 2020 [Что делать?, 1902]).

334. P. Bourdieu expressou diversas vezes suas críticas à noção de "tomada de consciência" durante seu ensino: no ano de 1982-1983 (*Sociologia geral volume 1, op. cit.*, p. 85ss. [99ss.]) e, mais rapidamente, neste ano de 1985-1986 (nas aulas de 24 de abril, 15 de maio e 12 de junho de 1986).

e artístico em seu conjunto ocupa uma posição dominada dentro do campo do poder, os agentes sociais engajados nele são globalmente dominantes-dominados; são os mais dominados entre os dominantes, e ainda mais quando ocupam uma posição dominada nesse universo globalmente dominado.

Podemos então compreender que os ocupantes de uma posição dominada no espaço dominante possam, sob certas condições, sob certas conjunturas e no modo da propensão (porque, evidentemente, trata-se de leis probabilísticas, estocásticas [incertas, aleatórias], e não de determinismos mecanicistas), encontrar-se objetivamente inclinados à simpatia pelos totalmente dominados. Com base nessa análise, certas alianças podem assim ser compreendidas e torna-se possível encontrar uma solução para o famoso problema da acumulação inicial do capital cultural que é necessária para passar exatamente das lutas práticas às lutas teóricas ou às lutas fundamentadas na representação, o que é um problema importante para a compreensão do nascimento das novas formas de lutas que surgem a partir do século XIX nas sociedades industriais.

Ciência da ciência e relativismo

Esses diferentes campos de produção cultural que têm em comum pretender à universalidade (essa é outra de suas propriedades: as religiões são universais, o direito é um direito racional, a ciência é por definição universal etc.), todos esses universos, portanto, que têm em comum reivindicar a universalidade, proclamar-se como produtores de verdades – certamente, verdades específicas, mas ainda assim verdades –, surgem, num primeiro momento, como universos sociais que obedecem às leis gerais dos universos sociais, ou seja, organizados segundo relações de força e movidos por lutas que tendem a conservar ou transformar essas relações de força. Então se coloca a questão de saber se uma ciência social que constitui os universos de produção de verdade como universos sociais ordinários não levaria ela mesma ao relativismo: ela não anularia sua própria fundamentação e sua ambição de constituir os outros universos como objetos de conhecimento sociológico? Essa proposição (que eu talvez formule de maneira mais explícita do que normalmente acontece) está na base de uma polêmica incessante, recorrente e fatigante contra a ciência social e a sociologia em particular, sobretudo quando esta, ao levar seu trabalho até o fim, impulsiona a objetivação até a objetivação dos profissionais da objetivação. É isso que a sociologia precisa tomar cuidado para fazer e que eu tentei fazer; essa talvez seja minha contribuição histórica.

Vocês podem procurar, mas não encontrarão muita sociologia dos intelectuais em Marx. Em Durkheim, não tem nada; em Weber, tem um pouquinho[335]. A sociologia dos intelectuais, muito estranhamente, permanece uma espécie de reserva de caça que se situa sempre entre uma sociologia do conhecimento, uma teoria do conhecimento e uma espécie de autocelebração discreta dos produtores intelectuais. Muitas vezes, por exemplo, a história das ciências, a história das ideias ou a história das teorias escorrega para a hagiografia (que muitas vezes é a história). Aconteceu muito de eu assistir a colóquios de história das ciências nos quais velhos cientistas faziam a história de cientistas ainda mais velhos, tendo em mente que um dia alguém faria a história deles [*risos na sala*]. Essa observação permite ver como a empreitada de objetivação pode se degenerar em empreitada de celebração. Eu não acho que seja preciso ser a qualquer preço o "homem do martelo", como dizia o outro [Nietzsche][336], mas às vezes é muito útil pegar o martelo para quebrar as ideias recebidas, para quebrar essa espécie de satisfação conformista que todo universo científico tende a experimentar. A maioria dos discursos (os obituários, por exemplo[337]) são discursos de autocelebração por procuração; toda uma parte da vida científica é uma forma eufemizada, logo, autorizada, de autocelebração.

O homem com o martelo pode ser útil, mas a intenção iconoclasta é suficiente? Podemos dar uma função científica à ciência da ciência, a uma ciência social da ciência e em particular da ciência social? Ou será que ela não passa de um suplemento de alma para pesquisadores desmotivados? Com muita frequência, entre os cientistas, quando não se consegue mais fazer matemática, faz-se história da matemática. Isso é absolutamente normal, todo mundo precisa viver... Será que [uma ciência da ciência] é uma segunda carreira, uma segunda existência, ou será que tem realmente uma função científica? Tentei levar a sério essa pergunta e o que vou tentar, se não demonstrar, mas pelo menos argumentar hoje é que, para

---

335. P. Bourdieu sem dúvida pensa principalmente nas exposições sobre as "camadas intelectuais" (e, por exemplo, os "intelectuais proletaroides") na seção "Estamentos, classes e religião" da sociologia da religião de Max Weber (*Economia e sociedade*, *op. cit.*, v. 1, p. 320-350).

336. Alusão ao subtítulo de *Crepúsculo dos ídolos* (1888), *Wie man mit dem Hammer philosophiert*, normalmente traduzido por "como se filosofa com o martelo".

337. P. Bourdieu trabalhou com obituários (com SAINT-MARTIN, M. As categorias do entendimento profissional, *op. cit.*), como lembrou numa aula anterior, 17 de abril de 1986.

mim, a sociologia da ciência, a história social das ciências sociais[338] é um elemento fundamental da ciência em geral e sobretudo da ciência social.

Evidentemente, o campo das ciências sociais é particularmente vulnerável a essa espécie de retorno reflexivo, a esse tiro pela culatra implicado em toda ciência da ciência. As ciências sociais (isto é afirmado contra elas desde que elas constituíram a produção das ideias como objeto da ciência) estão expostas a todas as formas de relativismo: o historicismo (com o qual o historiador destrói seus próprios fundamentos, a fundamentação de sua própria ciência, ao lembrar da fundamentação histórica de sua prática científica), mas também o sociologismo, o etnologismo etc. Em outras palavras, as ciências sociais arriscam-se a encontrarem-se na situação do barão de Münchhausen que, ao destruir de alguma forma seus próprios fundamentos, só consegue sair d'água puxando os próprios cabelos[339]. O barão de Münchhausen, para mim, simboliza a solução transcendental: quando estamos no abismo, só nos resta postular uma consciência transcendental que postula aquilo que seria preciso demonstrar – "A Razão, é a Razão..." O que acontece quando não nos satisfazemos com essa solução münchhauseniana? Será que estamos condenados ao historicismo radical? Será que uma análise que, como aquela que proponho em *Homo academicus*, objetiva o mundo acadêmico, e, portanto, aquele que a produz, destrói sua própria fundamentação e suas próprias pretensões de validade científica? Eu acho que não, e vou tentar demonstrar isso.

A ciência como campo social

De maneira geral, as pessoas que falam das ciências, ou de sociologia da ciência, oscilam entre duas posições extremas que foram enunciadas aqui mesmo num colóquio há quatro dias[340], de uma forma que considerei caricatural, mas que apesar de tudo é sociologicamente válida. Para começar, há uma ideologia profissional dos cientistas, uma idealização da profissão científica, segundo a qual

---

338. Na década de 1990, dois números da revista *Actes de la recherche en sciences sociales* serão dedicados à "História social das ciências sociais".

339. *As aventuras do barão de Münchhausen* é um conto alemão do final do século XVIII. O episódio em que o barão, montado a cavalo, consegue sair de areia movediça puxando-se pelos cabelos costuma ser lido como uma espécie de alegoria de um raciocínio falacioso.

340. Trata-se do colóquio "Ciência, o renascimento de uma história: colóquio internacional Alexandre Koyré", organizado no Collège de France de 10 a 14 de junho de 1986 (os atos desse colóquio foram editados sob a forma de um número especial da revista *History and Technology* em 1987).

os cientistas são puros, desinteressados, trabalhando pelo futuro da humanidade, são autorreflexivos, sabem o que fazem, controlam o sentido de suas práticas, de seus métodos etc. Essa hagiografia científica, que foi particularmente forte no período Renan (*O futuro da ciência*[341] etc.), tende efetivamente a perder sua força social no período recente. Isso ocorre, pois a ciência revelou um certo número das propriedades que eram menos visíveis nas fases triunfantes dos começos.

É também, porque as ciências sociais, que se desenvolveram como uma espécie de galhos vergonhosos das ciências da natureza – aliás escondendo-se sob as ciências da natureza –, desenvolveram ideias contranaturais – e também contra as ciências da natureza: as ciências, incluindo as ciências da natureza, têm uma história; os conceitos científicos têm uma história; existem definições sucessivas da verdade que podemos descrever de maneira rigorosa e histórica; existem estados da história da Razão e o que mudou não são somente as verdades científicas mas, o que é muito mais importante, aquilo que Foucault chamou de regimes de verdade[342], ou seja, os modos de validação, as maneiras socialmente reconhecidas de fazer reconhecer a *validity claim*, a reivindicação de validade inerente ao pertencimento à comunidade científica. Sob essas condições, pode-se e deve-se (os historiadores das ciências fazem isso com frequência) descrever quais eram, num momento dado, as exigências em matéria de prova, em matéria de demonstração, em matéria de coerência, em matéria de instrumentalização, operacionalização, validação científica etc.

Desse modo, as ciências sociais organizaram, de alguma forma, uma espécie de retorno do reprimido científico, uma repressão importante que representa, como todas as ideologias profissionais, uma mistificação e, ao mesmo tempo, uma mistificação funcional, já que a vida científica talvez precise, para existir, dessa ilusão sobre a fundamentação real da prática científica. Um dos problemas que a sociologia da ciência coloca é este: o retorno do reprimido pode produzir efeitos sociais que nem sempre são controlados. A ciência social,

---

341. RENAN, E. *L'Avenir de la science*. Pensées de 1848 [*O futuro da ciência*: ideias de 1848]. Paris: Calmann-Lévy, 1890.

342. "Cada sociedade tem seu regime de verdade, sua 'política geral' de verdade: isto é, os tipos de discurso que ela acolhe e faz funcionar como verdadeiros; os mecanismos e as instâncias que permitem distinguir os enunciados verdadeiros dos falsos, a maneira como se sanciona uns e outros; as técnicas e os procedimentos que são valorizados para a obtenção da verdade; o estatuto dos que têm o encargo de dizer o que funciona como verdadeiro" (FOUCAULT, M. Verdade e poder. *In: Id. Microfísica do poder*. Trad. de Lilian Holzmeister e Angela Loureiro de Souza. Rio de Janeiro: Graal, 1979. p. 12 [*Vérité et pouvoir. In: Dits et Écrits II*. 1976-1988. Paris: Gallimard, 2001. p. 158-159]).

com efeito, não controla seus próprios efeitos. Eu disse implicitamente que as ciências da natureza demonstraram que não controlavam seus próprios efeitos, em particular os usos sociais das técnicas que inventam, mas isso também vale para as ciências sociais. Eu acho (realmente acredito) que as ciências sociais exercem efeitos sociais muito mais poderosos do que se imagina e que elas não imaginam, e que estão completamente inacessíveis ao controle dos produtores de discursos de pretensão científica.

Entre esses efeitos (posso dizer, porque isso já foi dito muitas vezes contra mim) estão os efeitos de "cinicização" ["*cynicisation*"]: mesmo que possa haver, no princípio da lucidez particular de certos pesquisadores, uma indignação ética (ou seja, o oposto absoluto do cinismo) contra o que descrevem, a ciência social pode encorajar um certo cinismo ao fazer aparecer o reprimido, isto é, os verdadeiros objetivos, as lutas científicas, o que está "debaixo" desse universo puro e perfeito que os cientistas apresentam ao exterior e no qual acreditam profundamente, já que essa crença faz parte das condições de funcionamento do campo científico. Esse é um problema fundamental: será que o mundo social ainda poderia funcionar se o sociólogo conseguisse produzir a verdade completa dos universos sociais e fazer crer, fazer conhecer e reconhecer essa representação? Na medida em que os universos sociais funcionam por meio da *illusio*, a prática científica que revela as condições sociais de produção da *illusio* poderia tender a dissolver essa *illusio*. Não irei até o fim dessa ideia, pois ela é obviamente uma utopia, não há risco de isso acontecer, é muito pouco provável e, além do mais, acreditar que a análise científica poderia destruir a *illusio* é cometer o erro que acabei de mencionar quanto ao teórico e o prático: a *illusio* é uma *illusio* prática.

Uma experiência científica da verdade das práticas e uma experiência prática dessa verdade podem absolutamente coexistir: podemos muito bem saber que um esporte é um jogo que tem suas regras e investirmos da maneira mais ingênua num esporte; sem isso, a vida dos sociólogos seria impossível [*risos na sala*]! Eu formulei esses problemas que são problemas ingênuos, mas que, ao mesmo tempo, as pessoas vivem como fundamentais. Eles são colocados a mim como se se tratasse de questões últimas, por mestres do pensar que acreditam ter descoberto a falha por meio da qual toda a sociologia vai desvanecer para o nada [*risos na sala*]. Mencionei esses problemas em poucas palavras para demonstrar que eles não têm nada de metafísico e são relativamente abordáveis.

Posto isso, a ciência social consegue descobrir que o campo científico é um campo que obedece às leis ordinárias dos campos: existem objetivos, interesses, conflitos, lutas de interesses, relações de força, monopólios, alianças, combinatos[343], tudo o que vocês puderem imaginar... Como um exemplo entre tantos, penso num artigo típico publicado em *Actes de la recherche en sciences sociales* há alguns anos, em que Michael Pollak descreveu a história de Paul Lazarsfeld, fundador de uma multinacional científica[344] (acho que a analogia com uma multinacional é perfeitamente fundamentada) e buscou demonstrar como esse homem, com base num capital específico e numa história pessoal, teve sucesso em construir uma espécie de multinacional de poder ao mesmo tempo temporal e científico, a partir do qual podia se constituir uma definição dominante da prática científica de tal forma que todas as definições antagônicas fossem desqualificadas. Uma coisa importante para compreender a lógica do campo científico é que esse campo, dada a estrutura das relações de força dentro dele, tem uma forma específica. O que se acumula é uma espécie de capital particular que não valeria em outro campo (mesmo, por exemplo, nas disciplinas científicas nas quais existe uma hierarquia das disciplinas, o capital acumulado na disciplina mais alta não se reconverte automaticamente numa disciplina de posição inferior[345]).

Há, portanto, uma especificidade dos diferentes universos, e a posse de um capital específico por um pesquisador ou uma instituição exerce uma forma de dominação específica: é sempre um poder que tem uma relação com a verdade. Aquele que consegue concentrar, em quantidade significativa, espécies líquidas e certas de capital específico é detentor não apenas de um poder de nomeação ou de promoção, mas também de um poder de promoção da verdade e, ao mesmo tempo, de censura de pretensão à verdade. Seria preciso que eu lembrasse coisas extremamente simples que foram ditas e repetidas na história das ciências para que vocês seguissem bem o que gostaria de dizer hoje.

---

343. Na antiga União Soviética e no leste europeu socialista, um "combinato" [*Kombinat*] era um conglomerado industrial de um certo ramo de atividades [N.T.].

344. POLLAK, M. Paul F. Lazarsfeld, fondateur d'une multinationale scientifique. *Actes de la recherche en sciences sociales*, n. 25, p. 45-59, 1979.

345. Sobre esses pontos e, de modo mais geral, sobre os desenvolvimentos dedicados nessa primeira hora ao campo científico, cf., além dos dois artigos que P. Bourdieu cita um pouco adiante, o curso que ele dará em 2000-2001, seu último curso, publicado sob o título *Para uma sociologia da ciência, op. cit.*

Um relativismo racionalista

Assim, os campos científicos são campos de lutas nos quais existem objetivos específicos, assim como relações de dominação que são específicas, mas ainda são relações de dominação. Então, uma pergunta que se coloca é: como acontece de a verdade ter uma história? Se a verdade tem uma história, será que é uma verdade verdadeira? Parece-me que a maneira adequada de formular a questão das relações entre a história e a verdade é a seguinte: quais características particulares revestem, ou devem revestir, as lutas dentro de um campo como o campo científico para que, por meio dessa luta, se imponha um certo regime de verdade? Escrevi um artigo há alguns anos que era uma tentativa de superar essa velha alternativa histórica entre a Razão e a História, e para tentar determinar qual devia ser a lógica social de um campo para que os agentes sociais, ao lutarem, como farão, com interesses temporais (triunfar sobre o adversário, ser o primeiro a publicar etc.), contribuam, sem nem sequer precisarem querer isso explicitamente, para o progresso da Verdade, para o progresso da Razão. Darei a referência desse artigo para vocês, pois vou expô-lo muito mal e muito rapidamente (o ensino é uma coisa terrível, visto que nós não podemos contar coisas que já foram escritas e temos dificuldades para contar as que não foram escritas, senão já teríamos escrito [*risos na sala*]... Enfim, quando digo "nós", quero dizer "eu" [*risos na sala*]...): "La spécificité du champ scientifique et les conditions sociales du progrès de la raison" ["A especificidade do campo científico e as condições sociais do progresso da razão"], *Sociologie et sociétés*, v. 7, n. 1, p. 91-118, 1975; ele foi retomado de forma muito mais elaborada e argumentada em junho de 1976 em *Actes de la recherche en sciences sociales*, n. 2-3, p. 88-104[346].

Lerei a frase inicial, que contém o essencial do que tenho a dizer, a intenção do texto, e que eu poderia comentar: "Depois de haver tentado descrever em outras ocasiões a lógica do funcionamento dos campos de produção simbólica (campo intelectual e artístico, campo religioso, campo da alta costura etc.), gostaríamos de determinar aqui como essas leis se especificam no caso particular do campo científico; mais precisamente, sob qual condição (isto é, sob quais condições sociais) os mecanismos genéricos como os que regem em qualquer campo a aceitação ou eliminação dos recém-chegados [*P. Bourdieu explica* – o

---

346. Cf. BOURDIEU, P. O campo científico, *op. cit* [N.T.].

controle de entrada é um dos fatores determinantes da autorreprodução de um campo] ou a concorrência entre os diferentes produtores podem determinar o surgimento desses produtos sociais relativamente independentes de suas condições sociais de produção que são as verdades científicas [digo "*relativamente independentes*"]. Isso em nome da convicção, que também vem de uma história [isso é importante: a própria convicção que desenvolverei tem fundamentos históricos], de que é na história que devemos buscar a razão do progresso paradoxal de uma razão que é histórica dos pés à cabeça e, entretanto, é irredutível à história"[347]. É isso. Essa é a última palavra sobre o que penso dessa questão e vou tentar argumentar um pouquinho. No fundo, a tese proposta é uma espécie de relativismo racionalista ou de racionalismo relativista, ou seja, uma tentativa de superar a antinomia, as antinomias ligadas à historicidade da Razão que não seja por uma jogada de força *à la* Münchhausen.

Para tentar especificar um pouquinho: para triunfar no campo científico, local de lutas que assumem uma forma particular, é preciso ter razão segundo a definição histórica da Razão que vale, no momento dado, nesse campo histórico. No campo científico, a razão do mais forte tende a ser nele a razão do mais razoável. Mais exatamente, o campo científico é um universo no qual aquele que tem mais razão terá maiores chances de ser o mais forte do que em outros universos, e a razão daquele que tem mais razão é definida em relação a uma norma histórica da Razão que é ela própria o produto da história específica do campo em questão. Posto isso, como explicar que as lutas assumam uma forma que não é comum nos outros universos? Como acontece de surgirem universos que tenham como razão prática o diálogo e a troca científica que alguns, Habermas, por exemplo[348], tendem a constituir como implicando um reconhecimento tácito de uma reivindicação de validade racional, ou seja, como implicando uma espécie de postulado münchhauseniano da racionalidade? Como acontece de ser possível surgir universos que tenham como razão, como *nomos*, a Razão, e quais são suas propriedades?

Eu acho que é preciso distinguir dois níveis que os teóricos das ciências e da história das ciências e da filosofia das ciências ignoram ou aceitam no estado separado. Parece-me que, para começar, há o problema da mudança dos campos

---

347. *Id*. Le champ scientifique, *op. cit.*, p. 88 [esse parágrafo não consta da tradução brasileira, "O campo científico" – N.T.].

348. P. Bourdieu citou essas análises de Jürgen Habermas na aula anterior de 12 de junho de 1986.

científicos, o problema do motor: como e por que se produz a mudança? Se retomarmos as diferentes teorias em vigor sobre essa questão, encontraremos às vezes uma espécie de forma transformada da *Selbstverwirklichung* ["autorrealização"] hegeliana: uma espécie de lógica interna das ideias científicas, artísticas ou filosóficas engendra seus próprios desenvolvimentos segundo suas próprias leis[349]. Encontra-se essa teoria no domínio do direito, no domínio da arte. Essa teoria da autonomia automóvel é, em última instância, uma dimensão da ideologia profissional dos produtores específicos. Alguns, de maneira mais sutil e aparentemente mais realista, diriam que existe uma espécie de seleção natural, de luta entre as ideias, e a melhor ideia é a mais forte. Na verdade, eles se esquecem de formular a pergunta das condições que devem ser preenchidas para que a ideia mais forte tenha força. Com efeito, a proposição de Espinosa, "não existe força intrínseca da ideia verdadeira"[350], ainda é verdadeira: para que a ideia verdadeira tenha um pouco de força, é preciso que sejam constituídos universos muito especiais nos quais a própria lógica do mundo social seja tal que um argumento possa ter força.

Eu acho que, se nos colocarmos do lado do motor do campo (como o campo muda?), não temos como não inserir o nível das pulsões, das paixões da *libido sciendi*, ou seja, as motivações externas à intenção científica que se enraízam na lógica das lutas e pelas quais o campo científico é, no fundo, um campo como os outros. De passagem, num texto publicado em *Cahiers pour l'analyse* que já mencionei para vocês[351], Foucault exclui de maneira explícita o nível da análise da mudança da filosofia ou da ciência. Ele fala do "nível dóxico" e, para ele, as estratégias sociais que têm como objetivo objetivos teóricos e transcendentais não fazem parte do objeto de conhecimento rigoroso[352]. Para mim, isso resulta num

---

349. A aula de 3 de maio de 1984 (*Sociologia geral volume 3, op. cit.*) já continha uma exposição sobre esse tipo de análise.

350. "O conhecimento verdadeiro do bem e do mal, enquanto verdadeiro, não pode refrear qualquer afeto; poderá refreá-lo apenas enquanto considerado como afeto" (ESPINOSA. *Ética, op. cit.*, pt. IV, proposição 14).

351. FOUCAULT, M. Sobre a arqueologia das ciências. Resposta ao Círculo de Epistemologia. *In: Id. Ditos & escritos.* Trad. de Elisa Monteiro. Rio de Janeiro: Forense, 2000. v. II, p. 92-118 [Réponse au Cercle d'épistémologie. *Cahiers pour l'analyse*, n. 9, p. 10-40, 1968].

352. "Mas há *ilusão doxológica* cada vez que se faz valer a descrição como análise das condições de existência de uma ciência. Essa ilusão assume duas formas: ela admite que o fato das opiniões, em vez de ser determinado pelas possibilidades estratégicas dos jogos conceituais, remete diretamente às divergências de interesses ou de hábitos mentais dos indivíduos; a opinião

discurso sem motor; não se enxerga por que e como esses universos poderiam se transformar. Parece-me que o dinamismo dos campos científicos reside na lógica das lutas, mas que a forma específica que as orientações desse dinamismo assumem não pode ser deduzida apenas do conhecimento dos interesses e dos objetivos sociais tais como eles de definem nas lutas entre os agentes sociais engajados nos diferentes campos. Portanto, é preciso aplicar um outro nível, que podemos chamar de nomes diferentes. No fundo, acho que é aquilo que Foucault chamava de "*épistémè*"[353], aquilo que chamo de "espaço dos possíveis" (que poderíamos também chamar de "problemática"), isto é, o universo das questões pertinentes num momento dado do tempo, que é evidentemente inseparável de um universo de restrições e de controle dos meios legítimos para se responder aos problemas legítimos.

Essa espécie de espaço dos possíveis é um espaço de potencialidades objetivas, de coisas a encontrar, de direções nas quais é preciso se engajar. Uma observação comum da história das ciências é que existem momentos em que, para retomar a metáfora da limalha num campo magnético, acontecem transferências da limalha inteira: todo mundo se atira sobre um certo setor do espaço dos possíveis. Pertencer a um campo científico ou a um campo artístico (nesse ponto, não há diferenças) é ter o conhecimento (aliás, muito mais prático do que explícito) do "cardápio" de problemas interessantes e pertinentes, que o "ingênuo" em pintura[354] ou o autodidata em ciências não tem. Esse conhecimento das orientações é inseparável de um conhecimento dos modos legítimos de apropriação e de validação, da ambição de resolver os problemas colocados.

---

seria a irrupção do não-científico (do psicológico, do político, do social, do religioso) no domínio específico da ciência. Mas, por outro lado, ela supõe que a opinião constitui o núcleo, o foco central a partir do qual se desdobra todo o conjunto de enunciados científicos; a opinião manifestaria a instância das escolhas fundamentais (metafísicas, religiosas, políticas) a partir das quais os diversos conceitos da biologia, da economia ou da linguística seriam somente a versão superficial e positiva, a transcrição em um vocabulário determinado, a máscara cega a si mesma. A ilusão doxológica é uma maneira de elidir o campo de um saber como lugar e lei de formação das opções teóricas" (*Ibid.*, p. 115).

353. FOUCAULT, M. *As palavras e as coisas.* Trad. de Salma Tannus Muchail. São Paulo: Martins Fontes, 2000 [*Les Mots et les choses.* Paris: Gallimard, 1966]; *Id. A arqueologia do saber.* Trad. de Luiz Felipe Baeta Neves. Rio de Janeiro: Forense, 2008 [*L'Archéologie du savoir.* Paris: Gallimard, 1969].

354. Cf. as análises sobre o "aduaneiro" Rousseau. *In*: BOURDIEU, P. *As regras da arte, op. cit.,* p. 275-280 [400-407].

Esse espaço dos possíveis que são ao mesmo tempo potencialidades objetivas define simultaneamente as coisas a fazer e, mais do que as coisas que não se deve fazer, as coisas que não podem nem sequer ser pensadas nos limites dessa problemática. Kojève, por exemplo, insistiu muito nisso[355]: o efeito mais poderoso de um espaço dos possíveis é tornar impossíveis um certo número de problemas que, retrospectivamente, aparecerão como fundamentais e farão aparecer seus limites. Uma nostalgia de toda ciência reflexiva é pensar os limites do espaço dos possíveis exatamente para tentar sair deles: uma função da sociologia tal como eu a concebo é tentar ganhar consciência no maior grau do espaço dos possíveis cujos agentes são, simultaneamente, exploradores e vítimas, e explorar simultaneamente os limites do espaço dos possíveis para tentar superá-los. Assim, quando tentei, nas últimas aulas, mostrar a vocês como o pensamento do mundo social estava fechado numa alternativa cientificamente muito poderosa, porque socialmente muito poderosa, eu tentava pensar a caixa na qual os sociólogos contemporâneos estão fechados.

A vulnerabilidade da ciência social

Eu acho que a sociologia é especialmente vulnerável às pressões sociais: já que seu objeto é um objetivo de lutas às quais ninguém é indiferente, não nos damos a autonomia que damos facilmente aos astrônomos. Quando os problemas de teologia são resolvidos, os cientistas ficam em paz, ao passo que os sociólogos jamais estarão em paz, porque aquilo com que se ocupam é muito mais importante. Quando eles dizem que existem classes, ou que não existem, bastante gente fica muito contente e outros, muito descontentes. Sua autonomia jamais é adquirida, a pressão das questões sociais que batem na porta para tornarem-se questões sociológicas é muito forte. Consequentemente, esse esforço para pensar o espaço dos possíveis é particularmente importante nas ciências sociais. Mas se a sociologia é particularmente vulnerável, ela também é mestra do instrumento de objetivação mais poderoso e, consequentemente, ela pode, ao voltar contra si mesma esse instrumento de objetivação (essa não é uma forma de fazer a jogada de Münchhausen), ter a moeda da solução transcendental (no sentido em que

---

355. Cf. KOJÈVE, A. *L'Idée du déterminisme dans la physique classique et dans la physique moderne* [*A ideia do determinismo na física clássica e na física moderna*]. Paris, 1932.

Malraux disse que "a arte é a moeda do absoluto"[356]: não podemos mais ter Deus, então temos os trocados).

Eu acho que a solução racionalista-historicista que proponho é um pouco a moeda do absolutismo transcendental: como substituir essa espécie de veredito absolutista um pouco prussiano (existe uma solução transcendental, a Razão) por uma solução histórica progressiva e progressista? Como operacionalizar a luta racional pelo progresso da constituição do universo científico como universo de uma verdade? Os pesquisadores sempre fingem desdenhar das lutas de política científica, mas, de acordo com uma posição como a que defendo, essas lutas de política científica, essas lutas para melhorar o regime de verdade são importantes. Isso parece absurdo, porque não temos o hábito de pensar o campo científico como um campo social, não temos o hábito de pensá-lo em termos de movimento e de mobilização nesse nível ou, se o pensamos, é sempre no fundo para defender interesses corporativistas mais ou menos universalizados.

Isso que proponho permite sair da alternativa do tudo ou nada, da Razão que raciocina constituída ou do historicismo triste que sabe que a Razão é histórica e que aquilo que é verdade hoje será invalidado amanhã. Eu acho que podemos utilizar o conhecimento das restrições, e às vezes das fatalidades, que pesam sobre a produção da verdade para atingir a verdade dessas condições e, ao mesmo tempo, um domínio teórico, e talvez prático, dessas condições. Um obstáculo a uma política do tipo dessa que defendo é que ela é imediatamente pensada na lógica ordinária. Com efeito, de acordo com uma lei dos mundos sociais, as pessoas que professam a ideologia profissional do desinteresse (no caso, da ciência desinteressada) têm, inconsciente ou explicitamente, quando se trata das outras pessoas, a filosofia mais sociologista, mais pessimista, e uma dificuldade da ciência social das ciências sociais e das produções culturais deve-se ao fato de que ela parece encontrar essa visão pessimista que cada um dos membros do campo tem dos outros.

Eu não sei se vocês enxergam o que quero dizer: a redução à objetivação de pretensão sociológica é uma arma de luta em todos os campos, mas em particular no campo científico e no campo sociológico em que as pessoas são, pelo menos em princípio, profissionais da objetivação. A sociologia dos intelectuais foi percebida

---

356. MALRAUX, A. *Psychologie de l'art* [*Psicologia da arte*]. Paris: Skira, 1949. v. 3, "A moeda do absoluto".

dessa maneira e é verdade que o famoso livro de Aron, *O ópio dos intelectuais*[357], que é considerado um clássico da sociologia dos intelectuais, é tipicamente uma estratégia de um setor do campo intelectual contra outro: é a visão que o intelectual de direita tem espontaneamente do intelectual de esquerda. Da mesma forma, na mesma época (sempre cito esse exemplo, porque é muito típico[358]), Simone de Beauvoir, em *O pensamento de direita, hoje*[359] expressou a visão clássica que o intelectual de esquerda tem do intelectual de direita. Ambos tinham em comum não objetivarem os pontos a partir dos quais assumiam essas vistas cruzadas, isto é, o campo em seu conjunto, proibindo-se assim de descobrir que tinham interesse em ver o que viam e a não ver o que não viam e que o outro via sobre eles mesmos.

Assim, a objetivação científica se depara com uma dificuldade suplementar: ela encontra constantemente o já objetivado (os boatos etc.). Sobretudo, parte da produção científica consiste ela própria ou em objetivações parciais, ou em objetivações mais globais, mas que resultam numa espécie de niilismo. Por exemplo, atualmente uma corrente que podemos chamar de ultrassubjetivista e que, aliás, acho que parte do artigo que citei[360], leva a dizer que a produção científica é apenas retórica[361] e que, em última instância, os discursos científicos caracterizam-se por uma retórica de verdade: assim como os romancistas produzem o efeito de realidade, os cientistas produzem o efeito de verdade, e tudo que é importante num dado momento é conhecer bem o regime de verdade e estar em regra com ele, isto é, provar o conformismo científico, saber produzir os sinais exteriores da verdade. Isso nem sempre é falso: isso corresponde, no campo científico, a uma estratégia possível que está ajustada a algumas posições. Dito isso, eu acho que as falsas objetivações radicais são, por seu próprio excesso (são os efeitos de polarização que menciono com frequência), por seu próprio irrealismo, uma das bases da não-objetivação e são cúmplices da autorrepresentação hagiográfica. Pronto [para a primeira hora].

---

357. ARON, R. *O ópio dos intelectuais*. Trad. de Jorge Bastos. São Paulo: Três Estrelas, 2016 [*L'Opium des intellectuels*. Paris: Calmann-Lévy, 1955].

358. Em particular, P. Bourdieu o mencionara no começo de seu curso (cf. *Sociologia geral volume 1, op. cit.*, p. 62-65 [69-71]).

359. BEAUVOIR, S. *O pensamento de direita, hoje*. Trad. de Manuel Sarmento Barata. São Paulo: Paz & Terra, 1967 ["La Pensée de droite, aujourd'hui", publicado em duas partes em *Les Temps modernes* em 1955 (n. 112-113, p. 1539-1575 e n. 114-115, p. 2219-2261)].

360. Trata-se do artigo BOURDIEU, P. O campo científico, *op. cit.*

361. P. Bourdieu desenvolverá sua crítica do "programa forte" em sociologia das ciências em seu último curso no Collège de France (*Para uma sociologia da ciência, op. cit.*, p. 37-50 [41-66]).

O efeito Gerschenkron

([*Não foi possível reconstituir o começo da segunda hora, mas P. Bourdieu respondia a perguntas que lhe foram entregues durante o intervalo*:] […] Entre aquilo que está em minha cabeça e que se enuncia muito claramente antes de vir [dar a aula] e aquilo que sai de minha boca quando estou neste local, há uma distância muito grande que me faz sofrer muito. Gostaria de dizer isso para vocês e agradecer os que gentilmente [me fizeram perguntas (?)], isso não foi totalmente inútil.)

Vou terminar aquilo que dizia. Numa palavra, eu quis dizer que se a posição das ciências sociais e da sociologia, sobretudo quando ela se dá como objetivo objetivar a si mesma, é extremamente vulnerável, a sociologia pode se aproveitar de sua vulnerabilidade extrema à análise sociológica para dominar melhor os determinismos sociais que pesam sobre ela. Em outras palavras, acho que é preciso aproveitar essa fraqueza constitutiva da sociologia [ao argumento (?)] historicista ou relativista para obter, de um conhecimento sociológico das condições sociais da produção sociológica, instrumentos de uma maior lucidez sobre a prática científica e, ao mesmo tempo, um melhor conhecimento dos limites de validade e de usabilidade da produção dos sociólogos.

Eu talvez não devesse destacar um último problema que é terrível nesse sentido de poder dar uma razão suplementar para se duvidar da cientificidade das ciências sociais sobre a qual nossos adversários não pensam – e Deus sabe que já existem muitas, mas se minha teoria da vulnerabilidade for verdadeira, quanto mais formos expostos à crítica, melhor será para nós   e que talvez seja a ameaça mais terrível a pairar sobre as ciências sociais: é o fato de que as ciências sociais foram as últimas ciências a surgir. Ora, o atraso da sociologia a deixa vulnerável aos modelos das ciências dominantes. Chamo isso de "efeito Gerschenkron". Gerschenkron foi um grande historiador que demonstrou que, se o capitalismo assumiu uma forma sempre um pouco bizarra na Rússia, é porque ele se desenvolveu muito depois do começo do capitalismo inglês ou francês[362]. Essa lacuna e

---

362. GERSCHENKRON, A. *O atraso econômico em perspectiva histórica e outros ensaios*. Trad. de Vera Ribeiro. Rio de Janeiro: Contraponto, 2015 [*Economic backwardness in historical perspective*. Cambridge, MA: Harvard University Press, 1962]. Sobre o "efeito Gerschenkron", cf. tb. BOURDIEU, P. *Coisas ditas*, *op. cit.*, p. 53-55 [51-53]; *Id.* O campo científico, *op. cit.*, p. 149; *Id. Sociologia geral volume 2*, *op. cit.*, p. 137 e 217 [337 e 435].

esse atraso causaram efeitos, entre outras coisas, através da consciência que esse capitalismo atrasado teve de seu atraso.

O "efeito Gerschenkron", para mim, designa todas as perversões que se introduzem nas ciências sociais do fato da dominação simbólica que as ciências chamadas de "avançadas" exercem sobre elas. Em geral, as estratégias socialmente mais poderosas, aquelas que permitem obter muitos lucros por um custo muito baixo na economia, na sociologia e mesmo na história, consistem em imitar a cientificidade das ciências que precederam as ciências sociais, em se enfeitar com os sinais exteriores da cientificidade tais como constituídos num dado regime de verdade. A formalização, a utilização de ferramentas matemáticas ou informáticas mais ou menos bem dominadas, por exemplo, permitem produzir os artefatos de uma prática científica legítima. De certa maneira, eu acho que as ciências sociais, que começaram com atraso, não conseguiram realmente começar, pois elas conseguem fazer acreditar que já começaram: elas conseguem se dar uma aparência pós-galileana, pós-einsteiniana, quando, muitas vezes, são pré-galileanas. Podemos não saber o que é um mercado na economia e fazer acreditar, em particular [...] devido ao jogo de equações, que compreendemos os mecanismos econômicos.

Poderíamos dizer que um dos critérios mais indiscutíveis da cientificidade de um universo é sua capacidade de afirmar sua autonomia contra as ingerências externas, sua capacidade de refratar de alguma forma as pressões externas e, por exemplo, de transformar os problemas sociais em problemas científicos. No caso das ciências sociais, mesmo esse critério não é fácil de utilizar visto que, em nome de uma representação simplista das ciências naturais, podemos produzir um artefato conforme a definição dominante da ciência e imitar a autonomia. É isso que chamo de o fenômeno do corte falso. Eu demonstrei, por exemplo, como a retórica que Heidegger emprega em *Ser e tempo* pode ser compreendida como objetivamente orientada para a produção da aparência de um corte entre os problemas tais como Heidegger os coloca e os problemas que se colocam externamente na Alemanha das décadas de 1920 e 1930: ele se coloca esses problemas, mas com uma linguagem que faz parecer que ele se interessa por algo completamente diferente[363]. No domínio do direito, a retórica do corte falso é triunfante: o discurso

---

363. BOURDIEU, P. *A ontologia política de Martin Heidegger*. Trad. de Lucy Moreira Cesar. Campinas: Papirus, 1989 [*l'ontologie politique de Martin Heidegger*. Paris: Minuit, 1988].

jurídico se constitui a partir dessa intenção de neutralização que permite transformar os conflitos sociais em confronto de argumentos. No caso das ciências sociais, esses efeitos estão em operação e, portanto, não podemos nem sequer reter esse critério, o que torna a ciência social vulnerável aos argumentos mais débeis dos filósofos mais elementares. Através de uma espécie de política do avestruz, os sociólogos muitas vezes se refugiam nas aplicações […] positivistas ou, pelo contrário, teoricistas (o que resulta um pouco na mesma coisa: pode-se aderir a uma teoria geral da qual não lemos nem uma palavra…). Parece-me que as ciências sociais não se safarão dessa maneira; elas devem, ao contrário, enfrentar deliberadamente a consciência de não estarem fundamentadas […] e sobretudo de estarem mais expostas do que as outras ciências a todos os fatores de heteronomia.

(Eu defendo há muito tempo a teoria que consistia em recusar, com uma altivez wittgensteiniana, a questão da fundamentação[364]. No fundo, essa era minha estratégia para responder às objeções dos filósofos: "Se você se diverte com essas coisas… eu prefiro trabalhar…". Eu acho que mesmo essa estratégia – que pode ter funções sociais, porque muitos filósofos não merecem mais do que esse tipo de resposta – não é boa. Mas é verdade que, do fundo do meu coração, eu me forço a saber que não tenho fundamentação [*risos na sala*]. Não sei se devia dizer isso em público, mas, apesar de tudo, para ter coerência com minha convicção, devo dizê-lo.)

O problema da existência das classes sociais

Infelizmente, mais uma vez avaliei muito mal a relação entre o tempo do meu discurso e aquilo que tinha a intenção de dizer. Vou tentar sobrevoar de forma muito arriscada aquilo que eu queria demonstrar a vocês para terminar. O problema que formulei um pouco *in abstracto* da validação das pretensões à cientificidade no caso das ciências sociais se coloca de maneira muito concreta no momento em que um sociólogo apresenta uma representação do mundo social. Tomemos o exemplo de uma análise tal como a descrição construída de um universo social que apresentei em *A distinção*. Podemos objetar e invocar o fato de que essa descrição na verdade é uma construção: o cientista emprega uma construção em seu trabalho e, ao mesmo tempo, sua construção está relacionada a construções

---

364. WITTGENSTEIN, L. *Sobre a certeza*. Trad. de Giovane Rodrigues e Tiago Tranjan. São Paulo: Fósforo, 2023 [*Über Gewißheit*. Frankfurt: Suhrkamp, 1984].

concorrentes. Não deixaremos de encontrar, no próprio campo científico, construções opostas àquela que ele propõe. Essas construções concorrentes podem se tornar desigualmente eficientes no sentido de que um sociólogo ou um historiador que propõe uma representação do mundo social pode encontrar uma validação nos fatos que não é necessariamente uma validação científica.

Por exemplo, como o marxismo se tornou uma força social e, através disso, incorporou-se de alguma forma à realidade, quando perguntamos para as pessoas sobre a existência das classes sociais, obtemos a resposta de uma realidade transformada por Marx. Entretanto, essa validação não implica que essas teorias marxistas sejam verdadeiras. As proposições das ciências sociais podem se tornar, de alguma forma, *slogans* que transformam a realidade ao se encarnarem nela. As teorias do mundo social têm como propriedade poderem se encarnar no mundo social, e alguns tiram disso o argumento para dizer que as ciências sociais não são científicas.

As representações científicas do mundo social que são elaboradas num campo, que é um local de lutas, são, portanto, passíveis, nesse respeito, de todas as relativizações que invoquei há pouco, e, além de estarem concorrendo entre si, elas também concorrem com as representações parciais (não se pode dizer as "teorias espontâneas", isso é quase a junção de palavras contraditórias) que os agentes propõem por meio, digamos (isso é difícil de dizer: não há uma palavra...), das imagens práticas que aplicam em sua conduta. Diferente dos outros cientistas, o sociólogo vê suas construções confrontadas com as construções práticas ou discursivas dos agentes sociais, e isso pode levar a uma espécie de niilismo que se expressa no debate em torno do problema das classes sociais[365]. Quanto a esse problema, encontramos discussões que se parecem muito com as velhas querelas sobre os universais (que, aliás, voltam à moda na filosofia moderna[366])

---

365. Desde a primeira aula, P. Bourdieu formula o problema das classes sociais por intermédio da problemática da classificação (*Sociologia geral volume 1*, p. 19-20 [16-17]). Ele volta a esse mesmo problema nesta última aula para evidenciar toda a complexidade da análise que a mobilização do sistema conceitual que ele expôs durante os últimos anos permite.

366. A "querela dos universais" (muitas vezes apresentada, como P. Bourdieu faz logo depois, por reflexões sobre o conceito de "cachorro") é um grande debate da filosofia escolástica medieval. Depois de ter sido marginalizada no Renascimento e na filosofia continental por vários séculos, ela é retomada a partir do final do século XIX pela filosofia analítica, em particular por Bertrand Russell, de quem P. Bourdieu tirou o exemplo do "rei da França é careca", mobilizado em várias ocasiões em relação ao tema das classes sociais no segundo ano de seu ensino (cf. *Sociologia geral volume 2, op. cit., passim*).

que colocam a questão da realidade dos conceitos: será que alguma realidade corresponde à noção de "cachorro"?

Os filósofos contemporâneos que refletem sobre esse problema da realidade dos universais me parecem fazer distinções que podemos introduzir de forma útil em relação ao problema das classes sociais. Com efeito, eles dizem que a questão da existência dos universais nos coloca diante da alternativa entre um platonismo, no fundo, que concede realidade aos universais, e um nominalismo que não concede nenhuma realidade a esses universais que não seja serem pensados pelos que os pensam. Assim, diremos sobre as "classes sociais" que ou elas existem na realidade, que elas existem realmente, ou que elas são puras ficções inventadas pelo cientista. Um artigo célebre de Raymond Aron sobre a noção de classe[367] é muito típico da segunda posição: as classes são ficções científicas cômodas.

Os filósofos advertem quanto ao fato de que, quando discutimos sobre a realidade dos universais, ouvimos duas coisas diferentes: podemos nos interrogar sobre a realidade da realidade designada pelos universais (cachorros existem) ou sobre a realidade do conceito que designa essa realidade (existe o "cachorro" como palavra?). Quando fazemos essa distinção, o problema das classes se coloca de maneira um pouco diferente. Vão se opor os que dirão: "As classes não passam de um artefato, de uma ficção, de uma construção nominal, e, como uma construção nominal vale tanto quanto qualquer outra, podemos concluir que é um relativismo", e os que dirão: "As classes são construções cujo correlato objetivo existe na realidade, e sobre o qual podemos discutir". Desse modo, é preciso levar em conta que, quando falamos sobre classes sociais, as classes são uma exceção na noção de classe... A palavra "classe" é o conceito por excelência... Isso é extremamente difícil de pensar... Digamos que a questão que formulamos a propósito do conceito é saber se aquilo a que ele corresponde existe. Quando nos perguntamos se o cachorro como conceito existe ou se o conjunto designado pelo conceito "cachorro" existe, enxergamos de forma clara. Contudo, quando se trata de classes e de classes sociais, é muito menos simples. Será que a classe social existe? Será que a realidade conceitual "classe" existe...? Comecemos com uma outra pergunta mais simples. Será que a realidade designada pela noção de classe existe? A resposta é sim (voltarei a isso: podemos dar argumentos e demonstrar que aquilo que

---

367. ARON, R. Classe sociale, classe politique, classe dirigeante [Classe social, classe política, classe dirigente]. *Archives européennes de sociologie*, n. 1, p. 260-281, 1960.

construo existe), mas será que a noção "classe" existe na realidade e será que o cientista já a encontra constituída na realidade ou será que ele mesmo constitui a totalidade que ele observa sob o nome de classe? Quando se trata de uma classe particular, se vocês tiverem em mente tudo o que eu disse no passado, verão que o problema se coloca de maneira diferente: pode ser que essa realidade exista realmente na cabeça das pessoas e, também, sob a forma de grupos constituídos em classes reais. Assim, a alternativa entre o nominalismo e o realismo é mais difícil do que parece. Tenho dificuldade em demonstrar isso em cinco minutos: trata-se de um dos problemas mais difíceis da filosofia já que, no limite, trata-se de pensar nosso próprio pensamento. A noção de classes e do mundo social nos coloca diante de uma série de paradoxos que acho que são do tipo dos paradoxos de Gödel. São antinomias insuperáveis que é melhor constituir como tais, para evitar equilibrar sem parar uma posição nominalista com uma posição realista. Pronto. Formulei mais ou menos a pergunta.

A "classe": uma ficção bem construída

Agora é relativamente fácil demonstrar que aquilo que o sociólogo designa sob o nome de "classes" existe na realidade, desde que pensemos aquilo que chamo de "classe", por exemplo em *A distinção*, não como uma classe que existe como tal na realidade, mas como uma construção do cientista bem fundamentada na realidade – *cum fundamento in re*, como dizia a escolástica. Uma concepção da realidade fundamentada na realidade não implica uma realidade da concepção. No fundo, a passagem do conceito da realidade à realidade do conceito, que é o salto permanente da ilusão logicista, se coloca nesse caso em particular com uma força particular. Eu já disse isso uma vez e todo mundo riu, portanto, vou repetir, mas com conhecimento de causa: o erro de Marx é ter considerado que a classe que ele construiu (desde que fosse bem construída, ou seja, *cum fundamento in re*) existe na realidade, ou seja, na cabeça das pessoas, nos *habitus*, nas instituições, nas disposições, nos movimentos [políticos (?)] etc., enquanto é relativamente fácil demonstrar que a classe existe como ficção bem construída, de alguma forma, como associação teórica bem constituída.

A construção de um espaço social e das divisões desse espaço social pressupõe a exibição dos princípios de diferenciação que permitem reengendrar esse espaço, re-produzi-lo teoricamente, e uma teoria adequada do espaço social, tal como tentei propor em *A distinção*, leva em conta a existência de diferenças no mundo social. Podemos constatar no mundo social uma infinidade de diferenças: as pessoas diferem umas das outras e de mil maneiras diferentes; há diferenças objetivas e depois diferenças subjetivas (os agentes sociais as reúnem: eles já são objetivamente diferentes e transformam suas diferenças em distinções). Levando em conta essas diferenças, o sociólogo se pergunta como conseguirá re-produzir teoricamente (o que é o trabalho da ciência) essas diferenças, mas de maneira econômica (o geômetra não faz um mapa tão grande como o país...). Uma certa sociografia, que aliás é útil, fica tentada a propor uma descrição infinita das diferenças ("Entre os camponeses, há os pequenos, os médios, os grandes, e depois há modos de produção diferentes..."). Construir um espaço social, pelo contrário, é construir o modelo simples que permite reengendrar, a partir de um pequeno número de variáveis articuladas entre si, o espaço das diferenças, isto é, a estrutura das distribuições. Foi isso que tentei fazer [em *A distinção*]: existe um espaço social e os agentes sociais estão situados nele e definidos pela posição que ocupam nele.

Para construir esse espaço, bastam duas ou três variáveis articuladas: o volume global do capital possuído e a estrutura desse capital, isto é, o peso relativo, nesse volume global, das diferentes espécies de capital já permite situar as pessoas em duas dimensões, a dimensão vertical (o volume global) e a dimensão horizontal do espaço (a estrutura do capital)[368]. Uma terceira dimensão importante é aquela que poderíamos chamar de história do capital ou, em outros termos, a trajetória: como o capital dos agentes sociais em questão evoluiu em seu volume e estrutura no decorrer do tempo? Para construir esse espaço, criamos indicadores elementares, já que um problema na construção de qualquer modelo é a construção empírica dos parâmetros e dos indicadores que permitem resumir e condensar o máximo de informações possíveis.

Depois de construir o espaço dessa maneira, podemos situar cada agente social numa região desse espaço, e sua posição no espaço dá uma previsibilidade muito forte em relação às suas práticas de consumo e todo tipo de práticas. Tratamos, portanto, de um modelo realista e podemos, com base nesse espaço, recortar as classes, ou seja, regiões desse espaço que – isso é trivial, mas importante – não

---

368. P. Bourdieu tem em mente o esquema do espaço social publicado em *A distinção, op. cit.*, p. 118-119 [140-141] e, de maneira simplificada, em *Razões práticas, op. cit.*, p. 20 [21].

tem nada a ver com um espaço geográfico: pessoas muito próximas nesse espaço social podem estar muito longe no espaço geográfico[369] e vice-versa (cf. tb. minha análise das estratégias de condescendência[370] que pressupõem a distância no espaço social apesar da proximidade no espaço físico). Para recortar as regiões desse espaço, faço um círculo com uma caneta, tendo em mente a hipótese de que, quanto menor meu círculo, mais as pessoas inseridas nele terão propriedades em comum, simultaneamente efetivas e potenciais. As classes teóricas que construirei por recorte corresponderão a conjuntos de agentes dotados de propriedades semelhantes, no modo efetivo e potencial, e permitirão, desse modo, uma boa previsibilidade de sua conduta futura, desde que as classes que recorto dessa maneira sejam classes de agentes, definidas pela ocupação da mesma posição e pela posse do conjunto das propriedades pertinentes associadas a essa posição, assim, particularmente das disposições que são tendencialmente o produto dessa posição.

Se vocês se lembrarem de que a posição é, ao mesmo tempo, o volume, a estrutura e o "passado" do capital, e se tiverem em mente que as estruturas objetivas se tornam estruturas incorporadas, isto é, os *habitus*, podemos dizer que o conjunto dos agentes que pertencem à mesma classe será caracterizado pelo "pertencimento" ao mesmo *habitus*: os agentes reunidos na mesma classe têm o mesmo sistema de disposições. Lembro que considero, correndo o risco de parecer muito mecanicista e de dar munição àqueles que querem chicotear o vilão determinista que sou (seria preciso refletir sobre isso, mas a ciência não é obrigada a postular, por definição, o determinismo, isso implica ter limites o tempo todo...), que o *habitus* como sistema de disposição é, simultaneamente, ao mesmo tempo, na linguagem de Leibniz[371], *lex insita*, lei imanente, lei inscrita, e *vis insita*, força imanente, força inscrita: o *habitus*, como diz bem a palavra "disposição", é uma disposição a agir segundo certas leis; é ao mesmo tempo uma propensão a agir (nesse sentido, o conhecimento dos *habitus* dá uma previsão) e uma propensão a agir numa certa direção.

---

369. Sobre as relações entre, por um lado, o espaço social e, pelo outro, o espaço das interações e o espaço geográfico, cf. BOURDIEU, P. *A distinção, op. cit.*, p. 229-230 e *passim* [271-272], *Id. A miséria do mundo, op. cit.*, p. 159-166 [159-167]; *Id. Meditações pascalianas, op. cit.*, p. 159-160 [162].

370. Cf. em particular *Id. Sociologia geral volume 2, op. cit.*, p. 313-314 [551-552].

371. P. Bourdieu desenvolveu e justificou essa referência a Leibniz na aula de 15 de março de 1984, em *Sociologia geral volume 3, op. cit.*

Classes construídas e classes infrarrepresentacionais

Podemos ver bem que a classe assim definida (ou seja, como conjunto de propriedades pertinentes que dão conta das diferenças constitutivas de um universo social com o menor custo) é uma ficção, uma construção muito diferente das construções ordinárias que os agentes produzem em suas lutas cotidianas. As pessoas produzem classes constantemente (a classe dos "veados" ["*pédés*"], por exemplo, que citei em outras ocasiões[372]): a injúria classifica, a vida cotidiana é classificadora. Essas classes sempre pretendem ter um fundamento na realidade, já que a reivindicação de validade é, acho, universal nas lutas sociais, e não somente nas lutas científicas. (Acho que existem dois universais históricos práticos: a reivindicação de verdade nas lutas cotidianas e a reivindicação de desinteresse nas trocas cotidianas. Falo de dois universais, mas isso não é uma maneira de contrabandear o transcendental para minha abordagem.) Entretanto, essas classes cotidianas nas quais as pessoas enfiam umas às outras são obviamente de um tipo completamente diferente das classes do sociólogo: elas não são sistemáticas e coerentes; são parciais, são fundamentadas na construção de uma fração do espaço social, não percebem o espaço em seu conjunto etc. As classes que o discurso científico constrói podem gabar-se de obter o consenso dos pesquisadores nesse sentido de serem fundamentadas na realidade e com base em operações de construção reprodutíveis, de modo que qualquer pesquisador que tenha os mesmos dados obterá os mesmos resultados – essa é a validação clássica da ciência.

Dessa maneira, estamos num universo muito bizarro, porque essas classes construídas com fundamento na realidade já têm, nesse nível, algo de particular. A noção de disposição implica especialmente que as pessoas de disposição idênticas são tendencialmente bem-dispostas umas às outras. Como acabei de dizer, trata-se de disposições para agir e para perceber. O *habitus* associado a uma classe de posições implica, portanto, que o conjunto de agentes situados na mesma região do espaço vai ter uma propensão a criar ligações reais entre eles e se constituir como grupos. Quanto mais meu círculo for fechado, melhor a classe será construída, maiores as taxas de endogamia e maior o conjunto dos indicadores clássicos da construção de grupos reais: o *concubium*, o casamento, o *commercium*, resumindo, todos os sinais de comunicação e de cooperação.

---

372. Cf. *Sociologia geral volume 1, op. cit.*, p. 83 [96]; *Sociologia geral volume 4, op. cit.*, aula de 28 de março de 1985, p. 83 [519].

Quanto melhor for a construção dos grupos construídos pelo cientista, maior será a chance de eles serem grupos práticos: se a construção for conforme aos pressupostos teóricos que explicitei, as classes construídas com fundamento na realidade deverão tender a ser grupos práticos. Por isso, essas classes existem de qualquer forma um pouco na realidade, no estado prático. Elas podem até existir como grupos construídos semiconscientemente, sob a forma daquilo que Weber chamou de "grupos de *status*"[373], ou seja, os grupos que reforçam as afinidades ou as simpatias espontâneas dos *habitus* evitando sistematicamente casamentos inadequados e buscando de modo sistemático a homogamia no sentido geral do termo, por meio de todos os mecanismos de cooptação racional (os clubes etc.) que permitem ao grupo controlar o máximo possível sua própria reprodução.

Aqui já passamos a uma coisa complicada. Com as classes sociais, não estamos na ordem das ciências naturais. Uma classe social bem construída tem chances de existir na realidade como classe, o que não quer dizer – e dar esse salto é um grande erro – que ela exista numa consciência de classe. Eu acho que mesmo dizer que a luta contra casamentos inapropriados seria uma forma prática da consciência de classe já seria falso, porque "consciência de classe" pressupõe representação etc. Posto isso, a classe vai existir num modo infrarrepresentacional como um grupo real, e chegamos então a algo muito perturbador. Eu disse há pouco que as disposições são previsíveis. Posso prever, pois pressuponho que os ocupantes da mesma posição tenham as mesmas disposições a agir, logo, [em referência ao fato de que as disposições são ao mesmo tempo *lex insita* e *vis insita*, as mesmas] propensões e orientações... Existe na noção de disposição algo que os escolásticos chamavam de *esse in futuro*, ou seja, uma potencialidade: a disposição é uma essência que contém seu próprio futuro. (Atenção, acentuei o lado determinista de meu discurso; por falta de tempo, deixarei que vocês mesmos façam a correção...)

Uma classificação bem construída é uma classificação preditiva: contrariamente a uma classificação descritiva por acaso, uma boa classificação é aquela em que as pessoas reunidas numa mesma classe terão muitas propriedades em comum para além das propriedades que permitiram classificá-las. [Na zoologia, se você reunir numa mesma classe animais] que, sei lá, voam

---

373. WEBER, M. *Economia e sociedade*, op. cit., v. 1, p. 199-203 [A tradução de Weber prefere o termo "estamento" a "*status*", ao contrário de P. Bourdieu – N.T.].

e comem grãos, você deduzirá um monte de outras coisas. Uma construção sociológica é do mesmo tipo: se ela for bem concebida, você poderá deduzir a partir de dois critérios muito abstratos (volume global e estrutura do capital) aquilo de que os agentes reunidos numa mesma classe gostam, ou seja, um monte de coisas que não fizeram diretamente parte da construção das classes.

Contudo, a coisa mais paradoxal é que você poderá deduzir sua propensão a se reunir, a criar grupos, em outras palavras, sua propensão a responder a ações que buscam construí-los como grupo. Portanto, por um lado, você observa que um certo número das práticas às quais eles são dispostos são práticas de agregação, práticas de reunião, e, pelo outro, por meio da análise das disposições, você capta algo que torna tentador considerá-los como "classes" no sentido tradicional e marxista do termo: você detecta a probabilidade que eles terão de se reunir se alguém tentar reuni-los. Como resultado, você comete o erro de Marx ao acreditar que é como se eles já estivessem reunidos, e diz: "Essas são realmente classes". Isso é muito complicado. Repito: num primeiro momento, você os reúne, mas você diz para si mesmo: "Atenção, sou um cientista, sei que fui eu quem produziu a agregação, eles não são uma classe na realidade (o correlato do conceito de cachorro existe, mas o conceito de cachorro não existe na realidade)". E depois, num segundo momento, como suas classes são bem construídas, você diz para si mesmo: "Mas em última instância elas existem muito mais do que eu poderia acreditar, já que não somente, [os agentes] espontaneamente se reúnem por meio de operações que são muito importantes para a reprodução do grupo, mas, além disso, entre as coisas que eu determino ao caracterizá-los corretamente neste momento, existe essa propriedade essencial que é se reunir ou se mobilizar no caso em que alguém os mobiliza". Como resultado, você passa da classe no papel construída pelo cientista, ou seja, da classe teórica mais bem fundamentada na sociedade (isso não é a classe-ficção, que não é séria), para a classe real, e, assim, para o proletariado e para toda a mitologia marxista. Dessa maneira, você escamoteia o problema fundamental da construção da classe como classe, do trabalho que faz passar dessa espécie de virtualidade de classe, da propensão a se reunir, à reunião do "Proletários de todo o mundo, uni-vos!"

O momento construtivista

Agora vou terminar de maneira muito acelerada. Tudo está tão ligado que não sei se vou conseguir explicar. Descrevi até aqui o momento objetivista do trabalho científico, isto é, o momento estruturalista em que o cientista pode se considerar Deus Pai. Um parapeito contra essa tentação de se considerar Deus Pai é a objetivação da probabilidade dessa tentação. Ela está inscrita no campo científico, como em todos os campos dominantes: uma propriedade de todos os campos que mencionei no começo da primeira hora (o campo religioso etc.) é que eles se fundamentam na *skholè*, no lazer, na distância à prática; os que se encontram engajados nesses campos tendem a se esquecer da distância entre a teoria e a prática e a cometer o erro que mencionei no começo, de constituir sua visão do mundo social como realidade do mundo social, de colocar na consciência dos agentes sua representação (científica ou não) dessas práticas. Poderíamos chamar isso de "erro teoricista" ou "erro de Marx". É uma espécie de etnocentrismo do teórico. Por exemplo, critica-se as ciências sociais dizendo: "Você é filho de...", "Você faz uma sociologia burguesa" ou "Você faz uma sociologia de mandarim", ou seja, relacionamos a produção do discurso às propriedades sociais mais gerais do produtor do discurso; num grau um pouco mais refinado, pode-se relacioná-la às propriedades específicas que ele ocupa no espaço de produção especializada do discurso. No entanto, em ambos os casos, esquece-se de uma coisa muito mais fundamental: o pertencimento ao espaço de produção do discurso, ou seja, ao universo do teórico, do mundo mental, que mente monumentalmente, como dizia o outro [Jacques Prévert][374]. Eu acho que a tentação teórica divina está ligada a esse primeiro momento. Digo isso para vocês para que vejam que a sociologia da sociologia permite dominar certos erros genéricos associados ao próprio pertencimento ao universo social no qual se produz a ciência.

Essa visão teoricista leva a desqualificar toda a sociologia clássica, que é de um objetivismo triunfante: os cientistas têm a convicção de que devem construir a ciência contra aquilo que Durkheim chamava de "pré-noções" e Marx a "ideologia"[375]. Essa tomada de posição objetivista é de certa maneira o ponto de honra do cientista. Querer ser cientista é exatamente querer essa espécie de gratificação que o estatuto de cientista concede: "Você é ingênuo, trivial, tenho em relação a

---

374. "Não se deve deixar os intelectuais brincarem com os / fósforos / Porque Senhores quando o deixamos em paz / O mundo mental / Senhores / Não é nada brilhante / E assim que fica em paz / Trabalha arbitrariamente / Erigindo-se para si mesmo / E por assim dizer generosamente em honra dos trabalhadores / da construção / Um automonumento / Repitamos Sennnnnhores / Quando o deixamos em paz / O mundo mental / Mente / Monumentalmente." (PRÉVERT, J. Il ne faut pas... [Não se deve...]. *In: Id. Paroles*. Paris: Gallimard, 1972 [1949], p. 219).

375. Cf. a primeira aula do ano 1984-1985 em *Sociologia geral volume 4, op. cit.*

você uma verdade que você não tem", "Sou aquele que decifra o enigma que você é para você mesmo". Entre os althusserianos, houve assim uma utilização iniciática da ideia de ruptura[376] revestida da função que tem nas filosofias iniciáticas. Além disso, a palavra "ruptura" de Bachelard torna-se "corte" para os althusserianos, o que é muito sobredeterminado. Essa visão agradável que o cientista tem de si mesmo e que, sem dúvida, é um dos princípios da vocação científica nas ciências sociais leva ao erro fundamental do teoricismo, que consiste, assim, em passar da concepção da realidade à realidade da concepção, passar da classe construída para a classe real. Porém, ainda não acabou: ao fazer isso, desqualificamos os agentes sociais em sua prática concorrente de construção do mundo social. Quanto mais um sociólogo é iniciante, desarmado, inseguro quanto à sua validade (seria a mesma coisa para um psicanalista ou um filósofo), mais ele tenderá a afirmar fortemente seu corte com o profano, e nessa defesa da *self-esteem* [autoestima], ele cometerá um monte de erros científicos...

A desqualificação da experiência ordinária do mundo social e da contribuição que os agentes sociais trazem para a construção do mundo social, que, portanto, é uma das gratificações elementares do teoricismo, impede a superação dessa fase objetivista. Ela impede, antes de mais nada, que seja formulada a questão da objetivação dos interesses associados a essa empreitada objetivista (o que fiz de passagem) e depois impede a superação dessa fase objetivista para se interrogar sobre esse espaço que construí. Esse espaço que construí existe objetivamente, acho. Ele existe independentemente da representação que os agentes têm dele. Ele também existe independentemente da construção que faço dele: ele é independente de meu pensamento, o que é um dos critérios da realidade. Assim, ele é, ao mesmo tempo, objeto de percepções, é objetivo de lutas, e a própria representação soberana e divina que pretendo oferecer vai se tornar um objetivo de lutas: ela pode retornar à realidade. Se interrogarmos os meios relativamente cultos sobre a representação do espaço social, há boas chances de encontrarmos, de modo geral, a estrutura que propus em *A distinção*, ainda mais depois dessa estrutura

---

376. Alusão à noção de "corte epistemológico" introduzida por Louis Althusser no começo de *Por Marx, op. cit.*, e que se pretende uma radicalização da "ruptura epistemológica" de BACHELARD, G. *A formação do espírito científico.* Trad. de Estela dos Santos Abreu. Rio de Janeiro: Contraponto, 2002 [*La formation de l'esprit scientifique.* Paris: Vrin, 1938].

ter sido reutilizada sob a forma das categorias do Insee[377]. Em outras palavras, uma construção científica pode passar para a realidade (as categorias vindas de um trabalho científico podem acabar inscritas numa carteira de identidade) sem, entretanto, ser validada.

Esse processo nos lembra de que aquilo que o cientista constrói é um estado das lutas a respeito do mundo social, isto é, das lutas pela construção do mundo social. Portanto, a fase estruturalista ou objetivista deve ser superada por uma fase absolutamente construtivista na qual nos lembramos de que o mundo social é objeto de negociações, que a própria existência das "classes" é um objetivo de lutas e que visões diferentes se confrontam: os agentes podem se opor, para começar, sobre a própria existência das classes e, em seguida, se aceitarem a existência das classes, sobre a maneira de recortar as classes, sobre os princípios de classificação. Essas lutas têm seus efeitos. Como a própria solução científica, elas podem passar ao ato.

É aqui que, para acelerar (e terminar), volto ao objetivismo. A ciência objetivista deve se superar ao levar em conta as lutas pela objetividade das quais, querendo ou não, a descrição científica faz parte. Ao mesmo tempo, a ciência do mundo social deve incluir uma teoria das lutas fundamentada numa teoria das relações de força dentro das quais essas lutas acontecem. Por exemplo, podemos postular que a força simbólica nas lutas para mudar ou conservar o mundo social dependerá, em primeiro lugar, do capital simbólico detido pelo indivíduo ou pelo grupo que propõe uma visão conservadora ou transformadora do mundo social e, em segundo lugar, do grau de realismo, quer dizer, de fundamento na realidade, da representação proposta. Entre duas visões do mundo social que se confrontam, os dois princípios de diferenciação seriam, então, de um lado, a autoridade simbólica detida pelas duas partes e, do outro, o grau de realismo, ou seja, de previsibilidade, das duas visões que se confrontam. Sendo assim, o objetivismo deve ser superado, mas ele é, de certa maneira, insuperável: é preciso passar pelo objetivismo, não parar nele, mas ele é insuperável. Pular o objetivismo é registrar que o mundo social é construído sem ver que os que o constroem são construídos por ele e contribuem para sua construção proporcionalmente ao lugar que rece-

---

377. Em 1982, a reformulação feita pelo Insee da "nomenclatura das categorias socioprofissionais" mobilizou com destaque os resultados de *A distinção*. P. Bourdieu desenvolveu esse ponto em *Sociologia geral volume 4, op. cit.*, aula de 28 de março de 1985.

bem dele; é se condenar a uma espécie de relativismo e remover toda a realidade do mundo social.

Um último ponto: é fácil perceber que a classe será um objetivo central da luta e que a análise que propus permite que surja a questão das condições específicas do trabalho específico que é necessário para passar dessa espécie de classe no estado virtual, *would-be*, para a classe mobilizada, se é que ela existe, ou para um delegado, um mandatário, um porta-voz, um movimento que possa dizer: "Eu sou a classe". A questão da própria existência de todo esse trabalho político só pode ser formulada se tivermos feito o trabalho que tentei fazer. Pronto... Tentei dizer rápido e mal o que queria dizer...

Situação do quinto volume do Curso de Sociologia Geral em sua época e na obra de Pierre Bourdieu

Por Julien Duval

Este quinto volume conclui a publicação do "Curso de Sociologia Geral" que Pierre Bourdieu ofereceu nos seus cinco primeiros anos de ensino no Collège de France a partir de 1982. Ele reúne as oito aulas de duas horas dadas durante o ano universitário de 1985-1986[378].

De acordo com uma expressão que o sociólogo empregou na primeira de todas as aulas, o "Curso de Sociologia Geral" constitui uma apresentação dos "contornos fundamentais" de seu trabalho[379]. Oferecido no embalo de sua aula inaugural proferida em abril de 1982, o primeiro ano, relativamente curto, centrou-se sobre a questão da classificação, da constituição dos grupos e das "classes sociais". Ele parece, em relação ao conjunto do curso de sociologia geral, uma espécie de prólogo. No segundo ano, Bourdieu explicou como concebia o objeto da sociologia e desenvolveu reflexões sobre o conhecimento e a prática, e depois começou uma apresentação dos principais conceitos de sua abordagem sociológica, explicitando seus pressupostos teóricos assim como a função que lhes designava na economia geral de sua teoria. Ele dedicou um conjunto de aulas ao conceito de *habitus*, que leva em conta o fato de que o sujeito da sociologia, diferentemente do sujeito da filosofia, é um sujeito socializado, ou seja, investido por forças sociais, e demonstrou como esse conceito permitia pensar a ação social escapando da alternativa entre o mecanicismo e o finalismo. Em seguida,

---

378. A edição francesa deste curso foi dividida em dois volumes, o primeiro com os dois primeiros anos letivos e o segundo com os três últimos. Por isso, este texto, publicado ao final do segundo volume, contém referências aos três últimos anos letivos de P. Bourdieu, dois deles já publicados anteriormente (*Sociologia geral volume 3, op. cit.*; *Sociologia geral volume 4, op. cit.*) [N.T.].

379. BOURDIEU, P. *Sociologia geral volume 1, op. cit.*, aula de 28 de abril de 1982, p. 15 [11].

procedeu a uma primeira abordagem do conceito de campo, apresentando-o como campo de forças (uma abordagem "fisicalista") e deixando para uma etapa posterior do curso a análise do campo em sua dinâmica, ou seja, como campo de lutas que buscam modificar o campo de forças.

O terceiro ano centra-se no conceito de capital. Bourdieu lembra o elo desse conceito com o conceito de campo, e desenvolve em seguida as diferentes formas de capital (ligadas à pluralidade dos campos), assim como os diferentes estados do capital cultural. A codificação e a objetivação do capital são objeto de uma atenção particular: esses processos são designados como um dos motivos da continuidade do mundo social e como um princípio de diferenças importante entre as sociedades pré-capitalistas e nossas sociedades diferenciadas. O quarto ano aborda o conceito de campo como um campo de lutas, na medida em que é o objeto de percepções dos agentes sociais, percepções essas que se engendram na relação entre o *habitus* e o capital. Nesse quarto ano, Bourdieu desenvolve o projeto de uma sociologia da percepção social, concebida como um ato insepa-ravelmente cognitivo e político na luta em que se envolvem os agentes sociais p ıra definir o *nomos*, a visão legítima do mundo social. O quinto ano, apresen-tado neste volume, prolonga essas análises, mas, preparando-se para concluir seu curso, Bourdieu busca também reunir os dois aspectos do conceito de cam-po (o campo como campo de forças e como campo de lutas) por intermédio da mobilização simultânea dos três conceitos principais. As lutas simbólicas buscam transformar os campos de forças. Sua compreensão pressupõe a intro-dução da noção de poder simbólico, de capital simbólico ou do efeito simbólico do capital, que se constitui na relação de *illusio* entre o *habitus* e o campo. O ano termina com interrogações relativas à posição das ciências sociais nas lutas simbólicas que buscam impor uma certa representação do mundo social e com a ideia de que as ciências sociais devem reunir as perspectivas estruturalista e construtivista para estudar o mundo social, que é ao mesmo tempo um campo de forças e um campo de lutas destinadas a transformar esse campo de forças, mas também condicionadas por ele.

Uma coerência na escala de cinco anos

Esse curso, oferecido durante cinco anos, permitiu a Bourdieu realizar um re-torno ao sistema teórico que ele construiu progressivamente. Pouco tempo antes dessas aulas, e antes de sua eleição para o Collège de France, ele publicara duas longas obras de síntese: *A distinção* (1979) para o conjunto de pesquisas que realizou sobre a cultura e as classes sociais na França, e *O senso prático* (1980) para suas pesquisas na Argélia e a teoria da ação que deduziu a partir delas. O curso de sociologia geral cobre simultaneamente esses dois conjuntos de trabalhos e tenta a elaboração de uma teoria social que valha tanto para as sociedades pré-capitalistas quanto para as sociedades fortemente diferenciadas. Contra a divisão habitual entre antropologia e sociologia, ele manifesta ao mesmo tempo a coerência dessas diferentes pesquisas e o projeto de unidade das ciências sociais. Especialmente em 1984-1985 e 1985-1986, o sociólogo se pergunta sobre o processo que leva das sociedades pré-capitalistas às sociedades diferenciadas, valorizando sua continuidade. Mais de uma vez, ele designa as sociedades pré-capitalistas como base de análise de nossas sociedades: elas oferecem uma "imagem ampliada" das relações entre os sexos, elas permitem ver "de modo amplo" a luta simbólica, menos perceptível, mas sempre em operação nas sociedades diferenciadas (25 de abril de 1985); e ele destaca, por exemplo, que suas análises sobre as classes sociais devem-se ao seu trabalho sobre as relações de parentesco na Argélia (2 de maio de 1985).

O esforço de síntese também se aplica aos conceitos. Um dos objetivos de seu ensino é, com efeito, "mostrar a articulação entre os conceitos fundamentais e a estrutura das relações que unem os conceitos"[380]. Para fins de clareza, uma parte do curso no segundo e terceiro anos consiste em apresentar sucessivamente os três conceitos chave, e algumas aulas utilizam os primeiros estados das afirmações teóricas geralmente muito breves que Bourdieu publica, especialmente em sua revista *Actes de la recherche en sciences sociales*, no final da década de 1970 e começo dos anos 80, sobre as espécies e os estados do capital, sobre as propriedades dos campos, sobre os efeitos de corpos etc. Contudo, mesmo nessa fase do curso, os conceitos permanecem ligados uns aos outros. O conceito de capital, por exemplo, é imediatamente introduzido em relação com o conceito de campo e o *habitus* reaparece quando é introduzida a noção de "capital informacional"[381]. A questão da codificação e da institucionalização, assim como a noção de campo de

---

380. *Ibid.*

381. "A noção de *habitus* quer dizer que existe uma espécie de capital informacional, estruturante e estruturado, que funciona como princípio de práticas estruturadas sem que essas estruturas que podemos encontrar nas práticas tenham existido anteriormente à produção das práticas enquanto regras" (10 de maio de 1984).

poder abordadas respectivamente no terceiro e no quinto anos, remetem às relações entre o capital e o campo; e o problema da percepção, no coração do quarto ano, implica diretamente a relação entre o *habitus* e o campo. Contra a tentação de empréstimos seletivos da sociologia de Bourdieu, este "Curso de Sociologia Geral" lembra o quanto os conceitos de *habitus*, capital e campo foram pensados como "conceitos [...] 'sistêmicos' porque sua utilização pressupõe a referência permanente ao sistema completo de suas inter-relações"[382].

Se Bourdieu se dá ao trabalho (cada vez com maior frequência à medida que avança em seu ensino) de recapitular sua proposta, é porque temia que sua preocupação em "produzir um discurso cuja coerência aparecerá na escala de vários anos" escapasse de sua plateia (1º de março de 1984). Ao espaçamento entre o tempo das aulas e dos anos de ensino se junta o fato de que o sociólogo se dirige a um "público descontínuo" (*ibid.*) que se renova parcialmente com o passar do tempo. Sua maneira de ensinar, aliás, garante a possibilidade de improvisações e de "digressões" às vezes muito longas dentro de um quadro pré-estabelecido. A exposição, em última instância, não pode seguir uma ordem perfeitamente linear: ela consiste em circular numa espécie de espaço teórico que autoriza diferentes encaminhamentos. Quando começa seu quarto ano letivo, Bourdieu por exemplo diz explicitamente que hesitou entre várias "interseções" possíveis (7 de março de 1985).

O curso não estava destinado a ser publicado, pelo menos não da maneira que o fizemos[383], mas sua "coerência de conjunto" talvez fique mais aparente aos leitores das retranscrições publicadas aqui do que teria sido possível para os ouvintes

---

382. Frase empregada em BOURDIEU, P.; CHAMBOREDON, J. C.; PASSERON, J. C. *O ofício de sociólogo*, op. cit., p. 47-48 [53-54].

383. P. Bourdieu certamente trabalhou sobre o texto, como ele costumava fazer, mas uma curta observação ("Aliás, isso existe sob forma de livro, ou existirá, espero, sob forma de livro", 25 de abril de 1985) e indicações posteriores ("Tentei extrair as propriedades gerais dos campos, levando as diferentes análises realizadas a um nível superior de formalização, nos cursos que dei no Collège de France de 1983 a 1986 e que constituirão o objeto de uma publicação posterior" [*As regras da arte*, op. cit., p. 402 [300]; cf. tb. *Sobre o Estado*, op. cit.) apontam que ele visualizou uma publicação (ou mais de uma). O "Curso de Sociologia Geral" talvez seja um desses cursos que ele não publicou por falta de tempo (sobre esse ponto, cf. BOURDIEU, P.; DELSAUT, Y. Sobre o espírito da pesquisa [entrevista]. Trad. de Paulo Neves. *Tempo Social*, v. 17, n. 1, 2005, p. 201 [L'esprit de la recherche. *In*: DELSAUT, Y.; RIVIERE, M. C. *Bibliographie des travaux de Pierre Bourdieu*. Pantin: Le Temps des cerises, 2002, p. 224]). *Meditações pascalianas* (assim como a obra que ele quase terminou sobre a "teoria dos campos") foi uma ocasião de publicação de alguns desenvolvimentos do curso [o livro inacabado de Bourdieu sobre a teoria dos campos foi publicado apenas em 2022: BOURDIEU, P. *Microcosmes* [*Microcosmos*]. Paris: Seuil, 2022 – N.T.].

do curso. O tempo da leitura dos cursos publicados não é o de sua elaboração, nem sequer de sua exposição oral. A leitura age, para o leitor, como uma espécie de acelerador dos processos de pensamento em operação no curso. A justaposição dos [cinco] volumes fará, por exemplo, aparecer o "fechamento" que uma das últimas aulas do "Curso de Sociologia Geral" realiza ao voltar para "esse famoso velho problema das classes sociais que é absolutamente central para as ciências sociais" (5 de junho de 1986), que estava no centro do primeiro ano letivo (1982-1983). Esse retorno ao ponto de partida, ou isso que pode parecer como tal em primeira análise, é um exemplo da coerência do conjunto do curso. Ele permitirá ao leitor medir o caminho percorrido e tomar consciência das questões que foram aprofundadas ou que tomaram uma nova amplitude devido aos desenvolvimentos propostos nesse intervalo.

Ele também pode sugerir uma leitura do curso. O primeiro ano, na primavera de 1982, foi apresentado como uma reflexão sobre a classificação e as classes sociais. As análises propostas mobilizaram os resultados de *A distinção*, mas também na mesma medida das obras que o sociólogo realizava então: particularmente seu livro sobre a linguagem e as análises dedicadas à nomeação ou ao poder performativo que as palavras recebem em certas condições sociais; assim, Bourdieu aprofundava notavelmente sua teoria das classes sociais[384]. O movimento do "Curso de Sociologia Geral" poderia, então, ser compreendido como uma maneira de amplificar, aprofundar e generalizar os temas expostos no primeiro ano sobre as classes sociais. No segundo e terceiro anos, o sociólogo faz um desvio por meio de seu sistema teórico para formular, nos dois últimos anos, a questão da luta simbólica em torno dos princípios de percepção do mundo social dos quais a divisão em classes é uma espécie de caso particular. A concorrência dentro do "campo da perícia" e o poder muito particular do Estado em matéria de nomeação, que o problema das classes sociais obriga a tratar, são, de modo geral, dois aspectos principais da luta simbólica em nossas sociedades diferenciadas.

Lido dessa maneira, o curso não opera um movimento circular. Longe de se reunir ao ponto de partida numa vontade de fechamento, o retorno final às classes sociais representa uma abertura e uma progressão associada a uma forma de

---

384. As reflexões propostas durante esse ano de 1981-1982 forneceriam o material de um importante artigo posterior: "Espaço social e gênese das 'classes'", (*In: O poder simbólico. op. cit.*, p. 133-161 ["Espace social et genèse des 'classes'", Actes de la recherche en sciences sociales, 52-53, 1984, p. 3-15]).

generalização. É menos um fechar e mais um movimento em "espiral" que teria sido realizado durante esses cinco anos. A imagem da "espiral"[385], como a da "eterna retomada" de suas pesquisas[386] que Bourdieu também utilizou para descrever sua maneira de trabalhar, não se impõe somente em relação à estrutura de conjunto do curso. Ela vale também para os ecos muito numerosos que as aulas sucessivas fazem umas das outras. Por temer dar a impressão de se repetir, o sociólogo às vezes assinala explicitamente que não se trata de "reprises" idênticas: "Acontece de eu passar pelo mesmo ponto por trajetórias diferentes" (17 de abril de 1986); "Eu disse isso numa aula antiga, hoje retomo esse tema num outro contexto" (18 de abril de 1985); "Eu desenvolvi aquilo que trata da dimensão objetiva – indico isso caso vocês queiram se lembrar – numa aula dois anos atrás" (15 de maio de 1986). Os temas retornam (por exemplo, a discussão sobre o finalismo e o mecanicismo e a crítica da teoria da decisão, ambas abordadas em 1982, voltam em 1986) e certos exemplos às vezes são convocados para ilustrar análises diferentes: assim, a trajetória dos escritores regionalistas do século XIX é citada dentro do campo literário no qual eles fracassam (25 de janeiro de 1983) e é relacionada mais tarde ao espaço de onde eles vieram e para onde retornam para fazer aparecer a contribuição desses escritores a uma certa mitologia escolar (12 de junho de 1986).

Os "impromptus" da segunda hora

O [terceiro] ano corresponde ao momento em que o ensino de Bourdieu no Collège de France assume uma forma que se estabiliza. Desde que assumiu sua posição, na primavera de 1982, o sociólogo renunciara à fórmula que consiste, nessa instituição, em dar uma aula de uma hora e, num outro horário e numa sala menor, um seminário da mesma duração. Os pesquisadores que trabalhavam ao seu lado se lembram de que a primeira sessão do seminário acabou antes do tempo, numa atmosfera de grande desordem, já que a sala não era

---

385. "E quando me ocorre examinar e reexaminar cuidadosamente os mesmos temas, retornando em diversas ocasiões aos mesmos objetos e às mesmas análises, tenho sempre a impressão de operar num movimento em espiral que permite alcançar a cada vez um grau de explicitação e de compreensão superior e, ao mesmo tempo, descobrir relações insuspeitadas e propriedades ocultas" (BOURDIEU, P. *Meditações pascalianas*, *op. cit.*, p. 18 [19]).

386. Cf. BOURDIEU, P.; DELSAUT, Y. Sobre o espírito da pesquisa, *op. cit.*, p. 184 [193].

grande o bastante para receber a numerosa plateia que compareceu[387]. Depois dessa experiência, Bourdieu decidiu, em 1982-1983, lecionar na forma de sessões de duas horas seguidas em que nada distinguia uma parte "aula" de outra parte "seminário".

Ele procede de modo um pouco diferente [nos anos posteriores]. Como menciona regularmente durante as aulas, a fórmula do ensino por meio de palestras diante de um público heterogêneo, anônimo e reduzido ao papel de ouvinte sempre lhe causou problemas. Ele julga esse quadro mal-adaptado àquilo que busca transmitir (mais um "método" do que saberes propriamente ditos[388]) e se recusa a adaptar-se totalmente a ele. Ele não resiste à tentação dos parênteses parcialmente improvisados que o levam a lamentar[389], com muita frequência, no final das aulas por não ter dito tudo que havia previsto e a deixar certos desenvolvimentos para a sessão seguinte. Em intervalos regulares, ele também continua, como já havia feito nos dois primeiros anos, a responder a perguntas que lhe foram feitas por bilhetes no intervalo ou no final das aulas e que lhe permitem manter um mínimo de trocas com os que vieram escutá-lo[390]. No entanto, ele reintroduz, no começo do ano 1983-1984, uma distinção entre suas duas horas de aula[391]: elas aconteciam nas manhãs das quintas-feiras e, enquanto a primeira hora, das 10 às 11 horas, era dedicada a "análises teóricas" (1º de março de 1984), a segunda, das 11 horas ao meio-dia, marca uma mudança de assunto e de tom[392].

Como ele não conseguia propor, no Collège de France, um verdadeiro seminário, ele busca na segunda hora

---

387. Esse incidente explica por que, como lembrado anteriormente, o primeiro ano publicado no primeiro volume da série é mais curto do que os quatro seguintes (também talvez porque o segundo ano seja o mais longo: Bourdieu talvez tenha preparado um número maior de aulas em 1982-1983 para recuperar as horas que não aconteceram na primavera de 1982).

388. BOURDIEU P., *Sociologia geral volume 1, op. cit.*, p. 19 [15].

389. Entretanto, às vezes ele se divertia com eles (cf. p. ex., a aula de 2 de maio de 1985).

390. "[...] as perguntas são muito úteis psicologicamente [para mim] porque elas me dão a sensação de conhecer melhor a demanda" (23 de maio de 1985).

391. Isso tem como consequência o fato de que todas as aulas publicadas neste volume duram mais ou menos duas horas, enquanto no ano de 1982-1983 algumas aulas ultrapassaram consideravelmente o tempo estabelecido.

392. Entre as duas horas, P. Bourdieu realiza sistematicamente uma pausa (ou um "entreato", como dizia um pouco ironicamente, talvez para lembrar o caráter objetivamente um pouco teatral da situação).

dar uma ideia do que seria um seminário, mostrando como podemos construir um objeto, elaborar uma problemática e, sobretudo, aplicar essas formulações e essas fórmulas teóricas nas operações concretas, o que me parece ser a característica do ofício científico, a saber, a arte de reconhecer problemas teóricos nos fatos mais singulares e mais banais da vida cotidiana (1º de março de 1984).

Com poucas exceções, a segunda hora das aulas publicadas neste volume são dedicadas a "trabalhos *in process* [em processo]" (29 de maio de 1986), a "ensaios provisórios, reflexões sobre assuntos arriscados" (26 de abril de 1984), a "impromptus" (17 de abril de 1986). Aqui, Bourdieu "se permite mais liberdade" do que na primeira hora (15 de maio de 1986), especialmente em relação a um "itinerário linear" (12 de junho de 1986) e a um "discurso regular, coerente no tempo longo" que acarreta o risco de ser "um pouquinho fechado e total (alguns diriam um pouquinho totalitário)" (17 de abril de 1986). Na medida do possível, busca-se uma correspondência mínima entre "as aplicações [da] segunda hora [e] as análises teóricas [...] [da] primeira hora" (1º de março de 1984). Assim, no quarto ano [apresentado neste volume], as "análises teóricas" tratam da percepção do mundo social e a segunda hora sobre uma categoria social, os pintores, que, com Manet, realizam uma revolução da visão e da percepção (23 de maio de 1985): as primeiras desenvolvem notavelmente a noção de *nomos*, ao passo que a segunda enfatiza a "institucionalização da anomia" feita pela arte moderna.

A segunda hora geralmente é dedicada a trabalhos que Bourdieu apresenta pela primeira vez. Em 1984-1985, trata-se da pesquisa realizada com Marie-Claire Bourdieu sobre o campo da pintura. Nos anos imediatamente seguintes ao curso, ele publicará os primeiros artigos que resultaram dela[393]. No final da década de 1990, dedicará a ela dois anos inteiros de seu ensino[394]. As aulas dadas em 1985 dão a ocasião de medir que esse trabalho, que começou provavelmente no início

---

393. BOURDIEU, P. A institucionalização da anomia. *In*: *Id. O poder simbólico, op. cit.*, p. 255-280 [L'institutionnalisation de l'anomie. *Les Cahiers du Musée national d'art moderne*, n. 19-20, p. 6-19, 1987]; *Id*. La révolution impressionniste [A revolução impressionista]. *Noroît*, n. 303, p. 3-18, 1987.

394. *Id. Manet: uma revolução simbólica, op. cit.*

da década de 1980[395], já estava bem avançado, mesmo que ainda faltassem, por exemplo, as análises das obras de Manet que serão propostas na década de 1990. Em 1985, Bourdieu trabalha paralelamente em *As regras da arte*, que será publicado em 1992, e o objeto dessa pesquisa parece residir antes de mais nada numa "série de análises das relações entre o campo literário e o campo artístico" (7 de março de 1985): o estudo das relações entre pintores e escritores ocupa um lugar central nas exposições, e certos desenvolvimentos remetem muito diretamente às análises da "invenção da vida de artista" realizadas no quadro do trabalho sobre Flaubert e o campo literário[396]. Nessa época, o sociólogo toma muito cuidado para demonstrar que o processo de autonomização ocorre na escala da totalidade do campo artístico e, portanto, não pode ser captado completamente numa pesquisa dedicada a um único setor (pintura, literatura, música etc.).

Em 1983-1984 e em 1985-1986, a segunda hora trata de trabalhos mais circunscritos que geralmente não ocupam mais do que duas ou três sessões sucessivas. O primeiro trabalho apresentado é a análise, que Bourdieu diz ter "[encontrado] folheando [suas] notas" (1º de março de 1984), de uma lista de vencedores publicada na revista *Lire* em abril de 1981. Ele talvez tenha utilizado a aula para redigir o texto que aparecerá sob a forma de artigo alguns meses mais tarde, e depois como apêndice de *Homo academicus* em novembro de 1984[397]. Quatro anos mais tarde, ele o aproximará da análise de um "jogo chinês" que havia proposto alguns anos antes[398]. Ele falará de uma espécie de "obra prima, como aquelas feitas pelos artesãos da Idade Média" e apresentará assim sua empreitada[399]: "Eu direi: eis o material; ele está sob seus olhos, todo mundo pode ver. Por que isso está mal-construído? [...] O que você faria com ele? [...] É preciso questionar a amostra: quem são os juízes cujos juízos levaram a essa lista de vencedores? Como eles foram escolhidos? A lista de vencedores

---

395. Cf. as indicações fornecidas a esse respeito na aula de 14 de março de 1985.

396. BOURDIEU, P. L'invention de la vie d'artiste, *op. cit.*

397. *Id*. Le hit-parade des intellectuels français, ou qui sera juge de la légitimité des juges?, *op. cit.*

398. *Id*. Un jeu chinois. Notes pour une critique sociale du jugement. *Actes de la recherche en sciences sociales*, n. 4, p. 91-101, 1976; reimpresso como "Um jogo de sociedade" em *A distinção, op. cit.*, p. 492-502 [625-640].

399. "Eu sou um pouco como um velho médico que conhece todas as doenças do entendimento sociológico". Entrevista com Pierre Bourdieu feita por Beate Krais (dezembro de 1988), publicada na edição francesa de BOURDIEU, P.; CHAMBOREDON, J. C.; PASSERON, J. C. *Le Métier de sociologue, op. cit.*, p. 16.

não estaria incluída na lista dos juízes escolhidos e em suas categorias de percepção? [...] Uma pesquisa idiota, cientificamente nula, pode assim fornecer um objeto cientificamente apaixonante se, em vez de lermos estupidamente os resultados, lermos as categorias de pensamento inconscientes que se projetaram nos resultados que elas produziram. [...] Trata-se de dados já publicados que precisavam ser reconstruídos"[400]. Entretanto, esse trabalho sobre a lista de vencedores não é somente um exercício de método ou de estilo. Bourdieu também encontra nele uma ocasião de refletir sobre as propriedades do campo intelectual, sua fraca institucionalização e sua vulnerabilidade diante de uma "ação social" de origem jornalística. A escolha de um material reduzido e de fácil acesso, mas também muito bem escolhido e explorado intensivamente, talvez tenha uma ligação com o fato de que Bourdieu certamente estava refletindo, nesses anos, sobre a maneira de poder continuar a realizar pesquisas empíricas. Sua eleição para o Collège de France foi acompanhada de novas obrigações e necessariamente reduziu sua presença no seu centro de pesquisa[401] e na Escola de Altos Estudos em Ciências Sociais – uma instituição que, ao contrário do Collège de France, oferece a seus professores a possibilidade de orientar teses[402]. Sua disponibilidade para a pesquisa, do modo como a praticava desde a década de 1960, sem dúvida ficou um pouco mais limitada, mesmo que a pesquisa sobre a casa individual, começada na primeira metade da década de 1980 (2 de maio de 1985), assim como *A miséria do mundo*, demonstrem que ele conseguiu realizar novas pesquisas coletivas importantes com material de primeira mão.

Entre os outros trabalhos apresentados na "segunda hora", vários tinham a particularidade de se basear em textos literários, uma atividade que até então Bourdieu só havia praticado em sua análise de *A educação sentimental*[403]. Assim, ele discute *O processo*, de Franz Kafka (22 e 29 de março de 1984), *Ao farol*, de Virginia Woolf (15 e 22 de maio de 1986) e, um pouco mais rapidamente, *Esperando Godot*, de Samuel Beckett (19 de abril de 1984) e *A metamorfose*, de

---

400. *Ibid.*, p. 16-17.

401. Podemos assinalar que em 1985 P. Bourdieu saiu da direção do Centro da Educação e da Cultura.

402. Com efeito, entre 1983 e 1997 Bourdieu orientou menos da metade das teses que orientara entre 1970 e 1983 (14 contra 29).

403. BOURDIEU, P. L'invention de la vie d'artiste, *op. cit.*

Kafka (22 de maio de 1986)[404]. O sociólogo parece dedicar um interesse maior do que no passado ao material e às análises literárias. A análise de *O processo* levou a uma comunicação apresentada, no final do ano letivo 1983-1984, num colóquio multidisciplinar organizado pelo Centre Pompidou em ocasião do sexagésimo aniversário da morte do escritor[405]. É possível que esse interesse pela literatura tenha uma ligação com a redação de *As regras da arte*: Bourdieu não encontra apenas uma forma de alegoria em *O processo*, ele também pratica, de certa maneira, a "ciência das obras", cujos princípios serão desenvolvidos no livro de 1992 no sentido de que a visão "kafkiana" do mundo estaria ligada à incerteza que caracteriza o campo literário (e a posição de Kafka nele) que a produziu. Alguns anos mais tarde, ele mencionará uma leve mudança de sua relação com a literatura: ele se liberta pouco a pouco da tentação, forte no começo, num contexto em que a cientificidade da sociologia não estava bem garantida, de se distanciar de sua formação e de seus gostos literários[406]. No "Curso de Sociologia Geral", a preocupação de conter o lugar das análises literárias permanece ("Não desenvolverei isso – como já fiz meu pequeno pedaço literário, vocês iriam achar que estou exagerando" – 15 de maio de 1986), mas os sociólogos ouvintes são convidados a refletir sobre sua relação com a literatura. Ao expor suas reflexões sobre a "ilusão biográfica" que mobilizam em particular William Faulkner e Alain Robbe-Grillet, Bourdieu chama a atenção para a "dupla vida intelectual" dos sociólogos, que podem ler, por interesse pessoal, obras do Novo Romance sem tirar delas consequências para suas práticas profissionais (24 de abril de 1986), e destaca que a repressão do "literário" na sociologia se deve à posição que esta ocupa no espaço das disciplinas; a forma particular tomada pela oposição entre as letras e as ciências no século XIX esconde o avanço que os escritores tinham em relação aos pesquisadores quanto a questões como a teoria da temporalidade.

O anúncio de trabalhos posteriores

Ao misturar a apresentação de pesquisas em realização com retornos a trabalhos passados, o "Curso de Sociologia Geral" é levado por uma dinâmica na qual

---

404. Bourdieu cita mais rapidamente *O jogador*, de Dostoievski (29 de março de 1984). Ele publica, nesse mesmo período, um texto sobre Francis Ponge: Nécessiter [Necessitar]. *In*: PONGE, F. *Cahiers de L'Herne*, 1986. p. 434-437.

405. BOURDIEU, P. La dernière instance [A última instância]. *In*: *Le Siècle de Kafka*. Paris: Centre Georges Pompidou, 1984. p. 268-270.

406. BOURDIEU, P. *Images d'Algérie*: une affinité élective [*Imagens da Argélia*: uma afinidade eletiva] Arles: Actes Sud, 2003. p. 42.

o leitor contemporâneo enxerga o esboço de alguns dos trabalhos que Bourdieu realizará na segunda metade da década de 1980 e até na de 1990.

Antes de mais nada, é o conjunto das aulas que Bourdieu dará no Collège de France de 1987 a 1992 que se anuncia. Não é por acaso que a aula que abre este volume contém uma observação incidental sobre as carências francesas da edição de Max Weber: esse autor será convocado com frequência no ano de 1983-1984[407]. Aliás, alguns anos antes, Bourdieu publicou no jornal *Libération* um texto chamado "Não tenham medo de Max Weber!"[408], que parece ter sido motivado apenas por suas preocupações do momento. Em suas aulas, Bourdieu comenta textos que só conhecia por intermédio das edições alemãs e inglesas de *Economia e sociedade*[409] que tratam da codificação, da noção de "disciplina", ou discutem a sociologia do direito. As observações de Weber sobre a *Kadijustiz*, as justiças de Sancho Pança e de Salomão se tornam referências recorrentes durante as aulas. É provavelmente no período em que essas aulas acontecem que o interesse de Bourdieu por Weber e pela sociologia do direito se desenvolve com força. O tema da *vis formae*, nunca mencionado durante os dois anos anteriores, aparece em várias ocasiões. O artigo sobre a "força do direito" será publicado em 1986[410], ou seja, durante o ano de ensino que fecha o "Curso de Sociologia Geral" e que comporta referências a pesquisas de sociologia do direito (15 de maio de 1986, 5 de junho de 1986), assim como reflexões sobre o campo jurídico, que estará no coração das aulas dadas em 1987-1988.

Não é somente o direito, mas, de modo mais geral, também o Estado que se torna um objeto de reflexão central. A frase com a qual Bourdieu ampliou a definição que Weber deu do Estado ("uma organização […] que reivindica o controle da coerção física legítima") volta com frequência durante suas aulas do começo dos anos 1980. Sua crítica, em 1983-1984, das interpretações lineares do processo

---

407. O índice remissivo da edição completa de *Sociologia geral* confirma: Marx, Durkheim e Weber são os autores aos quais Bourdieu se refere com mais frequência (eles são seguidos por Sartre, Kant, Hegel, Flaubert, Lévi-Strauss, Platão, Goffman, Kafka, Foucault e Husserl). Weber é o mais citado (116 citações contra 86 e 81 para Marx e Durkheim), particularmente em 1983-1984.

408. BOURDIEU, P. N'ayez pas peur de Max Weber! *Libération*, 6 jul. 1982, p. 25.

409. Em 1962-1963, Bourdieu, que então lecionava em Lille, dedicou um curso a Max Weber e convidou seus alunos para a leitura e tradução de passagens de *Economia e sociedade*. Na década de 1960, ele mimeografou algumas passagens para alunos e pesquisadores. Foi apenas em 1971 que uma tradição parcial do livro foi publicada pela editora Plon.

410. BOURDIEU, P. A força do direito, *op. cit.*

de racionalização anuncia as reflexões que desenvolverá alguns anos mais tarde em seu curso sobre a gênese do Estado (29 de março de 1984). As referências ao Estado são muito numerosas nas últimas sessões do quarto ano. O tema principal da percepção social remete, com efeito, ao da percepção homologada cujo monopólio pertence ao Estado. Igualmente, a análise do certificado remete ao Estado, definido então como um "campo de técnica, ou [...] campo dos agentes em concorrência pelo poder de certificação social" (9 de maio de 1985), e a última aula do ano termina com a constatação de que uma sociologia das lutas simbólicas deve se interrogar sobre essa "última instância" que o Estado representa. Bourdieu registra que o Estado se tornou um objetivo principal de suas análises mesmo antes de começar, em 1989-1990, seu curso sobre o Estado[411]: a partir de 1987-1988, ele intitulará seu curso "A propósito do Estado".

Da mesma forma, tanto o artigo (1990) quanto o livro (1998) que dedicará à "dominação masculina"[412] são esboçados no "Curso de Sociologia Geral". No ano de 1985-1986, vários desenvolvimentos se relacionam à dimensão política da dominação masculina ou ao "inconsciente androcêntrico" das sociedades mediterrâneas. É também em 1985-1986 que ele comenta *Ao farol* (referência importante em seus escritos posteriores sobre as relações entre os sexos); ele se refere em particular à visão feminina do investimento masculino nos jogos sociais.

Se é mais difícil discernir no "Curso de sociologia geral" os sinais que anunciam os trabalhos que Bourdieu publicará na década de 1990, leitores contemporâneos não podem deixar de pensar, diante das reflexões de método sobre as dificuldades da restituição e da explicitação da experiência dos agentes sociais (12 de junho de 1986), no dispositivo da pesquisa coletiva que resultará, em 1993, em *A miséria do mundo*. Da mesma forma, é tentador aproximar o trabalho sobre a "parada de sucessos" à análise que Bourdieu dedicará dez anos depois ao "domínio do jornalismo"[413]: ainda que não empregue essa última expressão em 1984, ele

---

411. BOURDIEU, P. *Sobre o Estado*, op. cit.

412. Id. La domination masculine. *Actes de la recherche en sciences sociales*, n. 84, p. 2-31, 1990; *Id. A dominação masculina, op. cit.*

413. Sobre essa reflexão (precedida por BOURDIEU, P. L'évolution des rapports entre le champ universitaire et le champ du journalisme [A evolução das relações entre o campo universitário e o campo do jornalismo]. *Sigma*, n. 23, p. 65-70, 1987), que incluirá uma análise do jornalismo em termos de campo, cf. principalmente: *Id*. L'emprise du journalisme [O domínio do jornalismo. *Actes de la recherche en sciences sociales*, n. 101-102, p. 3-9 1994; *Id*. Journalisme et éthique [Jornalis-

enxerga na lista de vencedores o sinal de uma transformação das relações de força entre o campo intelectual e o campo jornalístico em favor desse último. Entretanto, a mídia e a relação que Bourdieu travará com ela serão notavelmente transformadas na década que separa a análise da "parada de sucessos" (que o sociólogo só publicará em sua revista e como anexo de um livro acadêmico) e o pequeno livro de intervenção que será publicado no final de 1996 para um público mais amplo, *Sobre a televisão*, que é em parte um livro sobre os "intelectuais midiáticos"[414]. Para mencionar o essencial, podemos dizer que os cursos publicados aqui são levemente anteriores à virada que representou a privatização, em 1986, do canal de maior audiência [da televisão francesa], TF1. No começo da década de 1980, o espírito de serviço público herdado dos primórdios da televisão ainda era bastante potente. Ainda acontece de Bourdieu participar pontualmente de programas de televisão[415] ou discutir publicamente com jornalistas importantes. Em 1985, por exemplo, ele intervém num fórum organizado pelo Comitê de Informação para a Imprensa no Ensino[416] e, envolvido por seu colega do Collège de France Georges Duby, ele começa a participar do projeto de "televisão educativa" que resultará na criação do canal "La Sept", que posteriormente será transformado na emissora Arte[417] [emissora europeia de programação cultural].

---

mo e ética] (Comunicação à ESJ Lille, 3 jun. 1993). *Le Cahiers du journalisme*, n. 1, p. 10-17, 1996; *Id*. Champ politique, champ des sciences sociales, champ journalistique [Campo político, campo das ciências sociais, campo jornalístico] (Aula do Collège de France, 14 de novembro de 1995). *Cahiers du Groupe de recherche sur la socialisation*, Lyon, Université Lumière-Lyon 2, 1996; *Id*. *Sobre a televisão*. Trad. de Maria Lúcia Machado. Rio de Janeiro: Jorge Zahar, 1997; *Contrafogos*. Trad. de Lucy Magalhães. Rio de Janeiro: Jorge Zahar, 1998. p. 56-69 [76-92]; *Id*. À propos de Karl Kraus et du journalisme [Sobre Karl Kraus e o jornalismo]. *Actes de la recherche en sciences sociales*, n. 131-132, p. 123-126, 2000.

414. CHAMPAGNE, P. Sur la médiatisation du champ intellectuel. À propos de *Sur la télévision* [Sobre a midiatização do campo intelectual: a propósito de *Sobre a televisão*]. *In*: PINTO, L.; SAPIRO, G.; CHAMPAGNE, P. (orgs.). *Pierre Bourdieu, sociologue*. Paris: Fayard, 2004. p. 431-458.

415. Durante o período correspondente ao curso, P. Bourdieu participa de duas edições do programa "Apostrophes" (discutindo *A economia das trocas linguísticas* e depois o relatório do Collège de France sobre o ensino), e apresenta dois de seus livros (*A economia das trocas linguísticas* e *Homo academicus*) em jornais televisivos (um "regional", outro "noturno").

416. Com base em suas análises dos campos de produção cultural, ele introduz uma reflexão sociológica sobre os temas do afastamento dos "jovens" em relação à imprensa e sobre as relações entre o jornalismo e a instituição escolar. Cf. BERNARD, P. Exercice illégal de la pédagogie [Exercício ilegal da pedagogia]. *Le Monde*, 16 maio 1985.

417. Cf. CHARTIER, R.; CHAMPAGNE, P. (orgs.). *Pierre Bourdieu & les médias*: rencontres INA/Sorbonne (15 mars 2003) [*Pierre Bourdieu e a mídia*: encontros INA/Sorbonne (15 de março de 2003)]. Paris: L'Harmattan, 2004. Nos anos seguintes ao curso (e, portanto, durante o desenvol-

O quadro do Collège de France

Para compreender o espaço no qual Pierre Bourdieu se situa nesses anos de 1983 a 1986, é preciso mencionar o Collège de France. Nele, Georges Duby é um de seus colegas mais próximos. A relação entre eles é antiga: Duby foi um dos fundadores da revista Études *rurales*, na qual Bourdieu publicou um artigo muito longo (de mais de cem páginas) no começo da década de 1960, quando ainda era quase desconhecido[418]. Nas aulas de 1986 em que elabora a noção de "campo do poder", o sociólogo cita com frequência o livro do medievalista *As três ordens ou o imaginário do feudalismo* (1978). Ele também se refere às análises das tríades indo-europeias desenvolvidas por Georges Dumézil, que se aposentara em 1968 (ele falece em 1986) depois de quase vinte anos de ensino no Collège de France. As discussões das análises de Claude Lévi-Strauss são ainda mais frequentes (entretanto, Bourdieu sempre se referiu muito aos trabalhos do antropólogo em todas as épocas de sua obra, mesmo que tivesse deixado de participar de seu seminário). Claude Lévi-Strauss se aposenta do Collège de France em 1982, mas uma conferência que proferiu em 1983 marca um momento de tensão entre os dois, que fica marcado numa aula de 1986 (5 de junho de 1986). As aulas de Bourdieu também contêm alusões rápidas ou discussões de trabalhos de professores mais jovens do Collège de France: Emmanuel Le Roy Ladurie (18 de abril de 1985), Jacques Thuillier (2 de maio de 1985), que o sociólogo conhecia desde a École Normale Supérieure, e Gérard Fussman (28 de março de 1985).

Bourdieu participa da vida da instituição. Ele se refere em duas ocasiões a seminários ou colóquios que reúnem participantes vindos das diferentes disciplinas históricas e literárias representadas no Collège de France (22 de maio e 19 de junho de 1986). Ele participará até sua aposentadoria de diferentes manifestações desse gênero. Em 1984-1985, ele incita os ouvintes de suas aulas a assistirem às conferências que Francis Haskell vem dar no Collège de France (18 de abril de 1985, 2 de maio de 1985). As aulas não contêm referências aos trabalhos dos "cientistas do Collège", mas quando a direita retorna ao poder em 1986, Bourdieu assina junto

---

vimento dos canais privados na França), Bourdieu será um dos iniciadores do movimento "Para que a televisão pública viva" (BOURDIEU, P.; CASTA, A.; GALLO, M. *et. al*. Que vive la télévision publique! *Le Monde*, 19 out. 1988).

418. LENOIR, R. Duby et les sociologues [Duby e os sociólogos]. *In*: DALARUN, J.; BOUCHERON, P. (orgs.). *Georges Duby*: portrait de l'historien en ses archives. Paris: Gallimard, 2015. p. 193-203.

a vários deles (o biólogo Jean-Pierre Changeux, o físico Claude Cohen-Tannoudji, o farmacologista Jacques Glowinski e o químico Jean-Marie Lehn) um "apelo solene" ao governo que deseja reduzir os créditos públicos destinados à pesquisa. Além do mais, as aulas são contemporâneas à preparação das "Propostas para o ensino do futuro" que o presidente da República pede, em fevereiro de 1984, aos professores do Collège de France e que são entregues em março de 1985[419]. Como especialista em educação, Bourdieu foi seu redator principal e até mesmo, em grande medida, quem tomou a iniciativa[420].

Durante esses anos, um dos membros do Collège de France, cujos cursos são dos mais concorridos, é Michel Foucault. Bourdieu mencionará muito mais tarde o que o aproximava e separava de Michel Foucault[421] – Bourdieu participara de um dos seminários de Foucault na École normale supérieure. Na década de 1980, Foucault e Bourdieu se encontraram em ações destinadas a apoiar os sindicalistas poloneses e questionar o governo francês, mas as aulas publicadas aqui demonstram bem uma mistura de estima e distância. Se Bourdieu faz referências explícitas aos trabalhos de Foucault, à noção de *épistémè*, por exemplo, o quarto e o quinto anos são atravessados por uma crítica das análises do poder desenvolvidas pelo filósofo: em particular, a frase "o poder vem de baixo" aparece como a expressão de um pensamento ingênuo, inspirado sobretudo pelo espírito de contradição (17 de abril de 1986). No final de junho de 1984, quando falece Foucault, o curso de Bourdieu já havia terminado há pouco mais de um mês. O sociólogo, com André Miquel, foi um dos professores do Collège de France a participarem da cerimônia parisiense que precedeu o sepultamento[422]. Ele publicará dois textos de homenagem a "um amigo, um colega", em *Le Monde* e *L'Indice*[423].

---

419. BOURDIEU, P. *et. al.* Proposições para o ensino do futuro. Trad. de Márcia Soares Guimarães. *Revista Brasileira de Estudos Pedagógicos*, n. 67, p. 152-169, 1986 [Propositions pour l'enseignement de l'avenir: rapport du Collège de France. Paris: Minuit, 1985. Também em *Le Monde de l'éducation*, n. 116, p. 61-68, maio 1985].

420. Sobre as origens, redação e recepção do relatório, cf. os trabalhos em preparação de Pierre Clément (para um primeiro estágio: CLÉMENT, P. *Réformer les programmes pour changer l'école?* Une sociologie historique du champ du pouvoir scolaire ["Reformar os currículos para mudar a escola? Uma sociologia histórica do campo do poder escolar"]. 2013. Tese [Doutorado em Sociologia] – Universidade de Picardie Jules-Verne, Amiens, França, 2013. cap. 2, p. 155-240).

421. BOURDIEU, P. *Esboço de autoanálise, op. cit.*, p. 104-107 [102-107].

422. P. Bourdieu menciona essa cerimônia em *Manet: uma revolução simbólica, op. cit.* [484].

423. BOURDIEU, P. Le plaisir de savoir [O prazer de saber]. *Le Monde*, 27 jun. 1984; *Id.* Non chiedetemi chi sono: un profilo di Michel Foucault [Não pergunte quem sou: um perfil de Michel Foucault]. *L'Indice*, p. 4-5, out. 1984.

O campo intelectual na primeira metade da década de 1980

Para além do Collège de France, o curso tem a marca do campo intelectual da época[424]. Ele contém alusões regulares a grandes figuras das décadas precedentes, como Jean-Paul Sartre e Jacques Lacan, que faleceram respectivamente em 1980 e 1981, e a Louis Althusser, que foi internado em novembro de 1980 depois do assassinato de sua esposa. Bourdieu alude, numa de suas aulas, à problemática jornalística da época que consiste em procurar um "sucessor" de Sartre[425]. As figuras dominantes do momento que acumulam um reconhecimento intelectual[426] e uma notoriedade no público culto são essas pessoas de cerca de cinquenta anos, entre as quais estava Bourdieu, incluindo, principalmente, Michel Foucault, Jacques Derrida, Gilles Deleuze (e Félix Guattari). Eles se tornaram conhecidos nos anos anteriores a maio de 1968 e compartilham aquilo que Bourdieu chama de "temperamento anti-institucional" (2 de maio de 1985). Esses "hereges consagrados", segundo uma outra frase do sociólogo[427], distanciaram-se da universidade e da filosofia tradicionais. Na primeira metade da década de 1980, eles muitas vezes se encontram assinando os mesmos apelos ou petições. Os jovens recém-chegados começam, entretanto, a enviá-los ao passado: no outono de 1985, um ensaio de grande repercussão na mídia tem como alvo o "pensamento anti-humanista de 1968" que eles representariam[428]. Bourdieu alude a esse livro numa aula (5 de junho de 1986) e menciona em várias ocasiões as temáticas do "retorno a Kant" e do "retorno ao sujeito" das quais seus autores participam.

Ainda que ele cite apenas de maneira alusiva (sobre obras de sociólogos das ciências que o mencionam e cujo relativismo ele critica) o desenvolvimento

---

424. Para uma análise detalhada do campo filosófico no momento em que os cursos acontecem, cf. PINTO, L. *Les Philosophes entre le lycée et l'avant-garde*: les métamorphoses de la philosophie dans la France d'aujourd'hui [*Os filósofos entre o liceu e a vanguarda*: as metamorfoses da filosofia na França de hoje]. Paris: L'Harmattan, 1987.

425. Cf. também BOURDIEU, P. Sartre. *London Review of Books*, v. 2, n. 22, p. 11-12, 1980.

426. Esse reconhecimento intelectual se estende, a partir dessa época, às universidades norte-americanas. Em relação a Foucault, por exemplo, uma onda de traduções começa em 1977 nos Estados Unidos. Nesse momento, Bourdieu, que é um pouco mais jovem e o único a não se chamar de "filósofo", ainda está um pouco mais afastado desse movimento.

427. Cf. BOURDIEU, P. *Homo academicus, op. cit.*, p. 143-151 [140-148].

428. FERRY, L.; RENAUT, A. *La Pensée 68*: Essai sur l'anti-humanisme contemporaine [*O pensamento 68*: ensaio sobre o anti-humanismo contemporâneo]. Paris: Gallimard, 1985.

do "pós-modernismo" que data da segunda metade da década de 1970, ele faz várias referências ao aparecimento, mais ou menos no mesmo momento, dos "novos filósofos":

> A partir do momento em que alguém surge no espaço, mesmo um "novo filósofo", sua existência causa problemas e leva a pensar, faz pensar e corre o risco de fazer pensar torto – sem falar do fato de ela se arriscar a consumir uma energia que poderia ser mais bem empregada em outro lugar (18 de abril de 1985).

Assim, a atitude a se adotar diante desses concorrentes de um novo tipo, e de modo mais geral diante das ameaças a que a "filosofia" parece estar exposta nessa época, suscita debates; várias alusões nos cursos indicam reservas ou distâncias de Bourdieu em relação às declarações (para ele contraproducentes) de Gilles Deleuze sobre a "nulidade" dos "novos filósofos" ou sobre os "Estados Gerais da Filosofia" organizados por Jacques Derrida[429]. Sua análise da "parada de sucessos" mostra, entretanto, sua consciência das transformações estruturais que se aceleram nessa época[430] e do perigo que elas representam para a perpetuação do modelo de intelectual que ele encarna.

Nesse começo dos anos 1980, seu próprio estatuto no campo intelectual muda, mas segundo uma lógica que não se deixa caracterizar de maneira unívoca. Sua eleição para o Collège de France, por exemplo, ou o sucesso obtido por *A distinção*, que se impõe como um livro marcante muito rapidamente e para além de um público de especialistas, aumentam o reconhecimento de sua obra, mas o transformam ao mesmo tempo na encarnação de uma disciplina e de um pensamento que muitas correntes intelectuais denunciam como um "sociologismo", como um pensamento "determinista", até "totalitário". Entre as várias críticas e ataques difusos (aos quais as aulas publicadas neste volume muitas vezes ecoam), podemos mencionar, ainda que sejam apenas dois entre vários exemplos possíveis,

---

429. Sobre esse ponto cf. PEETERS, B. *Derrida*. Paris: Flammarion, 2010. p. 369-380.

430. Esse modelo é o do intelectual que acumula um reconhecimento propriamente intelectual e uma notoriedade para um público culto muito grande. O começo da década de 1980 (que corresponde, por exemplo, ao momento em que François Maspero vende sua editora) é uma época em que os editores começam a deplorar a rarefação de autores acadêmicos consagrados de grandes tiragens, num contexto em que a especialização universitária parece aumentar.

aqueles vindos de colaboradores ou intelectuais ligados à revista *Esprit* ou o livro publicado em 1984, *O império do sociólogo*[431].

O subespaço da sociologia

Essa ambiguidade é reencontrada no subespaço da sociologia. Como sua obra já estava num estado que autorizava olhares retrospectivos, às vezes Bourdieu tenta em seu curso captar e formular o sentido geral de sua empreitada: ele insiste no esforço que teria feito para iluminar, contra a "análise econômica e economicista", o "papel determinante do simbólico nas trocas sociais", "todas essas lutas de que a história está cheia e nas quais os objetivos jamais são redutíveis à dimensão material desses objetivos" (22 de março de 1984 e 30 de maio de 1985); ocasionalmente ele também enfatiza que sua "contribuição histórica" teria sido "[fazer] seu trabalho [de sociólogo] até o fim, [quer dizer], até a objetivação dos profissionais da objetivação" (19 de junho de 1986)[432] ou "introduzir uma relação muito respeitosa a tudo aquilo que poderia contribuir para ajudar a pensar melhor o mundo social" (14 de março de 1985). Além do mais, começava um trabalho de síntese e de vulgarização (do qual o curso participa). Bourdieu se põe a publicar, paralelamente a suas obras de pesquisa, livros destinados a dar uma ideia mais acessível de seu trabalho: em 1980, pela primeira vez, reuniu num volume intervenções orais proferidas em diversas circunstâncias[433]. Em 1983, um de seus primeiros alunos, Alain Accardo, publica o primeiro livro que tenta colocar à disposição de um público de estudantes e militantes os principais conceitos de sua sociologia[434]. Da mesma forma, aumenta sua notoriedade internacional. Assim, logo antes de começar seu quinto ano letivo, ele fez uma viagem de um mês para os Estados Unidos, durante a qual deu cerca de quinze seminários e conferências em universidades americanas (San Diego, Berkeley,

---

431. COLETIVO AS REVOLTAS LÓGICAS. *L'Empire du sociologue*. Paris: La Découverte, 1984.

432. Podemos mencionar também sua observação sobre o caráter "um pouco cubista" de sua sociologia (9 de maio de 1985).

433. BOURDIEU, P. *Questões de sociologia, op. cit.*

434. ACCARDO, A. *Initiation à la sociologie de l'illusionnisme social*: invitation *à la lecture des œuvres de Pierre Bourdieu* [*Iniciação à sociologia do ilusionismo social*: convite à leitura das obras de Pierre Bourdieu]. Bordeaux: Le Mascaret, 1983. A esse livro segue-se uma coletânea de textos comentados por ACCARDO, A.; CORCUFF, P. *La Sociologie de Bourdieu* [*A sociologia de Bourdieu*]. Bordeaux: Le Mascaret, 1986.

Chicago, Princeton, Filadélfia, Baltimore, Nova Iorque). Nos anos seguintes, ele fará viagens do mesmo tipo para outros países.

Essa consagração crescente não significa o exercício de um "magistério". Na sociologia, como no conjunto do campo intelectual, o reconhecimento crescente de Bourdieu parece gerar formas de rejeição que duplicam de intensidade. Na primeira metade da década de 1980, várias empreitadas buscam descrever sua sociologia como "superada", invocando às vezes um "retorno do ator". Esse é o caso principalmente do "individualismo metodológico", que pressupõe explicar os fenômenos sociais a partir das estratégias de um *homo sociologicus* dessocializado. Seu líder é Raymond Boudon que, depois de ter sido na década de 1960 um dos principais importadores franceses da "metodologia" de Paul Lazarsfeld (à qual Bourdieu opôs uma reflexão epistemológica[435]), desenvolveu na década de 1970 uma análise das desigualdades escolares que concorreu com aquela que se impôs depois de *Os herdeiros* e *A reprodução*. Se Bourdieu, em suas aulas, lembra em várias ocasiões suas críticas ao "individualismo metodológico" ou se afasta da visão que este tende a ter de seus trabalhos, é porque essa corrente que progride paralelamente nos Estados Unidos estava numa fase particularmente agressiva. Em 1982, foi publicado pela editora Presses Universitaires de France um *Dicionário crítico da sociologia* organizado por Raymond Boudon e François Bourricaud que, em seu projeto de "investigar as imperfeições, incertezas e falhas das teorias sociológicas, mas também as razões de seu sucesso", tem como alvo a sociologia de inspiração marxista ou estruturalista.

Já as observações de Bourdieu sobre o "ultrassubjetivismo" e o "radicalismo fácil" que se desenvolvem na sociologia das ciências respondem à publicação em 1979 do livro *A vida de laboratório*[436]. Com base no estudo etnográfico de um laboratório de neuroendocrinologia, esse livro pretende fundamentar uma abordagem explicitamente diferente das análises que Bourdieu propunha desde mea-

---

435. Cf., sobre a oposição entre metodologia e epistemologia, BOURDIEU, P.; CHAMBOREDON, J. C.; PASSERON, J. C. *O ofício de sociólogo, op. cit.*, p. 11-12 [13-14]; sobre a relação de P. Bourdieu com a empreitada de Paul Lazarsfeld, BOURDIEU, P. *Esboço de autoanálise, op. cit.*, p. 101 [97-98]; e sobre o "imperativo metodológico" que tende a reunir os diferentes momentos da sociologia de BOUDON, R.; HEILBRON, J. *French Sociology* [*Sociologia francesa*]. Ithaca: Cornell University Press, 2015. p. 193-197.

436. LATOUR, B.; WOOLGAR, S. *A vida de laboratório*: a produção dos fatos científicos. Trad. de Angela Ramalho Vianna. Rio de Janeiro: Relume-Dumará, 1997 [*Laboratory life*: the social construction of scientific facts. London: Sage, 1979].

dos da década de 1970 sobre "o campo científico e as condições sociais do progresso da razão"[437]. Para Bourdieu, essa empreitada radicaliza até chegar num relativismo, que ele rejeita, a tese segundo a qual os fatos científicos são construídos socialmente. A insistência sobre a busca da credibilidade pelos pesquisadores e sobre os instrumentos retóricos leva a negligenciar que, no campo científico, nem todas as estratégias são possíveis (28 de março de 1985 e 19 de junho de 1986). Quinze anos depois, quando essa "nova sociologia das ciências" já estará consideravelmente desenvolvida, Bourdieu voltará a essas críticas[438].

Nas aulas também se questionam as importações produzidas na sociologia na década de 1980. O período é marcado por uma onda de traduções na França de Georg Simmel, um contemporâneo alemão de Durkheim, e pela "descoberta" do interacionismo e da etnometodologia, correntes "heterodoxas" da sociologia estadunidense que datam das décadas de 1950 e 1960. Na interseção entre a sociologia e a filosofia, as obras da Escola de Frankfurt, muito pouco conhecidas na França até a década de 1970, também passam a ser publicadas numerosamente no começo da década de 1980, particularmente pela editora Payot sob o incentivo de Miguel Abensour. Durante uma aula, Bourdieu propõe uma análise dessas importações da década de 1980 (5 de junho de 1986). Se ele zomba do provincianismo francês que leva a traduzir obras quando elas já saíram de moda no seu país de origem, ele não deixa de se irritar com essas importações já que, iniciadas por concorrentes mais ou menos declarados no espaço da sociologia, elas são apresentadas como novidades que merecem uma atenção exclusiva. De fato, às vezes elas eram opostas explicitamente à sua própria sociologia, quando se tratava de autores que ele já havia lido há muito tempo, que às vezes até contribuiu para que fossem conhecidos na França (o essencial da obra de Goffman foi traduzido nas décadas de 1970 e 1980 em sua coleção na editora Minuit) e que, sobretudo, ele havia integrado à sua abordagem.

O contexto político

A preocupação em propor um ensino teórico que não estivesse separado das realidades mais concretas inspira alusões frequentes ao contexto político da época,

---

437. BOURDIEU, P. La spécificité du champ scientifique et les conditions sociales du progrès de la raison [A especificidade do campo científico e as condições sociais do progresso da razão]. *Actes de la recherche en sciences sociales*, n. 2-3, p. 88-104, 1976; *Id*. O campo científico, *op. cit.*

438. BOURDIEU, P. *Para uma sociologia da ciência, op. cit.*, p. 37-50 [41-66].

às questões e aos problemas constituídos como tais na mídia e no mundo político. Bourdieu encontra um exemplo quase perfeito de suas reflexões sobre a "ciência do Estado" nos dados de desemprego publicados pelo Insee. Esse indicador estatístico torna-se, com efeito, um objetivo central do debate político na época: muito baixa até 1973, a taxa de desemprego cresceu continuamente até meados da década de 1980. Entre outras coisas, o surgimento de um desemprego em massa na França contribuiu para uma reformulação da questão da "imigração", em relação à qual os resultados eleitorais registrados [pelo partido de extrema direita] Fronte Nacional a partir de 1982 são apenas a manifestação mais espetacular. A "atualidade" ilustra, assim, muito diretamente uma das ideias que Bourdieu desenvolve: os princípios de visão do mundo social (e, no caso, a questão de saber se a divisão entre ricos e pobres pode ser substituída pela divisão entre imigrantes e não imigrantes) são objetos de luta. Na primeira metade da década de 1980, a estigmatização crescente dos imigrantes suscita mobilizações em sentido contrário às quais Bourdieu se associa. Assim, o sociólogo assina um texto de apoio à Marcha pela Igualdade e contra o Racismo que acontece no outono de 1983[439] e participa das iniciativas da associação SOS Racismo, ligada ao Partido Socialista e criada em 1984. Em novembro de 1985, por exemplo, ele participa de um encontro com a associação no qual adverte contra o risco de um "movimento ético-mágico" e denuncia a análise da imigração em termos de diferenças culturais que deixa de lado as desigualdades econômicas e sociais entre franceses e imigrantes.

O curso também comporta ecos sobre a progressão do neoliberalismo, cuja aceleração no começo da década de 1980 é simbolizada pela chegada ao poder de Margaret Thatcher na Grã-Bretanha e Ronald Reagan nos Estados Unidos. Os economistas da "escola de Chicago", mencionados em várias ocasiões por Pierre Bourdieu, são considerados os inspiradores de programas econômicos que, na contramão das políticas intervencionistas estabelecidas nas décadas do pós-guerra, consideram, segundo uma frase que se tornou célebre, que o Estado (ou pelo menos sua "mão esquerda") "é o problema, e não a solução". Ao tratar num momento da diferença entre a caridade privada e a assistência social (9 e 23 de maio de 1985), Bourdieu menciona os questionamentos que o Estado de bem-estar sofre na época. Na última aula do quarto ano, a aproximação que ele realiza entre o dra-

---

439. Sobre as tomadas de posição durante esse período, cf. BOURDIEU, P. *Interventions 1961-2001*: science sociale et action politique [*Intervenções 1961-2001*: ciência social e ação política]. Marselha: Agone, 2002. p. 157-187.

ma de Heysel que acabara de acontecer e a política da "Dama de ferro" anuncia o tema da "lei da conservação da violência" que ele vai opor às políticas neoliberais na década de 1990[440]. Além do mais, o curso muitas vezes ecoa eventos e fatos que aparecem na mídia francesa da época nas páginas dedicadas ao "estrangeiro". Assim, Bourdieu alude à revolução iraniana e ao conflito irlandês, e propõe elementos de reflexão sobre eles com base em suas análises teóricas.

No nível nacional, o período corresponde ao primeiro mandato de François Mitterrand. As aulas contêm poucas alusões aos eventos de política interna, com exceção de observações críticas sobre a restauração da escola da Terceira República proposta e reivindicada pelo ministro socialista da Educação Nacional, Jean-Pierre Chevènement (12 de junho de 1986). O último ano do curso contém algumas referências (anedóticas) ao retorno da direita ao governo como resultado das eleições legislativas de maio de 1986. Entretanto, podemos indicar que, sem aludir a elas nos cursos, durante esses anos Bourdieu toma posições públicas sobre certos aspectos das políticas instituídas pelos sucessivos governos: ele assina várias petições que condenam a posição do governo socialista sobre os eventos na Polônia[441], e também um apelo relativo à situação carcerária na França e, depois do retorno da direita ao poder em 1986, textos contra as restrições orçamentárias para a pesquisa ou contra o projeto de suspensão da construção [do teatro] Opéra de la Bastille.

A aula de 19 de junho de 1986 encerra o "Curso de Sociologia Geral" que Bourdieu deu durante cinco anos e que constituiu a primeira introdução geral à sociologia proposta no Collège de France. No ano seguinte, Bourdieu utilizará a possibilidade que têm os membros dessa instituição de suspender provisoriamente seu ensino. Ele retomará seus cursos em março de 1988, sob um novo título: "A propósito do Estado". Esse será o começo de um ciclo de cinco anos dedicados à análise e à desconstrução dessa instituição e, de modo mais geral, do período em que os cursos de Bourdieu no Collège de France tratarão de temas específicos: depois da sociologia do Estado[442], a sociologia do campo

---

440. Cf., p. ex., BOURDIEU, P. *Contrafogos*, *op. cit.*, p. 34 [46].

441. Isto se refere à prisão pelo governo comunista dos líderes do sindicato Solidariedade, primeiro sindicato independente da Polônia, ocorrida no final de 1981. Em 1983, o líder do sindicato, Lech Wałęsa, recebe o Prêmio Nobel da Paz [N.T.].

442. BOURDIEU, P. *Sobre o Estado*, *op. cit.*

econômico[443], a sociologia da dominação, a sociologia de uma revolução simbólica na pintura[444]; depois, numa espécie de conclusão do seu ensino, ele analisará os trabalhos dedicados à sociologia da ciência em geral e à sociologia da sociologia em particular[445], como se para lembrar, contra um certo relativismo radical, que apesar de certas condições sociais, as mesmas que constituem o campo científico, é possível produzir verdades que não sejam redutíveis ao mundo social que as produz.

---

443. Id. *Anthropologie économique*: cours au Collège de France 1992-1993 [*Antropologia econômica*: curso no Collège de France 1992-1993]. Paris: Seuil & Raisons d'agir, 2017

444. Id. *Manet, op. cit.*

445. BOURDIEU, P. *Para uma sociologia da ciência, op. cit.*

Anexos

Resumos dos cursos publicados no Anuário do Collège de France

1985-1986

A relação de cumplicidade imediata que se estabelece entre o *habitus* e os campos sociais é uma relação de conhecimento, mas de uma forma absolutamente particular: o senso prático que orienta as práticas ordinárias da existência ordinária (em oposição às rupturas críticas) realiza-se numa espécie de corpo a corpo com o mundo, aquém da consciência e do discurso, da objetivação e da representação. É o *habitus* que, como princípio socialmente constituído da percepção e da apreciação do mundo social, *se* determina, que determina o mundo que o determina. Aquele que dizemos ter o "senso do jogo", paradigma do domínio prático que os agentes têm de um jogo cujas estruturas incorporaram, "enxerga" as "coisas a fazer" (ou a dizer); ele lê no presente do jogo o porvir do qual está prenhe; ele registra as "potencialidades objetivas" que institui e que deflagram uma réplica totalmente irredutível à estratégia racional de uma consciência calculista. (É assim, por exemplo, que não podemos dar conta das variações das práticas em relação à fertilidade sem aplicar uma sensibilidade diferencial à segurança ou à insegurança, ou das práticas diferentes em matéria de disputas ou processos sem levar em conta uma sensibilidade diferencial às queixas ou à injustiça.) Pode-se dizer que os agentes fazem escolhas, desde que tenhamos em mente que não escolhem a cada momento o princípio dessas escolhas. Segue-se que a interpretação dos atos de reconhecimento – de obediência, de submissão – que suscitam os poderes simbólicos não pode se deixar prender na alternativa entre a pura reação mecânica a uma coerção e a "servidão voluntária", fundamentada na "má-fé" ou na "falsa consciência" de um "sujeito" que contribuiria livremente para produzir os instrumentos de sua própria escravização.

O poder simbólico é de fato um poder que só se exerce com a colaboração daquele que o sofre; mas essa cumplicidade, longe de ser concessão consciente ou deliberada, e, dessa maneira, revogável por uma simples conversão mental, encontra seu princípio no investimento fundamental – interesse no jogo, *illusio* – que implica o pertencimento a um campo, isto é, um *habitus* cujas estruturas estão ajustadas às estruturas do campo. Todas as formas de crédito ou descrédito simbólico só existem por meio da crença que as constitui (e para ela), mas que é ela mesma o produto de toda uma história, coletiva e individual: o capital simbólico, trate-se da *fidēs* que Benveniste analisa, do carisma weberiano ou, de modo mais geral, do charme do poder e dos poderosos, é o capital, de qualquer espécie que seja, quando é percebido segundo as categorias de percepção e de apreciação que impõe, portanto, desconhecido no que pode ter de arbitrário e reconhecido como legítimo. Como o estigma ligado a uma cor de pele ou a um pertencimento étnico ou religioso, ele é feito pelo olhar, mas para mudar o olhar, seria preciso pelo menos – sem que isso seja suficiente, devido à histerese dos *habitus* – mudar as condições sociais nas quais o olhar é produzido, ou seja, a estrutura da distribuição do capital.

Quando as estruturas cognitivas que estão no princípio da experiência do mundo social são o produto da experiência desse mundo, é a história que se comunica de alguma forma com si mesma, aquém do discurso e da consciência. A ordem social se inscreve nos corpos, e a magia do poder simbólico, que se exerce pelas ordens ou pelas palavras de ordem, reside no fato de eles reativarem as disposições duráveis, verdadeiras molas armadas pela socialização, que são a forma incorporada e somatizada dessa ordem, das regularidades que ela impõe e das proibições ou injunções que inculca. De passagem, demonstra-se assim que a pregnância entre a alternativa obrigatória entre o individual e o coletivo, que se enraíza no mais profundo do pensamento ordinário ou semicientífico, acorrentada às aparências e fechada nas oposições, que sempre renascem, da luta política – liberalismo e socialismo, individualismo e coletivismo etc. –, impede que se chegue à noção adequada de um agente que se define exatamente pela superação dessa oposição: com toda a sua história, inscrita nele sob a forma de propriedades incorporadas, o agente real pode ser definido, indiferentemente, como coletivo individuado pela incorporação ou como indivíduo biológico "coletivizado" pela socialização; e ele não é menos oposto – ainda que de maneira diferente – às realidades coletivas do que o indivíduo abstrato, totalmente desprovido de qualidades sociais, da tradição econômica e jurídica, à qual tudo o opõe. Além disso, enquanto ser dotado de um sistema de disposições geradoras que permite invenções infinitas, mas dentro dos limites dos princípios implícitos do *habitus*, essa *ars inveniendi* prática, ele se opõe tanto ao simples "suporte" das estruturas sociais no qual é transformado por alguns estruturalistas quanto ao sujeito constituinte da tradição idealista.

Lembrar que os agentes sociais constroem o mundo social por meio dos esquemas de percepção e apreciação constituídos socialmente que aplicam a ele e que orientam suas estratégias e, por intermédio disso, da reprodução ou da transformação das estruturas não significa voltar à representação intelectualista da ação e do agente que leva a colocar na consciência dos agentes as construções racionais ou os modelos discursivos que é preciso construir para dar conta de suas práticas. O trabalho de construção da realidade social, para o qual os agentes sociais colaboram até, e por meio de, seus conflitos e negociações a propósito da definição das realidades sociais (de sua existência ou não existência, da maneira legítima de designá-las, do valor que deve ser concedido a elas etc.), acontece em grande parte nas ações ordinárias da existência ordinária, ou seja, no modo prático e sem passar pela representação e explicitação. As definições sociais da saúde ou da doença física ou mental, da delinquência ou do crime, são construções coletivas para as quais colaboram o conjunto dos agentes engajados no campo médico e os pacientes, ou o conjunto dos agentes engajados no campo judicial, policiais, advogados, juízes e os réus. Essas construções práticas, que se elaboram por meio de inumeráveis transações, negociações, enfrentamentos, interações cotidianas das quais as mais típicas são as noções classificatórias, nomes próprios ou comuns que designam entidades e identidades coletivas, clãs, tribos, nações, regiões, profissões ou classes sociais, apresentam-se ao analista como um dado, já preparado para uma atividade científica reduzida a uma tarefa de registro. O efeito de imposição que resulta disso nunca é mais visível do que quando o pesquisador toma como instrumento de análise aquilo que deveria submeter à análise, aceitando a definição do objeto que está implicada numa definição pré-construída da população em questão (por exemplo, uma lista de autores) ou engajando em sua análise estatística sistemas de classificação tomados sem exame do universo analisado.

Os agentes sociais lutam pelo sentido do mundo social e contribuem com isso para construí-lo. Entre as lutas cognitivas, é preciso distinguir aquelas que têm como objetivo a enunciação dos princípios legítimos da visão do mundo, como o direito, e nas quais confrontam-se os profissionais da explicitação, orientados pelos interesses genéricos e específicos que implicam a ocupação de uma posição num campo de produção cultural, campo jurídico, religioso, político ou científico. Isso leva a formular, de passagem, a questão da especificidade da visão científica do mundo social e das condições sociais que devem ser cumpridas, especialmente na determinação prática das armas e dos objetivos da concorrência, para que as lutas – cujo motor e móveis são, sem dúvida, menos puros do que a hagiografia gostaria – acabem favorecendo o surgimento de produtos sociais relativamente independentes de suas condições sociais de produção. Longe de ameaçar a sociologia em sua própria fundamentação, o fato de ela poder tomar a si mesma como objeto constitui o princípio de um trabalho metódico destinado a alcançar um domínio reflexivo dos determinantes sociais da prática científica. A vulnerabilidade pressuposta pode se converter em privilégio. A ciência social, em sua fase objetivista ou estruturalista, registra as regularidades objetivas, independentes das consciências e vontades individuais, nas quais se expressam o efeito das coerções estruturais que conferem ao mundo social sua realidade independente do pensamento. Ao fazer isso, ela reduz ao estado de aparência, de ilusão, as representações que os agentes se fazem de seu mundo e da própria experiência que têm dele. A consciência das particularidades da posição do cientista, pessoa da *skholè*, que tende ao que Austin chamava de "visão escolástica", leva a realizar uma segunda ruptura com a visão que nasce da ruptura com a visão comum. Assim como foi preciso transcender o ponto de vista particular associado a uma posição particular no mundo social para chegar à visão de sobrevoo que permite objetivar o ponto de vista original sobre o mundo social, também é preciso transcender a visão transcendente do momento objetivista para reintroduzir, como parte integral da realidade objetiva do mundo social, os pontos de vista diferentes, contrastados, até contraditórios, que se confrontam em relação a esse mundo: a construção objetivista que permite constituir as diferentes perspectivas sobre o mundo social como pontos de vista tomados a partir de pontos bem determinados desse mundo não é de forma alguma desmentida pela análise que, elevando-se a um nível superior, apreende as lutas pelo mundo e sua objetividade, e lhes restitui sua eficácia própria na construção do mundo. Superando a oposição fictícia entre um estruturalismo objetivista e um construtivismo subjetivista, podemos assim dar-nos como objeto captar simultaneamente a estrutura objetiva dos universos sociais (o campo social em seu conjunto ou este ou aquele campo especializado) e as estratégias propriamente políticas que os agentes produzem para fazer seu ponto de vista triunfar. Isso sem esquecer que todo o trabalho de construção, prática ou teórica, individual ou coletiva, por meio do qual os agentes contribuem para produzir as realidades sociais, em particular os grupos instituídos (como os corpos profissionais), e a inscrevê-las na objetividade durável das estruturas, é orientado pela percepção que têm do mundo social e que depende de sua posição nessas estruturas e de suas disposições, moldadas pelas estruturas.

Notas sobre o Curso de sociologia geral e a pesquisa bourdieusiana no Brasil

Fábio Ribeiro

Um dos sinais de que um autor começa a se tornar canônico é o surgimento de textos e debates sobre sua "recepção". Em países como o Brasil, em que o campo das ciências sociais é heterônomo tanto na prática – as ciências humanas tendem a estar em posições dominadas dentro das universidades e também em relação às demais instituições do campo, especialmente os órgãos de financiamento – quanto na teoria – já que a produção teórica brasileira tende a se pautar em relação ao que é produzido na Europa e nos Estados Unidos –, podemos pensar em vários fatores que favorecem ou prejudicam a introdução de uma nova abordagem de pesquisa num dado momento do campo.

Neste posfácio que conclui a enorme tarefa de oferecer ao público brasileiro uma tradução do *Curso de sociologia geral* proferido por Pierre Bourdieu no Collège de France, gostaria de, utilizando a própria abordagem bourdieusiana, refletir sobre a "recepção" de Bourdieu no Brasil – processo iniciado nas décadas de 1970 e 1980 – e formular algumas hipóteses sobre o possível impacto que a tradução desse Curso, no contexto da contínua publicação de textos póstumos de Bourdieu, terá nesse processo. A primeira parte do posfácio, como exemplo heurístico, aplica a teoria da prática exposta nesta série à constituição da sociologia bourdieusiana no Brasil. Na segunda parte, discuto certas diferenças entre o *Curso de sociologia geral* e os textos que Bourdieu efetivamente publicou em vida. Finalizo com algumas considerações sobre como compreender o caráter eminentemente reflexivo da pesquisa bourdieusiana.

A formação do campo

Começo com o próprio termo "recepção", que é bastante curioso, embora seja de utilização frequente em estudos que abrangem tais processos[446]. "Recepção" sugere algo passivo e pacífico, a existência de um conjunto de "receptores" que, por algum motivo, estariam dispostos a acolher o que lhes é oferecido. Com isso em vista, o termo não me parece adequado para o que pretendo desenvolver aqui. Uma abordagem – ou, metonimicamente, um "autor" – só é "adotada", "introduzida" ou "recebida" em outros contextos de campos científicos se houver alguma configuração específica de interesses que favoreça esse processo, interesses ligados à posição de determinados agentes tanto nos campos de "transmissão" quanto nos de "recepção".

Além disso, é preciso levar em conta que os campos em questão não são apenas os científicos/acadêmicos/universitários[447], mas também os editoriais – é relativamente fácil esquecer que a transmissão científica não é apenas uma questão científica, mas também econômica e cultural de modo mais amplo.

Em outros termos, a primeira hipótese[448] a sugerir é que em algum momento surgiu o interesse na transferência dessa abordagem de seu campo de origem – as ciências sociais francesas – para o campo de destino –, nesse caso, as

---

446. Esta lista não é exaustiva, mas menciono alguns dos principais textos: ORTIZ, R. Nota sobre a recepção de Pierre Bourdieu no Brasil. *Sociologia & Antropologia*, v. 3, n. 5, p. 81-90, 2013; MICELI, S. *et al*. Circulação e recepção da obra de Pierre Bourdieu no Brasil. *RePOCS*, v. 18, n. 1, p. 199-214, 2021; LOPES, J. S. L. Entrevista com Moacir Palmeira. *Horizontes Antropológicos*, v. 19, n. 39, p. 435-457, 2013; ROCHA, M. E. M.; PETERS, G. Facetas de um Bourdieu tupiniquim: momentos de sua recepção no Brasil. *BIB*, n. 91, p. 1-30, 2020; BORTOLUCI; J. H.; JACKSON, L. C.; PINHEIRO FILHO, F. A. Contemporâneo clássico: a recepção de Pierre Bourdieu no Brasil. *Lua Nova*, n. 94, p. 217-254, 2015.

447. Devido ao caráter de esboço deste texto, não estabeleço distinções precisas entre termos como "campo científico", "campo acadêmico", "campo universitário" etc., algo que seria necessário num estudo mais aprofundado. De qualquer maneira, fica a advertência de que esses termos se referem a campos diferentes, mas com inúmeras relações entre si.

448. É preciso que fique bem claro que todas as propostas formuladas neste texto não passam disto: hipóteses. Elas não devem ser consideradas conclusões ou achados científicos, porque não realizei o trabalho científico necessário para efetivamente avaliá-las: a construção desse objeto de pesquisa, o estudo dos campos, o estudo das relações entre os campos, o mapeamento das posições dos agentes e instituições e sua composição e volume de capitais, a análise de suas trajetórias e suas disposições (*habitus*), a objetivação participante etc. Para uma apresentação detalhada da metodologia bourdieusiana como processo de pesquisa nas ciências sociais, cf. GRENFELL, M. (org.). *Pierre Bourdieu*: conceitos fundamentais. Trad. de Fábio Ribeiro. Petrópolis: Vozes, 2018 [*Pierre Bourdieu*: key concepts. Londres: Routledge, 2012].

ciências sociais brasileiras –, e que isso estaria ligado a estratégias de subversão de ambos os campos. O desenrolar empírico desse processo já foi relatado em detalhes tanto do lado francês[449] quanto do brasileiro – como os textos citados anteriormente deixam claro. Rapidamente, jovens pesquisadores brasileiros que realizaram parte de seu trabalho na França entram em contato com Bourdieu e seu grupo de pesquisa na École Normale Supérieure, onde há um encontro de interesses: por um lado, descobrir uma nova abordagem científica que se contrapunha àquelas que predominavam nas ciências sociais brasileiras; pelo outro, romper barreiras internacionais e controlar até certo ponto a difusão da teoria e da metodologia sendo empregadas no grupo. Isso permitiu, para ambas as partes, uma acumulação de capital cultural que depois seria transformado, dentro das lutas nos campos, em capital simbólico e alteraria as posições nos campos – os jovens pesquisadores voltaram ao Brasil e tornaram-se professores em universidades importantes, fizeram (e fazem) parte de instituições que regulam a pesquisa em ciências sociais no Brasil, estabeleceram a abordagem bourdieusiana como um método legítimo de investigação social[450]. O grupo de Bourdieu na França adicionou às pretensões de legitimidade de sua empreitada no campo acadêmico francês os resultados dessas trocas internacionais não só com o Brasil, é claro, mas com outros países da América Latina, além dos Estados Unidos, Inglaterra, Japão etc.

Nesse ponto, é preciso fazer uma pausa na análise para mencionar duas precauções importantes. A primeira delas é especificar que, se não cito os nomes das pessoas envolvidas nesse processo, isso se deve ao fato de que minha intenção é mais didática do que propositiva: proponho aqui um esboço de objetivação que, se fosse levado a um nível mais profundo, exigiria sim uma análise das trajetórias e especificidades tanto dos pesquisadores brasileiros quanto dos membros do grupo de Bourdieu que mais se envolveram nessas interações – as

---

449. Cf. SAINT-MARTIN, M. La construction d'un réseau d'échanges en sciences sociales Brésil--France dans les années 1960-1990 [A construção de uma rede de trocas em ciências sociais Brasil-França nas décadas de 1960-1990]. *In*: GARCIA JR., A.; POUPEAU, F. *et al.* (orgs.). *Bourdieu et les Amériques*. Aubervilliers: Éditions de l'IHEAL, 2023. p. 168-189.

450. Neste texto, foco no campo das ciências sociais, mas obviamente ele não é o único que foi alterado pela teoria da prática bourdieusiana. Talvez o principal desses outros campos seja o da pedagogia, num processo que tem várias relações com o que esboço aqui. Para um resumo, cf. OLIVEIRA, A.; SILVA, C. F. A recepção de Pierre Bourdieu na sociologia da educação brasileira. *Cadernos de Pesquisa*, n. 51, p. 1-17, 2012.

disposições de seus *habitus* alteram as probabilidades de sucesso de suas estratégias de posicionamento nos campos e de acúmulo e conversão de capital. No entanto, o mais importante aqui é apenas observar que, de modo geral, trata-se de pessoas cujos *habitus* são constituídos de acordo com o campo científico e que, portanto, são agentes bem ajustados (até certo ponto, é claro – o ajuste, na prática, nunca é perfeito) para reconhecer e aproveitar as oportunidades e configurações dos campos[451]. Essas pessoas encontraram um grupo de agentes que estava disposto a realizar as trocas intelectuais, acadêmicas e científicas que permitiram o sucesso das estratégias em questão, o que nem sempre é o caso. Além disso, como veremos, havia condições institucionais para esse sucesso.

A segunda precaução é mais geral e relaciona-se à tendência de encararmos a descrição de estratégias objetivas como atos eticamente cínicos, algo que o próprio Bourdieu observa em várias ocasiões[452]. Nada do que escrevo aqui deve ser considerado uma demonstração de cinismo da parte de qualquer um dos agentes em questão, como se seu interesse básico fosse a melhoria de suas posições nos campos em que atuam ou o acúmulo de capital cultural e/ou econômico e qualquer contribuição científica fosse apenas um bônus – não devemos pensar nesse mais vulgar dos planos. Pelo contrário, como qualquer campo de produção cultural, o campo científico também é um campo em que impera o desinteresse, ou a denegação do interesse. Podemos postular que a motivação dos agentes está ligada ao interesse no progresso das ciências sociais em seus respectivos territórios, a uma busca da verdade dos processos e problemas sociais que eles analisam com a abordagem bourdieusiana. O que acontece é que, devido às relações entre o campo acadêmico/científico e os outros campos do espaço social – incluindo o campo do poder –, o interesse científico bem-sucedido tende a ter outros resultados positivos em termos de acúmulo e conversão de capitais. Tudo isso está ligado a vários pontos desenvolvidos por Bourdieu neste *Curso*, especialmente em relação aos ajustes entre *habitus* e campo – o ajuste das esperanças subjetivas às chances objetivas, o ajuste entre as estruturas mentais e as estruturas objetivas. A

---

451. Por exemplo, internamente, o fato de o campo universitário brasileiro ter sido moldado, em grande parte, em relação ao francês; externamente, o fato de o final da década de 1970 representar uma relativa suavização da repressão política e intelectual da ditadura militar.

452. Cf. em particular a última aula deste volume; e BOURDIEU, P. *Para uma sociologia da ciência*, op. cit.

consequência disso é que, nesses campos, estratégias abertamente cínicas tendem a fracassar – o cínico é reconhecido como tal e é excluído das posições centrais no campo, ou até do campo como um todo, pois ele, por sua parte, não reconhece a *illusio* fundamental do campo.

De volta à análise, após esse momento inicial de formação de laços entre pesquisadores, começa então a preparação de produtos culturais que possibilitem a difusão e legitimação da abordagem bourdieusiana no campo acadêmico brasileiro. Em termos acadêmicos, começa a publicação de artigos científicos produzidos pelos pioneiros brasileiros com base em pesquisas nesses moldes, publicados tanto em revistas brasileiras quanto internacionais – e, muitas vezes, na própria revista do grupo de Bourdieu, *Actes de la recherche en sciences sociales*. Paralelamente a essa atividade, esses mesmos pioneiros organizam e publicam as traduções iniciais da obra de Bourdieu no Brasil, e gostaria de deter-me um pouco nesse processo.

No final da década de 1970 e início da de 1980, publicam-se duas coletâneas de artigos de Bourdieu e a primeira tradução integral de um de seus livros. As duas coletâneas são exemplos quase paradigmáticos de estratégias de legitimação de um novo capital cultural: são publicadas em duas coleções que haviam atingido um alto nível de prestígio acadêmico na paisagem ainda inicial do campo editorial voltado às ciências humanas no Brasil – a série "Estudos", da Editora Perspectiva, e a série "Grandes Cientistas Sociais", da Editora Ática – e ainda hoje são textos de referência nos estudos bourdieusianos no Brasil[453]. Já o primeiro livro traduzido, *A reprodução*, recebe uma edição bastante simples, sem nenhuma introdução para leitores brasileiros, mas ainda assim tem um impacto bastante grande especialmente nas áreas de pedagogia e sociologia da educação[454]. Note-se que todas essas edições evidenciam esse estágio inicial da formação de relações entre o campo acadêmico e o editorial, o que fica bastante evidente quando se percebe que os tradutores das coletâneas são acadêmicos sem formação tradutória e o tradutor de *A reprodução* foi um poeta sem formação acadêmica específica na área.

A década de 1980 foi um período de relativamente pouca movimentação no mercado editorial, devido à grave crise hiperinflacionária que afetava o Brasil. De nota,

---

453. Trata-se de *A economia das trocas simbólicas, op. cit.* e *Pierre Bourdieu*: sociologia, *op. cit.*

454. Cf., p. ex., DURAND, J. C. Torcidas de nariz a Bourdieu e Passeron. *Cadernos de Pesquisa*, n. 43, p. 52-54, 1982; VALLE, I. R. A reprodução de Bourdieu e Passeron muda a visão do mundo educacional. *Educação e Pesquisa*, v. 48, p. 1-16, 2022.

publicam-se apenas duas coletâneas de textos curtos de Bourdieu[455]. É na década de 1990 que se intensifica o processo de tradução e publicação de Bourdieu no Brasil. Há várias hipóteses plausíveis para explicar esse fenômeno: a recuperação econômica nacional; a ascensão do próprio Bourdieu como intelectual global nessa década, em que ele se engajou com a mídia de massa com muito mais frequência do que até então; o fato de os pesquisadores pioneiros estarem atingindo o ápice de suas carreiras universitárias, alguns deles posicionados nas melhores universidades do país, e começarem a formar seus sucessores. É apenas em 1996 e 1997 que temos a tradução integral de duas das principais obras de Bourdieu, *As regras da arte* e *A miséria do mundo*, respectivamente pelas editoras Companhia das Letras e Vozes, que se tornarão as principais casas de Bourdieu no Brasil.

Pierre Bourdieu morreu em 2002, e a partir de então o ritmo de tradução de suas obras acelera ainda mais – quase não se passa um ano sem que seja publicado mais um de seus livros no Brasil. Esse fenômeno se verifica também em outros idiomas como o espanhol e o inglês. Uma hipótese explicativa seria o interesse dos herdeiros do espólio de Bourdieu em converter o capital cultural objetivado em suas obras em capital econômico – ou seja, vender direitos de tradução. Paralelamente a esse novo ímpeto de traduções, observamos também um ritmo bastante alto de publicações póstumas de Bourdieu, com base em textos inacabados ou, com maior frequência, na transcrição e edição de seus cursos do Collège de France, dos quais este *Curso de sociologia geral* ocupa lugar central. Há vários indícios de que Bourdieu pretendia que esses cursos fossem publicados, mas, enquanto vivia, a publicação era apenas uma das atividades às quais ele se dedicava – depois de seu falecimento, publicações e traduções tornam-se a principal atividade dos herdeiros de seu espólio.

Neste início do século XXI, os pioneiros no estudo de Bourdieu ainda estão presentes no campo universitário, seus sucessores começam a atuar nele e a nova oferta de traduções permite o ensino da abordagem bourdieusiana de forma mais ampla nos cursos de Ciências Sociais do país. Destaca-se a publicação, em 2007, da tradução de *A distinção*, obra mais marcante de Bourdieu. Todos esses fatores contribuem para que, a partir do final da primeira década do século XXI, comecem a instituir-se no Brasil os primeiros *grupos* de pesquisa bourdieusiana, em oposição à situação anterior na qual essa pesquisa gravitava ao redor de alguns indivíduos. Atualmen-

---

455. BOURDIEU, P. *Questões de sociologia, op. cit.; Coisas ditas, op. cit.*

te, há mais de uma quinzena de grupos de pesquisa especializados na abordagem bourdieusiana espalhados pelas universidades brasileiras, constituindo uma grande rede de relações formais e informais. O resultado desse processo de acumulação e conversão de capitais é uma explosão do número de publicações científicas que utilizam em maior ou menor grau a teoria da prática: Bourdieu é um dos cinco autores mais citados em ciências humanas no Brasil[456], dado que espelha o observado em nível global – mais de vinte anos após sua morte, Bourdieu é mais utilizado do que era em vida.

Tudo isso está relacionado ao processo mais amplo de *canonização* de Bourdieu, no sentido de introdução ao cânone, ao conjunto de autores e autoras que deve pelo menos ser conhecido por quem pretende participar de forma legítima do campo das ciências humanas. É um processo que, semelhante à canonização religiosa, só obtém aceitação legítima total após a morte do indivíduo biológico em questão e envolve uma espécie de retroalimentação entre a utilização da abordagem bourdieusiana em pesquisas e disputas sobre a interpretação dessa abordagem nos níveis epistemológico, teórico e prático: discute-se qual é a opinião correta sobre os textos e produtos da abordagem bourdieusiana e quais são suas aplicações e revisões legítimas. Em outros termos, constitui-se uma *doxa* e estabelece-se um subcampo dentro do campo das ciências sociais – do qual a própria formação de grupos de pesquisa que passam a relacionar-se entre si e com outras áreas das humanidades, como mencionado há pouco, constitui evidência.

Este é o momento atual da configuração do campo e sua estrutura de capitais, processo iniciado na década de 1970 e que continua em operação. Na segunda parte deste texto, mostrarei como o *Curso de sociologia geral* representa uma possível alteração da forma como entendemos a obra de Pierre Bourdieu e, portanto, também de seus possíveis efeitos nesse subcampo.

Modus operandi e *opus operatum*

Um de meus objetivos com a seção anterior desse texto era simplesmente demonstrar como a utilização da teoria da prática, mesmo antes da construção do objeto de pesquisa e da realização da pesquisa propriamente dita, pode funcionar como um excelente gerador de hipóteses: apenas conseguir olhar para al-

---

456. Cf. BERLATTO; F.; PEREIRA, V. B.; GRILL, I. Apresentação. *BIB*, n. 93, p. 1-4, 2020.

gum objeto na perspectiva bourdieusiana permite, na maior parte dos casos, fazer perguntas que não se apresentam quando estamos no mundo na perspectiva do senso comum e as situações e coisas, quase sempre, não causam problemas, são autoevidentes. A questão que se coloca é, portanto, como conseguir olhar para o mundo na perspectiva bourdieusiana, e a resposta a essa questão é menos direta do que parece. O restante deste texto discutirá dois aspectos dessa resposta.

O primeiro aspecto é bastante pragmático: aprender Bourdieu é difícil, como qualquer estudante de ciências sociais ou de áreas relacionadas sabe. Há motivos externos e internos para isso. Externamente, e isso se aplica ao aprendizado de *qualquer* perspectiva científica, o campo das ciências humanas está configurado de uma maneira que resulta, paradoxalmente, na dificuldade de se aprofundar em alguma abordagem teórica ou prática. A necessidade de especialização cada vez mais cedo para que o agente entre no ritmo de produtividade exigido pelas universidades e instituições de fomento à pesquisa (ou seja, os principais nexos de acumulação e conversão de capitais nesse campo) distorce cada vez mais o próprio processo de especialização. Em uma frase: quanto mais cedo nos especializamos, menos tempo temos para conhecer o contexto geral em que essa especialização ocorre, contexto cujo conhecimento é necessário para compreendermos, no nível científico, mas também no nível pessoal, por que nos especializamos. Isso, atrelado a práticas pedagógicas relativamente arcaicas e reprodutivas – no sentido da sociologia da educação bourdieusiana –, faz com que um primeiro diagnóstico dos profissionais das ciências sociais no Brasil não seja muito diferente daquele que Bourdieu indica para seu próprio contexto francês da década de 1980 em diferentes momentos deste *Curso*: agentes que são levados pelo campo a se posicionarem, em relação a debates eternizados na academia, num dos polos dos pares epistemológicos bachelardianos, o que constitui um obstáculo fundamental ao desenvolvimento do espírito científico, tal como Bachelard o analisou. Contudo, essa é uma questão ampla que merece uma discussão muito mais aprofundada do que posso oferecer no momento.

O que pretendo no restante desta seção é debruçar-me sobre os motivos internos que levam à questão que indiquei há pouco: por que aprender Bourdieu é tão difícil? Parte da resposta é um tanto desagradável e remete ao que já indiquei na nota do tradutor no começo deste volume: é difícil, porque é feito para ser difícil. É tentador explicar isso por meio de uma análise sociopsicológica apressada do próprio Bourdieu: por sentir-se deslocado tanto no campo aca-

324

dêmico francês quanto na própria disciplina da sociologia, ele tenderia a uma hipercorreção de estilo e vocabulário para demonstrar seu pertencimento e legitimidade. Isso significa que, devido a uma insegurança pessoal, ele escreveria com um estilo difícil para mostrar que era capaz de atender às expectativas de erudição do campo acadêmico francês. Embora a hipótese seja um tanto simplista, o fato de que as obras finais de Bourdieu, a partir da década de 1990, sejam de leitura mais prazerosa em termos estilísticos (ainda que as temáticas e discussões permaneçam de alta complexidade) pode servir como evidência a seu favor – a mudança estilística de Bourdieu corresponderia ao grau de legitimação e aclamação de sua trajetória no campo acadêmico francês. Em termos mais diretos: depois de chegar ao topo, ele se soltou.

Entretanto, acredito que a resposta seja um pouco mais profunda: a dificuldade de estudar e aprender Bourdieu tem a ver com o fato de que realmente aprender a usar essa abordagem exige uma espécie de reconfiguração mental, em particular devido à necessidade de aplicar um modo de pensamento relacional com base numa concepção estrutural de causalidade. Essa necessidade – cuja explicação exigiria mais espaço do que disponho – encontra imediatamente um obstáculo formidável: a estrutura de nossa própria linguagem, com base numa relação substancial entre sujeito e predicado e que tende a pressupor uma causalidade linear[457]. A tentativa de solução desse problema é forçar o modo relacional a aparecer dentro do próprio discurso linear, algo que fica claro nos principais textos de Bourdieu das décadas de 70 e 80. Daí as frases extremamente longas e cheias de cláusulas que forçam os leitores a relerem-nas mais de uma vez simplesmente para tentar captar a lógica do argumento sendo proposto. E é exatamente nesse ponto que reside a dificuldade: tentamos compreender as frases buscando reestruturá-las numa lógica que não é a que precisamos para compreendê-las, a lógica da linguagem ordinária. O resultado, na maior parte das vezes, é uma compreensão distorcida e empobrecida da abordagem bourdieusiana que é ainda mais perniciosa por *parecer* uma compreensão apropriada. Poucas pessoas percebem a necessidade de dar um passo além disso, e menos ainda conseguem dar esse passo.

---

457. Sobre as análises linguísticas de Bourdieu, cf. GRENFELL, M. *et al. Bourdieu, language and linguistics* [*Bourdieu, a linguagem e a linguística*]. Londres: Continuum, 2011.

É aqui, creio, que o *Curso de sociologia geral* pode oferecer uma contribuição fundamental: ele pode auxiliar bastante tanto na tarefa de aprender a teoria da prática quanto na de perceber que ela vai além de uma teoria no sentido estrito do termo. Quando tentamos aprender em profundidade um autor ou autora específicos, ou uma abordagem em particular, as estratégias espontâneas costumam ser ou uma leitura cronológica, das primeiras obras importantes até as últimas, ou uma leitura focada na suposta "obra-prima" ou a mais fundamental, e daí para as obras secundárias. Ambas essas estratégias tendem a resultar em dificuldades quando se trata de Bourdieu. Começar pela "obra-prima" – *A distinção* – significa dar de cara com a teoria da prática sendo aplicada sem nenhuma concessão a quem lê, o que pode ser bastante desencorajador – aliás, esse é um fenômeno didático que se repete rotineiramente quando se tenta aprender qualquer obra "canônica" nas instituições do campo universitário, já que esse tipo de aprendizado, antes de mais nada, permite ao professor colocar-se como intérprete legítimo da obra canônica e também estabelecer uma relação epistemologicamente hierárquica com os alunos. Já a leitura cronológica pode ocorrer de duas formas: ou a partir da data de publicação dos originais, ou da data de publicação das traduções. Ambas as formas podem gerar instâncias bastante específicas da ilusão biográfica que Bourdieu tanto denunciou: a tendência muito comum a entronizar concepções e teorias a partir de nossa primeira exposição a elas, que se tornam uma base de referência contra a qual qualquer leitura posterior é comparada, muitas vezes negativamente. No caso de Bourdieu, isso é extremamente pernicioso, já que todos os conceitos fundamentais foram incessantemente revistos e adaptados durante sua trajetória – e, por serem conceitos basicamente pragmáticos, isso é uma virtude, e não um problema. A teoria depende da prática, e não o contrário.

A esses empecilhos ao aprendizado, soma-se o fato de que Pierre Bourdieu conscientemente se recusava a oferecer um "manual" de sua abordagem. Ele jamais escreveu uma obra que sintetizasse, de modo analítico e dedutivo, seus principais conceitos e métodos. Numa entrevista a Yvette Delsaut, explicou por que nunca se propôs a isso:

> [...] nunca pude resignar-me a tentar oferecer uma apresentação global
> de meu trabalho. Se o fizesse, eu teria a impressão de me entregar a um

exercício escolar ou, como diz Queneau, que também não gostava muito dos professores, de me "manualizar", de virar eu mesmo um manual. O fato é que a ausência de um pequeno Bourdieu "manualizado" ou "manualizável" não facilita a difusão de meu pensamento nas "escolas"... e principalmente no estrangeiro[458].

Com isso em vista, é quase tentador oferecer o *Curso de sociologia geral* como uma espécie de "trapaça", o texto (póstumo) em que Bourdieu finalmente oferece definições operacionalizáveis de seus conceitos-chave. Resisto à tentação por alguns motivos. Primeiro, e principal deles, uma das piores coisas que podemos fazer com a abordagem de Bourdieu é tratar seus conceitos como definições fechadas que simplesmente aplicamos a determinados conjuntos de dados, como uma "receita científica", como simples metáforas. Já que os conceitos vêm da relação com a prática, jamais devemos considerá-los escritos em pedra, eles são sempre passíveis de revisões e alterações, o que é particularmente saliente em nossa situação no início do século XXI em que os desafios sociais, políticos e científicos são bastante diferentes daqueles que Bourdieu enfrentou em sua carreira. Assim, a forma correta de interpretar o que é oferecido no *Curso* é como o instante de elaboração da abordagem bourdieusiana no início da década de 1980, o que não é pouca coisa.

Para além disso, creio que a forma mais apropriada de ler o *Curso de sociologia geral* e de integrá-lo com o restante das obras de Bourdieu é considerá-lo como uma espécie de olhar privilegiado (ainda que parcial) sobre o *modus operandi* da teoria da prática, isto é, se obras como *A distinção*, *As regras da arte* etc. são o *opus operatum*, as publicações oficiais com tudo que está envolvido nelas – seu caráter de obras públicas, oficiais, e suas consequências em termos de posicionamento no campo e acúmulo e conversão de capitais, como o próprio Bourdieu analisou em mais de um momento no *Curso* –, o que temos aqui é uma obra mais precária no caráter de obra "terminada", mas mais rica no que permite entrever de como se faz pesquisa, quais são os requerimentos e passos que Bourdieu e sua equipe priorizavam. Nada disso é dado diretamente, ainda que o objetivo declarado de Bourdieu seja transmitir um método, uma maneira de pensar, e não um sistema

---

458. BOURDIEU, P.; DELSAUT, Y. Sobre o espírito da pesquisa, *op. cit.*, p. 191.

de conceitos[459] – tudo é transmitido mediado pela própria situação de comunicação pedagógica num ambiente bastante particular que é o Collège de France. As reflexões, muitas vezes espontâneas, que Bourdieu oferece sobre a comunicação pedagógica também são uma contribuição enorme para aqueles e aquelas entre nós que também experimentam essa situação (como estudantes e professores), e permitem um vislumbre razoavelmente difícil de perceber de como a teoria da prática, essa abordagem bourdieusiana, é um método, um sistema de conceitos, e também mais do que isso.

Ver esse *modus operandi* certamente não substitui o contato com o *opus operatum*, com o resto das obras bourdieusianas, mas pode facilitar bastante essa leitura e aumentar consideravelmente sua eficácia – para remeter ao contexto religioso da própria expressão *opus operatum*. A alusão à religião não é gratuita. Além de seu aspecto científico, filosófico e político, não é exagero dizer que a sociologia bourdieusiana tem algo de esotérico, no sentido forte do termo, como algo que requer uma iniciação, uma conversão.

A conversão do olhar

O próprio Bourdieu, em vários momentos do *Curso*, insiste no fato de que sua abordagem no fundo significa uma relação diferente com o mundo social ordinário, do senso comum – a sociologia bourdieusiana encontra problemas onde "não há problemas", faz perguntas que são "óbvias", objetiva o que é subjetivo para transcender a distinção sujeito/objeto. Ela exige um afastamento do senso comum que também não recaia no ponto de vista escolástico, na *skholè* do campo acadêmico tradicional que se afasta da prática e que, desde a Grécia antiga, valoriza o afastamento da prática como a condição para encontrar o único conhecimento que merece ser encontrado. Esse segundo elemento do obstáculo epistemológico – que, como nos lembra Bachelard, vem em pares – também deve ser evitado.

O *Curso* ainda não exibe o vocabulário que Bourdieu desenvolveria para elaborar esse problema e sua solução – termos como "reflexividade" e "objetivação participante", entre outros. Contudo, uma leitura com essa problemática em mente revela em vários momentos essa preocupação, que começa com a própria redefinição da palavra "teoria". Como Bourdieu lembra em mais de um momento, essa

---

459. Cf. *Sociologia geral volume 1, op. cit.*, p. 18.

palavra vem do verbo grego *théorein*, que significa "observar", "contemplar" – ou seja, antes de mais nada, "ver". A teoria é uma forma de ver o mundo, e toda a abordagem bourdieusiana, no fundo, é um chamado por uma mudança radical na forma como vemos o mundo, uma alquimia, uma transfiguração, uma "metanoia" – uma conversão do olhar.

A escolha desses termos de origem hermética ou teológica não é acidental, uma mera afetação. Eles nos remetem a um fato que é fundamental tanto para aqueles que pretendem aplicar essa abordagem em sua prática científica quanto para quem tem como próprio objeto científico o estudo e interpretação da obra bourdieusiana. Outro aspecto que costuma dificultar seu aprendizado é sua fundamentação filosófica bastante heterodoxa. Bourdieu frequentemente se refere a filósofos que não são moeda corrente nas ciências sociais – ele não se restringe a nomes como Kant, Hegel, Heidegger, Sartre, Wittgenstein e outros com quem qualquer especialista em teoria social certamente tem alguma familiaridade. Suas concepções dialogam com Leibniz, Pascal, Espinosa, Husserl, Bachelard, Cassirer, Austin, Platão, entre outros. Eu diria até mais do que "dialogam": eles são talvez o principal ponto de referência a partir do qual Bourdieu pensa, muito mais do que a sociologia clássica ou contemporânea – que, lembremos, ele aprendeu de forma relativamente tardia, já que sua formação intelectual inicial foi em filosofia, seu *habitus* acadêmico é primariamente filosófico.

Assim, pode-se argumentar que Bourdieu insere-se numa tradição filosófica que tem como característica refletir sobre a diferença entre o conhecimento de senso comum e o conhecimento erudito – e todos os seus rótulos que variam com as épocas: "religioso", "acadêmico", "científico", "literário", "legal" etc. –, tradição que vai de Sócrates/Platão a Wittgenstein, passando por Pascal, Espinosa e Bachelard, para quem a filosofia, em vez de ser uma forma de obter um conhecimento superior, transcendental e "definitivo" do mundo, é uma espécie de terapia no sentido de um auxílio para os seres humanos compreenderem melhor sua prática, o que fazem, o que percebem, o que veem (daí também as aproximações frequentes com a psicanálise). E tudo isso, como Bourdieu elabora no quarto volume do *Curso*, está continuamente perpassado pela posição que as pessoas ocupam nos campos sociais e as relações de poder que as estruturam e hierarquizam.

Um dos resultados dessa empreitada, talvez o mais importante, é uma sociologia imprescindivelmente reflexiva num sentido muito particular. Na aula final do *Curso*, Bourdieu faz uma afirmação que pode parecer surpreendente: "a sociologia, [quando leva] seu trabalho até o fim, impulsiona a objetivação até a objetivação dos profissionais da objetivação. É isso [...] que tentei fazer; essa talvez seja minha contribuição histórica"[460]. Em outras palavras, não é a exposição das práticas reprodutivas do sistema escolar em *A reprodução*, não é a análise exaustiva dos gostos e das práticas culturais francesas em *A distinção*, não são os estudos aprofundados sobre as sociedades pré-capitalistas na Argélia e em Béarn, seu local de nascimento. Para Bourdieu, sua principal contribuição é a criação de uma sociologia reflexiva – é isso também que o leva para além da própria tradição filosófica em que se insere, já que sua passagem para a sociologia não foi (apenas) uma estratégia acadêmica, e sim um passo necessário para radicalizar essa abordagem em direções que os filósofos, devido à *doxa* de seu próprio campo e seus *habitus* bem ajustados a ele, não foram capazes de seguir. Bourdieu sentiu essa necessidade, no sentido forte do termo, em suas experiências inesperadas durante a guerra de independência da Argélia. Foi ali que seus olhos viram algo de que sua formação intelectual não conseguiu dar conta. Foi ali que ele sentiu a necessidade de ir além da filosofia e construir uma ciência social que representasse uma mudança de olhar, mas que também atendesse a seu interesse de se relacionar de forma apropriada com o campo acadêmico de sua época – nunca devemos esquecer também do caráter pragmático, em vários sentidos, da abordagem bourdieusiana. Como ele próprio diz, em outra passagem reveladora do *Curso*:

> [Eu] consideraria inquietante que os grandes valores surgissem de iluminações; é muito mais saudável saber que eles nascem de interesses, sob certas condições, o que não quer dizer que eles sejam redutíveis a esses interesses. Esse é um pequeno parêntese, mas distingo duas grandes filosofias da humanidade [uma para a qual o progresso é resultado de indivíduos de moralidade excepcional e outra que o explica por meio da existência de mecanismos propriamente sociais que fazem com que exista um interesse na moral][461].

---

460. Cf. *supra*, p. 258.
461. Cf. *supra*, p. 210-211.

Nada disso ocorreu de forma mecânica ou "planejada", como Bourdieu deixa bem claro em seus relatos de caráter mais pessoal[462] – precisamos sempre nos resguardar da ilusão biográfica. No entanto, como ele mesmo deixa entrever em outro texto menos conhecido, ele de fato concebe sua trajetória como um longo processo de conversão pessoal:

> Não há alguma coisa um pouco delirante no fato de viver o progresso que conseguimos realizar durante toda uma vida de pesquisa como uma espécie de lento percurso iniciático, convencidos de que conhecemos cada vez melhor o mundo à medida que nos conhecemos melhor, de que o conhecimento científico e o conhecimento de si e de seu próprio inconsciente social progridem no mesmo ritmo, e de que a experiência primária transformada pela prática científica transforma a prática científica e vice-versa?[463]

Haveria muito mais a dizer sobre a reflexividade científica na obra bourdieusiana em geral e no *Curso de sociologia geral* em particular, mas gostaria de terminar mencionando apenas dois pontos. O primeiro é algo que leitoras e leitores atentos talvez já tenham observado: este próprio texto que vocês leem faz parte de uma estratégia de subversão do subcampo dos estudos bourdieusianos no Brasil. Não há nada de surpreendente nisso para quem leu estas quase duas mil páginas. Toda ação num campo tem como um de seus objetivos a promoção de interesses dos agentes, e uma das principais estratégias de subversão dos campos é alterar sua composição de capital. Como tradutor do *Curso* e, por causa disso, alguém que conhece esta obra a fundo e, provavelmente, melhor do que a maioria dos outros agentes no subcampo em questão – que obtiveram seu capital específico por meio de leituras das traduções ou dos textos originais mais antigos e/ou assistindo a aulas dos pioneiros do subcampo nas últimas décadas –, eu tenho um interesse particular em promover a leitura do *Curso* como uma forma alternativa de obtenção desse capital específico.

Todavia, quem leu estas páginas também deve entender que isso não significa que este seja um texto cínico, um texto puramente de autopromoção disfarçada. Pelo contrário, também há um interesse meu numa contribuição original e genuína para o desenvolvimento do subcampo – e não há contradição nenhuma nisso. Ima-

---

462. Em particular, BOURDIEU, P. *Esboço de autoanálise*, op. cit.

463. *Id.* L'objectivation participante [A objetivação participante]. *Actes de la recherche en sciences sociales*, v. 150, 2003, p. 53.

ginar que cientistas (ou artistas, médicos, escritores, jornalistas etc.) agem apenas movidos por interesses altruístas numa espécie de "missão" ou "vocação" faz parte do desconhecimento do campo científico que é parte integrante de sua *doxa*, como Bourdieu discutiu em vários momentos deste curso. Explicitar esse meu interesse, como acabei de fazer, faz parte do processo de objetivação participante que é integral à reflexividade bourdieusiana – refletir sobre o que fazemos não de uma forma narcisista, que destaque as "inspirações", "decisões críticas", "abnegações" e todo o vocabulário que cientistas costumeiramente empregam ao discutir o que eles próprios fazem, mas mostrar que o que faço é o que todos aqueles envolvidos no campo fazem, e que não tem nada de particularmente especial ou distintivo. Isso está inteiramente de acordo com a proposta sociológica bourdieusiana:

> As propriedades que essa sociologia da sociologia descobre, em total oposição a um retorno intimista e agradável à *pessoa* particular do sociólogo, não têm nada de singular nem de extraordinário, elas são comuns a categorias inteiras de pesquisadores (portanto banais e pouco "excitantes" para a curiosidade ingênua). Essa sociologia questiona a representação carismática que muitas vezes os intelectuais têm de si mesmos, e também sua propensão a pensarem-se como livres de todas as determinações sociais. Ela descobre o social no coração do individual, o impessoal escondido sob o íntimo[464].

A reflexividade bourdieusiana é antinarcisista e corrosiva, ela não faz bem para o ego, ela dói subjetivamente. Mais que isso, uma análise de objetivação, uma objetivação do sujeito da objetivação, uma análise reflexiva, uma sociologia da sociologia – tudo isso é a mesma coisa – gera, na pessoa que a faz, dúvidas radicais. Dúvidas que só têm uma chance de serem sanadas quando são apresentadas para o juízo daqueles envolvidos, coletivamente, nessa empreitada científica, como faço neste momento.

O segundo ponto que gostaria de destacar é uma precaução necessária a quem trabalha com a teoria da prática. No decorrer de todo o *Curso*, Bourdieu avisa constantemente que é preciso tomar cuidado com o que chama de "erro fundamental das ciências sociais": projetar o conhecimento produzido na relação científica com o objeto sobre o conhecimento produzido na relação prática com

---

464. BOURDIEU, P. *Retour sur la réflexivité*. Paris: EHESS, 2023. p. 51.

o objeto, desvalorizando ou até apagando esta última[465]. Há risco de algo parecido acontecer com essa concepção de reflexividade. Será que Bourdieu não estaria caindo em sua própria armadilha e tratando o olhar reflexivo sobre o mundo como privilégio dos cientistas, como algo fora do alcance de qualquer pessoa que não tenha essa formação científica, esse *habitus* científico capaz de operar de modo reflexivo?

Eu diria que esse é um falso problema, por uma razão um tanto sutil. A reflexividade *científica* certamente é algo que está muito mais facilmente ao alcance dos cientistas, assim como teorias científicas, métodos científicos etc. Porém, isso não significa que o fato de não cientistas não terem acesso a ela seja um problema terrível, algo que os cientistas deveriam se preocupar em resolver, pois nada indica que a reflexividade científica seja uma ferramenta "naturalmente" superior às outras formas de reflexividade possíveis *em contextos práticos*, que são aqueles que as pessoas, incluindo os próprios cientistas, enfrentam na maior parte de suas interações e atividades cotidianas. Na verdade, simplesmente pensar que esse seja o caso é um indício do erro fundamental que Bourdieu denunciou, seguindo um silogismo simples: o que o cientista faz é superior ao que os leigos fazem; existe uma reflexividade específica dos cientistas; portanto, essa reflexividade é superior à que os leigos podem ter. Bourdieu menciona isso de passagem no *Curso*: "é evidente que não há uma espécie de corte iniciático entre os agentes sociais que não pensariam, que não analisariam, que não teriam instrumentos reflexivos, e os cientistas que seriam reflexivos do começo ao fim"[466]. Um cientista reflexivo à maneira bourdieusiana não tem necessariamente mais sucesso em sua prática social do que um agente com *habitus* bem ajustado ao campo em questão e com os capitais necessários para essa prática. A reflexividade científica, *fora do campo científico*, pode ou não ser uma ferramenta útil para a prática leiga – mas essa é uma questão empírica que transcende este texto. Posto isso, uma última observação: essa reflexividade científica que descrevi aqui só deixa de ser uma ferramenta entre outras na lógica prática se ela for radicalizada, for tomada como base de uma conversão total do olhar sobre o mundo, aquilo que Bourdieu chama de "metanoia". É nesse ponto que a discussão muda de patamar e a reflexividade se torna um princípio constitutivo da realidade social. Esse é um processo muito mais complexo – mas uma leitura atenta do *Curso de sociologia geral* pode começar a abrir as portas para ele.

---

465. Cf., p. ex., *Id. Sociologia geral volume 2, op. cit.*, p. 57.

466. Cf. *supra*, p. 254.

Índice onomástico

A

Abel, Richard L. 198
Abensour, Miguel 307
Accardo, Alain 305
Adorno, Theodor W. 21, 34
Agostinho de Hipona 155
Alain (Émile Chartier) 96
Allais, Alphonse 240
Althusser, Louis 99, 100, 167, 187, 254, 303
Aristóteles 86
Aron, Raymond 275
Auerbach, Eric 90
Austin, John L. 130, 189, 190, 200, 314

B

Bachelard, Gaston 167, 283
Balzac, Honoré de 214
Barnes, Julian 70
Barthes, Roland 24
Beauvoir, Simone de 207, 270
Becker, Gary S. 164, 169, 191
Beckett, Samuel 296
Benjamin, Walter 63
Benveniste, Émile 23, 52, 59, 121, 312
Bergson, Henri 69, 84, 93, 173
Bernard, Philippe 300
Boltanski, Luc 40, 214
Bonaparte, Napoleão 181
Bonvin, François 66
Boudon, Raymond 125, 126, 306
Bourdieu, Marie-Claire 294
Bourricaud, François 306

Boutmy, Émile 249
Brahe, Tycho 159
Brubaker, R. 42
Bruno, Giordano 159
Buffon, Georges-Louis Leclerc de 71
Burnham, James 203

C

Cam, Pierre 230
Cassirer, Ernst 20
Casta, Ange 301
Cavaillès, Jean 94
César, Júlio 182
Chamboredon, Jean-Claude 35, 290, 295, 306
Champagne, Patrick 227, 300
Changeux, Jean-Pierre 302
Charle, Christophe 241, 246, 247
Chastel, André 40
Chevènement, Jean-Pierre 229, 309
Chirac, Jacques 66
Cicourel, Aaron V. 161
Clément, Pierre 302
Coates, Dan 198
Cohen-Tannoudji, Claude 302
Coleman, James 101
Comte, Auguste 237
Condillac, Étienne Bonnot de 38, 187
Copérnico, Nicolau 159, 186
Corcuff, Philippe 305
Courbet, Gustave 108
Crozier, Michel 125
Culver, Charles M. 118

D

Dagron, Gilbert 142
Dahl, Robert Alan 58, 171
Damamme, Dominique 247
Darbel, Alain 67, 118
Daumier, Honoré 230
Davidson, Donald 106
Deleuze, Gilles 124, 155, 303, 304
Delsaut, Yvette 22, 60, 290, 292
Derrida, Jacques 303, 304
Descartes, René 127
Dostoievski, Fiodor 297
Duby, Georges 142, 143, 180, 300, 301
Dumézil, Georges 179, 180, 202, 301
Durkheim, Émile 55, 86, 173, 174, 175, 176,
   187, 188, 203, 210, 224, 259, 282, 298, 307
Dworkin, Gerald 118

E

Elias, Norbert 86
Engel, Pascal 106
Engels, Friedrich 160, 176
Ernaux, Annie 80
Espinosa, Baruch 155, 266

F

Fabius, Laurent 229
Faulkner, William 37, 71, 73, 76, 80, 297
Feinberg, Joel 118
Felstiner, William L. F. 198
Ferry, Luc 193, 303
Flaubert, Gustave 46, 70, 82, 84, 114, 140,
   211, 227, 243, 245, 295, 298
Foucault, Michel 27, 117, 124, 143, 261,
   266, 267, 298, 302, 303
Frank, Bernard 142
Freud, Sigmund 105, 151, 155
Friedman, Milton 164
Frieze, Irene 106
Fussman, Gérard 301

G

Galbraith, John Kennedy 203
Gallo, Max 301

Gernet, Jacques 142
Gerschenkron, Alexander 271
Gert, Bernard 118
Glowinski, Jacques 302
Gödel, Kurt 276
Goffman, Erving 165, 206, 224, 253, 298, 307
Gramsci, Antonio 63, 254, 255, 257
Grégoire, Ménie 227
Guattari, Félix 155, 303

H

Habermas, Jürgen 223, 265
Haskell, Francis 301
Hegel, Georg Wilhelm Friedrich 30, 99,
   132, 133, 148, 298
Heidegger, Martin 91, 122, 128, 164, 272
Heráclito 196
Horkheimer, Max 21
Hubert, Henri 25, 60, 130
Hume, David 38
Husserl, Edmund 27, 28, 32, 51, 86, 94,
   200, 298

I

Insee
   Insee [Instituto Nacional da Estatística
      e dos Estudos Econômicos] 284
Insee [Instituto Nacional da Estatística e
   dos Estudos Econômicos] 48, 284, 308

J

Joyce, James 36, 73
July, Serge 227

K

Kafka, Franz 149, 150, 151, 296, 297, 298
Kant, Immanuel 39, 72, 117, 120, 165,
   187, 298, 303
Kantorowicz, Ernst Hartwig 78
Kautsky, Karl 256
Kelley, Harold H. 105
Kepler, Johannes 132
Kojève, Alexandre 268
Kripke, Saul 39, 43, 45, 74, 106

L

La Boétie, Étienne de 98
La Bruyère, Jean de 38
Lacan, Jacques 124, 303
Latour, Bruno 306
Laurent, Alain 125
Lazarsfeld, Paul 263, 306
Leclant, Jean 142
Léger, Danièle 31
Lehn, Jean-Marie 302
Leibniz, Gottfried Wilhelm 39, 95, 98,
    154, 188, 189, 217, 278
Lênin, Vladimir Illitch 167, 256
Lepenies, Wolf 71
Leroux, Pierre 245
Le Roy Ladurie, Emmanuel 301
Levaï, Ivan 227
Lévi-Strauss, Claude 24, 26, 57, 88, 89, 93,
    119, 130, 192, 193, 298, 301
Lipovetsky, Gilles 125
Luís XIV (rei da França) 80, 183
Lukács, Georg 175, 176

M

Mallarmé, Stéphane 245
Malraux, André 45, 269
Manet, Édouard 11, 206, 241, 294, 295,
    302, 310
Mannheim, Karl 254, 257
Marin, Louis 80
Marx, Karl 99, 113, 138, 157, 160, 176,
    187, 194, 218, 236, 238, 254, 259, 274,
    276, 281, 282, 283, 298
Maspero, François 304
Mather, Lynn 198
Maupassant, Guy de 70
Mauss, Marcel 24, 25, 60, 61, 63, 86, 174
Maxwell, James Clerk 250
Mehan, Hugh 225
Merleau-Ponty, Maurice 96, 123, 129
Merton, Robert K 144
Michela, John L 105
Miquel, André 302
Mitterrand, François 309
Molière (Jean-Baptiste Poquelin) 38
Montaigne, Michel de 98
Morin, François 177

N

Newell, Allen 158
Nicolau de Cusa 166
Nicole, Eugène 46
Nietzsche, Friedrich 259
Nizan, Paul 186

O

Orlan 108
Otto, Rudolf 62, 134

P

Parmênides 196
Pascal, Blaise 155
Passeron, Jean-Claude 35, 187, 217, 237,
    290, 295, 306
Peeters, Benoît 304
Penrod, Steven 198
Perroux, François 177
Pinto, Louis 300
Platão 116, 118, 150, 167, 169, 186, 189, 298
Pollak, Michael 263
Ponge, Francis 297
Ponton, Rémy 241
Popper, Karl 126
Prévert, Jacques 282
Proust, Marcel 31, 36, 46, 76, 80, 92, 93,
    104, 163, 212

R

Racine, Jean 200
Reagan, Ronald 125, 308
Renan, Ernest 261
Rimbert, Pierre 227
Robbe-Grillet, Alain 36, 73, 297
Rousseau, Henri 40, 267
Russell, Bertrand 18, 43, 274
Ryle, Gilbert 87, 88, 92, 106

S

Saint-Martin, Monique de 41, 45, 214,
    215, 217, 250, 259
Salomão 298
Sarat, Austin 198

337

Sartre, Jean-Paul 26, 62, 82, 84, 96, 101, 102, 108, 128, 129, 140, 163, 180, 195, 227, 234, 257, 298, 303
Sayad, Abdelmalek 26
Schelling, Thomas 188
Schmidt, Conrad 176
Schopenhauer, Arthur 155, 167, 224
Schumpeter, Joseph 126
Schütz, Alfred 27, 28, 224
Shakespeare, William 71
Simmel, Georg 307
Simon, Herbert A. 158, 159, 160, 162
Sócrates 116, 166
Spencer, Herbert 173

T

Thatcher, Margaret 125, 308
Thibaudet, Albert 246
Thuillier, Jacques 301
Tomás de Aquino 86
Troeltsch, Ernst 186

V

Van Gennep, Arnold 115
Violência
    inerte 26
Vis insita 278, 280

W

Walker, Lenore 106
Weber, Max 21, 55, 58, 87, 136, 142, 174, 175, 176, 187, 188, 216, 219, 230, 231, 259, 280, 298
Who's who? (Quem é quem?) 47, 58
Wittgenstein, Ludwig 86, 101, 106, 142
Woolf, Virginia 36, 38, 65, 68, 73, 82, 90, 91, 92, 97, 103, 107, 108, 110, 115, 117, 122, 144, 146, 149, 150, 151, 296
Woolgar, Steve 306

Y

Yngvesson, Barbara 198

Z

Ziff, Paul 39, 43, 75, 100
Zola, Émile 245

Índice de conceitos

A

Ação
de registro 313
racional 89, 160, 163, 191
simbólica 130
teoria da 156
Aclamação 56
Administração 157
Adolescentes 147
Advogados 189, 213
Agente 57, 277, 313
Agregação 228, 281
Alianças e separações 257, 258, 263
Alienação 31, 34, 102, 103, 112
Allodoxia 231
Amor
cortês 143
do poder 22, 143
Amor fati 137. Ver também Destino
Amostra 78, 205, 295
Anamnese 63, 150
Antidurkheimianismo 224
Aparelho 100
Apresentação de si 26
Apriorização 176

Artista, relação entre mulheres
burguesas e 140
Assinatura 75
do artista 22, 63
Ateísmo
do mundo familiar 148
Atos
de conhecimento 154, 226
de nomeação 49
de reconhecimento 311
Attribution theory 105
Autodidata 267
Autonomia
automóvel 266
da representação 232
da sociologia 242, 268
de um campo 177, 242, 265
do campo econômico 255
do campo literário 242
Axiomática e axiomatização 175, 202

B

Bellatores, oratores e laboratores 180, 202
Bifurcação 85
Biografia 37, 85
Burocracia 102, 232

C

Calendário 91
Campeão 55
Campo administrativo 241, 246, 249
Campo científico 162, 222, 236
Campo da pintura 66, 241, 294
Campo das profissões médicas 240
Campo(s)
    análise em termos de 256
    axiomática dos campos "como tal"
        (als) 175
    capital 290
    como armadilha 108
    construção e limites de um 241
    direito de entrada nos 240
    e diferenciação 174
    habitus 107
    hierarquia entre os 245
    indivíduo num 46
    trocas e circuação entre os. Ver
        Autonomia
    trocas e circulação entre os 203

Campo(s) do poder 173, 174, 203, 239, 247
    análise comparada dos 173
    e espécies de capital 213
    homologia do campo do poder e das
        Grandes écoles 248
Campo econômico 175
Campo intelectual 303
Campo jurídico 182, 200, 201, 206, 230,
    240, 255, 257, 298, 314
Campo literário 35, 60, 211, 241, 242, 243,
    292, 295, 297
Campo político 212, 223, 246, 255
Campo(s) cultural(is) 255
Campos de concentração 133
Campo universitário 240, 241, 246, 248,
    249, 299
Capacidades 208
Capital
    concentração do 57, 60, 63
    e campo 22
    econômico 18, 204, 215

poder sobre o 178. Ver também
    Capital cultural, Capital
    simbólico, Espécies de capital
    social 204, 212
Capital cultural 93, 208
    predisposto a funcionar como capital
        simbólico 18. Ver também
        Capacidades
Capital simbólico 17, 18, 20, 21, 24, 44,
    50, 51, 58, 59, 60, 62, 63, 68, 72, 93, 121,
    122, 284, 288, 312
Caráter 38
Carisma 18, 21, 56, 57
    da instituição 58
    e *mana* 55
Casamento 31, 89, 116, 212, 246, 280
Categorias de percepção 18, 19, 21, 24, 30
Causalidade 67, 101, 133, 199, 200, 214
Celebração 182, 259
Census e censor 48
Certificado 77
Ciência
    da ciência 260
    econômica 164, 177, 308. Ver também
        Economistas
    vs. letras. Ver Campo científico
Ciências sociais
    atraso das 272
    e cinismo 262
    efeitos sociais exercidos pelas 262
    modas nas 125. Ver também
        Sociologia
Cinismo 262
Classe(s)
    consciência de 68, 171, 172, 175, 176,
        178, 204, 208, 212, 213, 214, 215, 216,
        218, 229, 232, 246, 247, 248, 252, 275,
        276, 278, 279, 280, 281, 283, 285
    dominante 171, 178, 204, 215, 242, 246
    sociais e teoria das classes sociais 275,
        292
Clubes de admiração mútua 182
Código e codificação 136, 201
Colocar-se no lugar 200
Colonização e decolonização 209, 234
Complô (lógica do) 21

Comunicação (pedagógica) 185, 228
Conatus 155, 156, 181, 250
Concentração do capital 57, 60, 63
Concurso 250
Confiança 55
    e pesquisa 236
Conformidade 138, 165
Conformismo 259, 270
Conhecimento 20, 22, 34, 42, 64
Consagração 62, 134, 150, 177, 202, 227,
    235, 306
Consciência
    alternativa entre a consciência e a
        reação 88, 93
    de classe 166
    falsa 233, 311
    tomada de 64, 94, 97, 128, 227, 233,
        256, 257
Consenso 47, 279
Constância
    do nominal 42, 43, 49, 76, 77
    expectativa de 42
Construtivismo 225, 314
Contemporaneidade 22, 91
Contrato (e teorias do contrato) 39
Conversão 48, 53, 62, 122, 134,
    231, 312. Ver também Espécies
    de capital
Corpo
    profissional 315
    socializado 124, 125, 131, 132
Crítica(s)
    autocrítica 149, 197
    científica 282
    situações 29, 189
    teoria da Escola de Frankfurt 21,
        239, 307
Cultura (relações com a crítica) 103,
    104, 140. Ver também Capital cultural,
    Campo cultural
Cum fundamento in re 276
Cumplicidade 25, 34, 65, 144, 147, 149,
    165, 179
Curriculum vitae 47, 48, 49, 74
Cursus honorum 17, 46, 47, 48, 80

D

Dança 93
Dasein 122
Debate 227
Decisão 156, 158, 190
Delegação 55, 58
Deliberação 164
Delinquência 88, 313
Desconhecimento 20, 21, 23, 181, 233
Desconstrução 35, 42, 309
Desejo 56, 104, 107, 119
    e poder 119, 125, 131
Desemprego 199, 308
Destino 45, 97, 137, 143, 151. Ver também
    Amor fati
Determinismo 167, 268, 278
Deus 151, 269
    cartesiano 146
    como poder absoluto e último recurso 149
    e teodiceia 217
    leibniziano 188
    malvado 148
Diferenciação
    do mundo social e dos campos 174
    princípios de 215
Digressões (em V. Woolf) 90
Direito
    de entrada 241
    e fronteiras 241
    ponto de vista do 201
Disciplina
    (no sentido de disposição
        e regra) 137, 149
    (no sentido de domínio de ensino na
        universidade) 72, 157, 263
Discurso 183
    burguês 227
    dos entrevistados 232
Discurso jurídico 235, 273
Disposição
    estética 191
    explicação pelas disposições 135
    racional 191
    reação disposicional 88
    relação entre disposições e posições
        137, 141

Dispute theory 198
Divisão do trabalho
   de dominação 53, 179
   entre os sexos 65, 113
   teórico 154
Dom (ideologia do dom) 217, 219
Dominação 21, 98, 101, 104, 179
Doxa 33

E

Economia (e religião) 174. Ver também
   Dom, Campo econômico, Capital
   econômico, Eufemização
Economistas 164, 177, 308. Ver também
   Ciência econômica
Editor 177, 242
Educação. ver também Socialização
   discurso sobre a 229
   estrutural 26
Efeito
   Gerschenkron 273
   Pigmalião 23, 151
Emoção 96, 102, 122, 128, 129, 234
Empirismo 38
Entrevista 79
Envelhecimento (biológico e social) 84
Erotismo (e poder) 143
Escândalo 114
Escolar(es)
   escolhas 156
   neurose de gênese 152
Escolástica
   filosofia 86, 126, 274, 276
   visão 190, 314
Escrita (nas ciências sociais) 72
Espaço
   das posições e espaço das tomadas de
     posição 222
   dos possíveis na ciência 267
   social 26, 65, 245
   teoria dos espaços possíveis 41
Espécies de capital 17, 19, 171
   conversão e taxa de câmbio entre as 246
   e campo do poder 173
   hierarquia entre as 245
Espontaneísmo 167, 192, 193

Esporte 56, 93, 114, 123, 262
Esquerdismo 31, 106
Estado (capital cultural e estado) 205
Estado civil 77
Estátua equestre 26
Estigma 62, 151, 308
Estímulo 66
Estratégias
   de condescendência 234, 278
   de reprodução 156, 213
Estratificação 173
Estruturalismo 195
Eternização
   da ordem social 77
   de falsos problemas 170
   objetivação e 184
Etnia 61, 62, 64, 121, 122
Etnocentrismo do teórico 282
Etnologia e etnólogos 59
Etnologismo 51, 57, 260
Etnometodologia 17, 27, 31, 195, 224, 307
Eufemização 80, 81
Evolucionismo e constância na
   transformação das sociedades 78
Exclusão 139, 140, 149, 242
Executivos (como classe social) 157
Experiência
   dóxica do mundo social 31, 32
   popular 233
Explicitação 158, 166, 231

F

Família
   álbuns de 47
   como campo 145
   transmissão dentro da 204, 248
Feiticeiro 57, 61, 130
Felicidade da evidência 30, 31
Feminismo 29, 108, 151
Feminização 229
Fenomenologia 28, 31, 32, 51, 146,
   195, 223
Fetiche e fetichismo 17, 23, 25, 34, 51, 57,
   59, 62, 63, 65
Ficção 45, 68, 252, 275, 276, 279, 281
Fidēs 23, 53, 54, 57, 58, 62, 121, 151, 312

Filosofia
    "atualidade da" filosofia 22
    analítica 39, 190, 274
    da história 70, 71, 100, 174, 210
    philosophia perennis 170
Filósofos 21, 22, 59, 186, 189, 199, 273, 304
Finalismo (alternativa entre o finalismo e
    o mecanicismo) 292
Fisicalismo 18, 19, 228, 288
Folk theories 35
Forma (e formalização) 81, 272
Fronteiras 242
Funcionalismo (em sociologia) 77
Funcionário 134, 136

G

Genealogias (como objetivações) 219
Gerações 186, 200, 239, 248
Gosto 25
Grandes écoles 248, 250, 251
Gravador 37
Grupo(s)
    noção de grupo nas ciências 43
    de *status* 280
Guerra(s)
    como jogo masculino 108
    acadêmicas 208
    palacianas 256

H

Habitus 31, 39, 41, 60, 65, 81, 86, 92, 98,
    102, 234
    e campo 19, 107
Hegelianismo ("mole") 69
Herança 114
História(s). Ver também Filosofia da história
    da verdade 264
    de vida 37
Historicização e historicismo 144, 195,
    260, 269
Historicização e historicismo 185
Homem-criança 111, 112
Homologação 231
Homologia 140, 249, 257
Homo œconomicus 89
Honra 70, 71, 110, 115, 116, 131, 216, 282

I

Idealismo 123, 167, 169
Identidade 40, 42, 44, 46, 47, 48, 186
    carteira de 47, 74, 284
    oficial 49
Ideologia(s) 31, 33, 217, 238. Ver
    também Dom
        profissional dos intelectuais 255
        profissionais 84, 217, 231, 236, 255,
        260, 266
Ignorância (douta) 166
Illusio 59, 60, 65, 66, 67, 103, 107, 110, 111,
    112, 113, 121, 122, 139, 140, 262, 288, 312
Ilusão
    biográfica 35, 69, 74, 297
Incorporação 25, 65, 126, 133, 194
Indignação 262
Individualismo metodológico 78, 101,
    126, 168
Individualismo metodológico 168, 306
Indivíduo
    alternativa índivíduo/sociedade 124
    biológico 40, 41, 75, 76, 126, 312
    construído e indivíduo real 126
    noção de 125, 126
Ingenuidade 36, 139, 227
Injustiça 106, 198, 311
Instituição 77, 125, 130, 194, 213
Intelectuais 64, 172. Ver também
    Campo intelectual
        aliança dos intelectuais com as classes
        dominadas 172
        orgânicos 254
Intelectualismo 93, 96, 99, 100, 101, 124,
    127, 128, 154, 157, 226, 313
Inteligência 151, 161, 162, 219
Interacionismo 17, 307
Intimidação 122, 125, 131, 140, 147

J

Jogo(s)
    e o sério 103
    teoria dos 188
Juiz 136, 228, 230
Juristas 118, 182, 183, 230, 256. Ver
    também Direito

K

Kadijustiz 136, 298

L

Laicização 58, 173
Latim 52, 70, 155, 209
Legitimação e poder 183
Legitimidade 181
Lex insita 278, 280
Liberdade 127, 138, 182
Libido 107, 112, 125, 155, 266
Língua 20, 37
Linguagem 29, 35, 59
Literatura 73, 297. Ver também Campo
literário, Sociologia (e literatura)
Lógica e logicismo 95
Lutas
entre os campos 178
linguísticas 209
pela verdade e pelo sentido do mundo
222, 313
políticas 170, 235

M

Mãe
(na relação entre o pai e a criança
em Ao farol) 108
Má-fé 63, 64, 101, 102, 128
Magia 22, 24, 25, 57, 60, 61, 129, 132, 312
Magistrados 207
Mana 24, 55
Mandatários 136, 285
Manipulação (*vs.* submissão) 98
Marxismo
efeito de teoria exercido pelo 274
Masculino/feminino (como oposição)
107, 116. Ver também Divisão do
trabalho, Sexualidade
Mecanicismo 184, 188, 196, 287, 292.
Ver também Finalismo
Médicos
ordem dos 206
Metáforas 193
metamorfose (A) 149
Metanoia 53

Militantismo 210
Modelo 89, 277
Moeda
do absoluto 269
e ilusão 25
Movimento pendular 168, 169, 192,
194, 196
Mulheres
agredidas 106, 137
burguesas e artistas 140
olhar das mulheres sobre os jogos
sociais 65, 139
Multidão(ões)
feminilidade da(s) 117, 120
Música 24

N

Negociações 226
Neutralidade jurídica 207
Nomeação 42, 49, 66, 75, 76, 114, 150,
151, 152, 200, 263, 291
Nome (próprio) 45, 77. Ver também
Família, Prenome
Nominalismo *vs.* realismo 276
Nostalgias 31, 234
Numerus clausus 241

O

Obediência 52, 54, 131, 132, 133, 147,
161, 311
Obituários 45, 259
Objetivismo 123
Objetivismo 132, 167. Ver também
Subjetivismo
Oblatos 104, 113
Oficialização 80
Ontológica
relação ontológica de
conhecimento 124
Opinião 33, 232
Ordem social 26, 66, 77, 122, 133, 149,
249, 312
Orgânico (estado orgânico *vs.* estado
crítico) 237. Ver também Intelectuais
Ortodoxia 32, 33, 170, 201

P

Pai 78, 144, 147
Paixão 209
Parentesco 89, 93, 193
Pares epistemológicos 167, 169, 185
Paternalismo 21, 54, 118, 145, 146
Pequena-burguesia 113
Percepção social 288, 299. Ver também Categorias de percepção
Performativo 217, 291
Perspectivismo 168
Petição 246
Poder
    charme do 22, 119, 142, 143, 312
    estética do 26
    lugar do 22, 23
    o poder vem de baixo 22, 27, 59, 64, 113, 133, 302
    paterno absoluto e original 151
Poder simbólico 18, 21, 23, 33, 50, 56, 60, 67, 121, 124, 131, 144, 147, 180, 312
Poeta 181, 245
Política
    e analogia sexual 107, 117
    relação política somatizada 140. Ver também Campo político, Campeão
Ponto de vista 200
Populismo 233, 234
Porta-voz 55, 136, 245, 285
Potência 50, 53, 115, 119, 145, 147, 149, 151, 186
Prefácio 88
Pré-noções 282
Prenome 46
Previdência Social 67
Previsões 94
Princípio da realidade *vs.* princípio do prazer 146
Privado *vs.* público 213
Problema(s)
    científico 162
    sociais convertidos em problemas epistemológicos 185
    surgimento de um problema social 227
Processo 49, 105, 188

Procuração 119, 259
Professor(es)
    "República dos professores" 246
    e carisma da instituição 58
    e Estado 205
    etnocentrismo e ideologia profissional 217
    filósofo e 186, 195, 218
    substituto do pai ou da mãe 151
    veredito do 151
Profeta e profetismo 58, 136, 151, 231
Projeto original 84
Propensão a (se) culpar 105
Prosopografia 172
Protensão e projeto 94, 96
Psicanálise 116, 125
    do espírito científico 59
    e sociologia 151, 152
Psicólogos 90, 105, 152, 190
Publicação 80
Publicidade e publicitários 238

R

Racionalismo 164, 265
    e irracionalismo 165
    historicista 269
Racionalização 174, 299
Racismo 121, 128, 129
Radicalismo 306
Reflexividade sociológica 268
Registro policial 47, 48
Regras e regularidades 26, 40, 60, 89, 103, 136, 162, 163, 175, 262
Relação de pesquisa 79, 232
Religião 174
Repressão 134, 261, 297
Reprodução
    das classes sociais 208, 214, 215
    de um campo 178, 265
Responsabilidade 23, 25, 118, 120, 133, 134
Retórica 46, 171, 270, 272
Revolta(s) 147
Revolução
    científica 186
    simbólica 11
    teoria sartriana da 129

Ritos de instituição 43, 49, 76, 114, 115
Romance e romancistas 36, 44, 45, 49, 76
Ruptura
    amorosa 163
Ruptura epistemológica 187, 283

S

Sagrado 62, 64, 134
Salões 212
Secreto 110
Self-fulfilling prophecy 144
Sensibilidade (à ordem, à segurança, à
   injustiça etc.) 66, 88
Senso
    de posicionamento 83, 96
    do jogo 94, 95, 127, 158, 197, 311
    do mundo como objetivo de lutas 44,
      200, 268, 283
    do mundo como objetivos de
      lutas 284
Seriedade sartriana 102, 123
Sexualidade, divisão e dominação sexual
   107, 115, 143
Simbólico. Ver Capital simbólico, Poder
   simbólico, Violência simbólica
Sindicatos 207
Sistema escolar 90, 104, 191, 205, 206,
   208, 209, 213, 215, 216, 217, 218, 219,
   229, 238, 239, 248, 250
Sistemas peritos 161, 162
Skholè 189, 190, 191, 282, 314
Socialização 26, 34, 133, 135, 138, 141,
   251, 312
    diferencial dependendo do sexo 65,
      113, 114, 139
Socioanálise 150
Sociodiceia 216, 220, 246. Ver também
   Teodiceia
Sociologia(s)
    autonomia da 242, 268
    como parte interessada do jogo
      social 227
    compreensão da 120
    da percepção social 288
    das formas simbólicas 20
    dimensão crítica da 54, 123

do conhecimento 259
dos intelectuais 259, 269
e literatura 172, 232, 297
e psicanálise 151
possibilidade e vulnerabilidade
   da 270
americanas e europeias 195
tentações contra as quais a sociologia
   deve se precaver 290
Sofrimento 111, 151
Solidariedade orgânica e mecânica 203
Somatização 140, 150
Subjetivismo(s) 51, 62, 123, 132, 223
   radicais 306
   vs. objetivismo 51, 132
Submissão do eu 151
Substancialismo 61, 81, 171
Suicídio 118
Sujeito
   filosofia do 64, 84, 122, 123, 164
   restauração do 187
   transcendental 122. Ver também
     Subjetivismo
Superprodução de diplomados 205, 206

T

Taxa de câmbio 246. Ver também
   Espécies de capital
Tempo público e privado 91. Ver
   também Poder
Temporalidade 96
Teodiceia 39, 95, 216, 217
Teoria(s)
    comparada dos regimes políticos 172
    da prática 154
    puras e surgimento dos campos 175, 176
Teoricismo 273, 283
Título escolar 49, 150
Trabalhadores sociais 106
Trabalho de explicitação 231, 232,
   234, 253
Trabalho político 285
Tradição 128
Träger 194
Trajetórias 86

U

Unidade do eu 36, 37, 39
Universais 20, 122, 240, 247, 258, 274,
  275, 279

V

Verdade 62, 264
Veredito 144, 151, 235, 269
   escolar 152
   paterno 109, 120, 144, 145, 146, 147, 149
Violência
   pura 18
   simbólica 18

Conecte-se conosco:

 facebook.com/editoravozes

 @editoravozes

 @editora_vozes

 youtube.com/editoravozes

 +55 24 2233-9033

www.vozes.com.br

Conheça nossas lojas:
www.livrariavozes.com.br

Belo Horizonte – Brasília – Campinas – Cuiabá – Curitiba
Fortaleza – Juiz de Fora – Petrópolis – Recife – São Paulo

EDITORA VOZES LTDA.
Rua Frei Luís, 100 – Centro – Cep 25689-900 – Petrópolis, RJ
Tel.: (24) 2233-9000 – E-mail: vendas@vozes.com.br